여러분의 합격을 응

해커스경찰의 특별 혜택!

FREE 형사법 **특강**

해커스경찰(police.Hackers.com) 접속 후 로그인 ▶ 상단의 [무료강좌 → 경찰 무료강의] 클릭하여 이용

해커스경찰 온라인 단과강의 **20% 할인쿠폰**

7F95C7B3EB99F864

해커스경찰(police.Hackers.com) 접속 후 로그인 ▶ 상단의 [내강의실] 클릭 ▶
[쿠폰/포인트] 클릭 ▶ 쿠폰번호 입력 후 이용

* 등록 후 7일간 사용 가능(ID당 1회에 한해 등록 가능)

합격예측 **모의고사 응시권 + 해설강의 수강권**

9FC473EDFF627FKU

해커스경찰(police.Hackers.com) 접속 후 로그인 ▶ 상단의 [내강의실] 클릭 ▶
[쿠폰/포인트] 클릭 ▶ 쿠폰번호 입력 후 이용

* ID당 1회에 한해 등록 가능

쿠폰 이용 관련 문의 **1588-4055**

단기 합격을 위한

해커스  커리큘럼

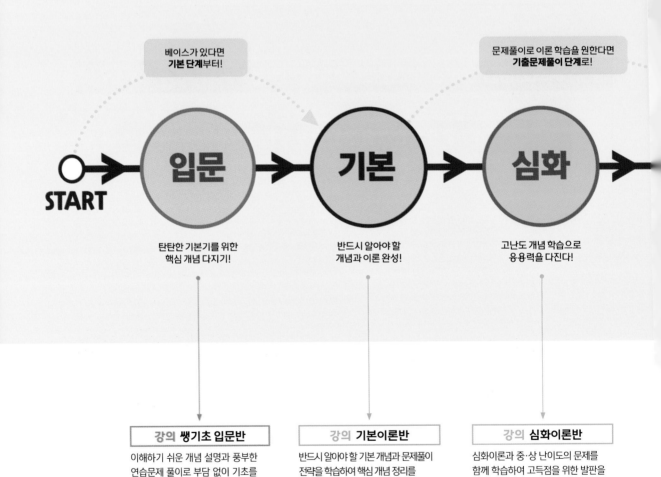

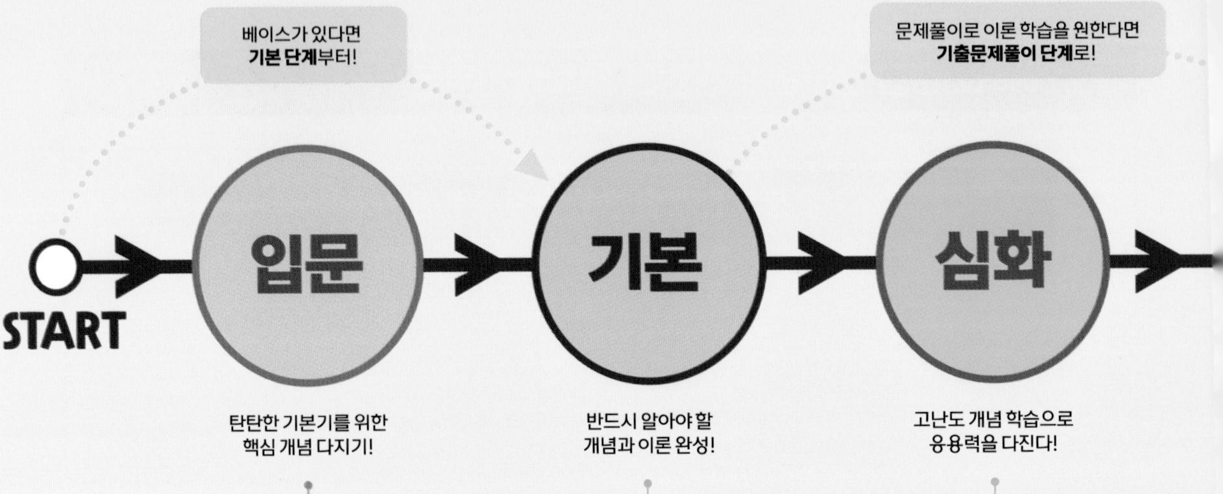

강의 쌍기초 입문반

이해하기 쉬운 개념 설명과 풍부한 연습문제 풀이로 부담 없이 기초를 다질 수 있는 강의

강의 기본이론반

반드시 알아야 할 기본 개념과 문제풀이 전략을 학습하여 핵심 개념 정리를 완성하는 강의

강의 심화이론반

심화이론과 중·상 난이도의 문제를 함께 학습하여 고득점을 위한 발판을 마련하는 강의

단계별 교재 확인 및
수강신청은 여기서!

police.Hackers.com

* 커리큘럼은 과목별·선생님별로 상이할 수 있으며, 자세한 내용은 해커스경찰 사이트에서 확인하세요.

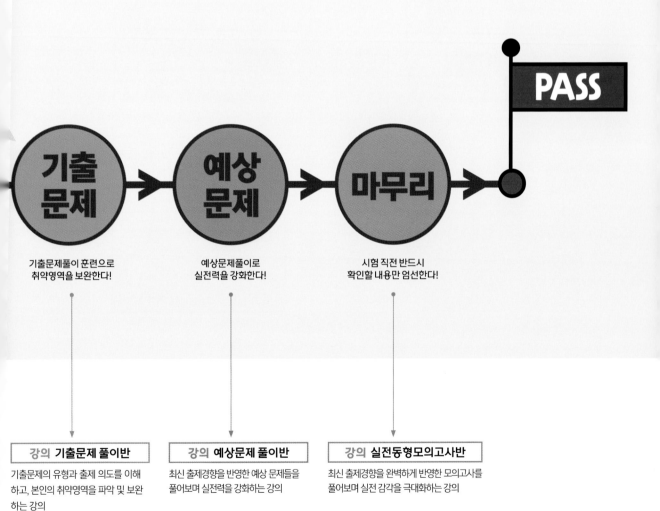

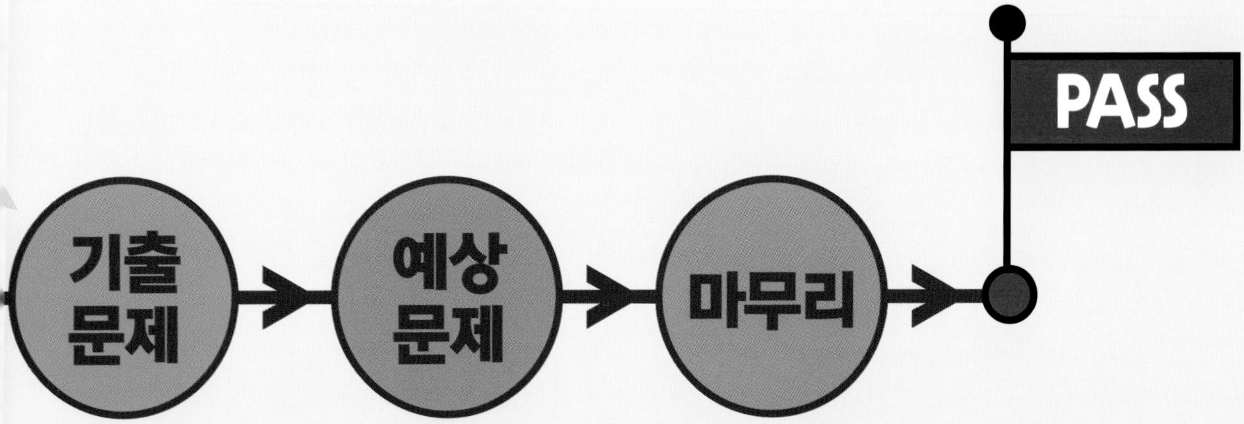

기출문제풀이 훈련으로
취약영역을 보완한다!

예상문제풀이로
실전력을 강화한다!

시험 직전 반드시
확인할 내용만 엄선한다!

강의 기출문제 풀이반

기출문제의 유형과 출제 의도를 이해하고, 본인의 취약영역을 파악 및 보완하는 강의

강의 예상문제 풀이반

최신 출제경향을 반영한 예상 문제들을 풀어보며 실전력을 강화하는 강의

강의 실전동형모의고사반

최신 출제경향을 완벽하게 반영한 모의고사를 풀어보며 실전 감각을 극대화하는 강의

강의 봉투모의고사반

시험 직전에 실제 시험과 동일한 형태의 모의고사를 풀어보며 실전력을 완성하는 강의

해커스경찰

갓대환 형사소송법 기적의 특강

해커스경찰

김대환

약력

현 | 해커스 경찰학원 형사법 · 형법 · 형사소송법 강의

전 | 경찰공제회 경찰 채용 형법 · 형사소송법 강의
김대환 경찰학원 형법 · 형사소송법 강의
아모르이그잼경찰 / 메가CST 형사소송법 대표교수
경찰대학교 행정학과 졸업(16기)
용인대학교 경찰행정학과 석사 수료
사법시험 최종합격(제46회, 2004)
사법연수원 수료(제36기)

저서

갓대환 형사법 기본서 1권 형법, 해커스경찰
갓대환 형사법 기본서 2권 형사소송법(수사와 증거), 해커스경찰
갓대환 형사법 기본서 3권 형사소송법(공판), 해커스경찰
갓대환 형사법 핵심요약집 형법 및 형사소송법(수사와 증거), 해커스경찰
갓대환 형사법 핵심요약집 형사소송법(공판), 해커스경찰
갓대환 형사법 기출총정리, 해커스경찰
갓대환 형사법 진도별 문제풀이 1000제 1차 시험 대비, 해커스경찰
갓대환 형사법 진도별 문제풀이 1000제 2차 시험 대비, 해커스경찰
갓대환 형사법 심화문제집, 해커스경찰
갓대환 형사법 전범위 모의고사, 해커스경찰
갓대환 형법/형사소송법 진도별 문제풀이 500제, 해커스경찰
갓대환 형법/형사소송법 기본서, 해커스경찰
갓대환 핵심 요약집 형법/형사소송법, 해커스경찰
갓대환 형법 기출 1200제, 멘토링
갓대환 형법 기적의 특강 with 5개년 최신판례, 멘토링
갓대환 형법, 형사소송법 승진 삼삼 모의고사, 멘토링
갓대환 형법, 형사소송법 경찰 오오 모의고사, 멘토링
갓대환 형법 적중 모의고사: 시즌1, 시즌2
갓대환 형법/형사소송법 단원별 문제풀이

서문

기적의 특강 형사소송법은 단순히 광고가 아니라 실제 기적을 이루기 위해서 출간된 책입니다.

이 책의 특징입니다.

1. 기적의 특강 형사소송법은 이제까지 출제되었던 기출문제 중 출제 유력한 문제를 1272문제로 엄선하였습니다.

2. 쉽게 공부하기 위해 각 지문마다 난이도를 [Essential ★], [Core ★★], [Superlative ★★★]로 구별하여 문항마다 난이도를 알 수 있도록 하였습니다.

〈기적의 특강 형사소송법 난이도별 분표 (총 1272문제)〉

Essential ★	Core ★★	Superlative ★★★
529 (41.5%)	658 (51.8%)	85 (6.7%)

3. 기적의 특강 형사소송법은 개정 형소법과 공수처법, 검찰청법, 통비법과 신설된 검사와 사법경찰관의 상호협력과 일반적 수사준칙에 관한 규정을 반영하여 문제화 하였으며, 최신판례를 반영하였습니다.

이 책이 세상 밖으로 나올 수 있도록 도와주신 모든 분들께 고마움을 전합니다.

2024년 2월

김대환

목차

형사소송법 OX문제

2021 · 2022 · 2023 중요 판례

해커스경찰

police.Hackers.com

형사소송법 OX 문제

해커스경찰
police.Hackers.com

Part 00

개정반영문제

0001 수사관, 경무관, 총경, 경정, 경감, 경위는 사법경찰관으로서 모든 수사에 관하여 검사의 지휘를 받는다.

O|X

[Essential ★]

해설

검사와 사법경찰관은 수사, 공소제기 및 공소유지에 관하여 서로 협력하여야 한다. (제195조 제1항) [×]

0002 사법경찰관리의 직무를 행하는 검찰청 직원과 사법경찰관리의 직무를 행할 특별사법경찰관리도 수사, 공소제기 및 공소유지에 관하여 검사와 서로 협력하여야 한다.

O|X

[Core ★★]

해설

사법경찰관의 직무를 행하는 검찰청 직원은 검사의 지휘를 받아 수사하여야 한다. (제245조의9 제2항) 특별사법경찰관은 모든 수사에 관하여 검사의 지휘를 받는다. 특별사법경찰관리는 검사의 지휘가 있는 때에는 이에 따라야 한다. (제245조의10 제2항·제4항) [×]

0003 검사는 자신이 수사개시한 범죄에 대하여는 어떠한 경우에도 공소를 제기할 수 없다. [개정 조문]

O|X

[Core ★★]

해설

검사는 자신이 수사개시한 범죄에 대하여는 공소를 제기할 수 없다. 다만, 사법경찰관이 송치한 범죄에 대하여는 그러하지 아니하다. (검찰청법 제4조 제2항) [×]

0004 사법경찰관리가 직무 집행과 관련하여 부당한 행위를 하는 경우라도 지방검찰청 검사장은 수사 중지를 명하거나 임용권자에게 그 사법경찰관리의 교체임용을 요구할 수 없다.

O|X

[Core ★★]

해설

서장이 아닌 경정 이하의 사법경찰관리가 직무 집행과 관련하여 부당한 행위를 하는 경우 지방검찰청 검사장은 해당 사건의 수사 중지를 명하고, 임용권자에게 그 사법경찰관리의 교체임용을 요구할 수 있다. (검찰청법 제54조 제1항) 요구를 받은 임용권자는 정당한 사유가 없으면 교체임용을 하여야 한다. (동법 제54조 제2항) [×]

0005 다음 중 검사가 사법경찰관에게 사건을 송치할 것을 요구할 수 있는 사유는 모두 2개다. O|X

[Superlative ★★★]

㉠ 검사가 사법경찰관과 동일한 범죄사실을 수사하게 된 경우
㉡ 사법경찰관이 사건을 송치하지 아니한 것이 위법 또는 부당한 경우
㉢ 시정조치 요구가 정당한 이유 없이 이행되지 않았다고 인정되는 경우
㉣ 송치사건의 공소제기 여부 결정 또는 공소의 유지에 관하여 필요한 경우나 사법경찰관이 신청한 영장의 청구 여부 결정에 관하여 필요한 경우
㉤ 사법경찰관리의 수사과정에서 법령위반, 인권침해 또는 현저한 수사권 남용이 의심되는 사실의 신고가 있거나 그러한 사실을 인식하게 된 경우

해설

㉠㉢ 2 항목이 검사가 사법경찰관에게 사건을 송치할 것을 요구할 수 있는 사유이다.
㉠ 제197조의4 제1항
㉡ 이는 검사가 사법경찰관에게 재수사를 요청할 수 있는 사유이다.(제245조의8 제1항)
㉢ 제197조의3 제4항
㉣ 이는 검사가 사법경찰관에게 보완수사를 요구할 수 있는 사유이다.(제197조의2 제1항)
㉤ 이는 검사가 사법경찰관에게 사건기록의 등본 송부를 요구할 수 사유와 시정조치를 요구할 수 있는 사유이다.(제197조의3 제1항·제3항) [O]

핵심정리 검사의 경찰에 대한 통제

구분	내용
보완수사 요구	송치사건의 공소제기 여부 결정 또는 공소의 유지에 관하여 필요한 경우나 사법경찰관이 신청한 영장의 청구 여부 결정에 관하여 필요한 경우 → 사법경찰관이 정당한 이유 없이 보완수사 요구에 따르지 아니하는 때에는 해당 사법경찰관의 직무배제 또는 징계를 요구할 수 있음
사건기록 등본 송부 요구	사법경찰관리의 수사과정에서 법령위반, 인권침해 또는 현저한 수사권 남용이 의심되는 사실의 신고가 있거나 그러한 사실을 인식하게 된 경우 → 수사과정에서 법령 위반, 인권침해 또는 현저한 수사권 남용이 있었던 때에는 해당 사법경찰관리의 징 계를 요구할 수 있음
시정조치 요구	(사건기록 등본의 송부를 받고) 필요하다고 인정되는 경우
사건송치 요구	① 시정조치 요구가 정당한 이유 없이 이행되지 않았다고 인정되는 경우 ② 검사가 사법경찰관과 동일한 범죄사실을 수사하게 된 경우
재수사 요청	사법경찰관이 사건을 송치하지 아니한 것이 위법 또는 부당한 경우

0006 검사는 사법경찰관리의 수사과정에서 법령위반, 인권침해 또는 현저한 수사권 남용이 의심되는 사실의 신고가 있거나 그러한 사실을 인식하게 된 경우에는 즉시 사법경찰관에게 사건의 송치를 요구할 수 있고, 검사의 송치요구를 받은 사법경찰관은 검사에게 사건을 송치하여야 한다. O|X

[21 경찰채용] [Core ★★]

해설

검사는 사법경찰관리의 수사과정에서 법령위반, 인권침해 또는 현저한 수사권 남용이 의심되는 사실의 신고가 있거나 그러한 사실을 인식하게 된 경우에는 사법경찰관에게 사건기록 등본의 송부를 요구할 수 있다. 송부 요구를 받은 사법경찰관은 지체 없이 검사에게 사건기록 등본을 송부하여야 한다. 송부를 받은 검사는 필요하다고 인정되는 경우에는 사법경찰관에게 시정조치를 요구할 수 있다.(제197조의3 제1항부터 제3항) [X]

0007 검찰총장 또는 각급 검찰청 검사장은 사법경찰관이 정당한 이유 없이 검사의 보완수사요구를 따르지 아니하는 때에는 직접 징계절차를 진행할 수 있다. O|X

[21 해경간부] [Core ★★]

해설

검찰총장 또는 각급 검찰청 검사장은 사법경찰관이 정당한 이유 없이 보완수사요구에 따르지 아니하는 때에는 권한 있는 사람에게 해당 사법경찰관의 직무배제 또는 징계를 요구할 수 있고, 그 징계 절차는 「공무원 징계령」 또는 「경찰공무원 징계령」에 따른다.(제197조의2 제3항) [×]

0008 검사는 사법경찰관이 사건을 송치하지 아니한 것이 위법 또는 부당한 경우에 해당하는 경우에 사법경찰관에게 보완수사를 요구할 수 있다. O|X

[Essential ★]

해설

검사는 송치사건의 공소제기 여부 결정 또는 공소의 유지에 관하여 필요한 경우나 사법경찰관이 신청한 영장의 청구 여부 결정에 관하여 필요한 경우에 사법경찰관에게 보완수사를 요구할 수 있다.(제197조의2 제1항) '사법경찰관이 사건을 송치하지 아니한 것이 위법 또는 부당한 경우에 해당하는 경우'는 재수사 요청 사유이다.(제245조의8 제1항) [×]

0009 검사는 사법경찰관과 동일한 범죄사실을 수사하게 된 때에는 사법경찰관에게 사건을 송치할 것을 요구할 수 있다. 요구를 받은 사법경찰관은 지체 없이 사건을 송치하여야 한다. 다만, 검사가 영장을 청구하기 전에 동일한 범죄사실에 관하여 사법경찰관이 영장을 신청한 경우에는 해당 영장에 기재된 범죄사실을 계속 수사할 수 있다. O|X

[21 해경간부] [Core ★★]

해설

검사는 사법경찰관과 동일한 범죄사실을 수사하게 된 때에는 사법경찰관에게 사건을 송치할 것을 요구할 수 있다. 요구를 받은 사법경찰관은 지체 없이 검사에게 사건을 송치하여야 한다. 다만, 검사가 영장을 청구하기 전에 동일한 범죄사실에 관하여 사법경찰관이 영장을 신청한 경우에는 해당 영장에 기재된 범죄사실을 계속 수사할 수 있다.(제197조의4) [O]

0010 사법경찰관이 범죄를 수사한 후 범죄의 혐의가 있다고 인정되는 경우에는 지체 없이 검사에게 사건을 송치하고, 검사는 송치사건의 공소제기 여부 결정 또는 공소의 유지에 관하여 필요한 경우 사법경찰관에게 보완수사를 요구할 수 있으며, 특별히 직접 보완수사를 할 필요성이 인정되는 경우에는 예외적으로 직접 보완수사를 할 수 있다. O|X

[21 경찰채용] [Essential ★]

해설

사법경찰관이 범죄를 수사한 후 범죄의 혐의가 있다고 인정되는 경우에는 지체 없이 검사에게 사건을 송치하고, 검사는 송치사건의 공소제기 여부 결정 또는 공소의 유지에 관하여 필요한 경우 사법경찰관에게 보완수사를 요구할 수 있으며, 특별히 직접 보완수사를 할 필요성이 인정되는 경우에는 예외적으로 직접 보완수사를 할 수 있다.(제245조의5 제1호, 제197조의2 제1항) [O]

0011 검사는 송치사건의 공소제기 여부 결정 또는 공소의 유지에 관하여 필요한 경우 사법경찰관에게 송치사건 및 관련사건에 대해 보완수사를 요구할 수 있다. O|X

[Core ★★]

해설

검사는 법 제197조의2 제1항 제1호에 따라 사법경찰관에게 송치사건 및 관련사건 (법 제11조에 따른 관련사건 및 법 제208조 제2항에 따라 간주되는 동일한 범죄사실에 관한 사건을 말한다. 다만, 법 제11조제1호의 경우에는 수사기록에 명백히 현출(現出)되어 있는 사건으로 한정한다)에 대해 다음 각 호의 사항에 관한 보완수사를 요구할 수 있다. (수사준칙 제59조 제3항)
1. 범인에 관한 사항
2. 증거 또는 범죄사실 증명에 관한 사항
3. 소송조건 또는 처벌조건에 관한 사항
4. 양형 자료에 관한 사항
5. 죄명 및 범죄사실의 구성에 관한 사항
6. 그 밖에 송치받은 사건의 공소제기 여부를 결정하는 데 필요하거나 공소유지와 관련해 필요한 사항 [O]

0012 사법경찰관은 보완수사 요구가 있는 때에는 정당한 이유가 없는 한 지체 없이 이를 이행하고, 그 결과를 검사에게 통보하여야 한다. O|X

[Core ★★]

해설

제197조의2 제2항 [O]

0013 검사는 사법경찰관리의 수사과정에서 법령위반, 인권침해 또는 현저한 수사권 남용이 의심되는 사실의 신고가 있거나 그러한 사실을 인식하게 된 경우에는 사법경찰관에게 사건기록등본의 송부를 요구할 수 있다. O|X

[Essential ★]

해설

제197조의3 제1항 [O]

0014 송부 요구를 받은 사법경찰관은 지체 없이 검사에게 사건기록 등본을 송부하여야 한다. 송부를 받은 검사는 필요하다고 인정되는 경우에는 사법경찰관에게 시정조치를 요구할 수 있다. O|X

[Essential ★]

해설

제197조의3 제2항·제3항 [O]

0015 사법경찰관은 시정조치 요구가 있는 때에는 정당한 이유가 없는 한 지체 없이 이를 이행하고, 그 결과를 검사에게 통보하여야 한다. ○│×

[Essential ★]

해설

> 제197조의3 제4항 [○]

0016 통보를 받은 검사는 시정조치 요구가 정당한 이유 없이 이행되지 않았다고 인정되는 경우에는 해당 사건의 수사 중지를 명하고, 임용권자에게 그 사법경찰관의 교체임용을 요구할 수 있다. ○│×

[Core ★★]

해설

> 통보를 받은 검사는 시정조치 요구가 정당한 이유 없이 이행되지 않았다고 인정되는 경우에 는 사법경찰관에게 사건을 송치할 것을 요구할 수 있다. 송치 요구를 받은 사법경찰관은 검사에게 사건을 송치하여야 한다. (제197조의3 제1항부터 제5항·제6항) [×]

0017 형사소송법 제197조의2 제2항에 따른 '정당한 이유의 유무'에 대하여 이견이 있어 협의를 요청받은 검사는 이에 응하지 않을 수 있으며, 이 경우에는 해당 검사가 소속된 검찰청의장과 해당 사법경찰관이 소속된 경찰관서의 장의 협의에 따른다. ○│×

[22 경찰승진] [Essential ★]

해설

> 검사와 사법경찰관은 수사와 사건의 송치, 송부 등에 관한 이견의 조정이나 협력 등이 필요한 경우 서로 협의를 요청할 수 있다. 이 경우 특별한 사정이 없으면 상대방의 협의 요청에 응해야 한다.(수사준칙 제8조 제1항) 협의에 도 불구하고 이견이 해소되지 않는 경우로서 다음 각 호의 어느 하나에 해당하는 경우에는 해당 검사가 소속된 검찰청의 장과 해당 사법경찰관이 소속된 경찰관서(지방해양경찰관서를 포함한다. 이하 같다)의 장의 협의에 따른다. (수사준칙 제8조 제2항)
> 1. 중요사건에 관하여 상호 의견을 제시·교환하는 것에 대해 이견이 있거나 제시·교환한 의견의 내용에 대해 이견이 있는 경우
> 2. 「형사소송법」(이하 "법"이라 한다) 제197조의2 제2항 및 제3항에 따른 정당한 이유의 유무에 대해 이견이 있는 경우
> 3. 법 제197조의4 제2항 단서에 따라 사법경찰관이 계속 수사할 수 있는지 여부나 사법경찰관이 계속 수사할 수 있는 경우 수사를 계속할 주체 또는 사건의 이송 여부 등에 대해 이견이 있는 경우
> 4. 법 제245조의8 제2항에 따른 재수사의 결과에 대해 이견이 있는 경우 [×]

0018 사법경찰관은 피의자를 신문한 후에 수사과정에서 법령위반, 인권침해 또는 현저한 수사권 남용이 있는 경우 검사에게 구제를 신청할 수 있음을 피의자에게 알려주어야 한다. O|X

[Core ★★]

해설

사법경찰관은 피의자를 신문하기 전에 수사과정에서 법령위반, 인권침해 또는 현저한 수사권 남용이 있는 경우 검사에게 구제를 신청할 수 있음을 피의자에게 알려주어야 한다. (제197조의3 제8항) [X]

0019 검사는 사법경찰관과 동일한 범죄사실을 수사하게 된 때에는 사법경찰관에게 사건을 송치할 것을 요구할 수 있다. 요구를 받은 사법경찰관은 지체없이 검사에게 사건을 송치하여야 한다. 다만, 검사가 영장을 발부받기 전에 동일한 범죄사실에 관하여 사법경찰관이 영장을 발부받은 경우에는 해당 영장에 기재된 범죄사실을 계속 수사할 수 있다. O|X

[Core ★★]

해설

검사는 사법경찰관과 동일한 범죄사실을 수사하게 된 때에는 사법경찰관에게 사건을 송치할 것을 요구할 수 있다. 요구를 받은 사법경찰관은 지체 없이 검사에게 사건을 송치하여야 한다. 다만, 검사가 영장을 청구하기 전에 동일한 범죄사실에 관하여 사법경찰관이 영장을 신청한 경우에는 해당 영장에 기재된 범죄사실을 계속 수사할 수 있다. (제197조의4 제1항·제2항) [X]

0020 검사가 사법경찰관이 신청한 영장을 정당한 이유 없이 판사에게 청구하지 아니한 경우 사법경찰관은 그 검사 소속의 지방검찰청 소재지를 관할하는 고등검찰청에 영장 청구 여부에 대한 심의를 신청할 수 있다. O|X

[21 경찰채용] [Essential ★]

해설

제221조의5 제1항 [O]

0021 영장심의위원회는 위원장 1명을 포함한 7명 이내의 외부 위원으로 구성하고, 위원은 각 고등 검찰청 검사장이 위촉한다. O|X

[Core ★★]

해설

영장심의위원회는 위원장 1명을 포함한 10명 이내의 외부 위원으로 구성하고, 위원은 각 고등 검찰청 검사장이 위촉한다.(제221조의5 제3항) [X]

0022 사법경찰관은 범죄의 혐의가 있다고 인정되는 경우에는 지체 없이 검사에게 사건을 송치하고, 관계 서류와 증거물을 검사에게 송부하여야 한다. O|X

[Essential ★]

해설

제245조의5 제1호 [O]

0023 사법경찰관은 범죄의 혐의가 있다고 인정되는 경우 외에는 그 이유를 명시한 서면과 함께 관계 서류와 증거물을 지체 없이 검사에게 송부하여야 한다. 이 경우 검사는 송부받은 날로 부터 60일 이내에 사법경찰관에게 반환하여야 한다. O|X

[Core ★★]

해설

사법경찰관은 범죄의 혐의가 있다고 인정되는 경우 외에는 그 이유를 명시한 서면과 함께 관계 서류와 증거물을 지체 없이 검사에게 송부하여야 한다. 이 경우 검사는 송부받은 날로부터 90일 이내에 사법경찰관에게 반환하여야 한다.(제245조의5 제2호) [X]

0024 사법경찰관은 불송치 이유를 명시한 서면, 관계 서류와 증거물을 검사에게 송부한 날로부터 7일 이내에 서면으로 고소인·고발인·피해자 또는 그 법정대리인 등에게 사건을 검사에게 송치하지 아니하는 취지와 그 이유를 통지하여야 한다. O|X

[Core ★★]

해설

제245조의6 [O]

0025 위 밑줄 친 사람은 해당 사법경찰관의 소속 관서의 장에게 이의를 신청할 수 있다. 사법경찰관은 제1항의 신청이 있는 때에는 지체 없이 검사에게 사건을 송치하고 관계 서류와 증거물을 송부하여야 하며, 처리결과와 그 이유를 신청인에게 통지하여야 한다. O|X

[Core ★★]

해설

제245조의6의 통지를 받은 사람(고발인을 제외한다)은 해당 사법경찰관의 소속 관서의 장에게 이의를 신청할 수 있다.(제245조의7) [X]

0026 검사는 사법경찰관이 사건을 송치하지 아니한 것이 위법 또는 부당한 때에는 사법경찰관에게 사건을 송치할 것을 요구할 수 있다. O|X

[Core ★★]

해설

검사는 사법경찰관이 사건을 송치하지 아니한 것이 위법 또는 부당한 때에는 그 이유를 문서로 명시하여 사법경찰관에게 재수사를 요청할 수 있다. (제245조의8 제1항) 사법경찰관은 재수사 요청이 있는 때에는 사건을 재수사하여야 한다.(제245조의8 제2항) [×]

핵심정리 경찰의 수사의 종결

구분	내용
송치	범죄 혐의가 있다고 인정되는 경우 사법경찰관은 지체 없이 검사에게 사건을 송치하고 관계 서류와 증거물을 송부하여야 함 — 검사에 의한 2차적 수사가 개시됨
불송치	범죄 혐의가 없다고 인정되는 경우 사법경찰관은 그 이유를 명시한 서면과 함께 관계 서류와 증거물을 지체 없이 검사에게 송부하여야 함 — 검사의 재수사요청이나 고소인 등의 이의신청이 없으면 수사가 종결됨 - 검사는 사건을 송치하지 아니한 것이 위법 또는 부당한 때에는 재수사를 요청할 수 있고, 이 경우 사법경찰관은 재수사하여야 함 - 사법경찰관은 7일 이내에 서면으로 고소인 등에게 불송치 취지와 그 이유를 통지하여야 함. 불송치 통지를 받은 사람은 사법경찰관의 소속 관서의 장에게 이의를 신청할 수 있고, 이의신청이 있는 경우 사법경찰관은 지체 없이 검사에게 사건을 송치하고 관계 서류와 증거물을 송부하여야 함

0027 검사는 사법경찰관에게 재수사를 요청하려는 경우에는 관계 서류와 증거물을 송부받은 날부터 90일 이내에 해야 하며, 90일이 지난 후에는 불송치 결정에 영향을 줄 수 있는 명백히 새로운 증거 또는 사실이 발견된 경우를 제외하고 재수사를 요청할 수 없다. O|X

[21 경찰채용] [Superlative ★★★]

해설

검사는 법 제245조의8에 따라 사법경찰관에게 재수사를 요청하려는 경우에는 법 제245조의5 제2호에 따라 관계 서류와 증거물을 송부받은 날부터 90일 이내에 해야 한다. 다만, 다음 각 호의 어느 하나에 해당하는 경우에는 관계 서류와 증거물을 송부받은 날부터 90일이 지난 후에도 재수사를 요청할 수 있다.(수사준칙 제63조 제1항)

1. 불송치 결정에 영향을 줄 수 있는 명백히 새로운 증거 또는 사실이 발견된 경우
2. 증거 등의 허위, 위조 또는 변조를 인정할 만한 상당한 정황이 있는 경우 [×]

0028 사법경찰관의 사건 불송치 등에 관한 다음 설명 중 옳지 않은 것은 모두 1개다. O|X

[Superlative ★★★]

㉠ 사법경찰관은 범죄를 수사한 때에 범죄의 혐의가 있다고 인정되는 경우 외에는 그 이유를 명시한 서면과 함께 관계 서류와 증거물을 지체 없이 검사에게 송부하여야 한다. ㉡ 사법경찰관은 그 송부한 날로부터 7일 이내에 서면으로 고소인·고발인·피해자 또는 그 법정대리인에게 사건을 검사에게 송치하지 아니하는 취지와 그 이유를 통지하여야 한다. ㉢ 통지를 받은 사람(고발인 제외)은 30일 이내에 해당 사법경찰관의 소속 관서의 장에게 이의를 신청할 수 있다. ㉣ 사법경찰관은 이의신청이 있는 때에는 지체 없이 사건을 재수사하여야 한다.

해설

㉢㉣ 2 항목이 옳지 않다.
㉠ 제245조의5 제2호 ㉡ 제245조의6
㉢ 통지를 받은 사람은 해당 사법경찰관의 소속 관서의 장에게 이의를 신청할 수 있다. (제245조의7 제1항) 이의신청 시기에는 특별히 제한이 없다.
㉣ 사법경찰관은 이의신청이 있는 때에는 지체 없이 검사에게 사건을 송치하고 관계 서류와 증거물을 송부하여야 하며, 처리결과와 그 이유를 신청인에게 통지하여야 한다. (제245조의7 제2항) [×]

0029 사법경찰관이 사건을 수사한 결과 불송치 결정 중 죄가 안됨에 해당하여 형법 제10조 제1항에 따라 피의자를 벌할 수 없는 경우에는 해당 사건을 검사에게 이송한다. O|X

[22 경찰채용] [Core ★★]

해설

사법경찰관은 제1항 제3호 나목 또는 다목에 해당하는 사건이 다음 각 호의 어느 하나에 해당하는 경우에는 해당 사건을 검사에게 이송한다.(수사준칙 제51조 제3항)
1. 형법 제10조 제1항(심신상실)에 따라 벌할 수 없는 경우
2. 기소되어 사실심 계속 중인 사건과 포괄일죄를 구성하는 관계에 있거나 형법 제40조에 따른 상상적 경합 관계에 있는 경우 [O]

0030 현행범체포는 「검사와 사법경찰관의 상호협력과 일반적 수사준칙에 관한 규정」상 사법경찰관이 그 행위에 착수한 때에는 수사를 개시한 것으로 보고 해당 사건을 즉시 입건해야 하는 경우에 해당한다. O|X

[21 경찰채용] [Essential ★]

해설

현행범인 체포는 「검사와 사법경찰관의 상호협력과 일반적 수사준칙에 관한 규정」상 사법 경찰관이 그 행위에 착수한 때에는 수사를 개시한 것으로 보고 즉시 입건해야 하는 경우가 아니다.(수사준칙 제16조 제1항) [×]

핵심정리 수사를 개시한 것으로 보는 사유
1. 피혐의자의 수사기관 출석조사
2. 피의자신문조서의 작성
3. 긴급체포
4. 체포·구속 영장의 청구 또는 신청
5. 사람의 신체, 주거, 관리하는 건조물, 자동차, 선박, 항공기 또는 점유하는 방실에 대하여 압수·수색·검증영장을 청구하거나 신청한 때(다만, 부검을 위한 검증영장은 제외한다)

0031 다음 중 「고위공직자범죄수사처 설치 및 운영에 관한 법률」상 '고위공직자'가 아닌 사람은 모두 2명이다. O|X

[Superlative ★★★]

㉠ 국회의원	㉡ 법무부장관
㉢ 서울특별시장	㉣ 경무관 이상 경찰공무원
㉤ 장성급 장교	㉥ 공정거래위원회 3급 이상 공무원
㉦ 서울대학교 총장·이사	㉧ 판사 및 검사

해설

㉦ 항목만 고위공직자가 아니다. (공수처법 제2조 제1호 참고) [X]

핵심정리 고위공직자의 분류 (공수처법 제2조 제1호)

A급 고위공직자	B급 고위공직자
1. 대법원장 및 대법관 2. 검찰총장 3. 판사 및 검사 4. 경무관 이상 경찰공무원 ※ 수사와 공소제기·유지 모두 공수처가 한다.	1. 대통령 2. 국회의장 및 국회의원 3. 헌법재판소장 및 헌법재판관 4. 국무총리와 국무총리비서실 소속 정무직공무원 5. 중앙선관위의 정무직공무원 6. 중앙행정기관의 정무직공무원 7. 대통령비서실 등 소속 3급 이상 공무원 8. 국회사무처 등의 정무직공무원 9. 대법원장비서실 등의 정무직공무원 10. 시·도지사 및 교육감 11. 장성급 장교 12. 금융감독원 원장·부원장·감사 13. 감사원·국세청·공정거래위원회·금융위원회 소속 3급 이상 공무원 ※ 수사는 공수처가 하고, 공소제기·유지는 검찰이 한다.

0032 수사처는 '대법원장, 대법관, 검찰총장, 판사, 검사 및 경무관 이상 경찰공무원으로 재직 중에 본인 또는 본인의 가족이 범한 고위공직자범죄 및 관련범죄'를 제외한 고위공직자범죄 및 관련범죄의 공소제기와 그 유지를 수행한다. ○│×

[Core ★★]

해설

수사처는 '대법원장, 대법관, 검찰총장, 판사, 검사 및 경무관 이상 경찰공무원으로 재직 중에 본인 또는 본인의 가족이 범한 고위공직자범죄 및 관련범죄'의 공소제기와 그 유지를 수행한다.(공수처법 제3조 제1항 제2호) 이들은 제외한 고위공직자범죄등의 경우 공소제기와 그 유지는 서울중앙지방 검찰청 소속 검사가 수행한다.(공수처법 제26조 제1항 참고) [×]

0033 검사 또는 사법경찰관은 피의자에 대한 신문이 아니라 단순 면담 등이라는 이유로 변호인의 참여· 조력을 제한해서는 안 된다. ○│×

[Essential ★]

해설

검사 또는 사법경찰관은 피의자에 대한 신문이 아니라 단순 면담 등이라는 이유로 변호인의 참여·조력을 제한해서는 안 된다.(수사준칙 제13조 제2항) [○]

0034 검사 또는 사법경찰관은 정당한 사유가 없는 한 피의자에 대한 법적 조언·상담을 보장해야 하나, 이를 위한 메모는 허용하지 않아도 된다. ○│×

[Essential ★]

해설

정당한 사유가 없는 한 피의자에 대한 법적 조언·상담을 보장해야 하며, 이를 위한 메모를 허용해야 한다. (수사준칙 제13조 제1항) [×]

0035 검사 또는 사법경찰관은 피의자에게 출석요구를 하려는 경우 피의사실의 요지 등 출석요구의 취지를 구체적으로 적은 출석요구서를 발송해야 한다. 다만, 신속한 출석요구가 필요한 경우 등 부득이한 사정이 있는 경우에는 전화, 문자메시지, 그 밖의 상당한 방법으로 출석요구를 할 수 있다. ○│×

[Core ★★]

해설

검사 또는 사법경찰관은 피의자에게 출석요구를 하려는 경우 피의사실의 요지 등 출석요구의 취지를 구체적으로 적은 출석요구서를 발송해야 한다. 다만, 신속한 출석요구가 필요한 경우 등 부득이한 사정이 있는 경우에는 전화, 문자메시지, 그 밖의 상당한 방법으로 출석요구를 할 수 있다.(수사준칙 제19조 제3항) [○]

0036 검사 또는 사법경찰관은 피의자에게 출석요구를 하려는 경우에는 피의자와 조사의 일시·장소에 관하여 협의해야 하고 변호인이 있는 때에는 변호인과도 협의해야 하나, 피의자 외의 사람에 대한 출석요구의 경우에는 협의를 요하지 아니한다. O|X

[21 경찰채용] [*Core* ★★]

해설

검사 또는 사법경찰관은 피의자에게 출석요구를 하려는 경우 피의자와 조사의 일시·장소에 관하여 협의해야 한다. 이 경우 변호인이 있는 경우에는 변호인과도 협의해야 한다. (수사준칙 제19조 제2항) 제2항 규정은 피의자 외의 사람에 대한 출석요구의 경우에도 적용한다.(제19조 제6항) [×]

0037 검사 또는 사법경찰관은 조사, 신문, 면담 등 그 명칭을 불문하고 피의자나 사건관계인에 대해 오후 9시부터 오전 8시까지 사이에 조사를 해서는 안 된다. O|X

[Essential ★]

해설

검사 또는 사법경찰관은 조사, 신문, 면담 등 그 명칭을 불문하고 피의자나 사건관계인에 대해 오후 9시부터 오전 6시까지 사이에 조사를 해서는 안 된다.(수사준칙 제21조 제1항) [×]

0038 검사 또는 사법경찰관은 피의자나 사건관계인에 대해 원칙적으로 오후 9시부터 오전 6시까지 사이에 심야조사를 해서는 안 되지만, 이미 작성된 조서의 열람을 위한 절차는 예외적으로 오후 9시부터 오전 6시까지 사이에 진행할 수 있다. O|X

[22 경찰승진] [Essential ★]

해설

검사 또는 사법경찰관은 조사, 신문, 면담 등 그 명칭을 불문하고 피의자나 사건관계인에 대해 오후 9시부터 오전 6시까지 사이에 조사를 해서는 안 된다. 다만, 이미 작성된 조서의 열람을 위한 절차는 자정 이전까지 진행할 수 있다.(수사준칙 제21조 제1항) [×]

0039 피의자를 체포한 후 48시간 이내에 구속영장의 청구 또는 신청 여부를 판단하기 위해 불가피한 경우 심야조사를 할 수 있다. O|X

[*Core* ★★]

해설

심야조사할 수 있는 사유에 해당한다. [O]

핵심정리 심야조사할 수 있는 사유(수사준칙 제21조 제2항 제1호 제3호)

1. 피의자를 체포한 후 48시간 이내에 구속영장의 청구 또는 신청 여부를 판단하기 위해 불가피한 경우
2. 공소시효가 임박한 경우
3. 피의자나 사건관계인이 출국, 입원, 원거리 거주, 직업상 사유 등 재출석이 곤란한 구체적인 사유를 들어 심야조사를 요청한 경우(변호인이 심야조사에 동의하지 않는다는 의사를 명시한 경우는 제외한다)로서 해당 요청에 상당한 이유가 있다고 인정되는 경우

4. 그 밖에 사건의 성질 등을 고려할 때 심야조사가 불가피하다고 판단되는 경우 등 법무부장관, 경찰청장 또는 해양경찰청장이 정하는 경우로서 검사 또는 사법경찰관의 소속 기관의 장이 지정하는 인권보호 책임자의 허가 등을 받은 경우

0040 검사 또는 사법경찰관은 조사, 신문, 면담 등 그 명칭을 불문하고 피의자나 사건관계인을 조사하는 경우에는 대기시간, 휴식시간, 식사시간 등 모든 시간을 합산한 조사시간이 12시간을 초과하지 않도록 해야 한다. O|X

[Essential ★]

해설

수사준칙 제22조 제1항 [O]

0041 검사 또는 사법경찰관은 특별한 사정이 없으면 총 조사시간 중 식사시간, 휴식시간 및 조서의 열람시간 등을 제외한 실제 조사시간이 8시간을 초과하지 않도록 해야 한다. O|X

[Essential ★]

해설

수사준칙 제22조 제2항 [O]

0042 검사 또는 사법경찰관은 특별한 사정이 없으면 총 조사시간 중 식사시간, 휴식시간 및 조서의 열람시간 등을 제외한 실제 조사시간이 12시간을 초과하지 않도록 해야 한다. O|X

[21 경찰채용] [Essential ★]

해설

검사 또는 사법경찰관은 조사, 신문, 면담 등 그 명칭을 불문하고 피의자나 사건관계인을 조사하는 경우에는 대기시간, 휴식시간, 식사시간 등 모든 시간을 합산한 조사시간(이하 "총 조사시간"이라 한다)이 12시간을 초과하지 않도록 해야 한다. 다만, 피의자나 사건관계인의 서면 요청에 따라 조서를 열람하는 경우 또는 수사준칙 제21조 제2항 각 호의 어느 하나에 해당하는 경우에는 예외로 한다.(수사준칙 제22조 제1항) [×]

0043 검사 또는 사법경찰관은 피의자나 사건관계인에 대한 조사를 마친 때부터 8시간이 지나기 전에는 다시 조사할 수 없다. O|X

[Essential ★]

해설

수사준칙 제22조 제3항 [O]

0044 검사 또는 사법경찰관은 조사에 상당한 시간이 소요되는 경우에는 특별한 사정이 없으면 피의자 또는 사건관계인에게 조사 도중에 최소한 3시간마다 10분 이상의 휴식시간을 주어야 한다. O|X

[21 경찰채용] [Essential ★]

해설

검사 또는 사법경찰관은 조사에 상당한 시간이 소요되는 경우에는 특별한 사정이 없으면 피의자 또는 사건관계인에게 조사 도중에 최소한 2시간마다 10분 이상의 휴식시간을 주어야 한다. (수사준칙 제23조 제1항) [×]

0045 사법경찰관은 수사중지 결정(피의자중지, 참고인중지)을 한 경우 7일 이내에 사건기록을 검사에게 송부해야 한다. O|X

[Essential ★]

해설

수사준칙 제51조 제4항 [O]

0046 검사는 사건기록을 송부받은 날부터 60일 이내에 반환해야 하며, 그 기간 내에 시정조치요구를 할 수 있다. O|X

[Core ★★]

해설

검사는 사건기록을 송부받은 날부터 30일 이내에 반환해야 하며, 그 기간 내에 법 제197조의3에 따라 시정조치요구를 할 수 있다.(수사준칙 제51조 제4항) [×]

0047 수사중지 결정의 통지를 받은 사람은 소속된 경찰관서의 장에게 이의를 제기할 수 있다. O|X

[22 경찰채용] [Core ★★]

해설

수사중지 결정의 통지를 받은 사람은 해당 사법경찰관이 소속된 바로 위 상급경찰관서의 장에게 이의를 제기할 수 있다.(수사준칙 제54조 제1항) [×]

0048 수사중지 결정 통지를 받은 사람은 해당 수사중지 결정이 법령위반, 인권침해 또는 현저한 수사권 남용이라고 의심되는 경우 검사에게 법 제197조의3 제1항에 따른 신고를 할 수 있다. O|X

[Essential ★]

해설

수사준칙 제54조 제3항 [O]

0049 사법경찰관은 수사결과에 따라 범죄의 혐의가 있다고 인정되는 경우에는 지체 없이 검사에게 사건을 송치하고 관계 서류와 증거물을 검사에게 송부하여야 하는데, 이 때 보완수사가 필요하다고 인정되는 경우에도 검사는 직접 보완수사할 수 없으며 사법경찰관에 대한 보완 수사요구만 가능하다.

○ | ×

[Essential ★]

해설

검사는 사법경찰관으로부터 송치받은 사건에 대해 보완수사가 필요하다고 인정하는 경우에는 직접 보완수사를 하거나 법 제197조의2 제1항제1호에 따라 사법경찰관에게 보완수사를 요구할 수 있다. 다만, 송치사건의 공소제기 여부 결정에 필요한 경우로서 다음 각 호의 어느 하나에 해당하는 경우에는 특별히 사법경찰관에게 보완수사를 요구할 필요가 있다고 인정되는 경우를 제외하고는 검사가 직접 보완수사를 하는 것을 원칙으로 한다.(수사준칙 제59조 제1항)
1. 사건을 수리한 날(이미 보완수사요구가 있었던 사건의 경우 보완수사 이행 결과를 통보받은 날을 말한다)부터 1개월이 경과한 경우
2. 사건이 송치된 이후 검사가 해당 피의자 및 피의사실에 대해 상당한 정도의 보완수사를 한 경우
3. 법 제197조의3 제5항, 제197조의4 제1항 또는 제198조의2 제2항에 따라 사법경찰관으로부터 사건을 송치받은 경우
4. 제7조 또는 제8조에 따라 검사와 사법경찰관이 사건 송치 전에 수사할 사항, 증거수집의 대상 및 법령의 적용 등에 대해 협의를 마치고 송치한 경우

[×]

0050 검사는 사법경찰관이 재수사 결과를 통보한 사건에 대해서 1회에 한하여 다시 재수사를 요청할 수 있다.

○ | ×

[22 경찰간부] [Core ★★]

해설

검사는 사법경찰관이 제1항 제2호에 따라 재수사 결과(기존의 불송치 결정 유지)를 통보한 사건에 대해서 다시 재수사를 요청하거나 송치 요구를 할 수 없다. 다만, 검사는 사법경찰관이 사건을 송치하지 않은 위법 또는 부당이 시정되지 않아 사건을 송치받아 수사할 필요가 있는 다음 각 호의 경우에는 법 제197조의3에 따라 사건송치를 요구할 수 있다. (수사준칙 제64조 제2항)
1. 관련 법령 또는 법리에 위반된 경우
2. 범죄 혐의의 유무를 명확히 하기 위해 재수사를 요청한 사항에 관하여 그 이행이 이루어지지 않은 경우. 다만, 불송치 결정의 유지에 영향을 미치지 않음이 명백한 경우는 제외한다.
3. 송부받은 관계 서류 및 증거물과 재수사 결과만으로도 범죄의 혐의가 명백히 인정되는 경우
4. 공소시효 또는 형사소추의 요건을 판단하는 데 오류가 있는 경우

[×]

0051 사법경찰관이 재수사 중인 사건에 대해 형사소송법 제245조의7 제1항에 따른 고소인 등의 이의신청이 있는 경우에는 사법경찰관은 재수사를 중단해야 하며, 같은 조 제2항에 따라 해당 사건을 지체 없이 검사에게 송치하고 관계 서류와 증거물을 송부해야 한다.

○ | ×

[22 경찰채용] [Essential ★]

해설

사법경찰관은 법 제245조의8 제2항에 따라 재수사 중인 사건에 대해 법 제245조의7 제1항에 따른 이의신청이 있는 경우에는 재수사를 중단해야 하며, 같은 조 제2항에 따라 해당 사건을 지체 없이 검사에게 송치하고 관계 서류와 증거물을 송부해야 한다.(수사준칙 제65조)

[○]

0052 검사는 법 제245조의8에 따라 사법경찰관에게 재수사를 요청하려는 경우에는 법 제245조의5 제2호에 따라 관계 서류와 증거물을 송부받은 날부터 90일 이내에 해야 한다. O|X

[22 경찰채용] [Core ★★]

해설

검사는 법 제245조의8에 따라 사법경찰관에게 재수사를 요청하려는 경우에는 법 제245조의5 제2호에 따라 관계 서류와 증거물을 송부받은 날부터 90일 이내에 해야 한다. 다만, 다음 각 호의 어느 하나에 해당하는 경우에는 관계 서류와 증거물을 송부받은 날부터 90일이 지난 후에도 재수사를 요청할 수 있다.(수사준칙 제63조 제1항)
1. 불송치 결정에 영향을 줄 수 있는 명백히 새로운 증거 또는 사실이 발견된 경우
2. 증거 등의 허위, 위조 또는 변조를 인정할 만한 상당한 정황이 있는 경우 [O]

0053 사법경찰관은 피의자를 긴급체포 후 12시간 내에 검사에게 긴급체포의 승인을 요청해야 한다. 다만 '피의자중지 또는 기소중지 결정이 된 피의자를 소속 경찰관서가 위치하는 특별시·광역시·특별자치시·도 또는 특별자치도 외의 지역에서 긴급체포한 경우' 또는 '경비수역에서 긴급체포한 경우'에는 긴급체포 후 36시간 이내에 긴급체포의 승인을 요청해야 한다. O|X

[Essential ★]

해설

사법경찰관은 피의자를 긴급체포 후 12시간 내에 검사에게 긴급체포의 승인을 요청해야 한다. 다만 '피의자중지 또는 기소중지 결정이 된 피의자를 소속 경찰관서가 위치하는 특별시·광역시·특별자치시·도 또는 특별자치도 외의 지역에서 긴급체포한 경우' 또는 '경비수역에서 긴급체포한 경우'에는 긴급체포 후 24시간 이내에 긴급체포의 승인을 요청해야 한다.(수사준칙 제27조 제1항) [×]

0054 검사 또는 사법경찰관은 피의자를 체포하거나 구속할 때에는 피의자에게 피의사실의 요지, 체포. 구속의 이유와 변호인을 선임할 수 있음을 말하고, 변명할 기회를 주어야 하며, 진술거부권을 알려주어야 한다. O|X

[Essential ★]

해설

검사 또는 사법경찰관은 피의자를 체포하거나 구속할 때에는 법 제200조의5(법 제209조에서 준용하는 경우를 포함한다)에 따라 피의자에게 피의사실의 요지, 체포·구속의 이유와 변호인을 선임할 수 있음을 말하고, 변명할 기회를 주어야 하며, 진술거부권을 알려주어야 한다. (수사준칙 제32조 제1항) [O]

0055 검사 또는 사법경찰관은 피의자의 범죄수법, 범행 동기, 피해자와의 관계, 언동 및 그 밖의 상황으로 보아 피해자가 피의자 또는 그 밖의 사람으로부터 생명 - 신체에 위해를 입거나 입 을 염려가 있다고 인정되는 경우에는 피해자의 신청이 있는 때에 한하여 신변보호에 필요한 조치를 강구할 수 있다. O|X

[21 경찰채용] [Core ★★]

해설

검사 또는 사법경찰관은 피의자의 범죄수법, 범행 동기, 피해자와의 관계, 언동 및 그 밖의 상황으로 보아 피해자가 피의자 또는 그 밖의 사람으로부터 생명·신체에 위해를 입거나 입을 염려가 있다고 인정되는 경우에는 직권 또는 피해자의 신청에 따라 신변보호에 필요한 조치를 강구해야 한다. (수사준칙 제15조 제2항) [×]

0056 피의자신문조서, 진술조서, 검증조서에 압수의 취지를 적은 경우에도 압수조서와 압수목록을 작성해야 한다. O|X

[Essential ★]

해설

피의자신문조서, 진술조서, 검증조서에 압수의 취지를 적은 경우에는 압수조서와 압수목록을 작성하지 않아도 된다.(수사준칙 제40조 단서) [×]

0057 사법경찰관은 사건기록 등본의 송부 요구를 받은 날부터 10일 이내에 사건기록 등본을 검사에게 송부해야 한다. O|X

[Essential ★]

해설

사법경찰관은 사건기록 등본의 송부 요구를 받은 날부터 7일 이내에 사건기록 등본을 검사에 게 송부해야 한다. (수사준칙 제45조 제2항) [×]

0058 피의자, 사건관계인 또는 그 변호인은 검사가 불기소 결정을 하거나 사법경찰관이 불송치결정을 한 사건에 관한 기록의 전부 또는 일부에 대해 열람·복사를 신청할 수 있다. 피의자 또는 그 변호인은 필요한 사유를 소명하고 고소장, 고발장, 이의신청서, 항고장, 재항고장의 열람·복사를 신청할 수 있다. 이 경우 열람·복사의 범위는 피의자에 대한 혐의사실 부분으로 한정하되, 그 밖에 사건관계인에 관한 사실이나 개인정보, 증거방법 또는 고소장 등에 첨부된 서류 등은 포함한다. O|X

[Core ★★]

해설

피의자, 사건관계인 또는 그 변호인은 검사가 불기소 결정을 하거나 사법경찰관이 불송치 결정을 한 사건에 관한 기록의 전부 또는 일부에 대해 열람·복사를 신청할 수 있다. (수사준칙 제69조 제2항) 열람·복사의 범위는 피의자에 대한 혐의사실 부분으로 한정하고, 그 밖에 사건관계인에 관한 사실이나 개인정보, 증거방법 또는 고소장 등에 첨부된 서류 등은 제외한다.(수사준칙 제69조 제3항 단서) [×]

MEMO

Part 01

서 론

0059 「형사소송법」은 형사사법의 정의를 지향하고 있으며 「형법」에 비하여 도덕적·윤리적 성격이 강하다. O|X

[21 경찰승진] [Core ★★]

해설

형사소송법은 **절차법으로** 기술적(技術的) 성격이 강하다. **이에 비하여 실체법인** 형법은 도덕적·윤리적 성격이 강하다. [×]

0060 「형사소송법」은 절차법으로서 실체법인 「형법」과는 목적·수단의 관계에 놓여 있는 순수한 합목적적 규범이다. O|X

[21 경찰승진] [Core ★★]

해설

형사소송법과 형법이 목적·수단의 관계에 놓여 있다고 볼 수 없다. **또한** 형사소송법은 **국가의 사법작용의 행사방법을 규율하는 사법법(司法法)에 해당하고** 상대적으로 합목적성보다는 합법성 또는 법적 안정성이 중시된다. [×]

0061 다음 중 헌법에 규정되어 있는 것은 모두 15개다. O|X

[17 경찰승진, 16 경찰승진, 16 경찰채용, 14 경찰승진, 13 경찰채용, 12 경찰채용, 11 국가9급] [Superlative ★★★]

㉠ 증거재판주의	㉡ 자유심증주의
㉢ 위법수집증거배제법칙	㉣ 자백배제법칙
㉤ 자백의 보강법칙	㉥ 전문법칙
㉦ 당사자의 동의와 증거능력	㉧ 탄핵증거
㉨ 기피신청권	㉩ 진술거부권
㉪ 증거신청권	㉫ 보석청구권
㉬ 증거보전청구권	㉭ 형사보상청구권
㉮ 헌법소원청구권	㉯ 영장실질심사를 받을 권리
㉰ 체포·구속적부심사청구권	㉱ 범죄피해자의 재판절차진술권
㉲ 적법절차원칙	㉳ 무죄추정의 원칙
㉴ 일사부재리의 원칙	㉵ 불이익변경금지의 원칙
㉶ 고문금지	㉷ 영장주의와 영장주의의 예외
㉸ 신속한 공개재판을 받을 권리	㉹ 변호인의 조력을 받을 권리와 국선변호인 제도
㉺ 체포·구속의 이유와 변호인선임권을 고지받을 권리	

해설

㉣㉤㉩㉭㉮㉰㉱㉲㉳㉴㉶㉷㉸㉹㉺ 15개가 헌법에 규정되어 있다. [O]

0062 강제수사법정주의는 헌법에 명시적으로 규정된 절차이다. O | X

[21 해경채용] [Core ★★]

해설

헌법 제12조 제1항 이 조항은 "모든 국민은 신체의 자유를 가진다. 누구든지 법률에 의하지 아니하고는 체포·구속·압수·수색 또는 심문을 받지 아니하며, 법률과 적법한 절차에 의하지 아니하고는 처벌·보안처분 또는 강제노역을 받지 아니한다."라고 규정하고 있다. 강제수사법정주의도 헌법에 명시적으로 규정되어 있다고 보아야 한다. [O]

0063 소년법, 정부조직법, 경찰관직무집행법, 헌법은 형사소송법의 법원에 속한다. O | X

[22 해경승진] [Core ★★]

해설

소년법, 경찰관직무집행법, 헌법은 형사소송법의 법원에 해당하나, 정부조직법은 형사절차를 규정하고 있지 않기 때문에 형사소송법의 법원이 아니다. [X]

0064 열 사람의 범인을 놓치는 한이 있더라도 한 사람의 죄 없는 사람을 벌하여서는 안 된다"라는 격언은 적극적 실체적 진실주의의 표현이다. O | X

[21 경찰승진] [Essential ★]

해설

"열 사람의 범인을 놓치는 한이 있더라도 한 사람의 죄 없는 사람을 벌하여서는 안 된다"라는 법언(法諺)은 소극적 실체적 진실주의의 표현이다. [X]

0065 외국인이 대한민국 공무원에게 알선한다는 명목으로 금품을 수수하는 행위가 대한민국 영역 내에서 이루어졌더라도 금품수수의 명목이 된 알선행위를 하는 장소가 대한민국 영역 외라면 대한민국의 형벌법규가 적용되지 않는다. O | X

[14 경간부, 14 경찰채용] [Essential ★]

해설

외국인이 대한민국 공무원에게 알선한다는 명목으로 금품을 수수하는 행위가 대한민국 영역 내에서 이루어진 이상, 비록 금품수수의 명목이 된 알선행위를 하는 장소가 대한민국 영역 외라 하더라도 대한민국 영역 내에서 죄를 범한 것이라고 하여야 할 것이므로, 형법 제2조에 의하여 대한민국의 형벌법규가 적용되어야 한다.(대법원 2000. 4.21. 99도3403 美국적 변호사 사건) [X]

0066 대한민국 내에 있는 미국문화원이 치외법권지역이고 그 곳을 미국영토의 연장으로 본다 하더라도 그 곳에서 죄를 범한 대한민국 국민에 대하여 우리나라의 재판권은 당연히 미친다. O | X

[17 경찰승진, 16 경간부, 13 경찰승진, 13 경간부] [Essential ★]

해설

대법원 1986.6.24. 86도403 을지로 미문화원 점거 사건 [O]

0067 필리핀국에서 카지노의 외국인 출입이 허용되어 있으므로 내국인인 피고인이 필리핀에서 도박행위를 하였다 하더라도 우리나라 형법이 적용되지 아니한다. O|X

[14 경찰채용, 11 경찰승진] [Essential ★]

해설

필리핀국에서 카지노의 외국인 출입이 허용되어 있다 하여도 형법 제3조에 따라 (내국인인) 피고인에게 우리나라 형법이 당연히 적용된다.(대법원 2001.9.25. 99도3337 필리핀 도박사건) [X]

0068 캐나다 시민권자인 피고인이 캐나다에서 위조사문서를 행사하였다는 내용으로 기소된 경우, 대한민국 법원에 재판권이 없다. O|X

[17 경찰승진, 16 경간부, 16 경찰채용, 14 경간부, 14 경찰채용, 13 경찰채용, 12 법원9급] [Core ★★]

해설

대법원 2011.8.25. 2011도6507 캐나다 교포 사기사건 [O]

0069 중국 북경시에 소재한 대한민국 영사관 내부에서 내국인이 아닌 피고인이 사문서위조죄를 범한 경우 대한민국 법원에 재판권이 있다. O|X

[15 변호사, 15 경간부, 11 국가9급] [Core ★★]

해설

(1) 중국 북경시에 소재한 대한민국 영사관 내부는 여전히 중국의 영토에 속할 뿐 이를 대한민국의 영토로서 그 영역에 해당한다고 볼 수 없을 뿐 아니라 사문서위조죄가 형법 제6조의 대한민국 또는 대한민국 국민에 대하여 범한 죄에 해당하지 아니함은 명백하다. (2) 따라서 원심이 내국인이 아닌 피고인이 위 영사관 내에서 A 명의의 여권발급신청서 1장을 위조하였다는 취지의 공소사실에 대하여 외국인의 국외범에 해당한다는 이유로 피고인에 대한 재판권이 없다고 판단한 것은 옳다.(대법원 2006.9.22. 2006도5010 북경 한국영사관 사건) [X]

0070 내국 법인의 대표자인 외국인이 외국에서 그 법인에 대한 횡령죄를 범한 경우 행위지의 법률에 따르면 범죄를 구성하지 아니하거나 소추 또는 형의 집행을 면제할 경우가 아니라면 그 외국인에 대하여 우리나라 법원에 재판권이 있다. O|X

[17 국가7급] [Essential ★]

해설

대법원 2017.3.22. 2016도17465 [O]

0071 국회의원이 '구 국가안전기획부의 불법 녹음 내용'과 검사들이 삼성그룹으로부터 떡값 명목의 금품을 수수하였다'는 내용이 게재된 보도자료를 국회 의원회관에서 기자들에게 배포하거나 자신의 인터넷 홈페이지에 기재한 것은 모두 면책특권의 대상이 되므로 법원은 공소 기각판결을 선고하여야 한다. ○|×

[17 경찰승진, 14 변호사, 13 경찰승진, 12 법원9급] [Core ★★]

해설

국회의원이 보도자료를 국회 의원회관에서 기자들에게 배포한 것은 면책특권의 대상이 되지만, 국회 내가 아닌 인터넷 홈페이지에 기재한 것은 면책특권의 대상이 되지 않는다.(대법원 2011.5.13. 2009도14442, 대법원 2013.2.14. 2011도15315 노회찬의원사건) [×]

0072 다음은 모두 국회의원의 면책특권의 대상이 되는 행위이다. ○|×

[Core ★★]

㉠ 국회의원이 국회 본회의에서 질문할 원고를 사전에 배포한 경우
㉡ 국회 예산결산위원회 회의장에서 법무부장관을 상대로 대정부질의를 하던 중 대통령 측근에 대한 대선자금 제공 의혹과 관련하여 이에 대한 수사를 촉구하는 과정에서 발언을 한 경우
㉢ 국회의 위원회나 국정감사장에서 국무위원·정부위원 등에 대하여 질문이나 질의를 하거나 직무상 질문이나 질의를 준비하기 위하여 국회 내에서 정부·행정기관에 대하여 자료제출을 요구한 경우 [16 변호사]

해설

모든 항목이 면책특권의 대상이 된다. [○]
㉠ 대법원 1992.9.22. 91도3317
㉡ 대법원 2007.1.12. 2005다57752
㉢ 대법원 1996.11.8. 96도1742

0073 미합중국 국적을 가진 미합중국 군대의 군속인 피고인이 범행 당시 10년 넘게 대한민국에 머물면서 한국인 아내와 결혼하여 가정을 마련하고 직장 생활을 하는 등 생활근거지를 대한민국에 두고 있었던 경우에도 미합중국 군대의 군속에 관한 형사재판권 관련 조항이 적용될 수 있다. ○|×

[16 경찰채용, 16 경간부, 15 경간부, 13 경찰채용] [Core ★★]

해설

(1) 협정 제22조(형사재판권) 제4항은 '본조의 전기 제 규정은 합중국 군 당국이 대한민국의 국민인 자 또는 대한민국에 통상적으로 거주하고 있는 자에 대하여 재판권을 행사할 권리를 가진다는 것을 뜻하지 아니한다'고 규정하고 있다. 위 조항들에 의하면, 미합중국 군대의 군속 중 통상적으로 대한민국에 거주하고 있는 자는 협정이 적용되는 군속의 개념에서 배제되므로 그에 대하여는 대한 민국의 형사재판권 등에 관하여 협정에서 정한 조항이 적용될 여지가 없다(협정에서 정한 미합중국 군대의 군속에 관한 형사재판권 관련 조항이 적용될 수 없다). (2) 협정 제22조 제1항에 관한 합의의사록 에서는 '합중국 법률의 현 상태에서 합중국 군 당국은 평화시에는 군속 및 가족에 대하여 유효한 형사재판권을 가지지 아니한다'고 정하고 있다. 위 조항들을 종합하면, 한반도의 평시상태에서 미합중국 군 당국은 미합중국 군대의 군속에 대하여 형사재판권을 가지지 않으므로 대한민국은 협정 제22조 제1항 (나)에 따라 미합중국 군대의 군속이 대한민국 영역 안에서 저지른 범죄로서 대한민국 법령에 의하여 처벌할 수 있는 범죄에 대한 형사재판권을 바로 행사할 수 있다. (대법원 2006.5.11. 2005도798 미군부대 배급직원 사건) [×]

0074 혼합주의를 택한 형사소송법 부칙에 따르면 항소심이 신법 시행을 이유로 구법이 정한 바에 따라 적법하게 진행된 제1심의 증거조사절차 등을 위법하다고 보아 그 효력을 부정하고 다 시 절차를 진행하는 것은 허용되지 아니한다. O|X

[16 경찰채용, 15 경간부, 13 경찰승진, 13 경간부, 12 법원9급] [Core ★★]

해설

대법원 2008.10.23. 2008도2826 [O]

Chapter 02 | 형사소송법의 목적과 구조

0075 적법절차의 원칙은 법률이 정한 형식적 절차와 실체적 내용이 모두 합리성과 정당성을 갖춘 적정한 것이어야 한다는 실질적 의미를 지니고 있다. O|X

[16 경찰승진, 15 경간부, 11 경찰승진] [Essential ★]

해설

대법원 1988.11.16. 88초60 사회보호법 제5조 위헌제청사건 [O]

0076 검사가 법원의 증인으로 채택된 수감자를 그 증언에 이르기까지 거의 매일 검사실로 하루 종일 소환하여 피고인 측 변호인이 접근하는 것을 차단하고, 검찰에서의 진술을 번복하는 증언을 하지 않도록 회유·압박하고, 때로는 검사실에서 편의를 제공한 행위는 피고인의 공정한 재판을 받을 권리를 침해한다. O|X

[15 경찰승진, 15 경간부, 13 경간부, 11 경찰승진] [Essential ★]

해설

대법원 2002.10.8. 2001도3931 경성비리 사건 II [O]

0077 경찰관에게 등을 보인 채 상의를 속옷과 함께 겨드랑이까지 올리고 하의를 속옷과 함께 무릎까지 내린 상태에서 3회에 걸쳐 앉았다 일어서게 하는 방법으로 실시한 정밀신체 수색은 위법하지 아니하다. O|X

[16 경찰승진] [Essential ★]

해설

피의자들이 유치장에 재수용되는 과정에서 흉기 등 위험물이나 반입금지물품을 소지·은닉할 가능성이 극히 낮았음에도 불구하고 피의자들을 옷을 전부 벗긴 상태에서 앉았다 일어서기를 반복하게 하는 신체수색은 헌법 제10조의 인간의 존엄과 가치로부터 유래하는 인격권 및 제12조의 신체의 자유가 침해된 것으로 판단된다. (헌법재판소 2002.7.18. 2000헌마327 알몸수색 사건) [X]

0078 구속기간을 제한하는 형사소송법 제92조 제1항은 미결구금의 부당한 장기화를 방지하기 위한 목적에서 미결구금기간의 한계를 설정하고 있는 것이지 신속한 재판의 실현을 목적으로 법원의 재판기간 내지 심리기간 자체를 제한하는 규정이라고 할 수는 없다. O|X

[16 경간부, 14 경찰승진, 11 경찰승진] [Essential ★]

해설

헌법재판소 2001.6.28. 99헌가14 [O]

0079 「형사소송법」에 따르면 검사는 수사의 신속한 종결을 위해 피의자가 체포 또는 구속된 날부터 30일 이내에 공소장을 제출하여야 한다. O|X

[21 경찰승진] [Essential ★]

해설

형사소송법에는 공소시효에 관한 규정이 있을 뿐 공소장 제출 기한에 관한 규정이 없다. [X]

0080 구속만기 25일을 앞두고 제1회 공판이 있었던 경우 신속한 재판을 받을 권리를 침해한 것이다. O|X

[17 경간부, 15 경간부, 13 경찰승진, 13 국가7급] [Essential ★]

해설

구속사건에 대해서는 법원이 구속기간내에 재판을 하면 되는 것이고 구속만기 25일을 앞두고 제1회 공판이 있었다 하여 헌법에 정한 신속한 재판을 받을 권리를 침해하였다 할 수 없다.(대법원 1990.6.12. 90도672 현대중공업 파업 사건) [X]

0081 신속한 재판을 받을 권리는 주로 피고인의 이익을 보호하기 위하여 인정된 기본권이지만 동시에 실체적 진실발견, 소송경제, 재판에 대한 국민의 신뢰와 형벌목적의 달성과 같은 공공의 이익에도 근거가 있다. O|X

[17 경간부, 16 경간부] [Core ★★]

해설

헌법재판소 1995.11.30. 90헌마44 소송기록송부지연 헌법소원사건 [O]

0082 국가보안법 제7조(찬양·고무 등) 및 제10조(불고지)에서 형사소송법상의 수사기관에 의한 피의자 구속기간 30일보다 20일이나 많은 50일을 인정하더라도 신속한 재판을 받을 권리를 침해하는 것은 아니다. O|X

[17 경간부] [Essential ★]

해설

국가보안법 제7조(찬양·고무) 및 제10조(불고지)의 죄는 구성요건이 특별히 복잡한 것도 아니고 사건의 성질상 증거수집이 더욱 어려운 것도 아님에도 불구하고 국가보안법 제19조가 제7조 및 제10조의 범죄에 대하여서까지 형사소송법상의 수사기관에 의한 피의자 구속기간 30일보다 20일이나 많은 50일을 인정한 것은 헌법 제37조 제2항의 기본권 제한입법의 원리인 과잉금지의 원칙을 현저하게 위배하여 피의자의 신체의 자유, 무죄추정의 원칙 및 신속한 재판을 받을 권리를 침해한 것이다.(헌법재판소 1992.4.14. 90헌마82) [X]

0083 형사소송법은 신속한 재판의 원칙에 위반한 때에는 공소기각 판결을 해야 한다고 규정하고 있다. O|X

[16 경간부] [Core ★★]

해설

형사소송법에는 재판지연에 대한 구체적인 법률효과는 규정되어 있지 않고 또한 이를 소송조건으로 볼 수도 없다. 따라서 재판의 부당하게 지연된 경우 공소기각판결이나 면소판결로서 소송을 종결시킬 수는 없고 양형에서 고려할 수 있을 뿐이라는 것이 일반적인 견해이다. [×]

0084 검사와 피고인 쌍방이 항소한 사건에서 제1심 선고형기 경과 후 제2심 공판이 개정된 경우 신속한 재판을 받을 권리를 침해한다. O|X

[15 경간부, 13 경찰승진] [Essential ★]

해설

검사와 피고인 쌍방이 항소한 경우에 1심 선고형기 경과 후 2심 공판이 개정되었다고 하여 이를 위법이라 할 수 없고 신속한 재판을 받을 권리를 박탈한 것이라고 할 수 없다. (대법원 1972.5.23. 72 도840) [×]

0085 위헌제청신청을 하였는데도 불구하고 재판부 구성원의 변경, 재판의 전제성과 관련한 본안 심리의 필요성, 청구인에 대한 송달불능 등을 이유로 법원이 5개월이 지나서야 그 신청을 기각했다고 하더라도 위헌제청신청사건에 대한 재판을 특별히 지연시켰다고 볼 수 없다. O|X

[14 경찰승진] [Essential ★]

해설

헌법재판소 1993.11.25. 92헌마169 [O]

0086 형사소송법 상 인정되는 공소장변경제도는 실체적 진실발견이라는 형사소송이념을 실현하기 위한 당사자주의적 요소로서 형사소송법이 절차법으로서 가지는 소송절차의 발전적·동적 성격과 소송경제의 이념 등을 반영하고 있다. O|X

[2.2 경찰채용] [Superlative ★★★]

해설

형사소송법상 인정되는 공소장변경제도는 실체적 진실발견이라는 형사소송이념을 실현하기 위한 직권주의적 요소로서 형사소송법이 절차법으로서 가지는 소송절차의 발전적·동적 성격과 소송경제의 이념 등을 반영하고 있는 것이다. (대법원 2009.10.22. 선 2009도7436 전합) 학설은 공소장변경제도는 당사자주의 요소로 보고 그 중 공소장변경요구제도는 직권주의 요소로 보고 있다. [×]

Part 02

수 사

Chapter 01 | 수사의 기초

제1절 서 론

0087 수사란 범죄혐의의 유무를 명백히 하여 공소를 제기·유지할 것인가의 여부를 결정하기 위하여 범인을 발견·확보하고 증거를 수집·보전하는 수사기관의 활동이다. O|X

[16 경찰승진] [Essential ★]

해설

대법원 1999.12.7. 98도3329 과속카메라 사건 [O]

0088 인지절차가 이루어지기 전에 수사를 하였다는 이유만으로 그 수사가 위법하다고 할 수 없고, 따라서 그 수사과정에서 작성된 피의자신문조서나 진술조서 등의 증거능력도 이를 부인할 수 없다. O|X

[16 경간부] [Essential ★]

해설

대법원 2001.10.26. 2000도2968 인지서작성전 신문 사건 [O]

0089 법률에 의하여 고소나 고발이 있어야 논할 수 있는 죄에 있어서 고소나 고발이 있기 전에 수사를 하였더라도, 그 수사가 장차 고소나 고발을 받을 가능성이 있었는지의 여부를 불문하고 고소나 고발이 있기 전에 수사를 하였다는 이유만으로 그 수사가 위법하게 되는 것은 아니다. O|X

[16 경찰승진, 13 경간부, 12 경간부] [Essential ★]

해설

법률에 의하여 고소나 고발이 있어야 논할 수 있는 죄에 있어서 고소나 고발이 있기 전에 수사를 하였더라도, 그 수사가 장차 고소나 고발의 가능성이 없는 상태하에서 행해졌다는 등의 특단의 사정이 없는 한 고소나 고발이 있기 전에 수사를 하였다는 이유만으로 그 수사가 위법하게 되는 것은 아니다. (대법원 2011.3.10. 2008도7724 강사불법채용사건) [×]

0090 함정수사라 함은 본래 범의를 가지지 아니한 자에 대하여 수사기관이 사술이나 계략 등을 써서 범죄를 유발하게 하여 범죄인을 검거하는 수사방법을 말하는 것이므로, 범의를 가진자에 대하여 범행의 기회를 주거나 단순히 사술이나 계략 등을 써서 범죄인을 검거하는 데 불과한 경우에는 이를 함정수사라고 할 수 없다. O|X

[17 경간부, 16 경찰채용, 15 경찰승진, 13 경간부, 12 경간부, 11 경찰채용, 11 국가9급] [Essential ★]

해설

대법원 2007.7.26. 2007도4532 [O]

0091 이미 범행을 저지른 피고인을 검거하기 위하여 수사기관이 정보원을 이용하여 피고인을 검거장소로 유인한 것은 함정수사가 아니다. O|X

[17 경간부, 16 경간부] [Essential ★]

해설

대법원 2007.7.26. 2007도4532 [O]

0092 유인자가 수사기관과 직접적인 관련을 맺지 않은 상태에서 피유인자를 상대로 단순히 수차례 반복적으로 범행을 부탁하였을 뿐 수사기관이 사술이나 계략 등을 사용하였다고 볼 수 없는 경우에도 그로 인하여 피유인자의 범의가 유발되었다 하더라도 위법한 함정수사에 해당한다. O|X

[17 경찰승진, 17 경간부, 16 경찰승진, 14 변호사, 14 경찰승진, 14 경찰채용, 14 국가7급, 11 경찰채용] [Core ★★]

해설

유인자가 수사기관과 직접적인 관련을 맺지 아니한 상태에서 피유인자를 상대로 단순히 수차례 반복적으로 범행을 부탁하였을 뿐 수사기관이 사술이나 계략 등을 사용하였다고 볼 수 없는 경우는, 설령 그로 인하여 피유인자의 범의가 유발되었다 하더라도 위법한 함정수사에 해당하지 아니한다. (대법원 2013.3.28. 2013도1473) [X]

0093 경찰관이 노래방의 도우미 알선 영업 단속 실적을 올리기 위하여 그에 대한 제보나 첩보가 없는데도 손님을 가장하고 들어가 도우미를 불러내고 단속한 경우 위법한 함정수사에 해당한다. O|X

[16 경찰승진, 16 경간부, 16 국가7급, 12 국가9급, 11 경찰채용] [Essential ★]

해설

대법원 2008.10.23. 2008도7362 안산 노래방 사건 [O]

0094 수사기관이 피고인의 범죄사실(절도)을 인지하고도 바로 체포하지 않고 추가 범행을 지켜보고 있다가 범죄사실이 많이 늘어난 뒤에야 체포한 경우 위법한 함정수사에 해당한다. O|X

[17 경찰승진, 14 경찰승진, 11 경찰승진] [Essential ★]

해설

수사기관에서 공범이나 장물범의 체포 등을 위하여 범인의 체포시기를 조절하는 등 여러가지 수사기법을 사용한다는 점을 고려하면, 수사기관이 피고인의 범죄사실을 인지하고도 피고인을 바로 체포하지 않고 추가 범행을 지켜보고 있다가 범죄사실이 많이 늘어난 뒤에야 피고인을 체포하였다는 사정만으로는 피고인에 대한 수사와 공소제기가 위법하다거나 함정수사에 해당한다고 할 수 없다. (대법원 2007.6.29. 2007도3164 일부러 늦게 체포 사건) [X]

0095 경찰관이 취객을 상대로 한 이른바 부축빼기 절도범을 단속하기 위하여, 공원 인도에 쓰러져 있는 취객 근처에서 감시하고 있다가 마침 피고인이 나타나 취객을 부축하여 10m 정도를 끌고 가 지갑을 뒤지자 현장에서 피고인을 체포한 경우 위법한 함정수사에 해당한다. O|X

[17 경찰승진, 16 경찰승진, 16 경간부, 16 경찰채용, 16 국가7급, 15 경찰승진, 14 경찰승진, 14 경찰채용, 14 법원9급, 11 경찰승진] [Essential ★]

해설

경찰관들의 행위는 단지 피해자 근처에 숨어서 지켜보고 있었던 것에 불과하고, 피고인은 피해자를 발견하고 스스로 범의를 일으켜 범행에 나아간 것이어서, 잘못된 수사방법에 관여한 경찰관에 대한 책임은 별론으로 하고, 스스로 범행을 결심하고 실행행위에 나아간 피고인에 대한 기소 자체가 위법하다고 볼 것은 아니다.(대법원 2007.5.31. 2007도1903 부축빼기 사건) [×]

0096 甲이 수사기관에 체포된 동거남의 석방을 위한 공적을 쌓기 위하여 乙에게 필로폰 밀수입에 관한 정보제공을 부탁하면서 대가의 지급을 약속하고, 이에 乙이 丙에게, 丙은 피고인에게 순차로 필로폰 밀수입을 권유하여 이를 승낙하고 필로폰을 받으러 나온 피고인을 체포한 경우 위법한 함정수사에 해당한다. (다만, 乙·丙 등은 각자의 사적인 동기에 기하여 수사기관과 직접적인 관련이 없이 독자적으로 피고인을 유인한 것임) O|X

[16 경간부, 16 국가7급, 11 경찰채용] [Core ★★]

해설

乙, 丙 등이 각자의 사적인 동기에 기하여 수사기관과 직접적인 관련이 없이 독자적으로 피고인을 유인한 것이므로 수사기관이 사술이나 계략 등을 사용한 경우에 해당한다고 볼 수도 없다.(대법원 2007.11.29. 2007도7680 동거남 공적 사건) [×]

0097 본래 범의를 가지지 아니한 자에 대하여 수사기관이 사술이나 계략 등을 써서 범의를 유발케하여 범죄인을 검거하는 함정수사는 위법함을 면할 수 없고 이러한 함정수사에 터잡아 검사가 공소를 제기한 경우 법원은 공소기각판결을 선고하여야 한다. O|X

[16 경찰승진, 16 국가9급, 15 경찰승진, 15 국가9급, 14 경찰승진, 14 경간부, 14 경찰채용, 13 법원9급, 12 변호사, 12 경찰승진, 11 경찰승진, 11 경찰채용, 11 국가9급] [Essential ★]

해설

대법원 2008.10.23. 2008도7362 안산 노래방 사건 [O]

0098 아동·청소년의 성보호에 관한 법률에 의하면 사법경찰관리는 아동·청소년을 대상으로 하는 디지털 성범죄에 대해 신분비공개수사는 가능하지만, 신분위장수사는 위법한 함정수사로서 허용되지 않는다. O|X

[22 경찰채용] [Core ★★]

해설

사법경찰관리는 아동·청소년을 대상으로 하는 디지털 성범죄에 대하여 신분비공개수사는 물론 신분위장수사도 할 수 있다. (아청법 제25조의2 제1항·제2항) [×]

아동·청소년의 성보호에 관한 법률(2021.1.12. 법률 제17893호로 일부개정된 것)

제25조의2【아동·청소년대상 디지털 성범죄의 수사 특례】① 사법경찰관리는 다음 각 호의 어느 하나에 해당하는 범죄(이하 "디지털 성범죄"라 한다)에 대하여 신분을 비공개하고 범죄현장(정보통신망을 포함한다) 또 는 범인으로 추정되는 자들에게 접근하여 범죄행위의 증거 및 자료 등을 수집(이하 "신분비공개수사"라 한다)할 수 있다.

1. 제11조 및 제15조의2의 죄
2. 아동·청소년에 대한 「성폭력범죄의 처벌 등에 관한 특례법」 제14조 제2항 및 제3항의 죄

② 사법경찰관리는 디지털 성범죄를 계획 또는 실행하고 있거나 실행하였다고 의심할 만한 충분한 이유가 있고, 다른 방법으로는 그 범죄의 실행을 저지하거나 범인의 체포 또는 증거의 수집이 어려운 경우에 한 정하여 수사 목적을 달성하기 위하여 부득이한 때에는 다음 각 호의 행위(이하 "신분위장수사"라 한다)를 할 수 있다.

1. 신분을 위장하기 위한 문서, 도화 및 전자기록 등의 작성, 변경 또는 행사
2. 위장 신분을 사용한 계약·거래
3. 아동·청소년성착취물 또는 「성폭력범죄의 처벌 등에 관한 특례법」 제14조 제2항의 촬영물 또는 복제물(복제물의 복제물을 포함한다)의 소지, 판매 또는 광고

제25조의3【아동·청소년대상 디지털 성범죄 수사 특례의 절차】① 사법경찰관리가 신분비공개수사를 진행하고자 할 때에는 사전에 상급 경찰관서 수사부서의 장의 승인을 받아야 한다. 이 경우 그 수사기간은 3개월을 초과할 수 없다.

② 제1항에 따른 승인의 절차 및 방법 등에 필요한 사항은 대통령령으로 정한다.

③ 사법경찰관리는 신분위장수사를 하려는 경우에는 검사에게 신분위장수사에 대한 허가를 신청하고, 검사는 법원에 그 허가를 청구한다.

④ 제3항의 신청은 필요한 신분위장수사의 종류·목적·대상·범위·기간·장소·방법 및 해당 신분위장수사가 제25조의2 제2항의 요건을 충족하는 사유 등의 신청사유를 기재한 서면으로 하여야 하며, 신청사유에 대한 소명자료를 첨부하여야 한다.

⑤ 법원은 제3항의 신청이 이유 있다고 인정하는 경우에는 신분위장수사를 허가하고, 이를 증명하는 서류 (이하 "허가서"라 한다)를 신청인에게 발부한다.

⑥ 허가서에는 신분위장수사의 종류·목적·대상·범위·기간·장소·방법 등을 특정하여 기재하여야 한다.

⑦ 신분위장수사의 기간은 3개월을 초과할 수 없으며, 그 수사기간 중 수사의 목적이 달성되었을 경우에는 즉시 종료하여야 한다.

⑧ 제7항에도 불구하고 제25조의2 제2항의 요건이 존속하여 그 수사기간을 연장할 필요가 있는 경우에는 사법경찰관리는 소명자료를 첨부하여 3개월의 범위에서 수사기간의 연장을 검사에게 신청하고, 검사는 법원에 그 연장을 청구한다. 이 경우 신분위장수사의 총 기간은 1.을 초과할 수 없다.

제25조의4【아동·청소년대상 디지털 성범죄에 대한 긴급 신분위장수사】① 사법경찰관리는 제25조의2 제2항의 요건을 구비하고, 제25조의3 제3항부터 제8항까지에 따른 절차를 거칠 수 없는 긴급을 요하는 때에는 법원의 허가 없이 신분위장수사를 할 수 있다.

② 사법경찰관리는 제1항에 따른 신분위장수사 개시 후 지체 없이 검사에게 허가를 신청하여야 하고, 사법경 찰관리는 48시간 이내에 법원의 허가를 받지 못한 때에는 즉시 신분위장수사를 중지하여야 한다.

③ 제1항 및 제2항에 따른 신분위장수사 기간에 대해서는 제25조의3 제7항 및 제8항을 준용한다.

0099 아동·청소년의 성보호에 관한 법률의 아동·청소년 대상 디지털 성범죄의 수사 특례에 따른 신분위장수사를 할 때에는 본래 범의를 가지지 않은 자에게 범의를 유발하는 행위를 하는 것이 허용된다. O|X

[22 국가7급] [Superlative ★★★]

해설

사법경찰관리는 신분비공개수사 또는 신분위장수사를 할 때 범의를 유발하는 행위를 하지 않아야 한다.(아청법 시행령 제5조의2) [X]

제2절 수사의 단서

0100 변사자 또는 변사의 의심 있는 사체가 있는 때에는 그 소재지를 관할하는 지방검찰청 검사가 검시하여야 한다. 검시로 범죄의 혐의를 인정하고 긴급을 요할 때에는 영장없이 검증을 할 수 있다. O|X

[16 경찰승진, 14 경찰승진, 14 경간부] [Core ★★]

해설

제222조 제1항·제2항 [O]

0101 검사와 사법경찰관의 상호협력과 일반적 수사준칙에 관한 규정 제17조 제1항에 의하면 사법 경찰관리는 변사자 또는 변사의 의심이 있으면 관할지방검찰청 또는 지청의 검사에게 보고하고 지휘를 받아야 한다. 단 긴급을 요하는 경우 그러하지 아니하다. O|X

[22 해경승진] [Essential ★]

해설

사법경찰관은 변사자 또는 변사한 것으로 의심되는 사체가 있으면 변사사건 발생사실을 검사에게 통보해야 한다. (수사준칙 제17조 제1항) [X]

0102 경찰관은 어떠한 죄를 범하였거나 범하려 하고 있다고 의심할 만한 상당한 이유가 있는 자 또는 이미 행하여진 범죄나 행하여지려고 하는 범죄행위에 관하여 그 사실을 안다고 인정되는 자를 정지시켜 질문할 수 있다. O|X

[16 경찰채용, 15 경찰승진, 13 국가9급] [Essential ★]

해설

경직법 제3조 제1항 [O]

0103 경찰관이 불심검문 대상자 해당 여부를 판단할 때에는 불심검문 당시의 구체적 상황은 물론 사전에 얻은 정보나 전문적 지식 등에 기초하여 불심검문 대상자인지를 객관적·합리적인 기준에 따라 판단하여야 하나, 최소한 불심검문 대상자에게 형사소송법상 체포나 구속에 이를 정도의 혐의가 있을 것을 요한다. ○|×

[17 경찰승진, 15 국가9급] [Essential ★]

해설

경찰관이 불심검문 대상자 해당 여부를 판단할 때에는 불심검문 당시의 구체적 상황은 물론 사전에 얻은 정보나 전문적 지식 등에 기초하여 불심검문 대상자인지를 객관적·합리적인 기준에 따라 판단하여야 하나, 반드시 불심검문 대상자에게 형사소송법상 체포나 구속에 이를 정도의 혐의가 있을 것을 요한다고 할 수는 없다.(대법원 2014.2.27. 2011도13999 대전 월평동 불심검문 사건) [×]

0104 불심검문은 상대방의 임의에 맡겨져 있는 이상 질문에 대한 답변을 거부할 의사를 밝힌 상대방에 대하여 경찰관이 앞을 가로막으며 진행을 제지하는 것은 사실상 답변을 강요하는 것이어서 허용되지 않는다. ○|×

[13 경찰채용] [Essential ★]

해설

(1) 경찰관은 경직법 제3조 제1항에 규정된 대상자에게 질문을 하기 위하여 그 목적 달성에 필요한 최소한의 범위 내에서 사회통념상 용인될 수 있는 상당한 방법으로 그 대상자를 정지시킬 수 있고 질문에 수반하여 흉기의 소지 여부도 조사할 수 있다. (2) 인근에서 자전거를 이용한 날치기 사건이 발생한 직후 검문을 하던 경찰관들이 날치기 사건의 범인과 흡사한 인상착의인 피고인을 발견하고 앞을 가로막으며 진행을 제지한 행위는 목적 달성에 필요한 최소한의 범위 내에서 사회 통념상 용인될 수 있는 상당한 방법에 의한 것으로 적법한 공무집행에 해당한다. (대법원 2012.9.13. 2010도6203 인천부평 불심검문 사건) (同旨 대법원 2014.2.27. 2011도13999 대전 월평동 불심검문사건) [×]

0105 불심검문 대상자 해당 여부는 사전에 알려진 정보나 전문지식을 기초로 하는 것이 아니라 불심검문 당시의 구체적 상황을 기초로 판단하여야 한다. ○|×

[23 경찰간부] [Essential ★]

해설

경찰관이 불심검문 대상자 해당 여부를 판단할 때에는 불심검문 당시의 구체적 상황은 물론 사전에 얻은 정보나 전문적 지식 등에 기초하여 불심검문 대상자인지를 객관적.합리적인 기준에 따라 판단하여야 하나, 반드시 불심검문 대상자에게 형사소송법상 체포나 구속에 이를 정도의 혐의가 있을 것을 요한다고 할 수는 없다.(대법원 2014.12.11. 2014도7976 카페 불심검문 사건) [×]

0106 불심검문에 있어 경찰관은 당해인에게 불리하거나 교통의 방해가 된다고 인정되는 때에는 부근의 경찰서 우 지구대 우 파출소 또는 출장소에 동행요구를 할 수 있다. O|X

[17 경찰승진, 16 경찰채용, 15 국가9급, 14 국가9급, 13 국가9급, 11 경찰승진] [Essential ★]

해설

경직법 제3조 제2항 [O]

0107 경찰관은 임의동행에 앞서 당해인에 대해 진술거부권과 변호인의 조력을 받을 권리를 고지해야 한다. O|X

[21 경찰승진] [Core ★★]

해설

경찰관은 동행한 사람의 가족이나 친지 등에게 동행한 경찰관의 신분, 동행 장소, 동행 목적 과 이유를 알리거나 본인으로 하여금 즉시 연락할 수 있는 기회를 주어야 하며, 변호인의 도움을 받을 권리가 있음을 알려야 한다. (경직법 제3조 제5항) 임의동행시에는 진술거부권을 고지할 필요가 없다. [×]

0108 피고인이 파출소까지 임의동행한 후 조사받기를 거부하고 파출소에서 나가려고 하다가 경찰관이 이를 제지하자 이에 항거하여 그 경찰관을 폭행한 경우 공무집행방해죄가 성립한다. O|X

[14 경간부, 13 경간부, 12 경찰채용, 11 경찰승진] [Essential ★]

해설

(1) 임의동행은 상대방의 동의 또는 승낙을 그 요건으로 하는 것이므로 경찰관으로부터 임의 동행 요구를 받은 경우 상대방은 이를 거절할 수 있을 뿐만 아니라 임의동행 후 언제든지 경찰관서에서 퇴거할 자유가 있다 할 것이고 경찰관직무집행법 제3조 제6항이 '임의동행한 경우 당해인을 6시간을 초과하여 경찰관서에 머물게 할 수 없다'고 규정하고 있다고 하여 그 규정이 임의동행한 자를 6시간 동안 경찰관서에 구금하는 것을 허용하는 것은 아니다.
(2) 피고인이 송도파출소까지 임의동행한 후 조사받기를 거부하고 파출소에서 나가려고 하다가 경찰관이 이를 제지하자 이에 항거 하여 그 경찰관을 폭행한 경우라도 공무집행방해죄는 성립하지 않는다.(대법원 1997. 8.22. 97도1240 송도파출소 경찰관 폭행사건) [×]

0109 검문하는 사람이 경찰관이고 검문하는 이유가 범죄행위에 관한 것임을 피검문자가 충분히 알고 있었다고 보이는 경우라도 검문 시 경찰관이 신분증을 제시하지 않았다면 그 불심검문은 위법한 공무집행에 해당한다. O|X

[18 경찰승진] [Essential ★]

해설

검문하는 사람이 경찰관이고 검문하는 이유가 범죄행위에 관한 것임을 피고인이 충분히 알고 있었다고 보이는 경우에는 신분증을 제시하지 않았다고 하여 그 불심검문이 위법한 공무집행이라고 할 수 없다. [×]

0110 경찰관은 질문을 할 때에 흉기의 소지여부를 조사할 수 있다. ○│×

[15 경찰승진, 14 국가9급, 13 국가9급] [Essential ★]

해설

| 경직법 제3조 제3항 | [○] |

0111 질문하거나 동행을 요구할 경우 경찰관은 당해인에게 자신의 신분을 표시하는 증표를 제시하면서 소속과 성명을 밝히고 그 목적과 이유를 설명하여야 하며, 동행의 경우에는 동행장소를 밝혀야 한다. ○│×

[16 경찰채용, 15 경찰승진, 13 국가9급, 11 경찰승진] [Essential ★]

해설

| 경직법 제3조 제4항 | [○] |

0112 동행을 한 경우 경찰관은 당해인의 가족 또는 친지 등에게 동행한 경찰관의 신분, 동행장소, 동행목적과 이유를 고지하거나 본인으로 하여금 즉시 연락할 수 있는 기회를 부여하여야 하며, 변호인의 조력을 받을 권리가 있음을 고지하여야 한다. ○│×

[16 경찰채용, 15 경찰승진, 14 경간부, 14 국가9급, 13 국가9급, 11 경찰승진] [Core ★★]

해설

| 경직법 제3조 제5항 | [○] |

0113 위법한 체포 상태에서 음주측정요구가 이루어진 경우 그 일련의 과정을 전체적으로 보아 위법한 음주측정요구가 있었던 것으로 볼 수밖에 없고, 이와 같은 위법한 음주측정요구에 불응하였다고 하여 음주측정거부에 관한 도로교통법위반죄로 처벌할 수 없다. ○│×

[13 법원9급, 11 경찰승진] [Essential ★]

해설

| 대법원 2015.12.24. 2013도8481 운좋은음주측정거부자사건 | [○] |

0114 혈액채취에 의한 검사결과를 믿지 못할 특별한 사정이 없는 한 혈액검사에 의한 음주측정치가 호흡측정기에 의한 음주측정치보다 측정 당시의 혈중알코올농도에 더 근접한 음주측정치라 고 봄이 경험칙에 부합한다. O|X

[21 소방간부] [Core ★★]

해설

혈액의 채취 또는 검사과정에서 인위적인 조작이나 관계자의 잘못이 개입되는 등 혈액채취에 의한 검사결과를 믿지 못할 특별한 사정이 없는 한 혈액검사에 의한 음주측정치가 호흡측정기에 의한 음주측정치보다 측정 당시의 혈중알콜농도에 더 근접한 음주측정치라고 보는 것이 경험칙에 부합한다.(대법원 2004.2.13. 2003도6905) [O]

0115 음주측정불응죄에 있어 '경찰공무원의 측정에 응하지 아니한 경우'라 함은 운전자가 음주측정에 응할 의사가 없음이 객관적으로 명백하다고 인정되는 때를 의미하는 것으로 봄이 타당 하고, 그러한 운전자가 경찰공무원의 1차 측정에만 불응하였을 뿐 곧이어 이어진 2차 측정에 응한 경우와 같이 측정거부가 일시적인 것에 불과한 경우까지 측정불응행위가 있었다고 보아 음주측정불응죄가 성립한다고 볼 것은 아니다. O|X

[Essential ★]

해설

대법원 2015.12.24. 2013도8481 운좋은음주측정거부자사건 [O]

0116 음주운전과 관련한 도로교통법 위반죄의 범죄수사를 위하여 미성년자인 피의자의 혈액채취가 필요한 경우, 법정대리인은 피의자의 의사능력 유무와 관계없이 미성년자인 피의자를 대리하여 채혈에 관해 동의할 수 있다. O|X

[17 경찰승진, 16 경간부] [Core ★★]

해설

음주운전과 관련한 도로교통법 위반죄의 범죄수사를 위하여 미성년자인 피의자의 혈액채취가 필요한 경우에도 피의자에게 의사능력이 있다면 피의자 본인만이 혈액채취에 관한 유효한 동의를 할 수 있고, 피의자에게 의사능력이 없는 경우에도 명문의 규정이 없는 이상 법정대리인이 피의자를 대리하여 동의할 수는 없다.(대법원 2014.11.13. 2013도1228 의정부 강제채혈사건) [×]

0117 특별한 이유 없이 호흡측정기에 의한 측정에 불응하는 운전자에게 경찰공무원이 혈액채취에 의한 측정방법이 있음을 고지하고 그 선택 여부를 물어야 할 의무가 있다. O|X

[14 경찰승진, 11 경찰채용] [Essential ★]

해설

특별한 이유 없이 호흡측정기에 의한 측정에 불응하는 운전자에게 경찰공무원이 혈액채취에 의한 측정방법이 있음을 고지하고 그 선택 여부를 물어야 할 의무가 있다고는 할수 없다.(대법원 2002.10.25. 2002도4220) [×]

0118 경찰공무원이 운전자의 신체 이상에도 불구하고 호흡측정기에 의한 음주측정을 요구하여 운전자가 음주측정수치가 나타날 정도로 숨을 불어넣지 못한 결과 호흡측정기에 의한 음주측정이 제대로 되지 아니하였다면 음주측정불응죄가 성립한다. O|X

[11 경찰승진, 11 경찰채용] [Core ★★]

해설

경찰공무원이 운전자의 신체 이상에도 불구하고 호흡측정기에 의한 음주측정을 요구하여 운전자가 음주측정수치가 나타날 정도로 숨을 불어넣지 못한 결과 호흡측정기에 의한 음주측정이 제대로 되지 아니하였다고 하더라도 음주측정에 불응한 것으로 볼 수는 없다.(대법원 2010.7.15. 2010도2935) [×]

0119 단속현장에서 다른 절차에 앞서 채혈이 곧바로 실시되지 않은 채 호흡측정기에 의한 음주측정으로부터 1시간 12분이 경과한 후 채혈이 이루어졌다는 사정만으로는 단속 경찰공무원 의 행위가 법령에 위반된다거나 그 객관적 정당성을 상실하여 운전자가 단속과정에서 받을 수 있는 권익이 현저하게 침해되었다고 단정하기는 어렵다. O|X

[14 경찰승진, 11 경찰채용] [Essential ★]

해설

대법원 2008.4.24. 2006다32132 [O]

0120 수사기관이 범죄증거를 수집할 목적으로 피의자의 동의 없이 피의자의 혈액을 취득·보관하는 행위는 형사소송법 제221조의4 제1항, 제173조 제1항에 의한 '감정에 필요한 처분'에 해당하는 것이지 형사소송법 제219조, 제120조 제1항에 정한 '압수영장의 집행에 있어서 필요한 처분'에 해당하는 것은 아니다. O|X

[14 경간부, 13 경찰채용] [Superlative ★★★]

해설

수사기관이 증거를 수집할 목적으로 피의자의 동의 없이 피의자의 혈액을 취득·보관하는 행위는 법원으로부터 감정처분허가장을 받아 '감정에 필요한 처분'으로도 할 수 있지만 압수의 방법으로도 할 수 있고, 압수의 방법에 의하는 경우 혈액의 취득을 위하여 피의자의 신체로부터 혈액을 채취하는 행위는 그 혈액의 압수를 위한 것으로서 형사소송법 제219조, 제120조 제1항에 정한 '압수영장의 집행에 있어 필요한 처분'에 해당한다.(대법원 2012.11.15. 2011도15258 구로강제채혈 사건) [×]

0121 운전자가 호흡측정 결과에 불복하지 아니하였음에도 경찰관이 추가로 음주 측정을 할 필요가 있어 운전자로부터 혈액측정에 대한 자발적인 동의를 받아 채혈하여 획득한 혈액과 이를 기초로 한 혈중 알코올감정서는 위법 수집증거로서 증거능력이 없다. O|X

[Core ★★]

해설

(1) 도로교통법 제44조 제2항·제3항은 음주운전 혐의가 있는 운전자에게 수사를 위한 호흡측정에도 응할 것을 간접적으로 강제하는 한편 혈액 채취 등의 방법에 의한 재측정을 통하여 호흡측정의 오류로 인한 불이익을 구제받을 수 있는 기회를 보장하는 데 그 취지가 있다고 할 것이므로, 이 규정들이 음주운전에 대한 수사방법으로서의 혈액 채취에 의한 측정의 방법을 운전자가 호흡측정 결과에 불복하는 경우에만 한정하여 허용하려는 취지의 규정이라고 해석할 수는 없다. (2) 호흡측정 당시의 구체적 상황에 비추어 호흡측정기의 오작동 등으로 인하여 호흡측정 결과에 오류가 있다고 인정할 만한 객관적이고 합리적인 사정이 있는 경우라면 그러한 호흡측정 수치를 얻은 것만으로는 수사의 목적을 달성하였다고 할 수 없어 추가로 음주측정을 할 필요성이 있다고 할 것이므로, 경찰관이 음주운전 혐의를 제대로 밝히기 위하여 운전자의 자발적인 동의를 얻어 혈액 채취에 의한 측정의 방법으로 다시 음주측정을 하는 것을 위법하다고 볼 수는 없다. 이 경우 운전자가 일단 호흡측정에 응한 이상 재차 음주측정에 응할 의무까지 당연히 있다고 할 수는 없으므로, 운전자의 혈액 채취에 대한 동의의 임의성을 담보하기 위하여는 경찰관이 미리 운전자에게 혈액 채취를 거부할 수 있음 을 알려주었거나 운전자가 언제든지 자유로이 혈액 채취에 응하지 아니할 수 있었음이 인정되는 등 운전자의 자발적인 의사에 의하여 혈액 채취가 이루어졌다는 것이 객관적인 사정에 의하여 명백한 경우에 한하여 혈액 채취에 의한 측정의 적법성이 인정된다.(대법원 2015.7.9. 2014도16051 명정한음주운전자 사건) [×]

0122 甲이 술에 취한 상태에 있다고 인정할 만한 상당한 이유가 있는 상태에서 운전하다가 음주단속 경찰관으로부터 음주감지기에 의한 시험 요구를 받고 이에 불응하여 음주측정을 거부하겠다는 의사를 표명하였더라도, 음주측정불응죄는 음주감지기가 아닌 '음주측정기'에 의한 측정에 응하지 않은 경우에만 성립하므로 甲의 경우 「도로교통법」상 음주측정불응죄가 성립하지 아니한다. O|X

[19 경찰채용] [Essential ★]

해설

(1) 경찰공무원이 음주 여부나 주취 정도를 측정하는 경우 합리적으로 필요한 한도 내에서 그 측정 방법이나 측정 횟수에 관하여 어느 정도 재량을 갖는다. 따라서 경찰공무원은 운전자의 음주 여부나 주취 정도를 확인하기 위하여 운전자에게 음주측정기를 면전에 제시하면서 호흡을 불어넣을 것을 요구하는 것 이외에도 그 사전절차로서 음주측정기에 의한 측정과 밀접한 관련이 있는 검사 방법인 음주감지기에 의한 시험도 요구할 수 있다고 봄이 타당하다. 그리고 경찰공무원 이 운전자에게 음주 여부를 확인하기 위하여 음주측정기에 의한 측정의 전 단계에 실시되는 음주 감지기에 의한 시험을 요구하는 경우 그 시험 결과에 따라 음주측정기에 의한 측정이 예정되어 있고, 운전자가 그러한 사정을 인식하였음에도 음주감지기에 의한 시험에 불응함으로써 음주측정을 거부하겠다는 의사를 표명한 것으로 볼 수 있다면, 음주감지기에 의한 시험을 거부한 행위도 음주측정기에 의한 측정에 응할 의사가 없음을 객관적으로 명백하게 나타낸 것으로 볼 수 있다. (2) 원심이, 경찰공무원이 운전자의 면전에서 음주측정기에 의한 측정을 요구하였는지 여부만을 기준으로 경찰공무원의 측정 요구에 불응한 것이 아니라고 판단한 부분은 도로교통법 제44조 제2항에서 정한 경찰공무원의 음주측정에 관한 법리를 오해한 것으로 적절하지 않다.(대법원 2017.6.8. 2016도16121 음주감지기 시험 거부사건) [×]

0123 흉기 기타 위험한 물건을 휴대하고 공갈죄를 범하여 폭처법 제3조 제1항, 제2조 제1항 제3호에 의하여 가중처벌되는 경우에는 친족상도례에 관한 형법 제354조, 제328조는 적용되지 아니한다. O|X

[14 사법시험, 14 경찰승진, 14 법원9급, 13 변호사, 13 법원5급, 13 법원승진, 12 법원승진]

[Essential ★]

해설

흉기 기타 위험한 물건을 휴대하고 공갈죄를 범하여 폭처법 제3조 제1항, 제2조 제1항 제3호에 의하여 가중처벌되는 경우에도 형법상 공갈죄의 성질은 그대로 유지되어 친족상도례에 관한 형법 제354조, 제328조가 적용된다. (대법원 2010.7.29. 2010도5795 장애인 조카 공갈사건) [×]

0124 피고인의 딸과 피해자의 아들이 혼인관계에 있어 피고인과 피해자가 사돈지간인 경우 피고인이 범한 사기죄는 친고죄에 해당한다. O|X

[14 경간부, 13 경찰승진, 12 경찰승진] [Essential ★]

해설

(1) 민법 제767조는 4배우자, 혈족 및 인척을 친족으로 한다'고 규정하고 있고, 민법 제769조는 혈족의 배우자, 배우자의 혈족, 배우자의 혈족의 배우자만을 인척으로 규정하고 있을 뿐, 구 민법 제769조에서 인척으로 규정하였던 '혈족의 배우자의 혈족'을 인척에 포함시키지 않고 있다. (2) 피고인의 딸과 피해자의 아들이 혼인관계에 있어 피고인과 피해자가 사돈지간이라고 하더라도 이를 민법상 친족으로 볼 수 없다.(대법원 2011.4.28. 2011도2170 사돈 사기 사건) [×]

0125 친고죄의 경우에 있어 행위자의 범죄에 대한 고소이외에 양벌규정에 의하여 처벌받는 자에 대하여 별도의 고소를 요한다. O|X

[15 경찰승진, 11 국가7급] [Core ★★]

해설

친고죄의 경우에 있어 행위자의 범죄에 대한 고소가 있으면 족하고 나아가 양벌규정에 의하여 처벌받는 자에 대하여 별도의 고소를 요한다고 할 수는 없다.(대법원 1996.3.12. 94도2423 양벌규정 고소 사건) [×]

0126 고소능력은 피해를 받은 사실을 이해하고 고소에 따른 사회생활상의 이해관계를 알아차릴 수 있는 사실상의 의사능력으로 충분하므로, 민법상의 행위능력이 없는 사람이라도 위와 같은 능력을 갖춘 사람이면 고소능력이 인정된다. O|X

[17 경간부, 15 경찰승진, 14 국가9급, 13 법원9급] [Essential ★]

해설

대법원 2011.6.24. 2011도4451 인천 계산동 여아 약취사건 [O]

0127 고소의 대상은 특정되어야 하므로 범인의 성명이 불명 또는 오기가 있다거나 범행일시 장소 방법 등이 명확하지 않거나 틀리는 경우에는 고소의 효력에 영향이 있다. ○│×

[22 경찰간부] [Core ★★]

해설

고소는 범죄의 피해자 등이 수사기관에 대하여 범죄사실을 신고하여 범인의 소추처벌을 구하는 의사표시이므로 그 범죄사실 등이 구체적으로 특정되어야 할 것이나, 그 특정의 정도는 고소인의 의사가 수사기관에 대하여 일정한 범죄사실을 지정신고하여 범인의 소추처벌을 구하는 의사표시가 있었다고 볼 수 있을 정도면 그것으로 충분하고, 범인의 성명이 불명이거나 또는 오기가 있었다거나 범행의 일시·장소·방법 등이 명확하지 않거나 틀리는 것이 있다고 하더라도 그 효력에는 아무 영향이 없다.(대법원 1984.10.23. 84도1704) [×]

0128 고소인은 범죄사실을 특정하여 신고하면 족하고 범인이 누구인지 나아가 범인 중 처벌을 구하는 자가 누구인지를 적시할 필요는 없다. ○│×

[22 경찰채용] [Essential ★]

해설

대법원 1996.3.12. 94도2423 양벌규정 고소사건 [○]

0129 형사소송법상 고소의 대리는 허용되나, 고소취소의 대리는 허용되지 아니한다. ○│×

[22 경찰채용] [Essential ★]

해설

고소 또는 그 취소는 대리인으로 하여금 하게 할 수 있다.(형사소송법 제236조) [×]

0130 법정대리인의 고소권은 무능력자의 보호를 위하여 법정대리인에게 주어진 고유권이므로 법정대리인은 피해자의 고소권 소멸 여부에 관계없이 고소할 수 있고 이러한 고소권은 피해자의 명시한 의사에 반하여도 행사할 수 있다. ○│×

[17 경간부, 14 국가9급, 12 경간부] [Essential ★]

해설

대법원 1999.12.24. 99도3784 까치아파트 강간 사건 [○]

0131 법원이 선임한 부재자 재산관리인이 그 관리대상인 부재자의 재산에 대한 범죄행위에 관하여 법원으로부터 고소권 행사에 관한 허가를 얻은 경우 부재자 재산관리인은 형사소송법 제225조 제1항에서 정한 법정대리인으로서 적법한 고소권자에 해당한다. ○│×

[24 경찰승진, 24 경간부, 23 변호사, 23 국가7급, 23 법원9급] [Essential ★]

해설

대법원 2022. 5.26. 2021도2488 부재자 재산관리인 형사고소 사건 [○]

0132 피해자의 법정대리인이 피의자이거나 법정대리인의 친족이 피의자인 때에는 피해자의 친족은 독립하여 고소할 수 있다. ○|×

[17 경간부, 16 경찰승진, 15 경찰승진, 12 경간부, 12 경찰채용] [Essential ★]

해설

제226조 [○]

0133 생모라고 하더라도 고소 당시 배우자 甲과 이혼하였다면 甲의 아들(피해자)을 위하여 독립하여 고소할수 없다. ○|×

[17 경간부] [Essential ★]

해설

모자관계는 호적에 입적되어 있는 여부와는 관계없이 자(子)의 출생으로 법률상 당연히 생기는 것이므로 고소 당시 이혼한 생모라도 피해자인 그의 자의 친권자로서 독립하여 고소할 수 있다.(대법원 1987.9.22. 87도1707) [×]

0134 구 「컴퓨터프로그램 보호법」(2009. 4.22. 법률 제9625호 저작권법 부칙 제2조로 폐지) 제48조는 프로그램의 저작권침해에 대해 프로그램저작권자 또는 프로그램배타적발행권자의 고소가 있어야 공소를 제기할 수 있다고 규정하고 있는데, 프로그램저작권이 명의신탁된 경우 제3자의 침해행위에 대한 고소권자는 명의신탁자이다. ○|×

[21 경찰승진] [Superlative ★★★]

해설

프로그램저작권이 명의신탁된 경우 대외적인 관계에서는 명의수탁자만이 프로그램저작권자이므로 제3자의 침해행위에 대한 구 컴퓨터프로그램 보호법 제48조 소정의 고소 역시 명의수탁자만 이 할 수 있다.(대법원 2013. 3.28. 2010도8467) [×]

0135 친고죄에 대하여 고소할 자가 없는 경우 이해관계인의 신청이 있으면 검사는 7일 이내에 고소할 수 있는 자를 지정하여야 한다. ○|×

[16 경찰승진, 14 경찰채용, 12 경간부] [Essential ★]

해설

친고죄에 대하여 고소할 자가 없는 경우 이해관계인의 신청이 있으면 검사는 10일 이내에 고소할 수 있는 자를 지정하여야 한다.(제228조) [×]

0136 고소 또는 고발은 서면 또는 구술로써 검사 또는 사법경찰관에게 하여야 한다. 검사 또는 사법경찰관이 구술에 의한 고소 또는 고발을 받은 때에는 조서를 작성하여야 한다. ○|×

[16 경간부, 15 경찰채용, 13 국가9급] [Essential ★]

해설

제237조 [○]

0137 친고죄에서 고소는, 고소권 있는 자가 수사기관에 대하여 범죄사실을 신고하고 범인의 처벌을 구하는 의사표시로서 서면뿐만 아니라 구술로도 할 수 있고, 다만 구술에 의한 고소를 받은 검사 또는 사법경찰관은 조서를 작성하여야 하지만 그 조서가 독립된 조서일 필요는 없다. O|X

[16 경간부, 16 경찰채용, 16 법원9급, 14 법원9급] [Essential ★]

해설

대법원 2011.6.24. 2011도4451 인천 계산동 여아 약취사건 [O]

0138 고소장에 명예훼손죄라는 죄명을 붙이고, 명예훼손에 관한 사실을 적어 두었으나 그 사실이 명예훼손죄를 구성하지 않고 모욕죄를 구성하는 경우 위 고소는 모욕죄에 대한 고소로서의 효력을 갖는다. O|X

[22 경찰간부] [Essential ★]

해설

고소가 어떠한 사항에 관한 것인가의 여부는 고소장에 붙인 죄명에 구애될 것이 아니라 고소의 내용에 의하여 결정하여야 할 것이므로 고소장에 명예훼손죄의 죄명을 붙이고 그 죄에 관한 사실을 적었으나 그 사실이 명예훼손죄를 구성하지 않고 모욕죄를 구성하는 경우에는 위 고소는 모욕죄에 대한 고소로서의 효력을 갖는다.(대법원 1981.6.23. 81도1250) [X]

0139 고소인이 사건 당일 범죄사실을 신고하면서 현장에 출동한 경찰관에게 고소장을 교부한 경우 경찰서에 도착하여 최종적으로 고소장을 접수시키지 아니하기로 결심하고 고소장을 반환받았더라도 고소장이 수사기관에 적법하게 수리되어 고소의 효력이 발생되었다고 할 수 있다. O|X

[22 경찰간부] [Essential ★]

해설

비록 고소인이 사건 당일 간통의 범죄사실을 신고하면서 현장에 출동한 경찰관에게 고소장을 교부하였다고 하더라도, 송파경찰서에 도착하여 최종적으로 고소장을 접수시키지 아니하기로 결심하고 고소장을 반환받은 것이라면 고소장이 수사기관에 적법하게 수리되어 고소의 효력이 발생되었다고 할 수 없다.(대법원 2008.11.27. 2007도4977 방이동 모로코모텔 간통사건) [X]

0140 수사기관이 고소권자를 증인 또는 피해자로서 신문한 경우에 그 진술에 범인의 처벌을 요구하는 의사표시가 포함되어 있고 그 의사표시가 조서에 기재되면 고소는 적법하다. O|X

[14 법원9급, 12 경찰채용] [Essential ★]

해설

대법원 2011.6.24. 2011도4451 인천 계산동 여아 약취사건 [O]

0141 친고죄에 대하여는 범인을 알게 된 날로부터 6월을 경과하면 고소하지 못한다. 단, 고소할 수 없는 불가항력의 사유가 있는 때에는 그 사유가 없어진 날로부터 기산한다. O|X

[21 해경채용, 13 경찰채용] [Essential ★]

해설

제230조 제1항 [O]

0142 범인을 알게 된다'함은 통상인의 입장에서 보아 고소권자가 고소를 할 수 있을 정도로 범죄사실과 범인을 아는 것으로 충분하고, 고소권자가 친고죄에 해당하는 범죄의 피해가 있었다는 사실관계에 관한 미필적 인식이면 충분하다. O|X

[16 경찰채용, 12 경찰채용] [Core ★★]

해설

범죄사실을 안다는 것은 고소권자가 친고죄에 해당하는 범죄의 피해가 있었다는 사실관계에 관하여 확정적인 인식이 있음을 말한다.(대법원 2010.7.15. 2010도4680) [X]

0143 상상적 경합범의 관계에 있는 강간미수죄와 감금죄에 대한 공판심리 도중 피해자가 강간미수죄에 대하여 고소를 취소하였다면, 법원은 공소사실 전부에 대하여 공소기각판결을 선고하여야 한다 (행위 당시 법령에 따라 강간미수죄를 친고죄로 간주한다). O|X

[15 국가9급, 13 법원9급, 11 경찰승진] [Essential ★]

해설

형이 중한 강간미수죄가 친고죄로서 고소가 취소되었다 하더라도 형이 경한 감금죄에 대하여는 아무런 영향을 미치지 않는다.(대법원 1983.4.26. 83도323 조개트럭 사건) 감금죄에 대하여는 실체재판을 하여야 한다. [X]

0144 공소가 제기된 수개의 범죄(실체적 경합범) 중 일부 범죄에 대하여만 고소가 있고 다른 일부 범죄에 대하여는 고소가 없는 경우에 고소가 없는 범죄에 대하여까지 고소의 효력이 미칠수는 없다. O|X

[15 변호사, 14 국가9급] [Core ★★]

해설

대법원 1989.9.12. 89도54 [O]

0145 법인세는 사업연도를 과세기간으로 하는 것이므로 그 포탈범죄는 각 사업연도마다 1개의 범죄가 성립하는데, 일죄의 관계에 있는 범죄사실의 일부에 대한 공소제기 및 고발의 효력은 그 일죄의 전부에 대하여 미친다. O|X

[21 경찰승진] [Core ★★]

해설

법인세는 사업연도를 과세기간으로 하는 것이므로 그 포탈범죄는 각 사업연도마다 1개의 범죄가 성립하고, 일죄의 관계에 있는 범죄사실의 일부에 대한 공소제기와 고발의 효력은 그 일죄의 전부에 대하여 미친다.(대법원 2020.5.28. 2018도16864) [O]

0146 「조세범 처벌법」상 수 개의 범칙사실 중 일부만을 범칙사건으로 하는 고발이 있는 경우에 고발장에 기재된 범칙사실과 동일성이 인정되지 않는 다른 범칙사실에 대해서는 고발의 효력이 미치지 않는다. O|X

[20 경찰채용, 21 경찰승진] [Essential ★]

해설

대법원 2014.10.15. 2013도5650 [O]

0147 친고죄의 공범 중 그 인 또는 수인에 대한 고소는 다른 공범자에 대하여도 효력이 있으나, 그 취소는 다른 공범자에 대하여도 효력이 없다. O|X

[16 경찰승진, 15 법원9급, 14 경찰채용, 13 경찰승진, 12 경찰채용, 11 법원9급] [Essential ★]

해설

친고죄의 공범 중 그 1인 또는 수인에 대한 고소 또는 그 취소는 다른 공범자에 대하여도 효력이 있다.(제233조) [×]

0148 절대적 친고죄의 공범 중 일부에 대하여만 처벌을 구하고 나머지에 대하여는 처벌을 원하지 않는다는 내용의 고소는 적법한 고소라고 할 수 없다. O|X

[16 경찰승진] [Core ★★]

해설

대법원 2009.1.30. 2008도7462 나이키 현수막사건 [O]

0149 상대적 친고죄에 있어서의 피해자의 고소취소는 친족관계 없는 공범자에게는 그 효력이 미치지 아니한다. O|X

[16 경찰승진, 14 국가9급, 13 경찰승진, 12 변호사, 11 경찰승진] [Core ★★]

해설

대법원 1964.12.15. 64도481 [O]

0150 고소불가분의 원칙을 규정한 형사소송법 제233조의 규정은 반의사불벌죄에 있어 처벌희망 의사표시 또는 그 철회에 준용된다. O|X

[16 법원9급, 15 변호사, 15 경찰채용, 15 법원9급, 14 경찰승진, 14 국가9급, 13 변호사, 13 경찰채용, 12 변호사, 12 국가9급, 11 경찰승진, 11 경찰채용] [Essential ★]

해설

형사소송법 이 고소와 고소취소에 관한 규정을 하면서 제232조 제1항, 제2항에서 고소취소의 시한과 재고소의 금지를 규정하고 제3항에서는 반의사불벌죄에 제1항, 제2항의 규정을 준용하는 규정을 두면서도 제233조에서 고소와 고소취소의 불가분에 관한 규정을 함에 있어서는 반의사불벌죄에 이를 준용하는 규정을 두지 아니한 것은 처벌을 희망하지 아니하는 의사표시나 처벌을 희망하는 의사표시의 철회에 관하여 친고죄와는 달리 공범자간에 불가분의 원칙을 적용하지 아니하고자 함에 있다고 볼 것이지 입법의 불비로 볼 것은 아니다.(대법원 1994.4.26. 93도1689 웅진여성 폐간사건) [X]

0151 조세범처벌법에 의하여 하는 고발에 있어서는 이른바 고소·고발 불가분의 원칙이 적용되지 아니하므로 고발의 구비 여부는 양벌규정에 의하여 처벌받는 자연인인 행위자와 법인에 대하여 개별적으로 논하여야 한다. O|X

[16 법원9급, 14 변호사, 14 국가9급, 12 국가7급, 11 경찰승진] [*Core* ★★]

해설

대법원 2004.9.24. 2004도4066 [O]

0152 자기 또는 배우자의 직계존속이라도 고발할 수 있다. O|X

[14 경찰승진, 11 경찰승진] [Essential ★]

해설

자기 또는 배우자의 직계존속은 고발하지 못한다. (제235조, 제224조) [X]

0153 친고죄에 있어 고소의 취소와 반의사불벌죄에 있어 처벌을 희망하는 의사표시의 철회는 제1심 판결 선고전까지 할 수 있다. O|X

[16 경찰승진, 15 법원9급] [Essential ★]

해설

제232조 제1항·제3항 [O]

0154 甲이 제1심 법원에서 「소송촉진 등에 관한 특례법」에 따라 甲의 진술없이 A에 대한 폭행죄로 유죄를 선고받고 확정된 후 적법하게 제심 법원에 재심을 청구하여 재심개시결정이 내려졌다면 A는 그 재심의 제1심 판결 선고 전까지 처벌희망의사표시를 철회할 수 없으나, 甲이 재심을 청구하는 대신 항소권회복청구를 함으로써 항소심재판을 받게 되었다면 그 항소심 절차에서는 처벌희망의사표시를 철회할 수 있다. ○│×

[23 경찰간부, 21 경찰승진] [Core ★★]

해설

제1심 법원이 반의사불벌죄로 기소된 피고인에 대하여 소촉법 제23조에 따라 피고인의 진술 없이 유죄를 선고하여 판결이 확정된 경우 만일 피고인이 책임을 질 수 없는 사유로 공판절차에 출석할 수 없었음을 이유로 소송촉진법 제23조의2에 따라 제1심 법원에 재심을 청구하여 재심개시 결정이 내려졌다면 피해자는 그 재심의 제1심 판결 선고 전까지 처벌을 희망하는 의사표시를 철회할 수 있다. 그러나 피고인이 제1심 법원에 소촉법 제23조의2에 따른 재심을 청구하는 대신 항소권회 복청구를 함으로써 항소심 재판을 받게 되었다면 항소심을 제1심이라고 할 수 없는 이상 그 항소심 절차에서는 처벌을 희망하는 의사표시를 철회할 수 없다. (대법원 2016.11.25. 2016도 9470) [×]

0155 고소는 대리인으로 하여금 하게 할 수 있으나, 고발은 대리인으로 하여금 할 수 없다. ○│×

[14 경찰승진, 12 경간부] [Essential ★]

해설

고소 또는 그 취소는 대리인으로 하여금 하게 할 수 있지만(제236조), 고발은 그 대리가 허용되지 아니한다. [○]

0156 대리인에 의한 고소의 경우 대리권이 정당한 고소권자에 의하여 수여되었음이 실질적으로 증명되면 충분하고 그 방식에 특별한 제한은 없으므로 고소를 할 때 반드시 위임장을 제출한다거나 '대리'라는 표시를 하여야 하는 것은 아니다. ○│×

[14 경간부, 11 경찰승진] [Essential ★]

해설

대법원 2009.7.23. 2009도3282 [○]

0157 대리고소의 경우 고소기간은 정당한 고소권자가 아니고 대리고소인이 범인을 알게 된 날부터 기산하여야 한다. ○│×

[12 경찰채용, 11 법원9급] [Essential ★]

해설

고소기간은 대리고소인이 아니라 정당한 고소권자를 기준으로 고소권자가 범인을 알게 된 날부터 기산한다.(대법원 2001.9.4. 2001도3081) [×]

0158 반의사불벌죄에 있어 피해자인 청소년에게 의사능력이 있더라도 법정대리인의 동의가 없는 한 단독으로 피고인 또는 피의자의 처벌을 희망하지 않는다는 의사표시를 할 수 있는 소송능력이 없다.

O|X

[15 경찰채용, 15 국가9급, 14 변호사, 13 변호사, 13 경찰채용, 12 경찰승진, 12 경간부, 12 법원9급, 11 경찰승진, 11 국가7급] [Core ★★]

해설

반의사불벌죄라고 하더라도 피해자인 청소년에게 의사능력이 있는 이상, 단독으로 피고인 또는 피의자의 처벌을 희망하지 않는다는 의사표시 또는 처벌희망 의사표시의 철회를 할 수 있고, 거기에 법정대리인의 동의가 있어야 하는 것으로 볼 것은 아니다.(대법원 2009.11.19. 2009도6058 全合 14세 가출녀 강간 사건) [×]

0159 폭행죄는 피해자의 명시한 의사에 반하여 공소를 제기할 수 없는 반의사불벌죄로서 처벌불원의 의사표시는 의사능력이 있는 피해자가 단독으로 할 수 없고 법정대리인의 동의나 대리를 요한다. O|X

[13 변호사] [Essential ★]

해설

폭행죄는 피해자의 명시한 의사에 반하여 공소를 제기할 수 없는 반의사불벌죄로서 처벌불원의 의사표시는 의사능력이 있는 피해자가 단독으로 할 수 있다.(대법원 2010.5.27. 2010도2680) [×]

0160 폭행죄에 있어 피해자가 사망한 후 그 상속인이 피해자를 대신하여 처벌불원의 의사표시를 할 수 있다.

O|X

[14 변호사, 13 경찰승진, 11 경찰채용] [Core ★★]

해설

폭행죄에 있어 피해자가 사망한 후 그 상속인이 피해자를 대신하여 처벌불원의 의사표시를 할 수는 없다.(대법원 2010.5.27. 2010도2680 생일빵사건) [×]

0161 반의사불벌죄의 피해자는 피의자나 피고인 및 그들의 변호인에게 자신을 대리하여 수사기관이나 법원에 자신의 처벌불원의사를 표시할 수 있는 권한을 수여할 수 없다. O|X

[21 국가9급] [Core ★★]

해설

반의사불벌죄의 피해자는 피의자나 피고인 및 그들의 변호인에게 자신을 대리하여 수사기관이나 법원에 자신의 처벌불원의사를 표시할 수 있는 권한을 수여할 수 있다. (대법원 2017.9.7. 2017도8989 의료분쟁 조정사건) [×]

0162 항소심에서 제1심의 공소기각판결이 법률에 위배됨을 이유로 이를 파기하고 사건을 제1심법원에 환송한 경우라면 비록 피해자가 고소를 취소하더라도 법원은 공소기각판결을 선고할 수 없다. O|X

[15 변호사, 13 국가9급, 12 경찰채용, 12 법원9급] [Core ★★]

해설

상소심에서 형사소송법 제366조 또는 제393조 등에 의하여 제1심의 공소기각판결이 법률에 위반됨을 이유로 이를 파기하고 사건을 제1심법원에 환송함에 따라 다시 제1심 절차가 진행된 경우, 종전의 제1심판결은 이미 파기되어 그 효력을 상실하였으므로 환송 후의 제1심판결 선고 전에는 고소취소의 제한사유가 되는 제1심판결 선고가 없는 경우에 해당한다. 따라서 환송 후 제1심판결 선고 전에 고소가 취소되면 형사소송법 제327조 제5호에 의하여 판결로써 공소를 기각하여야 한다.(대법원 2011.8.25. 2009도9112 환송전 고소취소 사건) [×]

0163 비친고죄로 기소되었다가 항소심에서 공소사실이 친고죄로 변경된 경우에도 항소심을 제1심이라 할 수는 없는 것이므로 항소심에 이르러 고소인이 고소를 취소하였다면 이는 친고죄에 대한 고소취소로서의 효력이 없다. O|X

[15 경찰채용, 14 변호사, 13 변호사, 12 경간부, 12 법원9급] [Essential ★]

해설

대법원 2007. 3.15. 2007도210(同旨 대법원 1999.4.15. 96도1922 全合) [O]

0164 친고죄의 공범 중 그 일부에 대하여 제1심판결이 선고된 후에는 제1심판결 선고전의 다른 공범자에 대하여는 그 고소를 취소할 수 없고 그 고소의 취소가 있다 하더라도 그 효력을 발생할 수 없다. O|X

[16 경찰승진, 16 경찰채용, 14 변호사, 13 변호사, 13 경찰승진, 13 경간부, 12 경찰승진, [11 법원9급] [Core ★★]

해설

대법원 1985.11.12. 85도1940 가리봉동 여중생 윤간사건 [O]

0165 반의사불벌죄에 있어서 피해자가 처벌을 희망하지 아니하는 의사표시나 처벌을 희망하는 의사표시의 철회를 하였다고 인정하기 위해서 반드시 피해자의 진실한 의사가 명백하고 믿을 수 있는 방법으로 표현되어야 한다. O|X

[13 경간부, 12 경찰채용, 11 경찰승진] [Essential ★]

해설

대법원 2010.11.11. 2010도11550 [O]

0166 피해자가 가해자와 합의한 후 '이 사건 전체에 대하여 가해자와 원만히 합의하였으므로 피해자는 가해자를 상대로 이 사건과 관련한 어떠한 민·형사상의 책임도 묻지 아니한다'는 취지의 합의서가 경찰에 제출된 경우 고소취소에 해당한다. O|×

[15 변호사, 13 변호사, 12 경간부] [Core ★★]

해설

대법원 2002.7.12. 2001도6777 주병진 사건 [O]

0167 친고죄에 있어 피해자의 고소권은 공법상의 권리이긴 하지만 피해자의 의사는 존중되어야 하므로 고소전에 미리 고소권을 포기할 수 있다고 봄이 상당하다. O|×

[16 경간부, 13 변호사, 11 경찰승진] [Essential ★]

해설

친고죄에 있어서의 피해자의 고소권은 공법상의 권리라고 할 것이므로 법이 특히 명문으로 인정하는 경우를 제외하고는 자유처분을 할 수 없고 따라서 일단 한 고소는 취소할 수 있으나 고소 전에 고소권을 포기할 수 없다. (대법원 1967.5.23. 67도471) [×]

0168 세무공무원 등의 고발이 있어야 공소를 제기할 수 있는 조세범처벌법위반죄에 관하여 일단 검사의 불기소처분이 있었다면 세무공무원 등이 종전에 한 고발은 효력을 상실한다. O|×

[14 변호사, 12 경간부] [Core ★★]

해설

세무공무원 등의 고발이 있어야 공소를 제기할 수 있는 조세범처벌법위반죄에 관하여 일단 불기소처분이 있었더라도 세무공무원 등이 종전에 한 고발은 여전히 유효하다. 따라서 나중에 공소를 제기함에 있어 세무공무원 등의 새로운 고발이 있어야 하는 것은 아니다.(대법원 2009.10.29. 2009도6614) [×]

0169 공정거래위원회가 사업자에게 「독점규제 및 공정거래에 관한 법률」의 규정을 위반한 혐의가 있다고 인정하여 동법 제71조에 따라 사업자를 고발하였다면, 법원이 본안에 대하여 심판한 결과 위반되는 혐의 사실이 인정되지 아니하더라도 이러한 사정만으로는 그 고발을 기초로 이루어진 공소제기 등 형사절차의 효력에 영향을 미치지 아니한다. O|×

[21 경찰채용] [Core ★★]

해설

공정거래위원회가 사업자에게 독점규제법의 규정을 위반한 혐의가 있다고 인정하여 사업자를 고발하였다면 이로써 소추의 요건은 충족되며 공소가 제기된 후에는 고발을 취소하지 못함에 비추어 보면, 법원이 본안에 대하여 심판한 결과 독점규제법의 규정에 위반되는 혐의 사실이 인정되지 아니하거나 그 위반 혐의에 관한 공정거래위원회의 처분이 위법하여 행정소송에서 취소된다 하더라도 이러한 사정만으로는 그 고발을 기초로 이루어진 공소제기 등 형사절차의 효력에 영향을 미치지 아니한다.(대법원 2015.9.10. 2015도3926 판유리 담합사건) [O]

0170 자수란 범인이 자발적으로 자신의 범죄사실을 수사기관에 신고하여 그 소추를 구하는 의사 표시이므로, 범행이 발각된 후에 수사기관에 자진 출석하여 범죄사실을 자백한 것은 자수에 해당하지 아니한다.

O | X

[Essential ★]

해설

자수란 범인이 자발적으로 자신의 범죄사실을 수사기관에 신고하여 그 소추를 구하는 의사표시를 함으로써 성립하는 것으로서, 범행이 발각된 후에 수사기관에 자진 출석하여 범죄사실을 자백한 경우도 포함한다. (대법원 2011.12.22. 2011도12041) [×]

0171 수개의 범죄사실 중 일부에 관하여만 자수한 경우에는 그 부분 범죄사실에 대하여만 자수의 효력이 있다.

O | X

[11 경찰승진] [Essential ★]

해설

대법원 1994.10.14. 94도2130 [O]

0172 자수가 성립하였다고 하더라도 그 후에 범인이 이를 번복하여 수사기관이나 법정에서 범행을 부인한다고 한다면 일단 발생한 자수의 효력은 소멸한다.

O | X

[11 경찰승진] [Core ★★]

해설

일단 자수가 성립한 이상 자수의 효력은 확정적으로 발생하고 그 후에 범인이 번복하여 수사기관이나 법정에서 범행을 부인한다고 하여 일단 발생한 자수의 효력이 소멸하는 것은 아니다. (대법원 2011.12.22. 2011도12041) [×]

0173 법인의 대표자는 물론 위반행위를 한 직원 또는 사용인이 자수한 경우라도 양벌규정에 의하여 처벌받는 법인에 대하여 자수감경에 관한 형법 규정을 적용할 수 있다.

O | X

[14 경간부] [Core ★★]

해설

양벌규정에 의하여 법인이 처벌받는 경우 법인에게 자수감경에 관한 형법 규정을 적용하기 위하여는 법인의 이사 기타 대표자가 수사책임이 있는 관서에 자수한 경우에 한하고 그 위반행위를 한 직원 또는 사용인이 자수한 것만으로는 형을 감경할 수 없다.(대법원 1995.7.25. 95도391) [×]

0174 성폭력범죄 피해자의 변호사는 피고인에 대한 처벌을 희망하는 의사표시를 철회하거나 처벌을 희망하지 않는 의사표시를 할 수 있다. O|X

[20 경찰채용, 21 경찰간부] [*Core* ★★]

해설

대법원 2019.12.13. 2019도10678 [O]

수사 Part 02

제1절 수사의 일반원칙과 임의수사

0175 검사·사법경찰관리와 그 밖에 직무상 수사에 관계있는 자는 수사과정에서 수사와 관련하여 작성하거나 취득한 서류 또는 물건에 대한 목록을 빠짐없이 작성하여야 한다. O|X

[14 경찰승진, 12 국가9급] [Essential ★]

해설

제198조 제3항 [O]

0176 형사절차에 있어서의 영장주의란 체포 구속 압수 등의 강제처분을 함에 있어서는 사법권 독립에 의하여 그 신분이 보장되는 법관이 발부한 영장에 의하지 않으면 아니된다는 원칙이다. O|X

[14 경찰승진, 11 경찰승진] [Essential ★]

해설

헌법재판소 1997.3.27. 96헌바28 전두환 · 노태우 전대통령 사건 [O]

0177 법원이 직권으로 발부하는 영장과 수사기관의 청구에 의하여 발부하는 구속영장의 법적 성격은 같지 않다. 즉, 전자는 명령장으로서의 성질을 갖지만 후자는 허가장으로서의 성질을 갖는 것으로 이해되고 있다. O|X

[13 경간부] [Core ★★]

해설

헌법재판소 1997.3.27. 96헌바28 전두환 · 노태우 전대통령 사건 [O]

0178 우편물 통관검사절차에서 이루어지는 우편물의 개봉, 시료채취, 성분분석 등의 검사는 수출입물품에 대한 적정한 통관 등을 목적으로 한 행정조사의 성격을 가지는 것으로서 수사기관의 강제처분이라고 할 수 없으므로, 압수·수색영장 없이 우편물의 개봉, 시료채취, 성분분석 등 검사가 진행되었다 하더라도 특별한 사정이 없는 한 위법하다고 볼 수 없다. O|X

[16 법원9급, 15 변호사, 14 경간부] [Essential ★]

해설

대법원 2013.9.26. 2013도7718 우편물 통관사건 [O]

0179 주취운전의 혐의자에게 음주측정에 응할 의무를 지우고 이에 불응할 때 처벌하는 도로교통법 규정은 영장주의에 위반되지 않는다. O|X

[14 경찰승진] [Essential ★]

해설

헌법재판소 1997.3.27. 96헌가11 [O]

0180 경찰공무원이나 검사의 신문을 받으면서 자신의 신원을 밝히지 않고 지문채취에 불응하는 피의자를 처벌하는 경범죄처벌법 규정은 영장주의에 위반된다. O|X

[16 경찰승진, 16 경간부, 15 경찰승진, 15 경간부, 14 경찰승진, 13 법원9급, 12 경찰채용, 11 경찰승진] [Essential ★]

해설

경범죄처벌법 제1조 제42호가 지문채취거부를 처벌할 수 있도록 하는 것이 비록 피의자에게 지문채취를 강요하는 측면이 있다 하더라도 수사의 편의성만을 위하여 영장주의의 본질을 훼손하고 형해화한다고 할 수는 없다.(헌법재판소 2004.9.23. 2002헌가17) [×]

0181 경찰관이 피고인의 정신 상태, 신체에 있는 주사바늘 자국, 알콜솜 휴대, 전과 등을 근거로 피고인의 마약류 투약 혐의가 상당하다고 판단하여 경찰서로 임의동행을 요구하였고 동행장소인 경찰서에서 피고인에게 마약류 투약 혐의를 밝힐 수 있는 소변과 모발의 임의제출을 요구하였다면, 이러한 임의동행은 마약류 투약 혐의에 대한 수사를 위한 것이어서 형사소송법 제199조 제1항에 따른 임의동행에 해당한다. O|X

[22 경찰채용, 21 경찰간부] [Core ★★]

해설

대법원 2020.5.14. 2020도398 마약사범 임의동행 사건 [O]

0182 수사관이 수사과정에서 당사자의 동의를 받는 형식으로 피의자를 수사관서 등에 동행하는 것은 오로지 피의자의 자발적인 의사에 의하여 수사관서 등에의 동행이 이루어졌음이 객관적인 사정에 의하여 명백하게 입증된 경우에 한하여 그 적법성이 인정된다. O|X

[17 경간부, 16 경간부, 16 국가7급, 14 경간부, 11 국가9급] [Essential ★]

해설

대법원 2015.12.24. 2013도8481 운좋은음주측정거부자사건 [O]

0183 상대방의 동의를 얻어 보호실 등 특정한 장소에 유치하는 승낙유치는 임의수사의 한 종류로 영장 없이 할 수 있다. O|X

[21 경찰승진] [Essential ★]

해설

승낙유치란 상대방의 승낙을 받아 경찰서 유치장 등에 유치하는 것을 말한다. 유치에 대하여 일반인이 승낙한다는 것은 경험칙상 도저히 기대할 수 없기 때문에 이는 임의수사로서 허용되지 않는다는 것이 통설의 입장이다. [X]

0184 강제처분에 관한 형사소송법상의 절차를 무시한 채 강제연행 상태하에서 행하여진 음주측정 요구를 피고인이 거부한 경우 음주측정거부죄는 성립하지 않는다. O|X

[13 법원9급, 11 경찰승진] [Essential ★]

해설

대법원 2015.12.24. 2013도8481 운좋은음주측정거부자사건 [O]

0185 음주운전을 목격한 피해자가 있는 상황에서 경찰관이 음주운전 종료 시부터 약 2시간 후 집에 있던 피고인을 임의동행하여 음주측정을 요구하였고, 음주측정 요구 당시에도 피고인이 상당히 취한 것으로 보이는 상황이었다면 그 음주측정 요구는 적법하다. O|X

[17 경찰승진] [Essential ★]

해설

대법원 1997.6.13. 96도3069 [O]

0186 경찰서로 사실상의 강제연행, 불법 체포된 피고인(불법 체포로부터 6시간 상당이 경과한 후에 긴급체포가 되었음)이 경찰서 밖으로 빠져 나온 경우 도주죄가 성립하지 않는다. O|X

[17 경찰승진, 16 경간부, 15 변호사, 13 경찰채용, 11 경찰채용] [Essential ★]

해설

대법원 2006.7.6. 2005도6810 화천 절도피의자 강제연행 사건 [O]

0187 구속된 피의자가 피의자신문을 위한 수사기관의 출석 요구에 응하지 아니하면서 출석을 거부할 경우, 검사는 법관으로부터 구인을 위한 영장을 발부받아 그 피의자를 조사실로 구인할 수 있다. O|X

[17 경찰승진, 17 경간부, 16 경찰승진, 16 경찰채용, 15 변호사, 15 법원9급, 14 경찰채용, 14 법원9급, 13 변호사] [Core ★★]

해설

구속영장 발부에 의하여 적법하게 구금된 피의자가 피의자신문을 위한 출석 요구에 응하지 아니하면서 수사기관 조사실에의 출석을 거부한다면 수사기관은 그 구속영장의 효력에 의하여 피의자를 조사실로 구인할 수 있다. (대법원 2013.7.1. 2013모160 구속피의자 국정원 구인사건) [X]

0188 검사 또는 사법경찰관은 피의자를 신문하기 전에 진술거부권의 일부로서 진술을 거부할 권리를 포기하고 행한 진술은 법정에서 유죄의 증거로 사용될 수 없다는 것을 알려주어야 한다. O|X

[15 변호사, 15 경찰승진, 15 경간부, 14 경찰승진, 13 경간부, 11 경찰승진] [Essential ★]

해설

검사 또는 사법경찰관은 피의자를 신문하기 전에 진술거부권의 일부로서 진술을 거부할 권리를 포기하고 행한 진술은 법정에서 유죄의 증거로 사용될 수 있다는 것을 알려주어야 한다.(제244조의3 제1항) [X]

0189 사법경찰관이 피의자에게 진술거부권을 행사할 수 있음을 알려 주고 그 행사 여부를 질문하였다 하더라도, 형사소송법 제244조의3 제2항에 규정한 방식에 위반하여 진술거부권 행사 여부에 대한 피의자의 답변이 자필로 기재되어 있지 아니하거나 그 답변 부분에 피의자의 기명날인 또는 서명이 되어 있지 아니한 사법경찰관 작성의 피의자신문조서는 특별한 사정이 없는 한 증거능력이 없다. O|X

[16 국가9급] [Essential ★]

해설

대법원 2014.4.10. 2014도1779 대구 필로폰 매매사건 [O]

0190 피의자가 변호인의 참여를 원한다는 의사를 명백하게 표시하였음에도 수사기관이 정당한 사유 없이 변호인을 참여하게 하지 아니한 채 피의자를 신문하여 작성한 피의자신문조서는 증거로 할 수 없다. O|X

[16 경찰승진, 16 경찰채용, 15 경찰승진, 15 경간부, 15 법원9급, 14 법원9급] [Essential ★]

해설

대법원 2013.3.28. 2010도3359 공항버스 운전기사 횡령사건 [O]

0191 검사 또는 사법경찰관은 피의자 또는 그 변호인·법정대리인·배우자·직계친족·형제자매·동거인·고용주의 신청에 따라 변호인을 피의자와 접견하게 하거나 정당한 사유가 없는 한 피의자에 대한 신문에 참여하게 하여야 한다. O|X

[17 경찰승진, 16 경간부, 16 경찰채용, 15 경찰승진, 15 국가9급,.14 경찰승진, 14 경찰채용, 13 경찰채용, 13 법원9급, 12 경찰채용, 12 국가7급, 12 국가9급, 11 경찰승진] [Core ★★]

해설

검사 또는 사법경찰관은 피의자 또는 그 변호인·법정대리인·배우자·직계친족·형제자매의 신청에 따라 변호인을 피의자와 접견하게 하거나 정당한 사유가 없는 한 피의자에 대한 신문에 참여하게 하여야 한다.(제243조의2 제1항) [X]

0192 신문에 참여하고자 하는 변호인이 2인 이상인 때에는 피의자가 신문에 참여할 변호인 1인을 지정한다. 지정이 없는 경우에는 검사 또는 사법경찰관이 이를 지정하여야 한다. O|X

[16 경찰승진, 15 국가9급, 14 경찰승진, 13 경찰채용, 13 법원9급, 12 경찰채용, 12 국가7급, 11 경찰승진, 11 국가9급] [Essential ★]

해설

신문에 참여하고자 하는 변호인이 2인 이상인 때에는 피의자가 신문에 참여할 변호인 1인을 지정한다. 지정이 없는 경우에는 검사 또는 사법경찰관이 이를 지정할 수 있다.(제243조의2 제2항) [×]

0193 신문에 참여한 변호인은 신문 후 의견을 진술할 수 있다. 다만, 신문 중이라도 부당한 신문방법에 대하여 이의를 제기할 수 있고, 검사 또는 사법경찰관의 승인을 얻어 의견을 진술할 수 있다. O|X

[16 경찰승진, 15 변호사, 14 경찰승진, 14 경찰채용, 14 국가9급, 14 법원9급, 13 경찰채용, 13 법원9급, 12 경찰채용, 12 국가7급, 11 경찰승진] [Essential ★]

해설

제243조의2 제3항 [O]

0194 검사 또는 사법경찰관은 변호인의 신문참여 및 그 제한에 관한 사항을 피의자신문조서에 기재하여야 한다. O|X

[16 경찰승진, 15 경찰승진, 14 경찰승진, 13 경찰승진, 13 경찰채용, 13 법원9급, 12 경간부] [Essential ★]

해설

제243조의2 제5항 [O]

0195 피의자신문에 참여한 변호인은 검사 또는 사법경찰관의 신문 후 조서를 열람하고 의견을 진술할 수 있으며, 신문 중이라도 부당한 신문방법에 대해서는 검사 또는 사법경찰관의 승인을 받아 이의를 제기할 수 있다. O|X

[21 경찰채용] [Essential ★]

해설

피의자신문에 참여한 변호인은 검사 또는 사법경찰관의 신문 후 조서를 열람하고 의견을 진술할 수 있다.(수사준칙 제14조 제1항) 피의자신문에 참여한 변호인은 신문 중이라도 검사' 또는 사법경찰관의 승인을 받아 의견을 진술할 수 있다. 이 경우 검사 또는 사법경찰관은 정당한 사유가 있는 경우를 제외하고는 변호인의 의견진술 요청을 승인해야 한다.(제14조 제2항) 피의자신문에 참여한 변호인은 제2항에도 불구하고 부당한 신문방법에 대해서는 검사 또는 사법경찰관의 승인 없이 이의를 제기할 수 있다.(제14조 제3항) [×]

0196 검사가 피의자신문절차에서 인정신문을 진행하기 전에 변호인으로부터 15분에 걸쳐 피의자의 수갑을 해제하여 달라는 명시적이고 거듭된 요구를 받았고 피의자에게 도주, 자해, 다른 사람에 대한 위해의 위험이 분명하고 구체적으로 드러나는 등 특별한 사정이 없었음에도 교도관에게 수갑을 해제하여 달라고 요청하지 않은 것은 위법하다. ○|×

[21 해경간부, 20 경찰채용] [Essential ★]

해설

대법원 2020.3.17. 2015모2357 [○]

0197 검사나 사법경찰관이 피의자신문에 있어 변호인의 참여를 제한하거나 퇴거시킨 처분에 대해서 피의자나 변호인은 준항고를 할 수 있다. ○|×

[16 경찰채용, 15 변호사, 14 경찰승진, 14 법원9급, 13 경간부, 13 경찰채용, 11 국가9급]
[Essential ★]

해설

제417조 [○]

0198 피의자신문시 변호인참여를 제한할 수 있는 '정당한 사유'라 함은 변호인이 피의자신문을 방해하거나 수사기밀을 누설할 염려가 있음이 객관적으로 명백한 경우 등을 말하는 것이므로 수사기관이 위와 같은 정당한 사유가 없음에도 불구하고 변호인에 대하여 피의자로부터 떨어진 곳으로 옮겨 앉으라고 지시를 한 다음 이러한 지시에 따르지 않았음을 이유로 변호인의 피의자신문 참여권을 제한하는 것은 허용될 수 없다. ○|×

[13 경간부] [Core ★★]

해설

대법원 2008.9.12. 2008모793 변호인 퇴실명령 사건 [○]

0199 검찰수사관이 피의자신문에 참여한 변호인에게 피의자 후방에 앉으라고 요구한 행위는 이를 정당화할 특별한 사정이 없는 한 변호인의 변호권을 침해하므로 헌법에 위배된다. ○|×

[18 국가9급] [Essential ★]

해설

피의자신문에 참여한 변호인이 피의자 옆에 앉는다고 하여 피의자 뒤에 앉는 경우보다 수사를 방해할 가능성이 높아진다거나 수사기밀을 유출할 가능성이 높아진다고 볼 수 없으므로, 이 사건 후방착석요구행위의 목적의 정당성과 수단의 적절성을 인정할 수 없다. 이 사건 후방착석요구행위로 인하여 위축된 피의자가 변호인에게 적극적으로 조언과 상담을 요청할 것을 기대하기 어렵고, 변호인이 피의자의 뒤에 앉게 되면 피의자의 상태를 즉각적으로 파악하거나 수사기관이 피의자에게 제시한 서류 등의 내용을 정확하게 파악하기 어려우므로, 이 사건 후방착석요구행위는 변호인인 청구인의 피의자 신문참여권을 과도하게 제한한다. 그런데 이 사건에서 변호인의 수사방해나 수사기밀의 유출에 대한 우려가 없고, 조사실의 장소적 제약 등과 같이 이 사건 후방착석요구행위를 정당화할 그 외의 특별한 사정도 없으므로, 이 사건 후방착석요구행위는 침해의 최소성 요건을 충족하지 못한다. 이 사건 후방착석요구행위로 얻어질 공익보다는 변호인의 피의자신문참여권 제한에 따른 불이익의 정도가 크므로, 법익의 균형성 요건도 충족하지 못한다. 따라서 이 사건 후방착석요구행위는 변호인인 청구인의 변호권을 침해한다.(헌재 2017.11.30. 2016헌마503 후방착석 요구 사건) [O]

0200 검사 또는 사법경찰관은 피의자를 신문하는 경우 피의자가 ㉠ 피의자가 신체적 또는 정신적 장애로 사물을 변별하거나 의사를 결정·전달할 능력이 미약한 때 ㉡ 피의자의 연령·성별·국적 등의 사정을 고려하여 그 심리적 안정의 도모와 원활한 의사소통을 위하여 필요한 경우 직권 또는 신청에 따라 피의자와 신뢰관계에 있는 자를 동석하게 하여야 한다. O|X

[14 경찰승진, 13 경찰승진, 13 경찰채용, 12 경간부, 12 국가9급, 11 경찰승진] [Core ★★]

해설

검사 또는 사법경찰관은 직권 또는 피의자·법정대리인의 신청에 따라 피의자와 신뢰관계에 있는 자를 동석하게 할 수 있다.(제244조의5) [X]

0201 피의자신문시 구체적인 사안에서 신뢰관계자의 동석을 허락할 것인지는 원칙적으로 검사 또는 사법경찰관이 피의자의 건강 상태 등 여러 사정을 고려하여 재량에 따라 판단하여야 할 것이나, 이를 허락하는 경우에도 동석한 사람으로 하여금 피의자를 대신하여 진술하도록 하여서는 아니된다. O|X

[13 경찰승진, 12 경간부, 12 국가7급] [Core ★★]

해설

대법원 2009.6.23. 2009도1322 한나라당 자원봉사팀장 사건 [O]

0202 피의자의 진술은 영상녹화할 수 있다. 이 경우 피의자의 동의를 받아야 하며, 조사의 개시부터 종료까지의 전 과정 및 객관적 정황을 영상녹화하여야 한다. O|X

[17 경찰승진, 16 경찰승진, 16 경찰채용, 15 경찰승진, 15 경찰채용, 14 경찰승진, 13 경찰승진, 13경간부, 13 경찰채용, 12 경찰채용, 12 국가7급, 12 국가9급, 12 법원9급, 11 경찰승진, 11 국가9급] [Essential ★]

해설

피의자의 진술은 영상녹화할 수 있다. 이 경우 미리 영상녹화사실을 알려주어야 하며, 조사의 개시부터 종료까지의 전 과정 및 객관적 정황을 영상녹화하여야 한다.(제244조의2 제1항) [X]

0203 영상녹화가 완료된 때에는 피의자 또는 변호인 앞에서 지체 없이 그 원본을 봉인하고 피의자로 하여금 기명·날인 또는 서명하게 하여야 한다. O|X

[16 경찰승진, 15 경찰승진, 14 경찰채용] [Essential ★]

해설

제244조의2 제2항 [O]

0204 피의자 또는 변호인의 요구가 있는 때에는 영상녹화물을 재생하여 시청하게 하여야 한다. 이 경우 그 내용에 대하여 이의를 진술하는 때에는 그 취지를 기재한 서면을 첨부하여야 한다. O|X

[16 경찰승진, 15 경찰승진, 13 경찰승진, 13 경간부, 12 경찰채용, 11 국가9급] [Essential ★]

해설

제244조의2 제3항 [O]

0205 수사기관이 참고인을 조사하는 과정에서 형사소송법 제221조 제1항에 따라 작성한 영상녹화물은 원칙적으로 공소사실을 직접 증명할 수 있는 독립적인 증거로 사용될 수 있다. O|X

[17 경간부, 16 국가7급] [Core ★★]

해설

(1) 수사기관이 참고인을 조사하는 과정에서 형사소송법 제221조 제1항에 따라 작성한 영상녹화물은, 다른 법률에서 달리 규정하고 있는 등의 특별한 사정이 없는 한 공소사실을 직접 증명할 수 있는 독립적인 증거로 사용될 수는 없다. (2) 피고인의 동의가 없는 이상 참고인에 대한 진술조서의 작성이 없는 상태에서 수사기관이 그의 진술을 영상녹화한 영상녹화물만을 독자적인 증거로 쓸 수 없고 그 녹취록 또한 증거로 사용할 수 없는 위 영상녹화물의 내용을 그대로 녹취한 것이므로 역시 증거로 사용할 수 없다.(대법원 2014.7.10. 2012도5041 역술인진술 영상녹화 사건) [×]

0206 피고인이 아닌 자가 수사과정에서 진술서를 작성하였지만 수사기관이 그에 대한 조사과정을 기록하지 아니한 경우에는 특별한 사정이 없는 한 적법한 절차와 방식에 따라 작성되었다고 할 수 없으므로 증거능력을 인정할 수 없다. O|X

[16 국가7급] [Essential ★]

해설

대법원 2015.4.23. 2013도3790 [O]

0207 사법경찰관이 피의자를 조사하는 경우와는 달리 피의자가 아닌 자를 조사하는 경우에는 조사과정의 진행경과를 확인하기 위하여 필요한 사항을 조서에 기록하거나 별도의 서면에 기록한 후 수사기록에 편철할 것을 요하지 않으므로 사법경찰관이 그 조사과정을 기록하지 아니하였더라도 다른 특별한 사정이 없는 한 피의자 아닌 자가 조사과정에서 작성한 진술서는 증거로 할 수 있다. O|X

[21 경찰채용] [Essential ★]

해설

피고인이 아닌 자가 수사과정에서 진술서를 작성하였지만 수사기관이 그에 대한 조사과정을 기록하지 아니하여 형사소송법 제244조의4 제3항, 제1항에서 정한 절차를 위반한 경우에는, 특별한 사정이 없는 한 '적법한 절차와 방식'에 따라 수사과정에서 진술서가 작성되었다 할 수 없으므로 그 증거능력을 인정할 수 없다.(대법원 2015. 4.23. 2013도3790 조사과정 기록 누락사건) [×]

0208 검사 또는 사법경찰관은 수사에 필요한 때에는 피의자가 아닌 자의 출석을 요구하여 진술을 들을 수 있다. 이 경우 그의 동의를 받아 영상녹화할 수 있다. O|X

[16 경찰채용, 14 경찰승진, 14 경간부, 13 경찰승진, 13 경찰채용, 12 국가7급, 12 법원9급, 11 경찰승진, 11 국가9급] [Essential ★]

해설

제221조 제1항 [O]

0209 참고인에 대하여는 진술거부권을 고지할 필요가 없다. O|X

[13 경찰채용, 13 국가9급] [Essential ★]

해설

대법원 2011.11.10. 2011도8125 [O]

0210 검사는 공소제기 여부와 관련된 사실관계를 분명하게 하기 위하여 필요한 경우에는 피의자 또는 변호인의 신청에 의하여만 전문수사자문위원을 지정하여 수사절차에 참여하게 하고 자문을 들을 수 있다. O|X

[15 국가9급, 14 경찰채용] [Core ★★]

해설

검사는 공소제기 여부와 관련된 사실관계를 분명하게 하기 위하여 필요한 경우에는 직권이나 피의자 또는 변호인의 신청에 의하여 전문수사자문위원을 지정하여 수사절차에 참여하게 하고 자문을 들을 수 있다.(제245조의2 제1항) [×]

0211 피의자 또는 변호인은 검사의 전문수사자문위원 지정에 대하여 관할 고등검찰청 검사장에게 이의를 제기할 수 있다. O|X

[15 국가9급, 14 경찰채용, 12 경찰채용] [Essential ★]

해설

제245조의3 제3항 [O]

제2절 체포와 구속

1. 체포와 구속

0212 검사 또는 사법경찰관은 피의자를 체포·구속하는 경우에는 피의사실의 요지, 체포·구속의 이유와 변호인을 선임할 수 있음을 말하고 진술거부권을 고지하여야 한다. O|X

[16 경찰채용, 15 경찰승진, 14 변호사, 14 경찰채용, 13 경찰승진, 12 변호사, 12 경간부, 11 경찰채용] [Essential ★]

해설

검사 또는 사법경찰관은 피의자를 체포·구속하는 경우에는 피의사실의 요지, 체포·구속의 이유와 변호인을 선임할 수 있음을 말하고 변명할 기회를 주어야 한다. (제200조의5, 제209조, 제213조의2) 검사 또는 사법경찰관은 피의자를 체포하거나 구속할 때에는 법 제200조의5(법 제209조에서 준용하는 경우를 포함한다)에 따라 피의자에게 피의사실의 요지, 체포·구속의 이유와 변호인을 선임할 수 있음을 말하고, 변명할 기회를 주어야 하며, 진술거부권을 알려주어야 한다. (수사준칙 제32조 제1항) [×]

0213 사법경찰관 등이 체포영장을 소지하고 피의자를 체포하기 위하여는 체포 당시에 피의자에게 체포영장을 제시하고 피의자에 대한 범죄사실의 요지, 구속의 이유와 변호인을 선임할 수 있음을 말하고 변명할 기회를 주어야 하는데, 이와 같은 체포영장의 제시나 고지 등은 체포를 위한 실력행사에 들어가기 이전에 미리 하여야 하는 것이 원칙이나 달아나는 피의자를 쫓아가 붙들거나 폭력으로 대항하는 피의자를 실력으로 제압하는 경우에는 붙들거나 제압하는 과정에서 하거나 그것이 여의치 않은 경우에라도 일단 붙들거나 제압한 후에 지체 없이 행하여야 한다. O|X

[17 경찰승진, 17 경간부, 16 국가9급, 13 국가7급, 11 경찰채용, 11 국가9급] [Core ★★]

해설

대법원 2008.2.14. 2007도10006 [O]

0214 사법경찰관이 피의자를 현행범인으로 체포하면서 체포사유 및 변호인선임권을 고지하지 아니하였음에도 불구하고, 고지한 것으로 현행범인체포서를 작성한 경우에는 허위공문서작성죄의 범의가 없다. O|X

[16 경찰승진] [Essential ★]

해설

피고인들을 비롯한 경찰관들이 피의자 4명을 현행범으로 체포하거나 현행범인체포서를 작성할 때 체포사유 및 변호인선임권을 고지하지 아니하였음에도 불구하고, '체포의 사유 및 변호인 선임권 등을 고지 후 현행범인 체포한 것임'이라는 내용의 허위의 현행범인체포서 4장과 '현행범인으로 체포하면서 범죄사실의 요지, 구속의 이유와 변호인을 선임할 수 있음을 고지하고 변명의 기회를 주었다'는 내용의 허위의 확인서 4장을 각 작성한 경우, 당시 피고인들에게 허위공문서작성에 대한 범의도 있었다고 보아야 한다. (대법원 2010.6.24. 2008도11226 김해 도박단 봐주기 사건) [×]

0215 피고인에 대하여 범죄사실의 요지, 구속의 이유와 변호인을 선임할 수 있음을 말하고 변명할 기회를 준 후가 아니면 구속할 수 없다. 이는 피고인이 도망한 경우에도 동일하다. ○│×

[15 법원9급] [Core ★★]

해설

> 피고인에 대하여 범죄사실의 요지, 구속의 이유와 변호인을 선임할 수 있음을 말하고 변명할 기회를 준 후가 아니면 구속할 수 없다. 다만, 피고인이 도망한 경우에는 그러하지 아니하다.(제72조) [×]

0216 법원이 사전에 형사소송법 제72조 규정에 따른 절차를 거치지 아니한 채 구속영장을 발부하였다면 그 발부결정은 위법하다고 할 것이나, 이미 변호인을 선정하여 공판절차에서 변명과 증거의 제출을 다하고 그의 변호 아래 판결을 선고받은 경우 등과 같이 절차적 권리가 실질적으로 보장되었다고 볼 수 있는 경우에도 그 발부결정은 위법하다고 볼 것이다. ○│×

[14 경찰채용] [Core ★★]

해설

> 법원이 사전에 형사소송법 제72조 규정에 따른 절차를 거치지 아니한 채 구속영장을 발부하였다면 그 발부결정은 위법하다고 할 것이나, 이미 변호인을 선정하여 공판절차에서 변명과 증거의 제출을 다하고 그의 변호 아래 판결을 선고받은 경우 등과 같이 절차적 권리가 실질적으로 보장되 었다고 볼 수 있는 경우에는 이에 해당하는 절차의 전부 또는 일부를 거치지 아니한 채 구속영장을 발부하였다 하더라도 그 발부결정이 위법하다고 볼 것은 아니다. (대법원 2000.11.10. 2000모134) [×]

0217 형사소송법 제72조는 "피고인에 대하여 범죄사실의 요지, 구속의 이유와 변호인을 선임할 수 있음을 말하고 변명할 기회를 준 후가 아니면 구속할 수 없다"라고 규정하고 있는 바, 이는 수소법원 등 법관이 취하여야 하는 절차가 아니라 구속영장을 집행함에 있어 집행기관 이 취하여야 하는 절차에 관한 것이다. ○│×

[21 경찰채용] [Essential ★]

해설

> 형사소송법 제72조는 6피고인에 대하여 범죄사실의 요지, 구속의 이유와 변호인을 선임할 수 있음을 말하고 변명할 기회를 준 후가 아니면 구속할 수 없다'고 규정하고 있는바, 이는 피고인을 구속함에 있어 법관에 의한 사전 청문절차를 규정한 것으로서 구속영장을 집행함에 있어 집행기관이 취하여야 하는 절차가 아니라 구속영장 발부함에 있어 수소법원 등 법관이 취하여야 하는 절차라 할 것이므로 법원이 피고인에 대하여 구속영장을 발부함에 있어 사전에 위 규정에 따른 절차를 거치지 아니한 채 구속영장을 발부하였다면 그 발부결정은 위법하다. (대법원 2000.11.10. 2000모134 형소법 제72조 간과사건 I) [×]

0218 형사소송법 제88조는 '피고인을 구속한 때에는 즉시 공소사실의 요지와 변호인을 선임할 수 있음을 알려야 한다'고 규정하고 있는바, 이는 사후 청문절차에 관한 규정으로서 이를 위반한 경우 구속영장은 그 효력을 상실하게 된다. O|X

[16 경찰채용, 14 경찰채용] [Essential ★]

해설

형사소송법 제88조는 사후 청문절차에 관한 규정으로서 이를 위반하였다 하여 구속영장의 효력에 어떠한 영향을 미치는 것은 아니다.(대법원 2000.11.10. 2000모134) [X]

0219 사법경찰관이 체포 당시 외국인인 피고인에게 영사통보권을 지체 없이 고지하지 않았다면 피고인에게 영사조력이 가능한지 여부나 실질적인 불이익이 있었는지 여부와 상관없이 국제 협약에 따른 피고인의 권리나 법익을 본질적으로 침해하였다고 볼 수 있으므로 체포나 구속 이후 수집된 증거와 이에 기초한 증거들은 유죄인정의 증거로 사용할 수 없다. O|X

[23 경찰채용] [Core ★★]

해설

영사관계에 관한 비엔나협약(Vienna Convention on Consular Relations, 이하 '협약'이라 한다) 제36조 제1항 (b)호, 경찰수사규칙 제91조 제2항, 제3항이 외국인을 체포·구속하는 경우 지체 없이 외국인에게 영사통보권 등이 있음을 고지하고, 외국인의 요청이 있는 경우 영사기관에 체포·구금 사실을 통보하도록 정한 것은 외국인의 본국이 자국민의 보호를 위한 조치를 취할 수 있도록 협조하기 위한 것이다. 따라서 수사기관이 외국인을 체포하거나 구속하면서 지체 없이 영사통보권 등이 있음을 고지하지 않았다면 체포나 구속 절차는 국내법과 같은 효력을 가지는 협약 제36조 제1항 (b)호를 위반한 것으로 위법하다. 그러나 체포나 구속 절차에 협약 제36조 제1항 (b)호를 위반한 위법이 있더라도 절차 위반의 내용과 정도가 중대하거나 절차 조항이 보호하고자 하는 외국인 피고인의 권리나 법익을 본질적으로 침해하였다고 볼 수 없다면 체포나 구속 이후 수집된 증거와 이에 기초한 증거들은 유죄 인정의 증거로 사용할 수 있다.(대법원 2022. 4.28. 2021도17103 불법체류 인도네시아인 체포사건) [X]

0220 「검사와 사법경찰관의 상호협력과 일반적 수사준칙에 관한 규정」 제31조에 의하면 사법경찰관은 동일한 범죄사실로 다시 체포영장을 신청하는 경우에 그 취지를 체포영장 신청서에 적어야 한다. O|X

[22 경찰채용] [Essential ★]

해설

수사준칙 제31조 [O]

0221 체포영장을 청구받은 지방법원판사는 피의자가 죄를 범하였다고 의심할 만한 이유가 있는 경우에 체포의 사유를 판단하기 위하여 피의자를 구인한 후 심문할 수 있다. O|X

[17 경찰승진, 13 경찰승진, 12 경간부] [Essential ★]

해설

구속영장과는 달리 체포영장을 발부하기 위하여 지방법원판사가 피의자를 심문하는 것은 허용되지 아니한다. 영장실질심사는 구속영장을 발부하는 경우에만 인정된다.(제201조의2) [×]

0222 체포한 피의자를 구속하고자 할 때에는 체포한 때부터 48시간 이내에 구속영장을 발부받아야 하고, 그 기간 내에 구속영장을 발부받지 못한 때에는 피의자를 즉시 석방하여야 한다. O|X

[16 변호사, 13 변호사, 12 경간부] [Core ★★]

해설

체포한 피의자를 구속하고자 할 때에는 체포한 때부터 48시간 이내에 구속영장을 청구하여야 하고, 그 기간 내에 구속영장을 청구하지 아니하는 때에는 피의자를 즉시 석방하여야 한다.(제200조의2 제5항) [×]

0223 '급속을 요하는 때'에 해당하여 체포영장을 제시하지 않은 채 체포영장에 기한 체포절차에 착수하였으나, 이에 피의자가 저항하면서 경찰관을 폭행하여 새로운 피의사실인 공무집행방해를 이유로 적법하게 현행범으로 체포한 경우 집행완료에 이르지 못한 체포영장을 사후에 피의자에게 제시할 필요는 없다. O|X

[22 경찰간부] [Core ★★]

해설

체포영장을 소지하지 아니한 경우에 급속을 요하는 때에는 피의자에 대하여 피의사실의 요지와 영장이 발부되었음을 고하고 집행할 수 있다. 이 경우 집행을 완료한 후에는 신속히 체포영장을 제시하여야 한다. (제85조 제3항·제4항, 제209조, 제200조의6) 다만, 위 사안은 피의자가 경찰관을 폭행하여 새로운 피의사실인 공무집행방해를 이유로 적법하게 현행범으로 체포했으므로 집행완료에 이르지 못한 체포영장을 사후에 피의자에게 제시할 필요는 없다. [O]

0224 피의자가 사형·무기 또는 장기 3년 이상의 징역·금고에 해당하는 죄를 범하였다고 의심할 만한 상당한 이유가 있고, 증거를 인멸할 염려가 있거나 도망 또는 도망할 우려가 있는 때에 긴급을 요하여 체포영장을 받을 수 없는 경우 수사기관은 피의자를 긴급체포할 수 있다. O|X

[15 경찰승진, 14 경찰승진, 13 국가9급, 12 경찰채용] [Essential ★]

해설

제200조의3 제1항 [O]

0225 (1) 위증교사죄 등으로 기소된 변호사 甲이 2002.11.25. 인천지방법원 부천지원에서 무죄를 선고받자, 검사 A는 이에 불복·항소한 후 보완수사를 한다며 甲의 변호사사무실 사무장 乙에게 대질조사(참고인 조사)를 위한 출석을 요구하였다. 이후 2003.1.3. 자진출석한 乙에 대하여 검사는 참고인조사를 하지 아니한 채 곧바로 위증 및 위증교사 혐의로 피의자신문조서를 받기 시작하자 乙은 인적사항만을 진술한 후 甲에게 전화를 하였다. (2) 乙의 전화연락을 받고 검사실로 찾아온 甲은 "참고인조사만을 한다고 하여 임의수사에 응한 것인데 乙을 피의자로 조사하는 데 대해서는 협조를 하지 않겠다"는 취지로 말하며 乙에게 "여기서 나가라"고 지시하였다. 이후 乙이 일어서서 검사실을 나가려 하자 검사는 乙에게 "지금부터 긴급체포하겠다"고 말하면서 乙의 퇴거를 제지하며 긴급체포한 경우 위법한 긴급체포에 해당한다. ○|×

[17 경간부, 14 경찰승진, 13 경찰승진, 13 경찰채용, 13 법원9급, 12 변호사, 11 경찰승진, 11 경찰채용, 11 국가7급] [Essential ★]

해설

대법원 2006.9.8. 2006도148 사무장 긴급체포사건 [○]

0226 甲의 마약 투약 제보를 받은 경찰관 P가 자신의 집에 있던 甲을 밖으로 유인하여 불러내려 하였으나, 이를 실패하자 甲의 집 현관문의 잠금장치를 해제하고 강제로 들어가서 수색한 후 甲을 긴급체포한 경우 P가 이미 甲의 신원, 주거지, 전화번호를 모두 알고 있었고, 마약 투약의 증거가 급속히 소멸될 상황이 아니었다고 하더라도 甲이 마약 관련 범죄를 범했다고 의심할 만한 상당한 이유가 있었다면, 이 긴급체포는 위법하지 아니하다. ○|×

[22 경찰채용] [Core ★★]

해설

피고인이 마약에 관한 죄를 범하였다고 의심할 만한 상당한 이유가 있었더라도 경찰관이 이미 피고인의 신원과 주거지 및 전화번호 등을 모두 파악하고 있었고, 당시 마약 투약의 범죄 증거가 급속하게 소멸될 상황도 아니었던 점 등의 사정을 감안하면 긴급체포가 미리 체포영장을 받을 시간적 여유가 없었던 경우에 해당하지 않아 위법하다.(대법원 2016.10.13. 2016도5814 마약사범 긴급체포 사건) [×]

0227 현직 군수인 피고인을 소환·조사하기 위하여 검사의 명을 받은 검찰주사보가 군수실에 도착하여 도시행정계장에게 행방을 확인하였더니, 군수가 검사가 자신을 소환하려 한다는 사실을 미리 알고 자택 근처에서 기다리고 있을 것이니 수사관이 오거든 그곳으로 오라고 하였다고 하자 검찰주사보가 도시행정계장과 같이 가서 그 곳에서 수사관을 기다리고 있던 피고인을 긴급체포한 것은 정당하다. ○|×

[17 경간부] [Essential ★]

해설

피고인 甲은 현직 군수직에 종사하고 있어 검사로서도 피고인의 소재를 쉽게 알 수 있었고, 1999.11.29. 다른 피고인 乙의 진술 이후 시간적 여유도 있었으며, 피고인 甲도 도망이나 증거인멸의 의도가 없었음은 물론, 언제든지 검사의 소환조사에 응할 태세를 갖추고 있었고 그 사정을 검찰주사보도 충분히 알 수 있었다 할 것이어서, 위 긴급체포는 형사소송법 제200조의3 제1항의 요건을 갖추지 못한 것으로 쉽게 보여져 이를 실행한 검사 등의 판단이 현저히 합리성을 잃었다고 할 것이므로 이러한 위법한 긴급체포에 의한 유치중에 작성된 각 피의자신문조서는 이를 유죄의 증거로 하지 못한다.(대법원 2002.6.11. 2000도5701 박종진 광주군수 수뢰사건) [×]

0228 긴급체포의 요건을 갖추었는지 여부는 체포 당시의 상황을 기초로 판단하는 것이 아니라, 사후에 밝혀진 사정을 기초로 판단하여야 하고 이에 관한 검사나 사법경찰관 등 수사주체의 판단에는 상당한 재량의 여지가 있다. ○│×

[구 경간부, 16 경찰승진, 14 경찰승진, 14 경간부, 14 법원9급, 13 경찰채용, 12 경찰승진, 12 경찰채용, 12 국가7급] [Core ★★]

해설

긴급체포의 요건을 갖추었는지 여부는 사후에 밝혀진 사정을 기초로 판단하는 것이 아니라 체포 당시의 상황을 기초로 판단하여야 한다. (대법원 2008.3.27. 2007도11400) [×]

0229 위법한 긴급체포에 의한 유치 중에 작성된 피의자신문조서는 위법하게 수집된 증거로서 특별한 사정이 없는 한 이를 유죄의 증거로 할 수 없다. ○│×

[16 경찰승진, 15 경찰승진, 12 변호사, 12 경찰승진, 12 경간부, 11 경찰승진, 11 국가9급] [Essential ★]

해설

대법원 2008.3.27. 2007도11400 [○]

0230 사법경찰관이 피의자를 긴급체포한 경우에는 즉시 검사의 승인을 얻어야 한다. ○│×

[15 경찰승진, 13 경간부, 13 국가9급] [Essential ★]

해설

제200조의3 제2항 [○]

0231 검사의 구속영장 청구 전 피의자 대면조사는 긴급체포의 적법성을 의심할 만한 사유가 있고 피의자의 대면조사를 통해 그 여부의 판단이 가능할 것으로 보이는 경우는 물론, 긴급체포의 합당성이나 구속영장 청구에 필요한 사유를 보강하기 위한 목적으로도 실시될 수 있다. ○│×

[17 경간부, 11 경찰승진, 11 경찰채용] [Core ★★]

해설

체포된 피의자의 구금 장소가 임의적으로 변경되는 점, 법원에 의한 영장실질심사제도를 도입하고 있는 현행 형사소송법 하에서 체포된 피의자의 신속한 법관 대면권 보장이 지연될 우려가 있는 점 등을 고려하면, 검사의 구속영장 청구 전 피의자 대면조사는 긴급체포의 적법성을 의심할 만한 사유가 기록 기타 객관적 자료에 나타나고 피의자의 대면 조사를 통해 그 여부의 판단이 가능할 것으로 보이는 예외적인 경우에 한하여 허용될 뿐, 긴급체포의 합당성이나 구속영장 청구에 필요한 사유를 보강하기 위한 목적으로 실시되어서는 아니된다.(대법원 2010. 10.28. 2008도11999 인치명령 불응사건) [×]

0232 검사의 구속영장 청구 전 피의자 대면조사는 강제수사가 아니므로 피의자는 검사의 출석 요구에 응할 의무가 없고, 피의자가 검사의 출석 요구에 동의한 때에 한하여 사법경찰관리는 피의자를 검찰청으로 호송하여야 한다. O|X

[17 경간부, 14 법원9급, 11 경찰승진] [Core ★★]

해설

대법원 2010.10.28. 2008도11999 인치명령 불응사건 [O]

0233 긴급체포되었다가 (구속영장을 청구하지 아니하거나 발부받지 못하여) 석방된 피의자는 다른 중요한 증거가 발견된 경우를 제외하고는 동일한 범죄사실에 관하여 체포하지 못한다. O|X

[14 변호사, 14 법원9급, 13 경간부, 12 변호사, 12 경찰채용, 11 경찰승진, 11 국가9급] [Core ★★]

해설

긴급체포되었다가 석방된 피의자는 영장 없이는 동일한 범죄사실에 관하여 체포하지 못한다.(제200조의4 제3항) [X]

0234 사법경찰관은 긴급체포한 피의자에 대하여 구속영장을 신청하지 아니하고 석방한 경우에는 48시간 이내에 검사에게 보고하여야 한다. O|X

[16 경찰승진, 13 경찰채용, 12 경찰승진, 12 경찰채용, 11 경찰승진] [Core ★★]

해설

사법경찰관은 즉시 검사에게 보고하여야 한다.(제200조의4 제6항) [X]

0235 피고인이 수사 당시 긴급체포되었다가 수사기관의 조치로 석방된 후 법원이 발부한 구속영장에 의하여 구속이 이루어진 경우 위법한 구속이라고 볼 수 없다. O|X

[17 경간부, 13 경찰채용, 13 국가9급, 12 경찰승진, 12 경찰채용] [Essential ★]

해설

대법원 2001.9.28. 2001도4291 [O]

0236 다액 100만원 이하의 벌금, 구류 또는 과료에 해당하는 죄의 현행범인에 대하여는 범인의 주거가 분명하지 아니한 때에 한하여 현행범으로 체포할 수 있다. O|X

[15 경찰승진, 14 경찰승진, 13 경간부, 13 경찰채용] [Essential ★]

해설

다액 50만원 이하의 벌금, 구류 또는 과료에 해당하는 죄의 현행범인에 대하여는 범인의 주거 가 분명하지 아니한 때에 한하여 현행범으로 체포할 수 있다.(제214조) [X]

0237 경범죄처벌법을 위반하여 관공서에서 주취소란 행위를 한 자는 주거가 분명한 때에도 현행범인 체포의 대상이 된다. O|X

[16 경찰승진] [Core ★★]

해설

술에 취한 채로 관공서에서 몹시 거친 말과 행동으로 주정하거나 시끄럽게 한 사람은 60만원 이하의 벌금, 구류 또는 과료의 형으로 처벌하므로(경범죄처벌법 제3조 제3항 제1항), 경미사건의 현행범체포 제한에 관한 형사소송법 제214조가 적용되지 않아 주거가 분명한 때에도 현행범으로 체포할 수 있다. (제212조) [O]

0238 현행범인으로 규정한 '범죄의 실행의 즉후인 자'라고 함은 범죄의 실행행위를 종료한 직후의 범인이라는 것이 체포자의 입장에서 볼 때 명백한 경우를 일컫는다. O|X

[16 경찰승진, 16 경찰채용, 14 경찰승진, 12 경찰승진, 11 경찰채용] [Essential ★]

해설

대법원 2007.4.13. 2007도1249 [O]

0239 甲과 乙이 주차문제로 다투던 중 乙이 112신고를 하였고, 甲이 출동한 경찰관에게 폭행을 가하여 공무집행방해죄의 현행범으로 체포된 경우 112에 신고를 한 것은 乙이었고, 甲이 현행범으로 체포되어 파출소에 도착한 이후에도 경찰관의 신분증 제시요구에 20여분 동안 응하지 아니하면서 인적사항을 밝히지 아니하였다면 甲에게는 현행범체포 당시에 도망 또는 증거 인멸의 염려가 있었다고 할 수 있다.

O|X

[21 국가7급] [Core ★★]

해설

대법원 2018.3.29. 2017도21537 [O]

0240 '범죄의 실행행위를 종료한 직후'라고 함은 범죄행위를 실행하여 끝마친 순간 또는 이에 아주 접착된 시간적 단계를 의미하는 것으로 해석되므로 시간적으로나 장소적으로 보아 체포를 당하는 자가 방금 범죄를 실행한 범인이라는 점에 관한 죄증이 명백히 존재하는 것으로 인정되는 경우에만 현행범인으로 볼 수 있다. O|X

[16 경찰채용, 16 국가7급, 16 국가9급, 14 경찰승진, 13 경찰채용, 12 경간부] [Essential ★]

해설

대법원 2007.4.13. 2007도1249 [O]

0241 피고인의 행위가 구성요건에 해당하지 않아 사후적으로 무죄로 판단된다고 하더라도, 피고인이 소란을 피운 당시 상황에서는 객관적으로 보아 피고인이 현행범이라고 인정할 만한 충분한 이유가 있는 경우에는 피고인에 대한 현행범체포는 적법하다. ○│×

[16 국가9급] [Core ★★]

해설

(1) 공무원의 어떠한 공무집행이 적법한지 여부는 행위 당시의 구체적 상황에 기하여 객관적·합리적으로 판단하여야 하고 사후적으로 순수한 객관적 기준에서 판단할 것은 아니다. 마찬가지로 현행범 체포의 적법성은 체포 당시의 구체적 상황을 기초로 객관적으로 판단하여야 하고, 사후에 범인으로 인정되었는지에 의할 것은 아니다. (2) 비록 피고인이 식당 안에서 소리를 지르거나 양은그릇을 부딪치는 등의 소란행위가 업무방해죄의 구성요건에 해당하지 않아 사후적으로 무죄로 판단된다고 하더라도, 피고인이 상황을 설명해 달라거나 밖에서 얘기하자는 경찰관의 요구를 거부하고 경찰관 앞에서 소리를 지르고 양은그릇을 두드리면서 소란을 피운 당시 상황에서는 객관적으로 보아 피고인이 업무방해죄의 현행범이라고 인정할 만한 충분한 이유가 있으므로, 경찰관들이 피고인을 체포하려고 한 행위는 적법한 공무집행이라고 보아야 한다. (대법원 2013.8.23. 2011도4763 화전민식당 사건) [○]

0242 경찰관의 현행범인 체포경위 및 그에 관한 현행범인체포서와 범죄사실의 기재에 다소 차이가 있더라도, 그것이 논리와 경험칙상 장소적·시간적 동일성이 인정되는 범위 내라면 그 체 포행위가 공무집행방해죄의 요건인 적법한 공무집행에 해당한다. ○│×

[16 경간부, 16 경찰채용] [Essential ★]

해설

대법원 2008.10.9. 2008도3640 내성지구대 사건 경찰관이 피고인을 체포한 실제 일시·장소가 '2007.7.23. 10:50경, 동성장 여관 앞 노상'임에도 현행범인체포서에는 '2007.7.23. 11:00, 동성장 여관 302호내'라고 기재되었더라도 그런 지엽적인 차이 때문에 체포가 위법하다고 볼 수 없다고 판시한 판례이다. [○]

0243 112 신고를 받고 출동한 경찰관들이 피고인 甲을 체포하려고 할 때는 피고인이 무학여고 앞 길에서 피해자 乙의 자동차를 발로 걷어차고 그와 싸우는 범행을 한 지 겨우 10분 후에 지나지 않고 그 장소도 범행 현장에 인접한 위 학교의 운동장에서 체포한 경우 적법한 현행범체포에 해당한다. ○│×

[17 경간부, 15 경찰승진, 11 경찰승진, 11 경찰채용] [Essential ★]

해설

대법원 1993.8.13. 93도926 무학여고 사건 [○]

0244 김해여자중학교 교사 甲은 전교조 탈퇴를 강요했다는 이유로 교장실에 들어가 약 5분 동안 식칼을 휘두르며 교장을 협박하는 등의 소란을 피웠고, 이에 신고를 받고 출동한 김해경찰서 소속 경찰관들이 甲을 연행(현행범체포)하려고 하자 甲의 동료교사인 乙은 경찰관들의 멱살을 잡아당기고 경찰차의 문짝을 잡아당기는 등 폭행을 가하였다. 다만, 출동한 경찰관들이 甲을 체포한 시점은 범죄의 실행행위가 종료된 때로부터 40여 분 정도가 지난 후이고, 체포한 장소도 교장실이 아닌 서무실인 경우 적법한 현행범체포에 해당하지 않는다. O|X

[16 경간부, 11 경찰채용] [Essential ★]

해설

대법원 1991.9.24. 91도1314 김해여중사건 [O]

0245 순찰중이던 경찰관이 교통사고를 낸 차량이 도주하였다는 무전연락을 받고 주변을 수색하다가 범퍼 등의 파손상태로 보아 사고차량으로 인정되는 차량에서 내리는 사람을 발견한 경우 준현행범으로서 영장없이 체포할 수 있다. O|X

[15 경찰승진, 14 국가7급, 13 국가7급, 11 경찰채용] [Core ★★]

해설

대법원 2000.7.4. 99도4341 인천 신흥동 뺑소니사건 [O]

0246 현행범인 체포의 요건으로서는 행위의 가벌성, 범죄의 현행성·시간적 접착성, 범인·범죄의 명백성이 있으면 되고 체포의 필요성 즉 도망 또는 증거인멸의 염려까지 필요한 것은 아니다. O|X

[17 경간부, 16 변호사, 16 경찰승진, 16 경찰채용, 14 경찰승진, 14 국가7급, 14 법원9급, 13 경찰채용, 12 경간부, 11 경찰승진, 11 경찰채용] [Essential ★]

해설

현행범인으로 체포하기 위하여는 행위의 가벌성, 범죄의 현행성·시간적 접착성, 범인·범죄의 명백성 이외에 체포의 필요성 즉, 도망 또는 증거인멸의 염려가 있어야 하고, 이러한 요건을 갖추지 못한 현행범인 체포는 법적 근거에 의하지 아니한 영장 없는 체포로서 위법한 체포에 해당한다. (대법원 2011.5.26. 2011도3682 서교동 불심검문 사건) [X]

0247 甲이 경찰관의 불심검문을 받아 운전면허증을 교부한 후 경찰관에게 큰 소리로 욕설을 하자, 경찰관이 甲을 모욕죄의 현행범으로 체포한 경우 현행범체포는 적법하다. O|X

[16 변호사, 16 경간부, 15 경간부, 15 국가9급, 13 국가9급, 12 경찰승진] [Core ★★]

해설

甲이 경찰관들의 불심검문에 응하여 이미 운전면허증을 교부한 상태이고, 경찰관뿐만 아니라 인근 주민도 甲의 욕설을 직접 들었으므로 甲이 도망하거나 증거를 인멸할 염려가 있다고 보기 어렵다. 따라서 경찰관이 甲을 체포한 행위는 현행범인 체포의 요건을 갖추지 못하여 적법한 공무집행이라고 볼 수 없다. (대법원 2011.5.26. 2011도3682 서교동 불심검문 사건) [X]

0248 검사 또는 사법경찰관리 아닌 자가 현행범인을 체포한 때에는 즉시 검사 또는 사법경찰관리에게 인도하여야 한다. O|X

[16 경찰채용, 14 경찰채용, 13 경간부, 13 경찰채용, 12 경간부] [Essential ★]

해설

제213조 제1항 [O]

0249 사법경찰관리가 현행범인의 인도를 받은 때에는 체포자의 성명, 주거, 체포의 사유를 물어야 하고 필요한 때에는 체포자에 대하여 경찰관서에 동행함을 요구할 수 있다. O|X

[16 경찰승진, 16 경찰채용, 14 경찰채용, 13 경찰채용, 11 경찰승진] [Core ★★]

해설

제213조 제2항 [O]

0250 현행범으로 체포된 피의자를 구속하고자 할 때에는 체포한 때부터 48시간 이내에 구속영장을 청구하여야 하고, 그 기간 내에 구속영장을 청구하지 아니하는 때에는 피의자를 즉시 석방하여야 혼1다. O|X

[14 경찰승진, 14 경찰채용, 12 경찰승진, 12 경찰채용] [Essential ★]

해설

제213조의2, 제200조의2 제5항 [O]

0251 검사 등이 아닌 이에 의하여 현행범인이 체포된 후 지체 없이 검사 등에게 인도된 경우 구속영장 청구기간인 48시간의 기산점은 검사 등이 현행범인을 인도받은 때가 아니라 체포시이다. O|X

[17 경간부, 16 경간부, 16 경찰채용, 15 경간부, 14 경간부, 14 법원9급, 13 법원9급, 12 경찰채용, 12 국가9급] [Essential ★]

해설

구속영장 청구기간인 48시간의 기산점은 체포시가 아니라 검사 등이 현행범인을 인도받은 때라고 할 것이다. (대법원 2011.12.22. 2011도12927 소말리아 해적 사건) [X]

0252 체포된 피의자에 대하여 구속영장을 청구받은 판사는 지체 없이 피의자를 심문하여야 한다. 이 경우 특별한 사정이 없는 한 구속영장이 청구된 때부터 48시간 이내에 심문하여야 한다. O|X

[15 경찰채용, 15 법원9급, 14 경찰승진, 13 변호사, 13 경찰승진, 12 경찰채용, 11 경찰승진, 11 경찰채용] [Core ★★]

해설

특별한 사정이 없는 한 구속영장이 청구된 날의 다음날까지 심문하여야 한다.(제201조의2 제1항) [×]

0253 체포된 피의자에 대한 수사기관의 구속영장의 제시와 집행이 그 발부 시로부터 정당한 사유 없이 시간이 지체되어 이루어졌다 하더라도 구속영장이 그 유효기간 내에 집행되었다면 위 기간 동안의 체포 내지 구금 상태를 위법하다고 할 수 없다. O|X

[22 경찰채용] [Core ★★]

해설

법관이 검사의 청구에 의하여 체포된 피의자의 구금을 위한 구속영장을 발부하면 검사와 사법경찰관리는 지체 없이 신속하게 구속영장을 집행하여야 한다. 피의자에 대한 구속영장의 제시와 집행이 그 발부 시로부터 정당한 사유 없이 시간이 지체되어 이루어졌다면 구속영장이 그 유효기간 내에 집행되었다고 하더라도 위 기간 동안의 체포 내지 구금상태는 위법하다.(대법원 2021.4.29. 2020도16438 구속영장 집행 지체 사건) [×]

0254 '범죄의 중대성, 재범의 위험성, 피해자 및 중요 참고인 등에 대한 위해우려 등'은 독립된 구속사유가 아니라 구속사유를 심사함에 있어서 필요적 고려사항이다. O|X

[21 국가9급] [Essential ★]

해설

법원은 제1항의 구속사유를 심사함에 있어서 범죄의 중대성, 재범의 위험성, 피해자 및 중요 참고인 등에 대한 위해우려 등을 고려하여야 한다.(제70조 제2항, 제209조) [O]

0255 체포되지 않은 피의자에 대하여 구속영장을 청구받은 판사는 피의자가 죄를 범하였다고 의심할 만한 이유가 있는 경우에 구인을 위한 구속영장을 발부하여 피의자를 구인한 후 심문하여야 한다. 다만, 피의자가 도망하는 등의 사유로 심문할 수 없는 경우에는 그러하지 아니하다. O|X

[15 경찰채용, 14 경찰승진, 13 변호사, 12 경찰채용, 11 경찰승진, 11 경찰채용] [Essential ★]

해설

제201조의2 제2항 [O]

0256 심문할 피의자에게 변호인이 없는 때에는 지방법원판사는 직권으로 변호인을 선정하여야 한다. 이 경우 변호인의 선정은 피의자에 대한 구속영장 청구가 기각되어 효력이 소멸한 경우에도 제1심까지 그 효력이 있다. O|X

[16 법원9급, 15 변호사, 15 경간부, 15 법원9급, 14 국가9급, 13 경찰채용, 12 변호사, 12 국가7급, 11 경찰승진, 11 경찰채용, 11 법원9급] [Core ★★]

해설

변호인의 선정은 피의자에 대한 구속영장 청구가 기각되어 효력이 소멸한 경우를 제외하고는 제1심까지 효력이 있다. (제201조의2 제8항) [×]

0257 판사는 피의자가 심문기일에의 출석을 거부하거나 질병 그 밖의 사유로 출석이 현저하게 곤란하고, 피의자를 심문 법정에 인치할 수 없다고 인정되는 때에는 피의자의 출석 없이 심문 절차를 진행할 수 있다. O|X

[15 경찰승진, 15 법원9급, 14 경간부] [Core ★★]

해설

규칙 제96조의13 제1항 [O]

0258 피의자에 대한 심문절차는 절대로 공개하여서는 아니된다. O|X

[16 경찰승진, 15 경찰승진, 15 경간부, 15 법원9급, 14 경찰승진, 14 경간부, 13 경찰승진, 11 경찰승진, 11 경찰채용] [Essential ★]

해설

피의자에 대한 심문절차는 공개하지 아니한다. 다만, 판사는 상당하다고 인정하는 경우에는 피의자의 친족, 피해자 등 이해관계인의 방청을 허가할 수 있다.(규칙 제96조의14) [×]

0259 구속 전 피의자심문에서 판사는 구속 여부의 판단을 위하여 심문장소에 출석한 피해자 그 밖의 제3자를 심문하여야 한다. O|X

[18 경찰승진 [Core ★★]

해설

판사는 구속 여부의 판단을 위하여 필요하다고 인정하는 때에는 심문장소에 출석한 피해자 그 밖의 제3자를 심문할 수 있다. (제96조의16 제5항) [×]

0260 피의자심문을 하는 경우 법원이 구속영장청구서·수사 관계 서류 및 증거물을 접수한 날부터 구속영장을 발부하여 검찰청에 반환한 날까지의 기간은 구속기간에 이를 산입하지 아니한다. O|X

[17 경찰승진, 15 변호사, 15 경찰승진, 12 경찰채용] [Essential ★]

해설

제201조의2 제7항 [O]

0261 형사재판을 주재하는 법원이 피고인에 대하여 구속영장을 발부하는 경우에도 검사의 신청이 있어야 한다. O|X

[17 경간부, 14 경찰승진, 13 국가9급, 12 경간부] [Essential ★]

해설

헌법 제12조 제3항은 헌법 제12조 제1항과 함께 이른바 적법절차의 원칙을 규정한 것으로서 범죄 수사를 위하여 구속 등의 강제처분을 함에 있어서는 법관이 발부한 영장이 필요하다는 것과 수사기관 중 검사만 법관에게 영장을 신청할 수 있다는 데에 그 의의가 있고, 형사재판을 주재하는 법원이 피고인에 대하여 구속영장을 발부하는 경우에도 검사의 신청이 있어야 한다는 것이 그 규정의 취지라고 볼 수는 없다.(대법원 1996.8.12. 96모46) [X]

0262 검사의 체포 또는 구속영장청구에 대한 지방법원판사의 재판은 항고의 대상이 되는 '법원의 결정'에 해당되지 아니하나, 준항고의 대상이 되는 '재판장 또는 수명법관의 구금 등에 관한 재판'에는 해당한다. O|X

[17 경간부, 15 경간부, 14 국가9급, 13 변호사, 13 국가7급, 12 경간부 [Core ★★]

해설

검사의 체포 또는 구속영장청구에 대한 지방법원판사의 재판은 항고의 대상이 되는 '법원의 결정'에 해당되지 아니하고 준항고의 대상이 되는 '재판장 또는 수명법관의 구금 등에 관한 재판'에도 해당되지 아니한다.(대법원 2006. 12.18. 2006모646 론스타 대표 구속영장기각 사건) [X]

0263 구속기간이 만료될 무렵에 종전 구속영장에 기재된 범죄사실과 다른 범죄사실로 피고인을 구속하였다면 이는 위법한 구속에 해당한다. O|X

[17 경찰승진, 17 경간부, 14 경찰승진, 14 경찰채용, 13 변호사, 12 경찰승진, 11 경찰채용]
[Core ★★]

해설

구속의 효력은 원칙적으로 구속영장에 기재된 범죄사실에만 미치는 것이므로 구속기간이 만료될 무렵에 종전 구속영장에 기재된 범죄사실과 다른 범죄사실로 피고인을 구속하였다는 사정만으로는 피고인에 대한 구속이 위법하다고 할 수 없다.(대법원 1996.8.12. 96모46 노태우 전대통령 사건) [X]

0264 피의자·피고인을 체포·구속한 때에는 변호인이 있는 경우에는 변호인에게, 변호인이 없는 경우에는 법정대리인·배우자·직계친족·형제자매 중 피의자·피고인이 지정한자에게 사건명, 체포구속의 일시·장소, 범죄사실의 요지, 체포·구속의 이유와 변호인을 선임할 수 있는 취지를 지체 없이 (늦어도 24시간 이내에) 서면으로 알려야 한다. O|X

[15 경찰채용] [*Core* ★★]

해설

제87조, 제200조의6, 제209조, 제213조의2, 규칙 제51조 제2항 등 [O]

0265 수사기관 또는 법원에 의하여 구속되었다가 석방된 피의자 또는 피고인은 다른 중요한 증거를 발견한 경우를 제외하고는 동일한 범죄사실에 관하여 재차 구속하지 못한다. O|X

[17 경간부, 13 변호사, 13 국가9급, 12 경간부] [Superlative ★★★]

해설

검사 또는 사법경찰관에 의하여 구속되었다가 석방된 자는 다른 중요한 증거를 발견한 경우를 제외하고는 동일한 범죄사실에 관하여 재차 구속하지 못한다. (제208조 제1항) 형사소송법 제208조의 규정은 수사기관이 피의자를 구속하는 경우에만 적용되고 법원이 피고인을 구속하는 경우에는 적용되지 않는다.(대법원 1969.5.27. 69도509) [X]

0266 형사소송법 제208조 소정의 '구속되었다가 석방된 자'에 긴급체포나 현행범으로 체포되었다가 사후영장발부 전에 석방된 경우는 포함된다. O|X

[20 경찰간부, 20 경찰채용] [*Core* ★★]

해설

형사소송법 제208조 소정의 '구속되었다가 석방된 자'라 함은 구속영장에 의하여 구속되었다가 석방된 경우를 말하는 것이지, 긴급체포나 현행범으로 체포되었다가 사후영장발부 전에 석방된 경우는 포함되지 않는다 할 것이므로, 피고인이 수사 당시 긴급체포되었다가 수사기관의 조치로 석방된 후 법원이 발부한 구속영장에 의하여 구속이 이루어진 경우 앞서 본 법조에 위배되는 위법한 구속이라고 볼 수 없다.(대법원 2001.9.28. 2001도4291) [X]

0267 검사 또는 사법경찰관에 의하여 구속되었다가 석방된 자는 다른 중요한 증거를 발견한 경우를 제외하고는 동일한 범죄사실에 관하여 재차 구속하지 못하며, 이 경우 1개의 목적을 위하여 동시 또는 수단결과의 관계에서 행하여진 행위는 별개의 범죄사실로 간주한다. O|X

[21 해경간부, 18 경찰승진] [Superlative ★★★]

해설

검사 또는 사법경찰관에 의하여 구속되었다가 석방된 자는 다른 중요한 증거를 발견한 경우를 제외하고는 동일한 범죄사실에 관하여 재차 구속하지 못하며, 이 경우 1개의 목적을 위하여 동시 또는 수단결과의 관계에서 행하여진 행위는 동일한 범죄사실로 간주한다.(제208조) [X]

0268 구속영장을 집행함에는 피의자의 신청이 있는 때에 한하여 피의자에게 그 사본을 교부할 수 있다. O|X

[22 경찰채용] [Core ★★]

해설

구속영장을 집행함에는 피의자에게 반드시 이를 제시하고 그 사본을 교부하여야 하며 신속히 지정된 법원 기타 장소에 인치하여야 한다.(형사소송법 제85조 제1항, 제209조) 피의자의 신청 여부와 관계없이 구속영장의 사본을 교부하여야 한다. [×]

0269 피의자가 구속에 앞서 체포된 경우라도 수사기관의 구속기간은 실제로 피의자를 체포한 날부터 기산한다. O|X

[15 경찰승진, 14 경찰승진, 13 경찰승진, 12 경찰채용] [Essential ★]

해설

제203조의2 [O]

0270 사법경찰관이 피의자를 구속한 때에는 10일 이내에 피의자를 검사에게 인치하지 아니하면 석방하여야 한다. O|X

[14 경간부, 12 경찰채용 [Essential ★]

해설

제202조 [O]

0271 지방법원판사는 검사의 신청에 의하여 수사를 계속함에 상당한 이유가 있다고 인정한 때에는 10일을 초과하지 아니하는 한도에서 구속기간의 연장을 1차에 한하여 허가할 수 있다. O|X

[14 경간부] [Essential ★]

해설

제205조 제1항 [O]

0272 구속기간연장 허가결정이 있은 경우에 그 연장기간은 종전 구속기간 만료일부터 기산한다. O|X

[15 경간부, 12 경찰승진] [Essential ★]

해설

구속기간연장허가결정이 있은 경우에 그 연장기간은 종전 구속기간만료 다음날로부터 기산한다.(규칙 제98조) [×]

0273 법원의 구속기간은 2개월로 한다. 다만, 구속을 계속할 필요가 있는 경우에는 심급마다 2개월 단위로 2차에 한하여 결정으로 갱신할 수 있다. 다만, 상소심은 검사 또는 피고인이 신청한 증거의 조사, 상소이유를 보충하는 서면의 제출 등으로 추가 심리가 필요한 부득이한 경우에는 3차에 한하여 갱신할 수 있다. O|X

[13 경찰채용, 13 법원9급, 12 경찰채용, 11 경찰채용] [Core ★★]

해설

(중략) 상소심은 피고인 또는 변호인이 신청한 증거의 조사, 상소이유를 보충하는 서면의 제출 등으로 추가 심리가 필요한 부득이한 경우에는 3차에 한하여 갱신할 수 있다.(제92조 제1항·제2항) [×]

0274 구속은 구금과 구인을 포함하며, 구인한 피고인을 법원에 인치한 경우에 구금할 필요가 없다고 인정한 때에는 그 인치한 때로부터 24시간 내에 석방하여야 한다. O|X

[18 경찰채용, 18 경찰승진, 18 법원9급] [Essential ★]

해설

구인한 피고인을 법원에 인치한 경우에 구금할 필요가 없다고 인정한 때에는 그 인치한 때로 부터 24시간 내에 석방하여야 한다.(제69조, 제71조) [O]

0275 ㉠ 보석기간, ㉡ 구속집행 정지기간, ㉢ 피고인 감정유치기간, ㉣ 공소제기전의 체포·구인·구금 기간은 모두 피고인 구속기간에 산입하지 아니한다. O|X

[14 법원9급, 13 경찰채용, 12 변호사] [Superlative ★★★]

해설

이 모두 구속기간에 산입하지 아니한다.(㉠㉡ 석방된 기간이므로 산입하지 않음 ㉢ 제172조의2 제1항 ㉣ 제92조 제3항) [O]

0276 ㉠ 기피신청에 의한 소송진행의 정지기간, ㉡ 공소장변경에 의한 공판절차 정지기간, ㉢ 심신상실·질병으로 인한 공판절차 정지기간, ㉣ 위헌법률심판 제청에 의한 공판절차 정지기간, ㉤ 토지관할 병합심리신청 또는 관할지정·이전신청에 의한 소송절차 정지기간은 모두 피고인 구속기간에 산입하지 아니한다. O|X

[Superlative ★★★]

해설

㉤ 항목은 피고인에 대한 구속기간에 산입한다. 나머지 항목은 구속기간에 산입하지 아니한다.(㉠㉡㉢ 제92조 제3항 ㉣ 헌법재판소법 제42조) [×]

0277 상소기간중 또는 상소중의 사건에 관한 피고인의 구속, 구속기간갱신, 구속취소, 보석, 보석의 취소, 구속집행정지와 그 정지의 취소의 결정은 소송기록이 상소법원에 도달하기까지는 원심법원이 이를 하여야 한다. O|X

[14 경간부] *[Core ★★]*

해설

규칙 제57조 제1항 [O]

0278 구속에 관한 규정은 형사소송법에 특별한 규정이 없는 경우에는 감정유치에 관하여 이를 준용한다. 보석에 관한 규정 또한 같다. O|X

[13 경찰승진, 11 법원9급] *[Core ★★]*

해설

구속에 관한 규정은 형사소송법에 특별한 규정이 없는 경우에는 제3항의 유치에 관하여 이를 준용한다. 단, 보석에 관한 규정은 그러하지 아니하다.(제172조 제4항) 따라서 감정유치된 피고인은 보석을 청구할 수 없고, 법원도 보석을 허가할 수 없다. [X]

0279 구속중인 피고인에 대하여 감정유치장이 집행되었을 때에는 피고인이 유치되어 있는 기간 구속은 그 집행이 정지된 것으로 간주한다. O|X

[13 경찰승진, 11 법원9급] [Essential ★]

해설

제172조의2 제1항 [O]

0280 감정유치는 미결구금일수의 산입에 있어서 이를 구속으로 간주하지 아니한다. O|X

[15 경찰승진, 11 법원9급] [Essential ★]

해설

감정유치는 미결구금일수의 산입에 있어서는 이를 구속으로 간주한다.(제172조 제8항) [X]

2. 구제수단(접견교통권 및 석방제도)

0281 비록 법에는 접견교통권 등 변호인의 조력을 받을 권리의 주체를 체포 또한 구속을 당한 피의자·피고인이라고 규정하고 있으나, 신체구속 상태에 있지 않은 피의자도 당연히 접견교통권의 주체가 될 수 있다. O|X

[16 경찰승진, 14 법원9급, 13 변호사] [Essential ★]

해설

헌법재판소 2004.9.23. 2000헌마138 총선시민연대 낙선운동 사건 [O]

0282 임의동행의 형식으로 수사기관에 연행된 피의자에게도 변호인 또는 변호인이 되려는 자와의 접견교통권은 당연히 인정된다고 보아야 하고 임의동행의 형식으로 연행된 피내사자의 경우에도 이는 마찬가지이다. O|X

[16 경간부, 16 국가9급, 15 경찰승진, 14 경간부, 12 경찰채용, 11 국가9급] [Essential ★]

해설

대법원 1996.6.3. 96모18 이병기〈종로저널〉발행인 사건 [O]

0283 체포되어 구속영장이 청구된 피의자를 검사가 신문하는 과정에서, 피의자 가족의 의뢰를 받아 '변호인이 되려는' 변호사가 검사에게 접견신청을 하였음에도 검사가 별다른 조치를 취하지 아니한 경우 변호인 접견교통권 침해에 해당한다. O|X

[20 변호사, 20 경간부] [Essential ★]

해설

변호인이 되려는 변호사가 검사에게 접견신청을 하였음에도 검사가 별다른 조치를 취하지 아니한 것은 실질적으로 접견신청을 불허한 것과 동일하게 평가할 수 있다 (변호인 되려는 변호사의 헌법상 보장된 접견교통권을 침해한다). (헌법재판소 2019.2.28. 2015헌마1204 접견신청 묵살 사건) [O]

0284 '변호인이 되려는 자'의 접견교통권은 피의자 등이 가지는 6변호인이 되려는 자'의 조력을 받을 권리와는 달리 헌법상 기본권이 아니라 형사소송법상 비로소 보장되는 권리에 불과하다. O|X

[21 경찰채용] [Essential ★]

해설

'변호인이 되려는 자'의 접견교통권은 피의자 등을 조력하기 위한 핵심적인 부분으로서 헌법상 의 기본권인 '변호인이 되려는 자'와의 접견교통권과 표리의 관계에 있으므로, 피의자 등이 가지는 변호인이 되려는 자'의 조력을 받을 권리가 실질적으로 확보되기 위해서는 '변호인이 되려는 자'의 접견교통권 역시 헌법상 기본권으로서 보장되어야 한다. (헌법재판소 2019.2.28. 2015헌마1204 접견신청 묵살 사건) [X]

0285 형사소송법은 "변호인 또는 변호인이 되려는 자는 신체구속을 당한 피고인 또는 피의자와 접견하고 서류 또는 물건을 수수할 수 있으며 의사로 하여금 진료하게 할 수 있다."고 규정하고 있는 바, 이 규정은 형이 확정되어 집행 중에 있는 수형자에 대한 재심개시의 여부를 결정하는 재심청구절차에도 그대로 적용될 수 있다. O|X

[17 경간부] [Core ★★]

해설

형사소송법 제34조는 형이 확정되어 집행중에 있는 수형자에 대한 재심개시의 여부를 결정하는 재심청구절차에는 그대로 적용될 수 없다. (대법원 1998.4.28. 96다48831 사노맹 중앙상임위원 사건) [×]

0286 변호인 또는 변호인이 되려는 자는 신체구속을 당한 피고인 또는 피의자와 접견하고 서류 또는 물건을 수수할 수 있으며 의사로 하여금 진료하게 할 수 있다. O|X

[13 국가9급] [Essential ★]

해설

제34조 [O]

0287 미결수용자와 변호인(변호인이 되려고 하는 사람 포함)과의 접견에는 교도관이 참여하지 못하지만, 보이는 거리에서 그 내용을 청취 또는 녹취할 수 있다. O|X

[17 경간부, 16 경간부, 14 경찰채용, 13 경간부, 12 경찰승진] [Essential ★]

해설

미결수용자와 변호인과의 접견에는 교도관이 참여하지 못하며 그 내용을 청취 또는 녹취하지 못한다. 다만, 보이는 거리에서 미결수용자를 관찰할 수 있다.(형집행법 제84조 제1항) [×]

0288 법원은 도망하거나 또는 죄증을 인멸할 염려가 있다고 인정할 만한 상당한 이유가 있는 때에는 직권 또는 검사의 청구에 의하여 결정으로 구속된 피의자. 피고인과 비변호인과의 접견을 금하거나 수수할 서류 기타 물건의 검열, 수수의 금지 또는 압수를 할 수 있다. 필요한 때에는 의류, 양식, 의료품의 수수를 금지 또는 압수할 수도 있다. O|X

[16 경찰채용, 12 경찰승진, 11 경찰승진, 11 국가9급] [Superlative ★★★]

해설

의류, 양식, 의료품의 수수를 금지 또는 압수할 수 없다. (제91조, 제209조) [×]

0289 변호인의 접견교통권은 신체구속을 당한 피고인이나 피의자의 인권보장과 방어준비를 위하여 필수불가결한 권리이므로 법령에 의한 제한이 없는 한 수사기관의 처분으로 제한할 수 없으나, 법원의 결정으로는 이를 제한할 수 있다. O|X

[16 경찰승진, 16 경간부, 16 경찰채용, 14 경찰채용, 11 경찰승진] [Essential ★]

해설

> 변호인의 접견교통권은 신체구속을 당한 피고인이나 피의자의 인권보장과 방어준비를 위하여 필수불가결한 권리이므로 법령에 의한 제한이 없는 한 수사기관의 처분은 물론 법원의 결정으로도 이를 제한할 수 없다. (대법원 1991.3.28. 91모24 박노해 접견불허사건)　　　　　　　　　　　　　　　　　　　　　　　　[×]

0290 변호인의 조력을 받을 권리 역시 다른 헌법상 기본권과 마찬가지로 국가안전보장·질서유지 또는 공공복리를 위하여 필요한 경우에는 법률로써 제한할 수 있다.　　　　　　　　　　○|×

[14 경찰채용, 13 변호사] [Core ★★]

해설

> 헌법재판소 2011.5.26. 2009헌마341 현충일 접견제한사건　　　　　　　　　　　　　　[○]

0291 변호인의 접견교통의 상대방인 신체구속을 당한 사람이 그 변호인을 자신의 범죄행위에 공범으로 가담시키려고 하였다는 등의 사정이 있다면 그 변호인의 신체구속을 당한 사람과의 접견교통을 금지하는 것이 정당화될 수는 있다.　　　　　　　　　　　　　　　　　　　　　　○|×

[14 경찰승진, 14 경간부, 13 변호사] [Core ★★]

해설

> 변호인의 접견교통의 상대방인 신체구속을 당한 사람이 그 변호인을 자신의 범죄행위에 공범으로 가담시키려고 하였다는 등의 사정만으로 그 변호인의 신체구속을 당한 사람과의 접견교통을 금지하는 것이 정당화될 수는 없다. (대법원 2007.1.31. 2006모656 일심회 마이클장사건)　　　　　　　　　　　　　　　[×]

0292 미결수용자 또는 변호인이 원하는 특정한 시점에 접견이 이루어지지 못하였다 하더라도 그것만으로 곧바로 변호인의 조력을 받을 권리가 침해되었다고 단정할 수는 없는 것이고, 변호인의 조력을 받을 권리가 침해되었다고 하기 위해서는 접견이 불허된 특정한 시점을 전후한 수사 또는 재판의 진행 경과에 비추어 보아, 그 시점에 접견이 불허됨으로써 피의자 또는 피고인의 방어권 행사에 어느 정도는 불이익이 초래되었다고 인정할 수 있어야만 한다.　　　　　　　　　　　　　　○|×

[14 법원9급] [Core ★★]

해설

> 헌법재판소 2011.5.26. 2009헌마341 현충일 접견제한사건　　　　　　　　　　　　　　[○]

0293 정당한 사유없이 접견신청일이 경과하도록 접견이 이루어지지 아니한 경우 변호인과의 접견 교통권 침해에 해당한다. O|X

[16 경찰승진, 15 경간부, 15 경찰채용, 12 경찰승진, 12 경찰채용, 11 경찰승진] [Essential ★]

해설

대법원 1991.3.28. 91모24 박노해 시인 접견불허사건 [O]

0294 사법경찰관이 피의자에 대한 구금장소를 임의적으로 변경한 경우 접견교통권 침해에 해당한다. O|X

[17 경찰승진, 16 경찰승진, 16 경찰채용, 15 경찰승진, 14 경찰승진, 13 변호사, 12 경찰채용] [Essential ★]

해설

대법원 1996.5.15. 95모94 전창일 범민련 부의장 사건 [O]

0295 변호인이 피의자에 대한 수진권(受診權) 행사를 신청하자 사법경찰관이 국가정보원이 추천하는 의사의 참여를 요구한 경우 변호인의 접견교통권을 침해하였다. O|X

[17 경찰승진, 16 경찰채용, 12 경찰승진, 12 경찰채용] [Core ★★]

해설

행형법시행령 제176조는 '형사소송법 제34조, 제89조, 제209조의 규정에 의하여 피고인 또는 피의자가 의사의 진찰을 받는 경우에는 교도관 및 의무관이 참여하고 그 경과를 신분장부에 기재하여야 한다'고 규정하고 있는바 행형법시행령 제176조의 규정은 변호인의 수진권 행사에 대한 법령상의 제한에 해당한다고 보아야 할 것이고, 그렇다면 국가정보원 사법경찰관이 경찰서 유치장에 구금되어 있던 피의자에 대하여 의사의 진료를 받게 할 것을 신청한 변호인에게 국가정보원이 추천하는 의사의 참여를 요구한 것은 행형법시행령 제176조의 규정에 근거한 것으로서 적법하고 이를 가리켜 변호인의 수진권을 침해하는 위법한 처분이라고 할 수는 없다. (대법원 2002.5.6. 2000모112 국정원추천 의사 참여 요구사건) [X]

0296 검사 작성의 피의자신문조서가 검사에 의하여 피의자에 대한 변호인의 접견이 부당하게 제한되고 있는 동안에 작성된 경우에는 증거능력이 없다. O|X

[15 변호사, 14 경찰승진, 12 경찰승진, 12 경찰채용] [Essential ★]

해설

대법원 1990.8.24. 90도1285 서경원 의원 방북사건 [O]

0297 변호인이 피의자 등에 대한 접견신청을 하였을 때, 피의자 등이 헌법 제12조 제4항에서 보장한 기본권의 의미와 범위를 정확히 이해하면서도 이성적 판단에 따라 자발적으로 그 권리를 포기한 경우가 아닌 한 수사기관이 접견을 허용하지 않는 것은 변호인의 접견교통권을 침해하는 것이고, 이 경우 국가는 변호인이 입은 정신적 고통을 배상할 책임이 있다. O|X

[19 경찰채용] [Superlative ★★★]

해설

대법원 2018.12.27. 2016다266736 접견거부 사건 [O]

0298 체포 또는 구속된 피의자 또는 그 변호인, 법정대리인, 배우자, 직계친족, 형제자매나 가족, 동거인 또는 고용주는 관할법원에 체포 또는 구속의 적부심사를 청구할 수 있다. O|X

[14 경찰승진, 14 경간부, 14 경찰채용, 13 경찰승진, 13 경간부, 13 경찰채용, 13 국가9급, 13 법원9급, 12 경찰채용, 12 법원9급, 11 경찰승진, 11 국가9급] [Core ★★]

해설

제214조의2 제1항 [O]

0299 체포영장 또는 구속영장을 발부한 법관도 원칙적으로 체포·구속적부심사의 심문·조사·결정에 관여할 수 없다. O|X

[13 경찰승진, 12 법원9급, 11 경찰승진] [Core ★★]

해설

제214조의2 제12항 [O]

0300 체포 또는 구속의 적부심사가 청구된 피의자에게 변호인이 없는 때에는 법원은 지체 없이 국선변호인을 선정하고, 피의자와 변호인에게 그 뜻을 고지하여야 한다. O|X

[13 변호사, 13 국가9급, 12 변호사, 11 경찰승진, 11 법원9급] [Core ★★]

해설

규칙 제16조 제1항 [O]

0301 법원은 청구서가 접수된 때부터 48시간 이내에 체포 또는 구속된 피의자를 심문하여야 한다. O|X

[15 경찰채용, 14 경찰승진, 14 경찰채용, 13 경간부, 11 국가9급, 11 법원9급] [Essential ★]

해설

제214조의2 제4항 [O]

0302 심문기일에 출석한 검사, 변호인 또는 청구인은 법원의 심문이 끝난 후 의견을 진술할 수 있다. 다만, 필요한 경우에는 심문 도중에도 판사의 허가를 얻어 의견을 진술할 수 있다. ○|×

[16 경찰승진, 15 경찰채용] [Core ★★]

해설

규칙 제105조 제1항 [○]

0303 법원은 청구가 이유없다고 인정한 때에는 결정으로 이를 기각하고, 이유 있다고 인정한 때에는 결정으로 체포 또는 구속된 피의자의 석방을 명하여야 한다. 심사청구 후 피의자에 대하여 공소제기가 있는 경우에도 또한 같다. ○|×

[14 경간부, 14 경찰채용, 13 경찰채용, 13 국가9급, 12 변호사, 12 경찰채용,
11 국가9급, 11 법원9급] [Superlative ★★★]

해설

제214조의2 제4항 [○]

0304 법원의 기각결정 또는 (보증금의 조건이 없는) 석방결정에 대하여 보통항고의 방법으로 불복할 수 있다. ○|×

[16 경찰승진, 16 경찰채용, 15 경찰채용, 14 경찰채용, 13 경간부, 13 경찰채용,
13 법원9급, 12 법원9급, 11 경찰승진, 11 법원9급] [Essential ★]

해설

법원의 기각결정 또는 (보증금의 조건이 없는) 석방결정에 대하여는 항고하지 못한다.(제214조의2 제8항) [×]

0305 법원은 체포 또는 구속된 피의자(심사청구후 공소제기된 자 포함)에 대하여 피의자의 출석을 보증할 만한 보증금의 납입을 조건으로 하여 결정으로 석방을 명할 수 있다. ○|×

[16 변호사, 14 경찰승진, 14 경찰채용, 13 경찰승진, 13 경간부, 13 경찰채용, 13 법원9급,
12 변호사, 12 경찰채용] [Core ★★]

해설

법원은 구속된 피의자(심사청구후 공소제기된 자 포함)에 대하여 피의자의 출석을 보증할 만한 보증금의 납입을 조건으로 하여 결정으로 석방을 명할 수 있다.(제214조의2 제5항) 체포된 피의자에 대하여는 보증금의 납입을 조건으로 하여 석방을 명할 수 없다.(대법원 1997.8.27. 97모21 무자료 술거래 사건) [×]

0306 현행법상 체포적부심사에서 체포된 피의자에 대하여는 보증금 납입을 조건으로 한 석방이 허용되지 않는다.　　　　　　　　　　　　　　　　　　　　　　　　　　　○|×

[14 경찰승진, 14 경찰채용, 13 경찰승진, 13 경찰채용, 12 변호사, 12 경찰채용] [Core ★★]

해설

> 대법원 1997.8.27. 97모21 무자료 술거래 사건　　　　　　　　　　　　　　　　　　[○]

0307 구속적부심사에서 법원의 보증금납입조건부 피의자 석방결정에 대하여 검사는 불복하지 못한다.　　　　　　　　　　　　　　　　　　　　　　　　　　　　　　　　○|×

[13 경찰승진, 12 경찰채용] [Core ★★]

해설

> 형사소송법 제214조의2 제4항[24년 현재 제5항]의 석방결정에 대하여는 피의자나 검사가 그 취소의 실익이 있는 한 같은 법 제402조에 의하여 항고할 수 있다. (대법원 1997.8.27. 97모21 무자료 술거래 사건)　　[×]

0308 피의자는 구속적부심사를 청구하지 않고 피의자보석만을 청구할 수 있으며 또한 법원도 구속적부심사를 청구하지 않는 피의자에게 직권으로 보석을 허가할 수도 있다.　　　　　　　○|×

[14 국가7급, 13 국가9급, 11 법원9급] [Core ★★]

해설

> 법원이 피의자보석을 하기 위해서는 피의자가 구속적부심사를 청구하여야 한다.(제214조의2 제5항) 피의자는 구속적부심사를 청구함이 없이 피의자보석만을 청구할 수 없고 또한 구속적부심사를 청구하지 않는 피의자에게 법원이 직권으로 보석을 허가할 수도 없다.　　　　　　　　　　　　　　　　　[×]

0309 체포·구속적부심사에 있어 법원이 수사관계 서류와 증거물을 접수한 때부터 결정 후 검찰청에 반환된 때까지의 기간은 구속기간에 산입하지 아니한다.　　　　　　　　　　　　○|×

[16 경찰채용, 14 경찰채용] [Essential ★]

해설

> 제214조의2 제13항　　　　　　　　　　　　　　　　　　　　　　　　　　　　[○]

0310 체포·구속적부심사로 인하여 석방된 피의자는 도망하거나 죄증을 인멸하는 경우를 제외하고는 동일한 범죄사실에 관하여 재차 체포 또는 구속하지 못한다.　　　　　　　　　　○|×

[16 경찰채용, 14 경찰채용, 13 경찰승진, 13 국가9급, 12 경간부] [Essential ★]

해설

> 제214조의3 제1항　　　　　　　　　　　　　　　　　　　　　　　　　　　　　[○]

수사

0311 피고인, 피고인의 변호인·법정대리인·배우자·직계친족·형제자매·가족·동거인 또는 고용주는 법원에 구속된 피고인의 보석을 청구할 수 있다. O|X

[17 경찰승진, 16 경찰승진, 14 경찰승진, 12 경찰승진, 12 국가7급] [Core ★★]

해설

제94조 [O]

0312 보석청구가 있는 때에 법원은 필요적 보석의 예외사유가 없는 한 보석을 허가하여야 한다. 다음 중 필요적 보석의 예외사유 중 틀린 것은 없다. O|X

[15 경찰채용, 12 경찰승진, 11 경찰승진] [Superlative ★★★]

㉠ 피고인의 주거가 분명하지 아니한 때
㉡ 피고인이 누범에 해당하거나 상습범인 죄를 범한 때
㉢ 피고인이 도망하거나 도망할 염려가 있다고 믿을만한 충분한 이유가 있는 때
㉣ 피고인이 죄증을 인멸하거나 인멸할 염려가 있다고 믿을 만한 충분한 이유가 있는 때
㉤ 피고인이 사형, 무기 또는 장기 10년 이상의 징역이나 금고에 해당하는 죄를 범한 때
㉥ 피고인이 피해자 등의 생명·신체·재산에 해를 가하거나 가할 염려가 있다고 믿을 만한 충분한 이유가 있는 때

해설

㉤ 항목은 틀리다. ㉤ 항목은 '피고인이 사형, 무기 또는 장기 10년이 넘는 징역이나 금고에 해당하는 죄를 범한 때'라고 해야 옳다.(제95조) [×]

0313 피고인이 집행유예의 기간 중에 있어 집행유예의 결격자라고 한다면 이는 형사소송법 제95조에 규정된 필요적 보석의 예외사유에 해당한다. O|X

[16 경찰승진, 14 경찰채용, 12 경찰승진] [Core ★★]

해설

피고인이 집행유예의 기간 중에 있어 집행유예의 결격자라고 하여 보석을 허가할 수 없는 것은 아니고 형사소송법 제95조는 그 제1 내지 5호 [개정법 제6호] 이외의 경우에는 필요적으로 보석을 허가하여야 한다는 것이지, 여기에 해당하는 경우에는 보석을 허가하지 아니할 것을 규정한 것이 아니므로 집행유예기간 중에 있는 피고인의 보석을 허가한 것이 누범과 상습범에 대하여는 보석을 허가하지 아니할 수 있다는 형사소송법 제95조 제2호의 취지에 위배되어 위법이라고 할 수 없다.(대법원 1990.4.18. 90모22) [×]

0314 법원은 보석을 허가하는 경우 다음 중 하나 이상의 조건을 정하여야 한다. 이 중 원칙적으로 선이행 조건에 해당하는 것은 모두 6개다. O|X

[Superlative ★★★]

㉠ 법원이 지정하는 일시·장소에 출석하고 증거를 인멸하지 아니하겠다는 서약서를 제출할 것 ㉡ 보증금 상당의 금액을 납입할 것을 약속하는 약정서를 제출할 것 ㉢ 법원이 도주를 방지하기 위하여 행하는 조치를 수인할 것 ㉣ 피해자 등의 생명·신체·재산에 해를 가하는 행위를 하지 아니하고 주거·직장 등 그 주변에 접근하지 아니할 것 ㉤ 피고인 외의 자가 작성한 출석보증서를 제출할 것 ㉥ 법원의 허가 없이 외국으로 출국하지 아니할 것을 서약할 것 ㉦ 피해자의 권리회복에 필요한 금원을 공탁하거나 그에 상당한 담보를 제공할 것 ㉧ 보증금을 납입하거나 담보를 제공할 것 ㉨ 피고인의 출석을 보증하기 위하여 법원이 정하는 적당한 조건을 이행할 것

해설

원칙적으로 ㉠㉡㉤㉦㉧ 5 항목이 선이행 조건이다.(제98조, 제100조 제1항) [×]

0315 필요적 보석의 예외사유가 있는 경우에도 법원은 상당한 이유가 있을 때에는 직권 또는 보석 청구권자의 청구에 의하여 결정으로 보석을 허가할 수 있다. O|X

[14 경간부] [Essential ★]

해설

제96조 [O]

0316 급속을 요하는 경우 외에는 재판장은 보석에 관한 결정을 하기 전에 검사의 의견을 물어야 한다. O|X

[12 경찰승진, 11 법원9급] [Core ★★]

해설

재판장은 급속을 요하는지의 여부를 불문하고 보석에 관한 결정을 하기 전에 검사의 의견을 물어야 한다.(제97조 제1항) [×]

0317 법원이 검사의 의견을 듣지 아니한 채 보석에 관한 결정을 하였다면 이는 적법절차위반으로 결정의 적정여부를 불문하고 그 결정을 취소하여야 한다. O|X

[14 경찰채용, 12 국가7급] [Core ★★]

해설

검사의 의견청취의 절차는 보석에 관한 결정의 본질적 부분이 되는 것은 아니므로 설사 법원이 검사의 의견을 듣지 아니한 채 보석에 관한 결정을 하였다고 하더라도 그 결정이 적정한 이상 절차상의 하자만을 들어 그 결정을 취소할 수는 없다. (대법원 1997.11.27. 97모88) [×]

0318 법원은 특별한 사정이 없는 한 보석청구를 받은 날로부터 14일 이내에 그에 관한 결정을 하여야 한다. O|X

[15 국가9급] [Essential ★]

해설

법원은 특별한 사정이 없는 한 보석청구를 받은 날로부터 7일 이내에 그에 관한 결정을 하여야 한다.(규칙 제55조) [×]

0319 보석허가결정과 보석청구기각결정에 대하여 검사와 피고인은 각각 보통항고를 할 수 있다. O|X

[16 변호사, 12 국가9급] [Core ★★]

해설

제403조 제2항 [O]

0320 법원은 석방된 피고인이 정당한 사유 없이 기일에 불출석하는 경우에는 결정으로 그 출석보증인에 대하여 500만원 이하의 과태료를 부과할 수 있다. O|X

[14 경찰채용, 12 경찰승진] [Core ★★]

해설

제100조의2 제1항 [O]

0321 법원은 피고인이 보석조건을 위반한 경우에는 결정으로 피고인에 대하여 1,000만원 이하의 과태료를 부과하거나 10일 이내의 감치에 처할 수 있다. O|X

[15 국가9급, 13 경찰채용] [Core ★★]

해설

법원은 피고인이 보석조건을 위반한 경우에는 결정으로 피고인에 대하여 1,000만원 이하의 과태료를 부과하거나 20일 이내의 감치에 처할 수 있다.(제102조 제3항) [×]

0322 법원은 보석을 취소하는 때에는 직권 또는 검사의 청구에 따라 결정으로 보증금 또는 담보의 전부 또는 일부를 몰취하여야 한다. O|X

[14 경찰승진, 11 법원9급] [Essential ★]

해설

(1) 법원은 보석을 취소하는 때에는 직권 또는 검사의 청구에 따라 결정으로 보증금 또는 담보의 전부 또는 일부를 몰취할 수 있다. (2) 법원은 피고인이 형의 선고를 받고 그 판결이 확정된 후 집행하기 위한 소환을 받고 정당한 사유 없이 출석하지 아니하거나 도망한 때에는 직권 또는 검사의 청구에 따라 결정으로 보증금 또는 담보의 전부 또는 일부를 몰취하여야 한다.(제103조) [×]

0323 보석보증금몰수결정은 반드시 보석취소결정과 동시에 하여야만 하는 것이 아니라 보석취소 결정 후에 별도로 할 수도 있다. O|X

[16 변호사, 16 국가9급] [Core ★★]

해설

대법원 2001.5.29. 2000모22 全合 [O]

0324 법원은 상당한 이유가 있는 때에는 직권 또는 피고인 등의 청구에 의하여 결정으로 구속된 피고인을 친족·보호단체 기타 적당한 자에게 부탁하거나 피고인의 주거를 제한하여 구속의 집행을 정지할 수 있다. O|X

[13 경찰승진] [Core ★★]

해설

구속의 집행정지결정은 언제나 법원이 직권으로 한다.(제101조 제1항) 설사 피고인이 이를 청구한다고 하더라도 이는 법원의 직권발동을 촉구하는 의미밖에 없다. [X]

0325 구속의 집행정지결정에 대하여 검사는 즉시항고를 할 수 있다. O|X

[13 경찰승진] [Core ★★]

해설

구속의 집행정지결정에 대하여 검사에게 즉시항고권을 인정한 제101조 제3항에 대한 위헌결정으로, 2012.6.28. 부터 구속의 집행정지결정에 대해서 검사는 보통항고의 방법으로 불복하여야 한다.(헌법재판소 2012.6.27. 2011헌가36, 형사소송법 제403조 제2항) [X]

0326 보석취소의 경우와 동일한 사유가 있는 때에는 결정으로 구속집행정지결정을 취소할 수 있다. O|X

[21 해경채용] [Essential ★]

해설

법원은 피고인이 다음 각 호의 어느 하나에 해당하는 경우에는 직권 또는 검사의 청구에 따라 결정으로 보석 또는 구속의 집행정지를 취소할 수 있다. (제102조 제2항) [O]

1. 도망한 때
2. 도망하거나 죄증을 인멸할 염려가 있다고 믿을 만한 충분한 이유가 있는 때
3. 소환을 받고 정당한 사유 없이 출석하지 아니한 때
4. 피해자, 당해 사건의 재판에 필요한 사실을 알고 있다고 인정되는 자 또는 그 친족의 생명·신체·재산에 해를 가하거나 가할 염려가 있다고 믿을 만한 충분한 이유가 있는 때
5. 법원이 정한 조건을 위반한 때

0327 헌법 제슈조에 의하여 구속된 국회의원에 대한 석방요구가 있으면 당연히 구속영장의 집행이 정지된다. 석방요구의 통고를 받은 검찰총장은 즉시 석방을 지휘하고 그 사유를 수소법원에 통지하여야 한다. ○|×

[20 경찰승진] [Essential ★]

해설

제101조 제4항·제5항 [○]

0328 법원은 형사소송법 제101조 제4항에 따라 구속영장의 집행이 정지된 국회의원이 소환을 받고도 정당한 사유 없이 출석하지 아니한 때에는 그 회기 중이라도 구속영장의 집행정지를 취소할 수 있다. ○|×

[20 경찰채용] [Superlative ★★★]

해설

헌법 제44조에 의하여 구속된 국회의원에 대한 석방요구가 있으면 당연히 구속영장의 집행이 정지된다.(제101조 제4항) 구속영장의 집행정지는 그 회기 중 취소하지 못한다.(제102조 제2항) [×]

0329 구속의 사유가 없거나 소멸된 때에는 법원은 직권 또는 검사, 피고인 또는 피고인의 변호인·법정대리인·배우자·직계친족·형제자매의 청구에 의하여 결정으로 구속을 취소하여야 한다. ○|×

[15 경찰채용, 14 경찰승진, 12 경찰승진] [Essential ★]

해설

제93조 [○]

0330 무죄, 면소, 형의 면제, 형의 선고유예, 형의 집행유예, 공소기각, 관할위반 또는 벌금이나 과료를 과하는 판결이 선고된 때에는 구속영장은 효력을 잃는다. ○|×

[15 경간부, 15 법원9급, 14 국가9급, 14 법원9급, 13 경간부, 13 법원9급, 12 변호사, 12 국가9급, 11 경찰채용] [Superlative ★★★]

해설

무죄, 면소, 형의 면제, 형의 선고유예, 형의 집행유예, 공소기각 또는 벌금이나 과료를 과하는 판결이 선고된 때에는 구속영장은 효력을 잃는다.(제331조) 관할위반판결은 선고되더라도 구속영장은 효력을 잃지 않는다. [×]

제3절 압수·수색·통신제한조치

0331 법원의 공판정 내에서의 압수·수색에는 영장이 필요 없으나 공판정 외에서의 압수·수색에는 영장을 요한다. O|X

[13 경간부, 13 경찰채용] [Core ★★]

해설

제113조 [O]

0332 폐수무단방류 혐의가 인정된다는 이유로 공장부지, 건물, 기계류 일체 및 폐수운반차량 7대에 대하여 한 검사의 압수처분은 비례의 원칙에 위반된다. O|X

[17 경간부, 15 경찰채용] [Essential ★]

해설

대법원 2004.3.23. 2003모126 공장 싹쓸이 압수사건 [O]

0333 압수·수색영장의 범죄 혐의사실과 관계있는 범죄라는 것은 압수·수색영장에 기재한 혐의사실과 객관적 관련성이 있고 압수·수색영장 대상자와 피의자 사이에 인적 관련성이 있는 범죄를 의미하는데, 그 중 혐의사실과의 객관적 관련성은 압수·수색영장에 기재된 혐의사실 자체 또는 그와 기본적 사실관계가 동일한 범행과 직접 관련되어 있는 경우에만 인정될 뿐, 범행 동기와 경위, 범행 수단 및 방법, 범행 시간과 장소 등을 증명하기 위한 간접증거나 정황증거 등으로 사용될 수 있는 경우까지 인정된다고 할 수 없다. O|X

[19 경찰채용] [Core ★★]

해설

압수·수색영장의 범죄 혐의사실과 관계있는 범죄라는 것은 압수·수색영장에 기재한 혐의사실과 객관적 관련성이 있고 압수·수색영장 대상자와 피의자 사이에 인적 관련성이 있는 범죄를 의미하는데, 그 중 혐의사실과의 객관적 관련성은 압수·수색영장에 기재된 혐의사실 자체 또는 그와 기본적 사실관계가 동일한 범행과 직접 관련되어 있는 경우는 물론 범행 동기와 경위, 범행 수단과 방법, 범행 시간과 장소 등을 증명하기 위한 간접증거나 정황증거 등으로 사용될 수 있는 경우에도 인정될 수 있다. 그 관련성은 압수·수색 영장에 기재된 혐의사실의 내용과 수사의 대상, 수사 경위 등을 종합하여 구체적·개별적 연관관계가 있는 경우에만 인정된다고 보아야 하고, 혐의사실과 단순히 동종 또는 유사 범행이라는 사유만으로 관련성이 있다고 할 것은 아니다. 그리고 피의자와 사이의 인적 관련성은 압수·수색 영장에 기재된 대상자의 공동정범이나 교사범 등 공범이나 간접정범은 물론 필요적 공범 등에 대한 피고사건에 대해서도 인정될 수 있다. (대법원 2017.12.5. 2017도13458) [X]

0334 검사가 교도관으로부터 보관하고 있던 피고인의 비망록을 뇌물수수 등의 증거자료로 임의로 제출받아 이를 압수한 경우 적법한 압수에 해당한다. O|X

[15 경간부, 14 변호사, 12 경찰승진, 11 국가7급] [Core ★★]

해설

대법원 2008.5.15, 2008도1097 김태촌 비망록 사건 [O]

0335 경찰관이 간호사로부터 진료 목적으로 이미 채혈되어 있던 피고인의 혈액 중 일부를 주취운전 여부에 대한 감정을 목적으로 임의로 제출받아 압수한 경우 적법한 압수에 해당한다. O|X

[15 경간부, 15 국가9급, 13 변호사, 11 경찰승진, 11 국가7급] [Core ★★]

해설

대법원 1999.9.3. 98도968 공주의료원 사건 [O]

0336 피의자 소유 정보저장매체를 제3자가 보관하고 있던 중 이를 수사기관에 임의제출하면서 그 곳에 저장된 모든 전자정보를 일괄하여 임의제출한다는 의사를 밝힌 경우에도 특별한 사정이 없는 한 수사기관은 범죄혐의사실과 관련된 전자정보에 한정하여 영장 없이 적법하게 압수할 수 있다. O|X

[22 국가9급] [Core ★★]

해설

임의제출자인 제3자가 제출의 동기가 된 범죄혐의사실과 구체적·개별적 연관관계가 인정되는 범위를 넘는 전자정보까지 일괄하여 임의제출한다는 의사를 밝혔더라도 그 정보저장매체 내 전자정보 전반에 관한 처분권이 그 제3자에게 있거나 그에 관한 피의자의 동의 의사를 추단할 수 있는 등의 특별한 사정이 없는 한 그 임의제출을 통해 수사기관이 영장 없이 적법하게 압수할 수 있는 전자정보의 범위는 범죄혐의사실과 관련된 전자정보에 한정된다. (대법원 2021.11.18. 2016도 348 全合 몰카피해자 휴대폰 2대 임의제출 사건) [O]

0337 피해자 등 제3자가 피의자의 소유관리에 속하는 정보저장매체를 임의제출한 경우라 하더라도 휴대폰을 탐색하는 과정에서 피의자에게 참여권을 보장하고 압수목록을 교부해야 한다. O|X

[22 경찰채용] [Core ★★]

해설

피해자 등 제3자가 피의자의 소유·관리에 속하는 정보저장매체를 영장에 의하지 않고 임의제출한 경우에는 실질적 피압수자인 피의자가 수사기관으로 하여금 그 전자정보 전부를 무제한 탐색하는 데 동의한 것으로 보기 어려울 뿐만 아니라 피의자 스스로 임의제출한 경우 피의자의 참여권 등이 보장되어야 하는 것과 견주어 보더라도 특별한 사정이 없는 한 형사소송법 제219조, 제121조, 제129조에 따라 피의자에게 참여권을 보장하고 압수한 전자정보 목록을 교부하는 등 피의자의 절차적 권리를 보장하기 위한 적절한 조치가 이루어져야 한다.(대법원 2021.11.18. 2016도348 全合 몰카피해자 휴대폰 2대 임의제출 사건) [O]

0338 수사기관이 甲을 피의자로 하여 발부받은 압수·수색영장에 기하여 인터넷서비스업체인 A주식회사를 상대로 A주식회사의 본사 서버에 저장되어 있는 甲의 전자정보인 SNS 대화내용 등에 대하여 압수·수색을 실시한 경우 수사기관은 압수·수색과정에서 甲에게 참여권을 보장하여야 한다. O|X

[22 국가7급] [Core ★★]

해설

대법원 2022. 5.31. 2016모587 [O]

0339 임의제출된 전자정보매체에서 압수의 대상이 되는 전자정보의 범위를 넘어서는 전자정보에 대해 수사기관이 영장 없이 압수·수색하여 취득한 증거는 위법수집증거에 해당하지만, 사후에 법원으로부터 영장이 발부되었거나 피고인 또는 변호인이 이를 증거로 함에 동의하였다면 그 위법성은 치유된다. O|X

[22 국가9급, 22 국가7급] [Core ★★]

해설

임의제출된 정보저장매체에서 압수의 대상이 되는 전자정보의 범위를 초과하여 수사기관 임의로 전자정보를 탐색·복제·출력하는 것은 원칙적으로 위법한 압수·수색에 해당하므로 허용될 수 없다. 만약 전자정보에 대한 압수·수색이 종료되기 전에 범죄혐의사실과 관련된 전자정보를 적법하게 탐색하는 과정에서 별도의 범죄혐의와 관련된 전자정보를 우연히 발견한 경우라면 수사기관은 더 이상의 추가탐색을 중단하고 법원으로부터 별도의 범죄혐의에 대한 압수·수색영장을 발부받은 경우에 한하여 그러한 정보에 대하여도 적법하게 압수·수색을 할 수 있다. 따라서 임의제출된 정보저장매체 에서 압수의 대상이 되는 전자정보의 범위를 넘어서는 전자정보에 대해 수사기관이 영장 없이 압 수·수색하여 취득한 증거는 위법수집증거에 해당하고 사후에 법원으로부터 영장이 발부되었다거나 피고인이나 변호인이 이를 증거로 함에 동의하였다고 하여 그 위법성이 치유되는 것도 아니다.(대법원 2021. 11.18. 2016도348 全合 몰카피해자 휴대폰 2대 임의제출 사건) [×]

0340 정보저장매체를 임의제출 받아 이를 탐색·복제·출력하는 경우 압수·수색 당시 또는 이와 시간적으로 근접한 시기까지 해당 정보저장매체를 현실적으로 지배·관리하지는 아니하였더라도 그곳에 저장되어 있는 개별 전자정보의 생성·이용 등에 관여한 자에 대하여서는 압수·수색절차에 대한 참여권을 보장해 주어야 한다. O|X

[22 국가9급] [Superlative ★★★]

해설

피해자 등 제3자가 피의자의 소유·관리에 속하는 정보저장매체를 영장에 의하지 않고 임의제출한 경우에는 실질적 피압수자인 피의자가 수사기관으로 하여금 그 전자정보 전부를 무제한 탐색하는 데 동의한 것으로 보기 어려울 뿐만 아니라 피의자 스스로 임의제출한 경우 피의자의 참여권 등이 보장되어야 하는 것과 견주어 보더라도 특별한 사정이 없는 한 형사소송법 제219조, 제121조, 제129조에 따라 피의자에게 참여권을 보장하고 압수한 전자정보 목록을 교부하는 등 피의자의 절차적 권리를 보장하기 위한 적절한 조치가 이루어져야 한다. 이와 같이 정보저장매체를 임의제 출한 피압수자에 더하여 임의제출자 아닌 피의자에게도 참여권이 보장되어야 하는 '피의자의 소유오 관리에 속하는 정보저장매체'라 함은, 피의자가 압수·수색 당시 또는 이와 시간적으로 근접한 시기까지 해당 정보저장매체를 현실적으로 지배·관리하면서 그 정보저장매체 내 전자정보 전반에 관한 전속적인 관리처분권을 보유·행사하고, 달리 이를 자신의 의사에 따라 제3자에게 양도하거나 포기하지 아니 한 경우로써 피의자를 그 정보저장매체에 저장된 전자정보에 대하여 실질적인 압수·수색 당사자로 평가할 수 있는 경우를 말하는 것이다. 이에 해당하는지 여부는 민사법상 권리의 귀속에 따른 법률적·사후적 판단이 아니라 압수·수색 당시 외형적·객관적으로 인식 가능한 사실상의 상태를 기준으로 판단하여야 한다. 이러한 정보저장매체의 외형적·객관적 지배·관리 등 상태와 별도로 단지 피의자나 그 밖의 제3자가 과거 그 정보저장매체의 이용 내지 개별 전자정보의 생성·이용 등에 관여한 사실이 있다거나 그 과정에서 생성된 전자정보에 의해 식별되는 정보주체에 해당한다는 사정만으로 그들을 실질적으로 압수·수색을 받는 당사자로 취급하여야 하는 것은 아니다.(대법원 2022.1.27. 2021도 11170) [×]

0341 피의자가 휴대전화를 임의제출하면서 원격지에 저장되어 있는 전자정보를 수사기관에 제출한다는 의사로 클라우드에 접속하기 위한 아이디와 비밀번호를 임의로 제공하였더라도 그 클라우드에 저장된 전자정보를 임의제출하는 것으로 볼 수는 없다. O|X

[22 국가7급] [Essential ★]

해설

피의자가 휴대전화를 임의제출하면서 휴대전화에 저장된 전자정보가 아닌 클라우드 등 제3자가 관리하는 원격지에 저장되어 있는 전자정보를 수사기관에 제출한다는 의사로 수사기관에게 클라우드 등에 접속하기 위한 아이디와 비밀번호를 임의로 제공하였다면 위 클라우드 등에 저장된 전자정보를 임의제출하는 것으로 볼 수 있다.(대법원 2021.7.29. 2020도14654 음란물 저장휴대폰 압수 사건) [×]

0342 甲의 공직선거법 위반 범행을 영장사실로 하여 발부받은 압수·수색영장을 집행하는 과정에서 발견된 甲과 무관한 乙과 丙 사이의 공직선거법 위반 혐의사실이 담겨 있는 녹음파일은 임의로 제출받거나 별도의 압수·수색영장을 발부받지 않았다면 乙과 丙에 대한 유죄의 증거로 사용할 수 없다. O|X

[17 경간부, 16 경찰채용, 15 변호사, 15 경찰승진, 15 국가9급, 14 국가9급] [Core ★★]

해설

대법원 2014.1.16. 2013도7101 현영희 의원 사건 [O]

0343 전자정보에 대한 압수·수색이 종료되기 전에 혐의사실과 관련된 전자정보를 적법하게 탐색하는 과정에서 별도의 범죄혐의와 관련된 전자정보를 우연히 발견한 경우, 수사기관으로서는 더 이상의 추가 탐색을 중단하고 법원으로부터 별도의 범죄혐의에 대한 압수·수색영장을 발부받은 경우에 한하여 그러한 정보에 대하여도 적법하게 압수·수색을 할 수 있다. O|X

[16 국가9급] [Core ★★]

해설

대법원 2015.7.19. 2011모1839 全合 종근당 압수 · 수색사건 [O]

0344 준항고인이 전체 압수·수색 과정을 단계적·개별적으로 구분하여 각 단계의 개별 처분의 취소를 구한 경우, 특별한 사정이 없는 한 준항고법원으로서는 그 구분된 개별 처분의 위법이나 취소 여부를 판단하여야 한다. O|X

[21 법원9급] [Essential ★]

해설

전자정보에 대한 압수·수색 과정에서 이루어진 현장에서의 저장매체 압수·이미징·탐색·복제 및 출력행위 등 수사기관의 처분은 하나의 영장에 의한 압수·수색 과정에서 이루어지는 것이고, 그러한 일련의 행위가 모두 진행되어 압수·수색이 종료된 이후에는 특정단계의 처분만을 취소하더라도 그 이후의 압수·수색을 저지한다는 것을 상정할 수 없고 수사기관으로 하여금 압수·수색의 결과물을 보유하도록 할 것인지가 문제될 뿐이다. 그러므로 이 경우에는 준항고인이 전체 압수. 수색 과정을 단계적·개별적으로 구분하여 각 단계의 개별 처분의 취소를 구하더라도 준항고 법원으로서는 특별한 사정이 없는 한 그 구분된 개별 처분의 위법이나 취소 여부를 판단할 것이 아니라 당해 압수·수색 과정 전체를 하나의 절차로 파악하여 그 과정에서 나타난 위법이 압수·수색 절차 전체를 위법하게 할 정도로 중대한지 여부에 따라 전체적으로 그 압수·수색 처분을 취소할 것인지 를 가려야 한다.(대법원 2015.7.19.2011모1839 全合 종근당 압수 · 수색사건) [×]

0345 수사기관이 압수현장에서 정보저장매체에 기억된 정보 중에서 범죄 혐의사실과 관련 있는 정보를 선별한 다음 이를 복제하여 생성한 이미지 파일을 제출받아 압수한 경우, 수사기관이 수사기관 사무실에서 압수된 파일을 탐색·복제·출력하는 과정에서 피의자 등에게 참여의 기회를 보장하여야 한다. O|X

[20 경찰승진, 19 경찰채용, 19 국가7급, 18 경찰채용, 18 국가7급] [Core ★★]

해설

수사기관이 정보저장매체에 기억된 정보 중에서 키워드 또는 확장자 검색 등을 통해 범죄 혐의 사실과 관련 있는 정보를 선별한 다음 정보저장매체와 동일하게 비트열 방식으로 복제하여 생성한 파일을 제출받아 압수하였다면 이로써 압수의 목적물에 대한 압수·수색 절차는 종료된 것이므로, 수사기관이 수사기관 사무실에서 위와 같이 압수된 이미지 파일을 탐색·복제·출력하는 과정에서도 피의자 등에게 참여의 기회를 보장하여야 하는 것은 아니다. (대법원 2018.2.8. 2017도13263 유흥주점 탈세 사건) [×]

0346 전자정보에 대한 압수·수색영장의 집행에 있어서는 원칙적으로 그 저장매체 자체를 직접 혹은 하드카피나 이미징 등 형태로 수사기관 사무실 등 외부로 반출하는 것도 허용된다. O|X

[16 경찰승진, 16 국가9급, 15 변호사, 15 경찰승진, 15 경찰채용, 14 변호사, 13 국가7급, 12 국가9급] [Essential ★]

해설

(1) 전자정보에 대한 압수·수색 영장의 집행에 있어서는 원칙적으로 영장 발부의 사유로 된 혐의사실과 관련된 부분만을 문서 출력물로 수집하거나 수사기관이 휴대한 저장매체에 해당 파일을 복사하는 방식으로 이루어져야 하고 (2) 집행현장의 사정상 위와 같은 방식에 의한 집행이 불가능하거나 현저히 곤란한 부득이한 사정이 존재하더라도 그와 같은 경우에 그 저장매체 자체를 직접 혹은 하드카피나 이미징 등 형태로 수사기관 사무실 등 외부로 반출하여 해당 파일을 압수·수색할 수 있도록 영장에 기재되어 있고 실제 그와 같은 사정이 발생한 때에 한하여 예외적으로 허용될 수 있을 뿐이다. (대법원 2011.5.26. 2009모1190 전교조 시국선언 사건) [×]

0347 압수수색영장에 저장매체 자체를 직접 또는 하드카피나 이미징 등 형태로 수사기관 사무실 등 외부로 반출하여 해당 파일을 압수·수색할 수 있도록 기재되어 있지 않더라도, 수사기관 이 전자정보의 복사 또는 출력이 불가능하거나 현저히 곤란한 부득이한 사정이 있을 때에는 압수목적물인 저장매체 자체를 수사관서로 반출할 수 있다. O|X

[18-21 경찰승진] [Core ★★]

해설

그 저장매체 자체를 직접 혹은 하드카피나 이미징 등 형태로 수사기관 사무실 등 외부로 반출하여 해당 파일을 압수·수색할 수 있도록 영장에 기재되어 있고 실제 그와 같은 사정이 발생한 때에 한하여 예외적으로 허용될 수 있을 뿐이다. (대법원 2014.2.27. 2013도12155 최태원 SK그룹회장 사건) [×]

0348 저장매체 자체를 수사기관 사무실 등으로 옮긴 후 영장에 기재된 범죄 혐의 관련 전자정보를 탐색하여 해당 전자정보를 문서로 출력하거나 파일을 복사하는 과정은 압수·수색영장 집행의 일환에 포함되지 않으므로 문서출력 또는 파일복사 대상은 반드시 혐의사실과 관련된 부분에 한정되지 않는다. ○|×

[16 경찰채용, 16 국가7급, 16 국가9급, 16 법원9급, 15 변호사, 15 경찰승진, 15 경찰채용, 14 변호사, 13 국가7급, 12 국가9급] [Essential ★]

해설

저장매체 자체를 수사기관 사무실 등으로 옮긴 후 영장에 기재된 범죄혐의 관련 전자정보를 탐색하여 해당 전자정보를 문서로 출력하거나 파일을 복사하는 과정 역시 전체적으로 압수·수색 영장 집행의 일환에 포함된다. 따라서 그러한 경우의 문서출력 또는 파일복사의 대상 역시 혐의사실과 관련된 부분으로 한정되어야 함은 적법절차 및 영장주의의 원칙상 당연하다. 그러므로 수사기관 사무실 등으로 옮긴 저장매체에서 범죄혐의와의 관련성에 대한 구분 없이 저장된 전자정보 중 임의로 문서출력 혹은 파일복사를 하는 행위는 특별한 사정이 없는 한 영장주의 등 원칙에 반하는 위법한 집행이 된다.(대법원 2011.5.26. 2009모1190 전교조 시국선언 사건)　　[×]

0349 수사기관이 범죄 혐의사실과 관련 있는 정보를 선별하여 압수한 후에도 그와 관련이 없는 나머지 정보를 삭제·폐기·반환하지 아니한 채 그대로 보관하고 있다면 범죄 혐의사실과 관련이 없는 부분에 대하여는 압수의 대상이 되는 전자정보의 범위를 넘어서는 전자정보를 영장 없이 압수·수색하여 취득한 것이어서 위법하고, 사후에 압수·수색영장이 발부되었다거나 피고인이나 변호인이 이를 증거로 함에 동의하였다고 하여 그 위법성이 치유된다고 볼 수 없다. ○|×

[22 경찰채용] [Core ★★]

해설

대법원 2022.1.14. 2021모1586 휴대전화 3번 압수·수색 사건　　[○]

0350 수사기관이 압수·수색영장 집행 과정에서 영장 발부의 사유인 범죄 혐의사실과 무관한 별개의 증거를 압수하였다가 피압수자 등에게 환부하고 후에 이를 다시 임의제출받아 압수한 경우 검사가 위 압수물 제출의 임의성을 증명하면 이를 유죄 인정의 증거로 사용할 수 있다. ○|×

[19 법원9급, 18 국가9급, 17 법원9급, 17 국가7급, 16 국가7급] [Essential ★]

해설

대법원 2016.3.10. 2013도11233 광우병의심 소고기 유통사건　　[○]

0351 수사기관이 인터넷서비스이용자인 피의자를 상대로 피의자의 컴퓨터 등 정보처리장치 내에 저장되어 있는 이메일 등 전자정보를 압수·수색하는 것은 전자정보의 소유자 내지 소지자를 상대로 해당 전자정보를 압수·수색하는 대물적 강제처분으로 허용된다. ○|×

[19 변호사, 19 경찰채용, 19 법원9급, 18 경찰채용] [Essential ★]

해설

대법원 2017.11.29. 2017도9747 원격 이메일 압수·수색사건　　[○]

0352 피의자의 이메일 계정에 대한 접근권한에 갈음하여 발부받은 압수·수색영장의 효력은 대한민국의 사법관할권이 미치지 아니하는 해외 이메일서비스제공자의 해외 서버 및 그 해외 서버에 소재하는 저장매체 속 피의자의 전자정보에 대하여까지 미치지는 않는다. O|X

[22 변호사, 19 경찰채용, 19 법원9급, 18 경찰채용] [Essential ★]

해설

압수·수색할 전자정보가 압수·수색영장에 기재된 수색장소에 있는 컴퓨터 등 정보처리장치 내에 있지 아니하고 그 정보처리장치와 정보통신망으로 연결되어 제3자가 관리하는 원격지의 서버 등 저장매체에 저장되어 있는 경우에도, 수사기관이 피의자의 이메일 계정에 대한 접근권한에 갈음하여 발부받은 영장에 따라 영장 기재 수색장소에 있는 컴퓨터 등 정보처리장치를 이용하여 적법하게 취득한 피의자의 이메일 계정 아이디와 비밀번호를 입력하는 등 피의자가 접근하는 통상적인 방법에 따라 그 원격지의 저장매체에 접속하고 그곳에 저장되어 있는 피의자의 이메일 관련 전자정보를 수색장소의 정보처리장치로 내려받거나 그 화면에 현출시키는 것 역시(이는 형사소송법 제120조 제1항에서 정한 '압수·수색영장의 집행에 필요한 처분'에 해당한다) 피의자의 소유에 속하거나 소지하는 전자정보를 대상으로 이루어지는 것이므로 그 전자정보에 대한 압수·수색도 허용되고, 이는 원격지의 저장매체가 국외에 있는 경우라 하더라도 달리 볼 것은 아니다.(대법원 2017.11.29. 2017도9747 **원격 이메일 압수·수색사건**) [×]

0353 수사기관이 압수·수색영장에 적힌 '수색할 장소'에 있는 컴퓨터 등 정보처리장치에 저장된 전자정보 외에 원격지 서버에 저장된 전자정보를 압수·수색하기 위하여는 그 영장에 적힌 '압수할 물건'에 별도로 원격지 서버 저장 전자정보가 특정되어 있을 것을 요하지 않으므로 그 영장에 적힌 '압수할 물건'에 컴퓨터 등 정보처리장치 저장 전자정보만 기재되어 있는 경우에도 컴퓨터 등 정보처리장치를 이용하여 원격지 서버 저장 전자정보를 압수할 수 있다. O|X

[24 경간부, 23 변호사, 23 경찰채용, 23 국가9급] [*Core* ★★]

해설

수사기관이 압수·수색영장에 적힌 '수색할 장소'에 있는 컴퓨터 등 정보처리장치에 저장된 전자정보 외에 원격지 서버에 저장된 전자정보를 압수·수색하기 위해서는 압수·수색영장에 적힌 '압수할 물건'에 별도로 원격지 서버 저장 전자정보가 특정되어 있어야 한다. 압수·수색영장에 적힌 '압수할 물건'에 컴퓨터 등 정보처리장치 저장 전자정보만 기재되어 있다면 컴퓨터 등 정보처리장치를 이용하여 원격지 서버 저장 전자정보를 압수할 수는 없다.(대법원 2022.6.30. 2020모735 Virtual Desktop Infrastructure 수색사건) [×]

0354 출력 문건과 정보저장매체에 저장된 자료가 동일하고 정보저장매체 원본이 문건 출력 시까지 변경되지 않았다는 점은, 피압수·수색 당사자가 정보저장매체 원본과 '하드카피' 또는 '이미징'한 매체의 해쉬(Hash) 값이 동일하다는 취지로 서명한 확인서면을 교부받아 법원에 제출하는 방법에 의하여 증명하는 것이 원칙이나, 그와 같은 방법에 의한 증명이 불가능하거나 현저히 곤란한 경우에는 반드시 압수·수색 과정을 촬영한 영상녹화물 재생 등의 방법으로 이를 증명하여야 한다. O|X

[19 국가9급] [Superlative ★★★]

해설

출력 문건과 정보저장매체에 저장된 자료가 동일하고 정보저장매체 원본이 문건 출력 시까지 변경되지 않았다는 점은, 피압수·수색 당사자가 정보저장매체 원본과 '하드카피' 또는 '이미징'한 매체의 해쉬(Hash) 값이 동일하다는 취지로 서명한 확인서면을 교부받아 법원에 제출하는 방법에 의하여 증명하는 것이 원칙이나, 그와 같은 방법에 의한 증명이 불가능하거나 현저히 곤란한 경우에는 정보저장매체 원본에 대한 압수, 봉인, 봉인해제, '하드카피' 또는 '이미징' 등 일련의 절차에 참여한 수사관이나 전문가 등의 증언에 의해 정보저장매체 원본과 '하드카피' 또는 '이미징'한 매체 사이의 해쉬 값이 동일하다거나 정보저장매체 원본이 최초 압수 시부터 밀봉되어 증거 제출 시까지 전혀 변경되지 않았다는 등의 사정을 증명하는 방법 또는 법원이 그 원본에 저장된 자료와 증거로 제출된 출력 문건을 대조하는 방법 등으로도 그와 같은 무결성·동일성을 인정할 수 있다고 할 것이며, 반드시 압수·수색 과정을 촬영한 영상녹화물 재생 등의 방법으로만 증명하여야 한다고 볼 것은 아니다. (대법원 2013.7.26. 2013도2511 왕재산 간첩단 사건) [×]

0355 증거로 제출된 전자문서 파일의 원본 동일성은 증거능력의 요건에 해당하므로 검사가 그 존재에 대하여 구체적으로 주장·증명해야 한다. ○|×

[22 소방간부] [Core ★★]

해설

증거로 제출된 전자문서 파일의 원본 동일성은 증거능력의 요건에 해당하므로 검사가 그 존재에 대하여 구체적으로 주장·증명해야 한다. (대법원 2018.2.8. 2017도13263 유흥주점 탈세 사건) [○]

0356 압수·수색영장 집행 당시 피처분자가 현장에 없거나 현장에서 그를 발견할 수 없는 경우 등 영장제시가 현실적으로 불가능한 경우에는 영장을 제시하지 아니한 채 압수·수색을 하더라도 위법하다고 볼 수 없다. ○|×

[17 경찰승진, 16 경찰승진, 16 경간부] [Core ★★]

해설

대법원 2015.1.22. 2014도10978 全合 이석기 의원 사건 [○]

0357 수사기관이 압수·수색영장을 제시하고 압수·수색을 실시하여 일단 그 집행을 종료하였더라도 그 영장의 유효기간이 남아 있는 한, 유효기간 내 이를 제시하고 다시 압수·수색을 하는 것은 위법하다고 할 수 없다. ○|×

[17 경찰승진, 16 변호사, 16 경찰승진, 15 경간부, 14 경찰채용, 13 경찰승진, 13 경간부, 13 경찰채용, 13 법원9급, 12 경간부, 12 경찰채용, 11 경찰승진, 11 경찰채용] [Core ★★]

해설

수사기관이 압수·수색 영장을 제시하고 집행에 착수하여 압수·수색을 실시하고 그 집행을 종료하였다면 이미 그 영장은 목적을 달성하여 효력이 상실되는 것이고, 동일한 장소 또는 목적물에 대하여 다시 압수·수색할 필요가 있는 경우라면 그 필요성을 소명하여 법원으로부터 새로운 압수·수색 영장을 발부 받아야 하는 것이지, 앞서 발부 받은 압수·수색영장의 유효기간이 남아있다고 하여 이를 제시하고 다시 압수·수색을 할 수는 없다.(대법원 1999.12.1. 99모161 민혁당 연락책 사건) [×]

0358 수사기관이 압수·수색영장을 집행하면서 압수·수색 대상 기관에 팩스로 영장 사본을 송신하기만 하였을 뿐 영장 원본을 제시하거나 압수조서와 압수물 목록을 작성하여 피압수·수색 당사자에게 교부하지도 않았다면 그 압수·수색은 위법하다. ○|×

[21 국가9급] [Core ★★]

해설

수사기관이 이메일에 대한 압수·수색영장을 집행할 당시 피압수자인 네이버 주식회사에 팩스로 영장 사본을 송신했을 뿐 그 원본을 제시하지 않았고, 압수조서와 압수물 목록을 작성하여 피압수·수색 당사자에게 교부하였다고 볼 수 없는 경우 이러한 방법으로 압수된 이메일은 위법수 집증거로 원칙적으로 유죄의 증거로 삼을 수 없다.(대법원 2017.9.7. 2015도10648) [○]

0359 압수·수색영장을 집행하는 수사기관은 원칙적으로 피압수자로 하여금 법관이 발부한 영장에 의한 압수·수색이라는 사실을 확인함과 동시에 「형사소송법」이 압수·수색영장에 필요적으로 기재하도록 정한 사항이나 그와 일체를 이루는 사항을 충분히 알 수 있도록 압수·수색 영장을 제시하여야 한다. ○|×

[21 경찰채용] [Essential ★]

해설

압수·수색 영장을 집행하는 수사기관은 피압수자로 하여금 법관이 발부한 영장에 의한 압수·수색이라는 사실을 확인함과 동시에 형사소송법이 압수·수색 영장에 필요적으로 기재하도록 정한 사항이나 그와 일체를 이루는 사항을 충분히 알 수 있도록 압수·수색영장을 제시하여야 한다. (대법원 2020.4.16. 2019모3526) [○]

0360 압수물 목록은 피압수자 등이 압수처분에 대한 준항고를 하는 등 권리행사절차를 밟는 가장 기초적인 자료가 되므로 압수된 정보의 상세목록에는 정보의 파일 명세가 특정되어 있어야 하고 수사기관은 이를 서면으로 교부하여야 하며, 전자파일 형태로 복사해 주거나 이메일을 전송하는 등의 방식으로는 교부할 수 없다. ○|×

[20 경찰승진, 18 경찰채용, 18 국가7급] [Core ★★]

해설

압수된 정보의 상세목록에는 정보의 파일 명세가 특정되어 있어야 하고, 수사기관은 이를 출력한 서면을 교부하거나 전자파일 형태로 복사해 주거나 이메일을 전송하는 등의 방식으로도 할 수 있다.(대법원 2018.2.8. 2017도13263 유흥주점 탈세 사건) [×]

0361 압수·수색영장에 압수대상물을 압수·수색 장소에 '보관 중인 물건'으로 기재한 경우, 이를 '현존하는 물건'이라고 해석할 수 있다. O|X

[17 경찰승진, 16 경찰채용, 14 변호사, 14 경찰승진, 14 경간부, 14 경찰채용, 13 변호사, 12 경찰채용, 12 법원9급, 11 경찰채용] [Essential ★]

해설

법관이 압수·수색영장을 발부하면서 '압수할 물건'을 특정하기 위하여 기재한 문언은 이를 엄격하게 해석하여야 하고 함부로 피압수자 등에게 불리한 내용으로 확장 또는 유추 해석하는 것은 허용될 수 없다. 압수·수색 영장에서 압수할 물건을 '압수장소에 보관 중인 물건'이라고 기재하고 있는 것을 '압수장소에 현존하는 물건'으로 해석할수 없다.(대법원 2009.3.12. 2008도763 김태환 제주지사 사건) [X]

0362 압수·수색영장은 처분을 받는 자에게 사전에 제시하여야 하지만, 급속을 요하는 경우에는 집행을 완료한 후 사후에 제시할 수도 있다. O|X

[15 경찰승진, 15 경간부, 14 변호사, 14 경찰승진, 14 경찰채용, 13 경찰채용, 11 경찰채용] [Core ★★]

해설

영장은 처분을 받는 자에게 반드시 사전에 제시하여야 한다. (제118조, 제219조) 따라서 체포·구속영장의 집행시 인정되는 긴급집행은 압수·수색영장의 집행에서는 인정되지 아니한다. [X]

0363 압수·수색영장은 처분을 받는 자에게 반드시 제시하여야 하는바, 현장에서 압수·수색을 당하는 사람이 여러 명일 경우에는 그 사람들 모두에게 개별적으로 영장을 제시해야 하는 것이 원칙이다. O|X

[16 경찰승진, 16 경찰채용, 16 국가7급, 15 경찰승진, 14 경간부, 14 경찰채용, 14 국가9급, 13 경찰채용, 13 국가9급, 13 법원9급, 12 경찰채용, 12 국가7급, 12 국가9급, 12 법원9급, 11 경찰승진, 11 경찰채용, 11 국가7급] [Core ★★]

해설

대법원 2009.3.12. 2008도763 김태환 제주지사 사건 [O]

0364 압수·수색영장을 집행함에는 미리 집행의 일시와 장소를 검사, 피의자, 피고인 또는 변호인에게 통지하여야 한다. 단, 참여하지 아니한다는 의사를 명시한 때 또는 급속을 요하는 때에는 예외로 한다. O|X

[13 경찰채용, 12 법원9급, 11 경찰채용] [Core ★★]

해설

제122조, 제219조 [O]

0365 압수·수색영장을 집행함에 있어 '급속을 요하는 때'에는 집행의 일시와 장소를 피의자 등에게 통지하지 않아도 되는데, 여기서 '급속을 요하는 때'라고 함은 압수·수색영장 집행 사실을 미리 알려주면 증거물을 은닉할 염려 등이 있어 압수·수색의 실효를 거두기 어려울 경우를 의미한다. O|X

[22 경찰채용] [Core ★★]

해설

압수·수색 영장을 집행함에 있어 '급속을 요하는 때'에는 집행의 일시와 장소를 피의자 등에게 통지하지 않아도 되는데, 여기서 '급속을 요하는 때'라고 함은 압수·수색영장 집행 사실을 미리 알려주면 증거물을 은닉할 염려 등이 있어 압수·수색의 실효를 거두기 어려울 경우를 의미한다. (대법원 2012.10.11. 2012도7455 범민련 남측본부 사건) [O]

0366 형사소송법 제219조, 제121조가 규정한 변호인의 참여권은 피압수자의 보호를 위하여 변호인에게 주어진 대리권이다. O|X

[21 경찰채용] [Core ★★]

해설

형사소송법 제219조, 제121조가 규정한 변호인의 참여권은 피압수자의 보호를 위하여 변호인에게 주어진 고유권이다. (대법원 2020.11.26. 2020도10729 노래방 화장실 몰카 사건) [X]

0367 피압수자가 수사기관에 압수·수색영장의 집행에 참여하지 않는다는 의사를 명시한 경우 그 변호인에게는 형사소송법 제219조, 제122조에 따라 미리 집행의 일시와 장소를 통지하는 등으로 압수·수색영장의 집행에 참여할 기회를 별도로 보장할 필요는 없다. O|X

[22 국가7급] [Core ★★]

해설

설령 피압수자가 수사기관에 압수·수색영장의 집행에 참여하지 않는다는 의사를 명시하였다고 하더라도 특별한 사정이 없는 한 그 변호인에게는 형사소송법 제219조, 제122조에 따라 미리 집행의 일시와 장소를 통지하는 등으로 압수·수색영장의 집행에 참여할 기회를 별도로 보장하여야 한다. (대법원 2020.11.26. 2020도10729 노래방 화장실 몰카 사건) [X]

0368 압수·수색영장에 야간집행을 할 수 있는 기재가 없더라도 '도박 기타 풍속을 해하는 행위에 상용된다고 인정하는 장소'나 '여관, 음식점 기타 야간에 공중이 출입할 수 있는 장소(단, 공개한 시간 내에 한한다)'는 야간집행의 제한 없이 압수·수색을 할 수 있다. O|X

[13 경찰채용, 12 경찰채용] [Essential ★]

해설

제126조, 제219조 [O]

0369 검사 또는 사법경찰관은 피의자를 체포하거나 구속하는 경우에 필요한 때에는 영장 없이 타인의 주거나 타인이 간수하는 가옥 등에서 피의자를 수색할 수 있다. 다만, 영장에 의하여 체포 또는 구속하는 경우의 피의자. 피고인 수색은 미리 수색영장을 발부받기 어려운 긴급한 사정이 있는 때에 한정한다. 이 경우 사후영장을 받을 필요는 없다. O|X

[16·22 경찰채용, 18 경찰승진, 18 국가9급, 17 법원9급] [Essential ★]

해설

제216조 제1항 제1호 [O]

0370 검사 또는 사법경찰관이 피의자를 영장에 의하여 체포하는 경우에 필요한 때에는 영장 없이 타인의 주거나 타인이 간수하는 가옥, 건조물, 항공기, 선차 안에서의 피의자 수색이 허용된다. O|X

[22 경찰채용] [Core ★★]

해설

검사 또는 사법경찰관은 영장에 의하여 피의자를 체포하는 경우에 필요한 때에는 영장없이 타인의 주거나 타인이 간수하는 가옥, 건조물, 항공기, 선차 내에서의 피의자 수색을 할 수 있다. 다만 미리 수색영장을 발부받기 어려운 긴급한 사정이 있는 때에 한정한다.(형사소송법 제216조 제1항 제1호) 위 단서 내용이 빠졌으므로 옳지 않다. [X]

0371 범행중 또는 범행직후의 범죄장소에서 긴급을 요하여 판사의 영장을 받을 수 없는 때에는 영장 없이 압수·수색·검증을 할 수 있다. 이 경우 사후에 지체 없이 영장을 발부받아야 한다. O|X

[16 경찰채용, 15 경찰승진, 15 경간부, 15 경찰채용, 15 법원9급, 13 경찰채용, 12 경간부, 11 경찰승진] [Essential ★]

해설

제216조 제3항 [O]

0372 "범행 중 또는 범행 직후의 범죄 장소에서 긴급을 요하여 법원 판사의 영장을 받을 수 없는 때에는 영장없이 압수·수색 또는 검증을 할 수 있다. 이 경우에는 사후에 지체 없이 영장을 받아야 한다."고 규정하고 있는 「형사소송법」 제216조 제3항의 요건 중 어느 하나라도 갖추지 못한 경우에 그러한 압수·수색 또는 검증은 위법하며, 이에 대하여 사후에 법원으로부터 영장을 발부받았다고 하여 그 위법성이 치유되지 아니한다. O|X

[21 경찰채용] [Core ★★]

해설

대법원 2017.11.29. 2014도16080 노래방압수·수색 사건 [O]

0373 주취운전이라는 범죄행위로 당해 음주운전자를 구속·체포하지 아니한 경우에도 필요하다면 그 차량열쇠는 범행 중 또는 범행 직후의 범죄장소에서의 압수로서 형사소송법 제216조 제3항에 의하여 영장 없이 이를 압수할 수 있다. ○|×

[16 경간부, 15 국가9급, 11 경찰승진] [*Core* ★★]

해설

대법원 1998. 5. 8. 97다54482 [○]

0374 (1) 음주운전 중 교통사고를 야기한 후 피의자가 의식불명 상태에 빠져 있는 등으로 호흡조사에 의한 음주측정이 불가능하고 혈액 채취에 대한 동의를 받을 수도 없을 뿐만 아니라 법원으로부터 감정처분허가장이나 사전 압수영장을 발부받을 시간적 여유도 없는 긴급한 상황이 생길 경우 (2) 피의자의 신체 내지 의복류에 주취로 인한 냄새가 강하게 나는 등 준현행범인으로서의 요건이 갖추어져 있고 교통사고 발생 시각으로부터 사회통념상 범행 직후라고 볼 수 있는 시간 내라면 피의자의 생명·신체를 구조하기 위하여 사고현장으로부터 곧바로 후송된 병원 응급실 등의 장소는 형사소송법 제216조 제3항의 범죄장소에 준한다 할 것이므로, 검사 또는 사법경찰관은 의료인의 자격이 있는 자로 하여금 피의자의 혈액을 채취하게 한 후 그 혈액을 영장 없이 압수할 수 있다. (3) 이 경우 사후영장을 발부받을 필요는 없다.

○|×

[16 변호사, 14 변호사, 13 경찰채용] [*Core* ★★]

해설

(1)(2)(3) 이 경우 형사소송법 제216조 제3항 단서, 형사소송규칙 제58조, 제107조 제1항 제3호에 따라 사후에 지체 없이 강제채혈에 의한 압수의 사유 등을 기재한 영장청구서에 의하여 법원으로부터 압수영장을 받아야 한다. (대법원 2012.11.15. 2011도15258 구로 강제채혈사건) [×]

0375 검사 또는 사법경찰관은 긴급체포된 자가 소유·소지 또는 보관하는 물건에 대하여 긴급히 압수할 필요가 있는 경우에는 체포한 때부터 48시간 이내에 한하여 영장 없이 압수·수색 또는 검증을 할 수 있다. ○|×

[17 경찰승진, 15 경찰승진, 15 경찰채용, 15 법원9급, 14 경찰승진, 14 국가9급, 13 경찰승진, 13 경간부, 13 국가9급, 12 경간부, 11 경찰승진, 11 국가9급] [*Core* ★★]

해설

검사 또는 사법 경찰관은 긴급체포된 자가 소유·소지 또는 보관하는 물건에 대하여 긴급히 압수할 필요가 있는 경우에는 체포한 때부터 24시간 이내에 한하여 영장 없이 압수·수색 또는 검증을 할 수 있다.(제217조 제1항) [×]

0376 검사 또는 사법경찰관은 긴급체포후 소유·소지 또는 보관하는 물건에 압수한 경우 압수한 물건을 계속 압수할 필요가 있는 경우에는 지체 없이 압수·수색영장을 청구하여야 한다. 이 경우 영장의 청구는 압수한 때부터 48시간 이내에 하여야 한다. ○│×

[15 경간부, 13 경간부, 13 국가9급] [Core ★★]

해설

영장의 청구는 체포한 때부터 48시간 이내에 하여야 한다.(제217조 제2항) [×]

0377 (1) 법원은 소유자, 소지자 또는 보관자가 임의로 제출한 물건 또는 유류한 물건은 영장없이 압수할 수 있다. (2) 검사 또는 사법경찰관은 피의자 기타인의 유류한 물건이나 소유자, 소지자 또는 보관자가 임의로 제출한 물건을 영장 없이 압수할 수 있다. ○│×

[16 경찰승진, 15 경찰승진, 15 경찰채용, 13 경간부, 11 경찰승진] [Essential ★]

해설

제108조, 제218조 [○]

0378 사법경찰리가 피고인의 주거지를 수색하는 과정에서 대마를 발견하고 피고인을 마관법위반죄의 현행범으로 체포하면서 대마를 압수하였으나, 그 다음날 피고인을 석방하였음에도 사후 압수·수색영장을 발부받지 않은 경우 그 대마는 증거능력이 없다. ○│×

[15 경찰승진, 14 변호사, 14 경찰채용, 13 경찰채용, 12 경찰승진, 12 국가7급, 12 법원9급, 11 경찰승진, 11 국가7급] [Core ★★]

해설

대법원 2009.5.14. 2008도10914 스와핑 카페 운영자 사건 [○]

0379 (체포현장에서 영장 없이 압수·수색을 한 이후) 형사소송법 제217조 제2항, 제3항에 위반하여 압수·수색영장을 청구하여 이를 발부받지 아니하고도 즉시 반환하지 아니한 압수물은 그 증거능력이 없다. 그러나 피고인이나 변호인이 이를 증거로 함에 동의하면 그러하지 아니하다. ○│×

[16 경찰채용, 14 경찰채용, 13 변호사, 13 경찰승진, 13 경찰채용, 13 국가7급, 12 변호사, 12 경찰승진, 12 경찰채용, 12 국가7급, 11 국가9급, 11 법원9급] [Essential ★]

해설

(사법경찰관이 피의자를 긴급체포하면서 그 체포현장에서 물건을 압수한 경우) 형사소송법 제217조 제2항, 제3항에 위반하여 압수·수색영장을 청구하여 이를 발부받지 아니하고도 즉시 반환하지 아니한 압수물은 이를 유죄 인정의 증거로 사용할 수 없는 것이고, 피고인이나 변호인이 이를 증거로 함에 동의하였다고 하더라도 달리 볼 것은 아니다.(대법원 2009.12.24. 2009도11401) [×]

0380 수사기관이 법원으로부터 영장 또는 감정처분허가장을 발부받지 아니한 채 피의자의 동의없이 피의자의 신체로부터 혈액을 채취하였으나 사후적으로도 이에 대한 영장을 발부받지 아니한 경우, 그 혈액에 대한 혈중알코올농도 감정결과보고서 등은 증거능력이 없다. O|X

[16 경찰승진, 16 경찰채용, 14 국가9급, 13 변호사, 13 경찰채용, 13 국가7급, 12 국가7급, 12 국가9급, 11 경찰채용] [Core ★★]

해설

대법원 2012.11.15. 2011도15258 **구로 강제채혈 사건** [O]

0381 경찰이 피고인을 체포하여 수갑을 채운 후 피고인의 집으로 가서 집안을 수색하여 칼과 합의서를 압수하였지만 이후 적법한 시간 내에 압수수색영장을 청구하여 발부받지 않은 경우, 그 칼과 합의서 그리고 이를 기초로 한 임의제출동의서, 압수조서 및 목록, 압수품 사진은 증거능력이 없다. O|X

[16 경간부, 16 국가7급, 15 경간부, 13 국가7급, 11 국가7급] [Core ★★]

해설

대법원 2010.7.22. 2009도14376 **칼과 합의서 압수사건** [O]

수사

Part 02

0382 경찰관이 소유자, 소지자 또는 보관자가 아닌 피해자로부터 임의로 제출받는 형식으로 쇠파이프를 압수한 경우, 그 쇠파이프와 이를 찍은 사진은 증거능력이 없다. O|X

[17 경간부, 16 경찰승진, 16 경찰채용, 15 경간부, 13 변호사, 13 경찰채용, 13 국가9급, 12 경찰승진, 12 경찰채용, 12 국가7급] [Core ★★]

해설

대법원 2010.1.28. 2009도10092 **쇠파이프 압수사건** [O]

0383 경찰관이 이른바 전화사기죄 범행의 혐의자를 긴급체포하면서 그가 보관하고 있던 다른 사람의 주민등록증, 운전면허증 등을 압수한 경우, 이는 구 형사소송법 제217조 제1항에서 규정한 해당 범죄사실의 수사에 필요한 범위 내의 압수로서 적법하므로 이를 위 혐의자의 점유 이탈물횡령죄 범행에 대한 증거로 사용할 수 없다. O|X

[17 경찰승진, 17 경간부, 16 변호사, 16 경찰승진, 14 경찰승진, 13 경찰채용, 12 경찰채용] [Essential ★]

해설

경찰관이 이른바 전화사기죄 범행의 혐의자를 긴급체포하면서 그가 보관하고 있던 다른 사람의 주민등록증, 운전면허증 등을 압수한 경우, 이는 구 형사소송법 제217조 제1항에서 규정한 해당 범죄사실의 수사에 필요한 범위 내의 압수로서 적법하므로 이를 위 혐의자의 점유이탈물횡령죄 범행에 대한 증거로 사용할 수 있다.(대법원 2008. 7.10. 2008도2245) [×]

0384 경찰관들이 저녁 8시경 도로에서 위장거래자와 만나서 마약류 거래를 하고 있는 피고인을 긴급체포하면서 현장에서 메트암페타민을 압수하고, 저녁 8시 24분경 체포 현장에서 약 2km 떨어진 피고인의 주거지에서 메트암페타민 약 4.82g을 추가로 찾아내어 이를 압수한 다음 법원으로부터 사후 압수·수색영장을 발부받은 경우, 피고인의 주거지에서 긴급 압수한 메트암페타민 4.82g은 적법하게 압수되었다고 할 수 없다. O|X

[19 변호사] [Essential ★]

해설

피고인에 대한 긴급체포 사유, 압수·수색의 시각과 경위, 사후 영장의 발부 내역 등에 비추어 피고인의 주거지에서 긴급 압수한 메트암페타민 4.82g은 긴급체포의 사유가 된 범죄사실 수사에 필요한 범위 내의 것으로서 적법하게 압수되었다고 할 것이다.(대법원 2017.9.12. 2017도10309 필로폰 거래자 긴급체포사건) [×]

0385 몰수하여야 할 압수물로서 멸실·파손·부패 또는 현저한 가치 감소의 염려가 있거나 보관하기 어려운 압수물은 폐기할 수 있다. O|X

[17 경찰승진, 12 경찰채용, 11 경찰승진] [Core ★★]

해설

몰수하여야 할 압수물로서 멸실·파손·부패 또는 현저한 가치 감소의 염려가 있거나 보관하기 어려운 압수물은 매각하여 대가를 보관할 수 있다.(제132조 제1항, 제219조) [×]

0386 몰수하여야 할 압수물로서 멸실·파손·부패 또는 현저한 가치 감소의 염려가 있거나 보관하기 어려운 압수물은 매각하여 대가를 보관하여야 한다. O|X

[21 해경채용] [Essential ★]

해설

몰수하여야 할 압수물로서 멸실·파손·부패 또는 현저한 가치 감소의 염려가 있거나 보관하기 어려운 압수물은 매각하여 대가를 보관할 수 있다.(제132조 제1항, 제219조) [×]

0387 환부하여야 할 압수물 중 환부를 받을 자가 누구인지 알 수 없거나 그 소재가 불명한 경우로서 그 압수물의 멸실·파손·부패 또는 현저한 가치 감소의 염려가 있거나 보관하기 어려운 압수물은 매각하여 대가를 보관할 수 있다. O|X

[12 경찰채용, 11 경찰승진] [Core ★★]

해설

제132조 제2항, 제219조 [O]

0388 (법원의 경우) 증거에 공할 압수물은 소유자, 소지자, 보관자 또는 제출인의 청구에 의하여 가환부할 수 있다. 증거에만 공할 목적으로 압수한 물건으로서 그 소유자 또는 소지자가 계속 사용하여야 할 물건은 사진촬영 기타 원형보존의 조치를 취하고 신속히 가환부하여야 한다. O|X

[15 경찰승진, 11 경찰승진, 11 경찰채용] [Core ★★]

해설

제133조 제1항 후단, 제2항 [O]

0389 위조된 약속어음은 범죄행위로 인하여 생긴 위조문서로서 아무도 이를 소유하는 것이 허용되지 않는 물건이므로 몰수가 될 뿐 환부나 가환부할 수 없고 다만 검사는 몰수의 선고가 있은 뒤에 형사소송법 제485조에 의하여 위조의 표시를 하여 환부할 수 있다. O|X

[14 경찰승진, 11 경찰승진] [Core ★★]

해설

대법원 1984.7.24. 84모43 [O]

0390 피고인에게 의견을 진술할 기회를 주지 아니한 채 한 가환부 결정은 위법하나 이 위법은 재판의 결과에 영향을 미치지 않았다. O|X

[14 경찰승진, 13 경간부, 11 경찰채용] [Core ★★]

해설

피고인에게 의견을 진술할 기회를 주지 아니한 채 한 가환부 결정은 위법하고 이 위법은 재판의 결과에 영향을 미쳤다 할 것이다. (대법원 1980.2.5. 80모3) [X]

0391 피압수자 등 압수물의 환부를 받을 자가 압수 후 그 소유권을 포기하면 수사기관의 압수물환부의무는 면제가 되고 이러한 환부의무에 대응하는 압수물 환부청구권도 소멸하게 된다. O|X

[16 경간부, 16 경찰채용, 15 경찰승진, 14 경찰승진, 14 국가9급, 13 경간부, 13 경찰채용, 12 경찰채용, 12 국가9급, 11 경찰승진, 11 경찰채용] [Essential ★]

해설

압수자 등 환부를 받을 자가 압수 후 그 소유권을 포기하는 등에 의하여 실체법상의 권리를 상실하더라도 그 때문에 압수물을 환부하여야 하는 수사기관의 의무에 어떠한 영향을 미칠 수 없고 또한 수사기관에 대하여 형사소송법상의 환부청구권을 포기한다는 의사표시를 하더라도 그 효력이 없어 그에 의하여 수사기관의 필요적 환부의무가 면제된다고 볼 수는 없으므로 압수물의 소유권이나 그 환부청구권을 포기하는 의사표시로 인하여 위 환부의무에 대응하는 압수물에 대한 환부청구권이 소멸하는 것은 아니다. (대법원 1996.8.16. 94모51 全合 다이아몬드 포기 사건) [X]

0392 수사단계에서 소유권을 포기한 압수물에 대하여 형사재판에서 몰수형이 선고되지 않은 경우, 피압수자는 국가에 대하여 민사소송으로 그 반환을 청구할 수 있다. ○|×

[Essential ★]

해설

| 대법원 2000.12.22. 2000다27725 수표 포기 사건 | [○] |

0393 압수한 장물은 피해자에게 환부할 이유가 명백한 때에는 피고사건의 종결전이라도 결정으로 피해자에게 환부할 수 있다. ○|×

[15 경찰승진, 14 국가9급, 13 경찰채용, 12 경찰채용, 11 경찰승진] [Essential ★]

해설

| 제134조 | [○] |

0394 압수한 장물로서 피해자에게 환부할 이유가 명백한 것은 판결로써 피해자에게 환부하는 선고를 하여야 한다. ○|×

[14 경간부] [Essential ★]

해설

| 제333조 제1항 | [○] |

0395 압수한 장물은 압수를 계속할 필요가 없다고 인정되는 경우 피해자의 청구가 있는 때에는 공소제기 전이라도 피해자에게 환부하여야 한다. ○|×

[23 경찰간부] [Superlative ★★★]

해설

제134조(압수장물의 피해자환부) 압수한 장물은 피해자에게 환부할 이유가 명백한 때에는 피고사건의 종결 전이라도 결정으로 피해자에게 환부할 수 있다. 제219조(준용규정) 제106조, 제107조, 제109조 내지 제112조, 제114조, 제115조 제1항 본문, 제2항, 제118조부터 제132조까지, 제134조, 제135조, 제140조, 제141조, 제333조 제2항, 제486조의 규정은 검사 또는 사법경찰관의 본장의 규정에 의한 압수, 수색 또는 검증에 준용한다. 단, 사법경찰관이 제130조, 제132조 및 제134조에 따른 처분을 함에는 검사의 지휘를 받아야 한다. 따라서 수사기관의 피해자환부도 제134조를 준용하므로, 공소제기 전에도 피해자에게 환부하여야 한다가 아니라, 피해자에게 환부할 수 있다로 되어야 한다. [×]

0396 압수한 서류 또는 물품에 대하여 법원의 몰수의 선고가 없는 때에도 압수를 해제한 것으로 간주한다. O|X

[15 법원9급, 14 경간부] [Essential ★]

해설

제332조 [O]

0397 여자의 신체를 검사하는 경우에는 의사나 성년의 여자를 참여하게 하여야 한다. O|X

[14 경간부] [Essential ★]

해설

제141조 제3항, 제219조 [O]

0398 여자의 신체에 대하여 수색할 때에는 성년의 여자를 참여하게 하여야 한다. O|X

[21 해경채용] [Essential ★]

해설

여자의 신체에 대하여 수색할 때에는 성년의 여자를 참여하게 하여야 한다. (제124조, 제219조) [O]

0399 수사기관이 범죄 증거를 수집할 목적으로 피의자의 동의 없이 피의자의 소변을 채취하는 경우, 법원으로부터 감정허가장 또는 감정유치장을 받아야 하고, 압수·수색의 방법으로는 할 수 없다. O|X

[21 국가9급, 20 변호사, 19 국가7급] [Core ★★]

해설

수사기관이 범죄 증거를 수집할 목적으로 피의자의 동의 없이 피의자의 소변을 채취하는 것은 법원으로부터 감정허가장을 받아 형사소송법 제221조의4 제1항, 제173조 제1항에서 정한 '감정에 필요한 처분'으로 할 수 있지만(피의자를 병원 등에 유치할 필요가 있는 경우에는 형사소송법 제221조의3에 따라 법원으로부터 감정유치장을 받아야 한다), 형사소송법 제219조, 제106조 제1항, 제109조에 따른 압수·수색의 방법으로도 할 수 있고, 이러한 압수·수색의 경우에도 수사기관은 원칙적으로 형사소송법 제215조에 따라 판사로부터 압수·수색영장을 적법하게 발부받아 집행해야 한다. (대법원 2018.7.12. 2018도6219 부산 강제채뇨 사건) [X]

0400 압수·수색의 방법으로 소변을 채취하는 경우 압수대상물인 피의자의 소변을 확보하기 위한 수사기관의 노력에도 불구하고, 피의자가 인근 병원 응급실 등 소변 채취에 적합한 장소로 이동하는 것에 동의하지 않거나 저항하는 등 임의동행을 기대할 수 없는 사정이 있는 때에는 수사기관으로서는 소변 채취에 적합한 장소로 피의자를 데려가기 위해서 필요 최소한의 유형력을 행사하는 것이 허용되는데, 이는 형사소송법 제219조, 제120조 제1항에서 정한 '압수·수색영장의 집행에 필요한 처분'에 해당한다. O|X

[21 국가9급, 21 경찰채용] [Core ★★]

해설

대법원 2018.7.12. 2018도6219 부산 강제채뇨 사건 [O]

0401 통신제한조치허가서에 의하여 허가된 통신제한조치가4전기 통신 감청 및 우편물 검열'뿐인 경우 그 후 연장결정서에 당초 허가 내용에 없던 '대화녹음'이 기재되어 있다고 하더라도 이는 대화녹음의 적법한 근거가 되지 못한다. ○|×

[22 경찰승진] [Core ★★]

해설

통신제한조치허가서에 의하여 허가된 통신제한조치가 '전기 통신 감청 및 우편물 검열'뿐인 경우 그 후 연장결정서에 당초 허가 내용에 없던 '대화녹음'이 기재되어 있다고 하더라도 이는 대화녹 음의 적법한 근거가 되지 못한다. (대법원 1999.9.3. 99도2317 영남위원회 사건)　　　　　　　　　　　　　　　　　　　[○]

0402 통신기관등은 통신제한조치허가서에 기재된 통신제한조치 대상자의 전화번호 등이 사실과 일치하지 않을 경우에는 그 집행을 거부할 수 있으며, 어떠한 경우에도 전기통신에 사용되는 비밀번호를 누설할 수 없다. ○|×

[22 경찰간부] [Core ★★]

해설

통신기관등은 통신제한조치허가서에 기재된 통신제한조치대상자의 전화번호 등이 사실과 일치하지 않을 경우에는 그 집행을 거부할 수 있으며, 어떠한 경우에도 전기통신에 사용되는 비밀번호를 누설할 수 없다.(통비법 제9조 제4항)　[○]

0403 통신제한조치의 집행주체가 제3자의 도움을 받지 않고서는 '대화의 녹음·청취'가 사실상 불가능하거나 곤란한 사정이 있는 경우에는 비례의 원칙에 위배되지 않는 한 제3자에게 집행을 위탁하거나 그로부터 협조를 받아 '대화의 녹음·청취'를 할 수 있는데, 이 경우 통신기관 등이 아닌 일반 사인에게는 당해 통신제한조치를 청구한 목적과 그 집행 또는 협조일시 및 대상을 기재한 대장을 작성하여 비치할 의무가 있다. ○|×

[22 경찰간부] [Core ★★]

해설

'대화의 녹음·청취'에 관하여 통신비밀보호법 제14조 제2항은 통신비밀보호법 제9조 제1항 전문을 적용하여 집행주체가 집행한다고 규정하면서도, 통신기관 등에 대한 집행위탁이나 협조요청에 관한 같은 법 제9조 제1항 후문을 적용하지 않고 있으나, 이는 '대화의 녹음·청취'의 경우 통신제한조치와 달리 통신기관의 업무와 관련이 적다는 점을 고려한 것일 뿐이므로 반드시 집행주체가 '대화의 녹음·청취'를 직접 수행하여야 하는 것은 아니다. 따라서 집행주체가 제3자의 도움을 받지 않고서는 '대화의 녹음·청취'가 사실상 불가능하거나 곤란한 사정이 있는 경우에는 비례의 원칙에 위배되지 않는 한 제3자에게 집행을 위탁하거나 그로부터 협조를 받아 '대화의 녹음·청취'를 할 수 있다고 봄이 타당하고, 그 경우 통신기관 등이 아닌 일반 사인에게 대장을 작성하여 비치할 의무가 있다고 볼 것은 아니다. (대법원 2015.1.22. 2014도10978 全合)　　　　　　[×]

0404 전화통화 또는 무전기와 같은 무선전화기를 이용한 통화도 통신비밀보호법 제3조 제1항 소정의 '타인간의 대화'에 포함된다. ○|×

[16 경찰승진, 16 국가7급, 14 경찰승진, 14 경찰채용, 12 경찰승진] [Core ★★]

해설

(1) 무전기와 같은 무선전화기를 이용한 통화가 통신비밀보호법에서 규정하고 있는 전기통신에 해당함은 전화통화의 성질 및 법 규정 내용에 비추어 명백하므로 이를 같은 법 제3조 제1항 소정의 '타인간의 대화'에 포함된다고 할 수 없다.(대법원 2003.11.13. 2001도6213) (2) 전화통화가 통신비밀보호법에서 규정하고 있는 전기통신에 해당함은 전화통화의 성질 및 법 규정 내용에 비추어 명백하므로 이를 법 제3조 제1항 소정의 '타인간의 대화'에 포함시킬 수는 없다.(대법원 2002.10.8. 2002도123 귓불 뚫어 주느냐 사건) [×]

0405 법원이 패킷감청으로 취득한 자료의 보관을 위한 승인청구를 기각한 경우, 사법경찰관은 청구기각의 통지를 받은 날부터 7일 이내에 해당 전기통신을 폐기하고, 폐기결과보고서를 작성하여 7일 이내에 검사에게 송부하여야 한다. O|×

[22 소방간부, 21 경찰승진] [Core ★★]

해설

검사 또는 사법경찰관은 보관 등의 승인 청구나 신청을 하지 아니하는 경우에는 집행종료일부터 14일(검사가 사법경찰관의 신청을 기각한 경우에는 그 날부터 7일) 이내에 통신제한조치로 취득한 전기통신을 폐기하여야 하고, 법원에 승인청구를 한 경우(취득한 전기통신의 일부에 대해서만 청구한 경우를 포함한다)에는 법원으로부터 승인서를 발부받거나 청구기각의 통지를 받은 날부터 7일 이내에 승인을 받지 못한 전기통신을 폐기하여야 한다. (통비법 제12조의2 제2항) 검사 또는 사법경찰관은 통신제한조치로 취득한 전기통신을 폐기한 때에는 폐기의 이유와 범위 및 일시 등을 기재한 폐기결과보고서를 작성하여 피의자의 수사기록 또는 피내사자의 내사사건기록에 첨부하고, 폐기일부터 7일 이내에 통신제한조치를 허가한 법원에 송부하여야 한다.(통비법 제12조의2 제6항) [×]

핵심정리 패킷감청 (통비법 제12조의2)

제12조의2 (범죄수사를 위하여 인터넷 회선에 대한 통신제한조치로 취득한 자료의 관리)

① 검사는 인터넷 회선을 통하여 송신·수신하는 전기통신을 대상으로 제6조 또는 제8조(제5조 제1항의 요건에 해당하는 사람에 대한 긴급통신제한조치에 한정한다)에 따른 통신제한조치를 집행한 경우 그 전기통신을 제12조 제1호에 따라 사용하거나 사용을 위하여 보관(이하 이 조에서 "보관등"이라 한다)하고자 하는 때에는 집행종료일부터 14일 이내에 보관등이 필요한 전기통신을 선별하여 통신제한조치를 허가한 법원에 보관등의 승인을 청구하여야 한다.

② 사법경찰관은 인터넷 회선을 통하여 송신·수신하는 전기통신을 대상으로 제6조 또는 제8조(제5조 제1항의 요건에 해당하는 사람에 대한 긴급통신제한조치에 한정한다)에 따른 통신제한조치를 집행한 경우 그 전기통신의 보관등을 하고자 하는 때에는 집행종료일부터 14일 이내에 보관등이 필요한 전기통신을 선별하여 검사에 게 보관등의 승인을 신청하고, 검사는 신청일부터 7일 이내에 통신제한조치를 허가한 법원에 그 승인을 청구 할 수 있다.

③ 제1항 및 제2항에 따른 승인청구는 통신제한조치의 집행 경위, 취득한 결과의 요지, 보관등이 필요한 이유를 기재한 서면으로 하여야 하며, 다음 각 호의 서류를 첨부하여야 한다.

1. 청구이유에 대한 소명자료
2. 보관등이 필요한 전기통신의 목록
3. 보관등이 필요한 전기통신. 다만, 일정 용량의 파일 단위로 분할하는 등 적절한 방법으로 정보저장매체에 저장·봉인하여 제출하여야 한다.

④ 법원은 청구가 이유 있다고 인정하는 경우에는 보관등을 승인하고 이를 증명하는 서류(이하 이 조에서 "승인서"라 한다)를 발부하며, 청구가 이유 없다고 인정하는 경우에는 청구를 기각하고 이를 청구인에게 통지한다.

⑤ 검사 또는 사법경찰관은 제1항에 따른 청구나 제2항에 따른 신청을 하지 아니하는 경우에는 집행종료일부터 14일(검사가 사법경찰관의 신청을 기각한 경우에는 그 날부터 7일) 이내에 통신제한조치로 취득한 전기통신을 폐기하여야 하고, 법원에 승인청구를 한 경우(취득한 전기통신의 일부에 대해서만 청구한 경우를 포함한다)에는 제4항에 따라 법원으로부터 승인서를 발부받거나 청구기각의 통지를 받은 날부터 7일 이내에 승인을 받지 못한 전기통신을 폐기하여야 한다.
⑥ 검사 또는 사법경찰관은 제5항에 따라 통신제한조치로 취득한 전기통신을 폐기한 때에는 폐기의 이유와 범위 및 일시 등을 기재한 폐기결과보고서를 작성하여 피의자의 수사기록 또는 피내사자의 내사사건기록에 첨부하고, 폐기일부터 7일 이내에 통신제한조치를 허가한 법원에 송부하여야 한다.

0406 사법경찰관은 「통신비밀보호법」에 따른 패킷감청을 집행하여 그 전기통신을 보관하고자 하는 때에는 집행종료일로부터 14일 이내에 보관 등이 필요한 전기통신을 선별하여 통신제한 조치를 허가한 법원에 그 승인을 청구할 수 있다. O|X

[21 경찰승진] [Core ★★]

해설

사법경찰관은 인터넷 회선을 통하여 송신·수신하는 전기통신을 대상으로 통신제한조치를 집행한 경우 그 전기통신의 보관등을 하고자 하는 때에는 집행종료일부터 14일 이내에 보관등이 필요 한 전기통신을 선별하여 검사에게 보관등의 승인을 신청하고, 검사는 신청일부터 7일 이내에 통신제한조치를 허가한 법원에 그 승인을 청구할 수 있다. (통비법 제12조의2 제2항) [X]

0407 「통신비밀보호법」은 패킷감청으로 취득한 자료의 관리에 관한 절차(「통신비밀보호법」 제12조의2)의 위반에 대해서는 벌칙 조항을 두고 있지 않다. O|X

[21 경찰승진] [Core ★★]

해설

통비법은 패킷감청으로 취득한 자료의 관리에 관한 절차(통신비밀보호법 제12조의2) 위반 행위에 대한 벌칙 조항을 두고 있지 않다. [O]

0408 「형법」상 절도죄, 강도죄, 사기죄, 공갈죄는 「통신비밀보호법」상 범죄수사를 위한 통신제한 조치가 가능한 범죄이다. O|X

[21 경찰승진] [Essential ★]

해설

절도죄, 강도죄, 공갈죄는 통신제한조치가 가능한 범죄이지만, 사기죄는 통신제한조치가 가능한 범죄가 아니다.(통비법 제5조 제1항) [X]

핵심정리 통신제한조치 대상범죄(통비법 제5조 제1항)

구분	내용
형법	㉠ 내란, 외환(제92조 내지 제101조), 국교(제107조, 제108조, 제111조 내지 제113조), 공안(제114조, 제115조), 폭발물 ㉡ 공무원 직무(제127조, 제129조 내지 제133조), 도주·범인은닉, 방화·실화(제164조 내지 제167조, 제172조 내지 제173조, 제174조, 제175조), 아편, 통화, 유가증권우표·인지(제214조 내지 제217조, 제223조, 제224조) ㉢ 살인, 체포·감금, 협박 (제283조 제1항, 제284조, 제285조, 제286조), 약취·유인·인신 매매, 강간·추행(제297조 내지 제301조의2, 제305조), 신용·업무·경매(제315조), 권리 행사방해(제324조의2 내지 제324조의4, 제324조의5), 절도·강도(제329조 내지 제331조, 제332조, 제333조 내지 제341조, 제342조), 공갈, 상습장물(주의. 사기, 상해, 공무 집행방해, 직무유기 x)
특별법	㉠ 군형법에 규정된 범죄(제6장·제10장 제외) ㉡ 국가보안법, 군사기밀보호법, 군사시설보호법에 규정된 범죄 ㉢ 마약류관리법에 규정된 범죄(제58조 내지 제62조) ㉣ 폭력행위처벌법에 규정된 범죄(제4조, 제5조) ㉤ 총포화약법에 규정된 범죄(제70조, 제기조 제1호 내지 제3호) ㉥ 특정범죄가중법에 규정된 범죄(제2조 내지 제8조, 제10조 내지 제12조) ㉦ 특정경제범죄법에 규정된 범죄(제3조 내지 제9조) ㉧ 국제뇌물방지법에 규정된 범죄(제3조 및 제4조)

0409 「자동차관리법」 위반은 통신제한조치 대상범죄에 해당한다. O|X

[18 경찰승진] [Superlative ★★★]

해설

자동차관리법 위반은 통신제한조치 적용대상 범죄에 해당하지 않는다. [X]

0410 범죄수사를 위한 통신제한조치의 대상범죄에 형법상 강요죄, 권리행사방해죄, 강제집행면탈죄는 포함되지 않는다. O|X

[17 경찰승진] [Core ★★]

해설

강요죄, 권리행사방해죄, 강제집행면탈죄 등은 통신제한조치의 대상범죄에 포함되지 않는다.(통비법 제5조 제1항) [O]

0411 사법경찰관은 인터넷 회선을 통하여 송신·수신하는 전기통신을 대상으로 제6조 또는 제8조에 따른 통신제한조치를 집행한 경우 그 전기통신의 보관등을 하고자 하는 때에는 집행종료일부터 14일 이내에 보관등이 필요한 전기통신을 선별하여 검사에게 보관등의 승인을 신청하고, 검사는 신청일부터 14일 이내에 통신제한조치를 허가한 법원에 그 승인을 청구할 수 있다. O|X

[20 경찰채용] [Essential ★]

해설

사법경찰관은 인터넷 회선을 통하여 송신·수신하는 전기통신을 대상으로 제6조 또는 제8조(제5조 제1항의 요건에 해당하는 사람에 대한 긴급통신제한조치에 한정한다)에 따른 통신제한조치를 집행한 경우 그 전기통신의 보관등을 하고자 하는 때에는 집행종료일부터 14일 이내에 보관등이 필요한 전기통신을 선별하여 검사에게 보관등의 승인을 신청하고, 검사는 신청일부터 7일 이내에 통신제한조치를 허가한 법원에 그 승인을 청구할 수 있다.(통비법 제12조의2 제2항) [×]

0412 사법경찰관은 「통신비밀보호법」에 따른 패킷감청을 집행하여 그 전기통신을 보관하고자 하는 때에는 집행종료일로부터 14일 이내에 보관등이 필요한 전기통신을 선별하여 통신제한조치를 허가한 법원에 그 승인을 청구할 수 있다. O|X

[21 경찰승진] [Core ★★]

해설

사법경찰관은 인터넷 회선을 통하여 송신·수신하는 전기통신을 대상으로 통신제한조치를 집행한 경우 그 전기통신의 보관등을 하고자 하는 때에는 집행종료일부터 14일 이내에 보관등이 필요한 전기통신을 선별하여 검사에게 보관등의 승인을 신청하고, 검사는 신청일부터 7일 이내에 통신제한조치를 허가한 법원에 그 승인을 청구할 수 있다.(통비법 제12조의2 제2항) [×]

0413 검사 또는 사법경찰관은 제5항에 따라 통신제한조치로 취득한 전기통신을 폐기한 때에는 폐기의 이유와 범위 및 일시 등을 기재한 폐기결과보고서를 작성하여 피의자의 수사기록 또는 피내사자의 내사사건기록에 첨부하고, 폐기일부터 14일 이내에 통신제한조치를 허가한 법원에 송부하여야 한다. O|X

[Essential ★]

해설

검사 또는 사법경찰관은 제5항에 따라 통신제한조치로 취득한 전기통신을 폐기한 때에는 폐기의 이유와 범위 및 일시 등을 기재한 폐기결과보고서를 작성하여 피의자의 수사기록 또는 피내 사자의 내사사건기록에 첨부하고, 폐기일부터 7일 이내에 통신제한조치를 허가한 법원에 송부하여야 한다.(통비법 제12조의2 제6항) [×]

0414 법원이 패킷감청으로 취득한 자료의 보관을 위한 승인청구를 기각한 경우, 사법경찰관은 청구기각의 통지를 받은 날부터 7일 이내에 해당 전기통신을 폐기하고, 폐기결과보고서를 작성하여 7일 이내에 검사에게 송부하여야 한다. O|X

[21 경찰승진] [Core ★★]

해설

검사 또는 사법경찰관은 보관 등의 승인 청구나 신청을 하지 아니하는 경우에는 집행종료일 부터 14일(검사가 사법경찰관의 신청을 기각한 경우에는 그 날부터 7일) 이내에 통신제한조치로 취득한 전기통신을 폐기하여야 하고, 법원에 승인청구를 한 경우(취득한 전기통신의 일부에 대해 서만 청구한 경우를 포함한다)에는 법원으로부터 승인서를 발부받거나 청구기각의 통지를 받은 날부터 7일 이내에 승인을 받지 못한 전기통신을 폐기하여야 한다. (통비법 제12조의2 제2항) 검사 또는 사법경찰관은 통신제한조치로 취득한 전기통신을 폐기한 때에는 폐기의 이유와 범위 및 일시 등을 기재한 폐기결과보고서를 작성하여 피의자의 수사기록 또는 피내사자의 내사사건기록에 첨부하고, 폐기일부터 7일 이내에 통신제한조치를 허가한 법원에 송부하여야 한다. (통비법 제12조의2 제6항) [×]

0415 인터넷 회선을 통하여 송신·수신하는 전기통신을 대상으로 통신제한조치를 집행한 경우 그 전기통신의 보관 등을 하고자 하는 때에는 집행종료일부터 10일 이내에 보관 등이 필요한 전기통신을 선별하여 검사에게 보관 등의 승인을 신청하고, 검사는 신청일부터 10일 이내에 통신제한조치를 허가한 법원에 그 승인을 청구할 수 있다. O|X

[21 경찰채용] [*Core* ★★]

해설

사법경찰관은 인터넷 회선을 통하여 송신·수신하는 전기통신을 대상으로 통신제한조치를 집 행한 경우 그 전기통신의 보관 등을 하고자 하는 때에는 집행종료일부터 14일 이내에 보관 등이 필요한 전기통신을 선별하여 검사에게 보관등의 승인을 신청하고, 검사는 신청일부터 7일 이내에 통신제한조치를 허가한 법원에 그 승인을 청구할 수 있다. (통비법 제12조의2 제2항) [×]

0416 통신비밀보호법상 '감청'이란 대상이 되는 전기통신의 송·수신과 동시에 이루어지는 경우만을 의미하고, 이미 수신이 완료된 전기통신의 내용을 지득하는 등의 행위는 포함되지 않는다. O|X

[16 국가7급, 14 경찰채용] [Essential ★]

해설

대법원 2012.10.25. 2012도4644 [O]

0417 전자우편이 송신되어 수신인이 이를 확인하는 등으로 이미 수신이 완료된 전기통신에 관하여 남아 있는 기록이나 내용을 열어보는 등의 행위는 「통신비밀보호법」에서 규정하는 '전기 통신의 감청'에 포함되지 않는다. O|X

[17 변호사] [Essential ★]

해설

대법원 2013.11.28. 2010도12244 **밀양시장 이메일 해킹사건** [O]

0418 피고인이 범행 후 피해자에게 전화를 걸어오자 피해자가 증거를 수집하려고 그 전화내용을 몰래 녹음한 경우 당사자 녹음으로 증거능력이 있다. ○|×

[16 경찰승진, 16 경찰채용, 16 국가9급, 14 경간부, 14 경찰채용, 12 경찰승진] [Essential ★]

해설

대법원 1997.3.28. 97도240 강간범 통화 녹음사건 [○]

0419 대화의 당사자가 아닌 자가 타인간의 대화를 타인 중 일방의 동의만을 받고 몰래 녹음한 경우 통비법에 위배되어 증거능력이 없다. ○|×

[16 국가7급, 15 경간부, 11 국가7급] [Essential ★]

해설

대법원 2010.10.14. 2010도9016 공범자 통화 녹음사건 [○]

0420 3인 간의 대화에 있어서 그 중 한 사람이 그 대화를 몰래 녹음한 경우 제3자 녹음으로 증거 능력이 없다. ○|×

[15 국가9급, 11 국가7급] [Core ★★]

해설

3인 간의 대화에서 그 중 한 사람이 그 대화를 녹음 또는 청취하는 경우에 다른 두 사람의 발언은 그 녹음자 또는 청취자에 대한 관계에서 통비법 제3조 제1항에서 정한 '타인 간의 대화'라고 할 수 없으므로, 이러한 녹음 또는 청취하는 행위 및 그 내용을 공개하거나 누설하는 행위가 통비법 제16조 제항에 해당한다고 볼 수 없다. (대법원 2014.5.16. 2013도16404 아이유 택시 사건) 설문과 같은 경우 증거능력이 부정되지 아니한다. [×]

0421 甲, 乙이 A와의 통화 내용을 녹음하기로 합의한 후 甲이 스피커폰으로 A와 통화하고 乙이 옆에서 이를 녹음한 경우 녹음파일은 증거능력이 부정된다. ○|×

[Essential ★]

해설

전화통화의 당사자는 甲과 A이고, 乙은 제3자에 해당하므로 乙이 전화통화 당사자 일방인 甲의 동의를 받고 통화 내용을 녹음하였다고 하더라도 상대방인 A의 동의가 없었던 이상 이는 통신비밀보호법 제3조 제1항에 위반한 '전기통신의 감청'에 해당하여 그 녹음파일은 증거로 사용할 수 없고, 이는 A가 녹음파일 및 이를 채록한 녹취록에 대하여 증거동의를 하였다 하더라도 마찬가지이다. (대법원 2019.3.14. 2015도1900 변호사 매형, 검사 처남 사건) [○]

0422 甲이 휴대전화기로 乙과 통화한 후 예우차원에서 바로 전화를 끊지 않고 기다리던 중 그 휴대전화기로부터 乙과 丙이 대화하는 내용이 들리자 이를 그 휴대전화기로 녹음한 경우, 이 녹음은 위법하다고 할 수 없다. ○│×

[17 국가7급] [Essential ★]

해설

구 통신비밀보호법(2014. 1. 14. 법률 제12229호로 개정되기 전의 것) 제3조 제1항이 공개되지 아니한 타인간의 대화를 녹음 또는 청취하지 못하도록 한 것은, 대화에 원래부터 참여하지 않는 제3자가 그 대화를 하는 타인간의 발언을 녹음 또는 청취해서는 아니 된다는 취지이다. 따라서 대화에 원래부터 참여하지 않는 제3자가 일반 공중이 알 수 있도록 공개되지 아니한 타인간의 발언을 녹음하거나 전자장치 또는 기계적 수단을 이용하여 청취하는 것은 특별한 사정이 없는 한 같은 법 제3조 제1항에 위반된다. (대법원 2016.5.12. 2013도15616) [×]

0423 甲이 乙과 통화를 마친 후 전화가 끊기지 않은 상태에서 휴대전화를 통하여 사물에서 발생하는 음향인 '우당탕'과 비명소리인 '악' 소리를 들었고, 이후 甲이 그와 같은 소리를 들었다고 법정에서 증언한 경우 甲의 증언은 증거능력이 부정된다. ○│×

[21 국가9급, 19 국가7급, 19 국가9급] [Core ★★]

해설

(1) 통신비밀보호법에서 보호하는 타인 간의 '대화'는 원칙적으로 현장에 있는 당사자들이 육성으로 말을 주고받는 의사소통행위를 가리킨다. 따라서 사람의 육성이 아닌 사물에서 발생하는 음향은 타인 간의 '대화'에 해당하지 않고 또한 사람의 목소리라고 하더라도 상대방에게 의사를 전달하는 말이 아닌 단순한 비명소리나 탄식 등은 타인과 의사소통을 하기 위한 것이 아니라면 특별한 사정이 없는 한 타인간의 '대화'에 해당한다고 볼 수 없다. (2) 甲이 乙과 통화를 마친 후 전화가 끊기지 않은 상태에서 휴대전화를 통하여 '우당탕', '악' 소리를 들었는데, '우당탕' 소리는 사물에서 발생하는 음향일 뿐 사람의 목소리가 아니므로 타인간의 '대화'에 해당하지 않고, '악' 소리도 사람의 목소리이기는 하나 단순한 비명소리에 지나지 않아 그것만으로 상대방에게 의사를 전달하는 말이라고 보기는 어려워 특별한 사정이 없는 한 타인간의 '대화'에 해당한다고 볼 수 없다. (대법원 2017.3.15. 2016도19843 우당탕 악 사건) [×]

0424 통신제한조치를 집행한 사건에 관하여 공소를 제기한 경우 집행기관은 그 대상자나 가입자에게 통신제한조치를 집행한 사실을 통지할 필요가 없다. ○│×

[15 경찰승진, 12 경찰승진] [Core ★★]

해설

검사는 통신제한조치를 집행한 사건에 관하여 공소를 제기하거나, 공소의 제기 또는 입건을 하지 아니하는 처분(기소중지 결정 제외)을 한 때에는 그 처분을 한 날부터 30일 이내에 우편물 검열의 경우에는 그 대상자에게, 감청의 경우에는 그 대상이 된 전기통신의 가입자에게 통신제한조치를 집행한 사실과 집행기관 및 그 기간 등을 서면으로 통지하여야 한다. (통비법 제9조의2 제1항) 이는 사법경찰관이나 정보수사기관의 장의 경우에도 유사하다. (동조 제2항·제3항) [×]

0425 다음은 통신제한조치의 기간 등을 설명한 것이다. 밑줄 친 부분이 옳지 않은 것은 모두 1개다. O|X

[Superlative ★★★]

> 범죄수사를 위한 통신제한조치의 기간은 ㉠ 2개월을 초과하지 못하고, 그 기간 중 통신제 한조치의 목적이 달성되었을 경우에는 즉시 종료하여야 한다. 다만, 허가요건이 존속하는 경우에는 소명자료를 첨부하여 ㉡ 2개월의 범위에서 통신제한조치기간의 연장을 청구 할 수 있다. 검사 또는 사법경찰관이 통신제한조치의 연장을 청구하는 경우에 통신제한 조치의 총 연장기간은 ㉢ 3년을 초과할 수 없다. 다만, 내란의 죄의 경우에는 통신제한조치의 총 연장기간이 ㉣ 5년을 초과할 수 없다.

해설

㉢㉣ 2 항목이 옳지 않다. [×]
㉠㉡ 통비법 제6조 제7항
㉢ 1년 ㉣ 3년이라고 해야 옳다.(통비법 제6조 제8항)

핵심정리 통신제한조치 총 연장기간 3년인 범죄(제6조 제8항 단서)

1. 형법 제2편 중 제1장 내란의 죄, 제2장 외환의 죄 중 제92조부터 제101조까지의 죄, 제4장 국교에 관한 죄 중 제107조, 제108조, 제111조부터 제113조까지의 죄, 제5장 공안을 해하는 죄 중 제114조, 제115조의 죄 및 제6장 폭발물에 관한 죄
2. 군형법 제2편 중 제1장 반란의 죄, 제2창 이적의 죄, 제11장 군용물에 관한 죄 및 제12장 위령의 죄 중 제78조·제80조·제81조의 죄
3. 국가보안법에 규정된 죄
4. 군사기밀보호법에 규정된 죄
5. 군사기지 및 군사시설보호법에 규정된 죄

0426 통신제한조치의 기간은 3개월을 초과하지 못하나 허가요건이 존속하는 경우에는 3개월의 범위에서 통신제한조치기간의 연장을 청구할 수 있다. 다만 통신제한조치의 연장을 청구하는 경우에 통신제한조치의 총 연장기간은 1년(일정한 범죄의 경우는 3년)을 초과할 수 없다. O|X

[21 경찰채용] [Core ★★]

해설

통신제한조치의 기간은 2개월을 초과하지 못하고, 그 기간 중 통신제한조치의 목적이 달성되었을 경우에는 즉시 종료하여야 한다. 다만, 허가요건이 존속하는 경우에는 소명자료를 첨부하여 2개월의 범위에서 통신제한조치기간의 연장을 청구할 수 있다. (통비법 제6조 제7항) 검사 또는 사법경찰관이 통신제한조치의 연장을 청구하는 경우에 통신제한조치의 총 연장기간은 1년을 초과할 수 없다. 다만, 일정한 범죄의 경우에는 통신제한조치의 총 연장기간이 3년을 초과할 수 없다. (통비법 제6조 제8항) [×]

0427 통신제한조치를 집행한 사건에 관하여 검사로부터 공소를 제기하거나 제기하지 아니하는 처분(기소중지 또는 참고인중지결정은 제외한다)의 통보를 받거나 검찰송치를 하지 아니하는 처분(수사중지 결정은 제외한다) 또는 내사사건에 관하여 입건하지 아니하는 처분을 한 때에는 그 날부터 30일 이내에 감청의 대상이 된 전기통신의 가입자에게 통신제한조치를 집행한 사실과 집행기관 및 그 기간 등을 서면으로 통지하여야 한다. O|X

[21 경찰채용] [Core ★★]

해설

통신제한조치를 집행한 사건에 관하여 검사로부터 공소를 제기하거나 제기하지 아니하는 처분(기소중지 또는 참고인중지결정은 제외한다)의 통보를 받거나 검찰송치를 하지 아니하는 처분(수사중지 결정은 제외한다) 또는 내사사건에 관하여 입건하지 아니하는 처분을 한 때에는 그 날부터 30일 이내에 감청의 대상이 된 전기통신의 가입자에게 통신제한조치를 집행한사실과 집행기관 및 그 기간 등을 서면으로 통지하여야 한다. (통비법 제9조의2 제2항)

[○]

제4절 판사에 의한 강제처분

0428 검사, 피고인, 피의자 또는 변호인은 미리 증거를 보전하지 아니하면 그 증거를 사용하기 곤란한 사정이 있는 때에는 공소제기 전에 한하여 판사에게 압수, 수색, 검증, 증인신문 또는 감정을 청구할 수 있다'. ○|×

[16 경찰승진, 16 경간부, 16 경찰채용, 15 경찰승진, 14 경찰승진, 14 경간부, 14 경찰채용, 13 경찰채용, 13 국가9급, 12 경찰채용, 11 경찰승진, 11 경찰채용, 11 법원9급] [Essential ★]

해설

검사, 피고인, 피의자 또는 변호인은 미리 증거를 보전하지 아니하면 그 증거를 사용하기 곤란한 사정이 있는 때에는 제1회 공판기일전이라도 판사에게 압수, 수색, 검증, 증인신문 또는 감정을 청구 할 수 있다.(제184조 제1항)

[×]

0429 증거보전은 피고인 또는 피의자가 형사입건도 되기 전에는 청구할 수 없다. ○|×

[16 경간부, 14 경찰승진, 13 경찰채용, 12 경찰승진] [Essential ★]

해설

대법원 1979.6.12. 79도792

[○]

0430 재심청구사건에서는 증거 보전청구는 허용되지 아니한다. ○|×

[16 경찰승진, 16 경찰채용, 14 경찰승진, 12 경찰채용, 11 경찰승진] [Core ★★]

해설

대법원 1984.3.29. 84모15

[○]

0431 피의자신문 또는 피고인신문에 해당하는 사항도 증거보전의 방법으로 청구할 수 있다. O|X

[16 경간부, 14 경찰승진, 14 경간부, 14 경찰채용, 13 경찰채용, 13 국가9급, 12 경찰승진, 11 경찰승진] [Core ★★]

해설

피의자신문 또는 피고인신문에 해당하는 사항을 증거보전의 방법으로 청구할 수 없다.(대법원 1979.6.12. 79도792, 대법원 1972.11.28. 72도2104) [×]

0432 공동피고인과 피고인이 뇌물을 주고받은 사이로 필요적 공범관계에 있다면 공동피고인의 증인 적격이 부정되므로 검사는 판사에게 그 공동피고인을 증인으로 신문하여 줄 것을 청구할 수 없다. O|X

[16 경찰승진, 16 경간부, 13 경찰채용, 13 국가7급, 13 국가9급, 12 경찰채용, 11 경찰승진, 11 경찰채용] [Core ★★]

해설

공동피고인과 피고인이 뇌물을 주고받은 사이로 필요적 공범관계에 있다고 하더라도 검사는 수사단계에서 피고인에 대한 증거를 미리 보전하기 위하여 필요한 경우에는 판사에게 공동피고인을 증인으로 신문할 것을 청구할 수 있다.(대법원 1988.11.8. 86도1646 치안본부 경위 수뢰사건) [×]

0433 증거보전의 청구를 함에는 서면 또는 구술로 그 사유를 소명하여야 한다. O|X

17 경찰승진, 16 경찰승진, 15 경찰승진, 14 경찰승진, 13 경찰채용, 13 국가9급, 12 경찰채용, 11 경찰승진] [Essential ★]

해설

증거보전의 청구를 함에는 서면으로 그 사유를 소명하여야 한다. (제184조 제3항) [×]

0434 증거보전의 청구를 기각하는 결정에 대하여는 불복할 수 없다. O|X

[17 경찰승진, 16 경찰승진, 14 경찰승진, 14 경찰채용, 13 경찰채용, 13 국가7급, 13 국가9급, 12 경찰승진, 12 경찰채용, 11 경찰승진, 11 경찰채용] [Essential ★]

해설

증거보전의 청구를 기각하는 결정에 대하여는 3일 이내에 항고할 수 있다. (제184조 제4항) [×]

0435 검사, 피고인, 피의자 또는 변호인은 법원의 허가를 얻어 증거보전의 처분에 관한 서류와 증거물을 열람 또는 등사할 수 있다. O|X

[11 경찰채용] [Core ★★]

해설

검사, 피고인, 피의자 또는 변호인은 판사의 허가를 얻어 증거보전의 처분에 관한 서류와 증거물을 열람 또는 등사할 수 있다. (제185조) [×]

0436 범죄의 수사에 없어서는 아니될 사실을 안다고 명백히 인정되는 자가 출석 또는 진술을 거부하거나 전의 진술과 다른 진술을 할 염려가 있는 경우에는 검사는 제1회 공판기일전에 한하여 판사에게 그에 대한 증인신문을 청구할 수 있다. O|X

[16 경간부, 14 경간부, 14 경찰채용, 13 경찰채용, 12 경간부] [Core ★★]

해설

참고인의 진술번복의 염려(제221조의2 제2항과 제5항 중 제2항 부분)는 헌법재판소의 위헌결정과 2007.6.1. 형사소송법 개정으로 2024년 현재 더 이상 증인신문청구의 사유가 되지 아니한다. [X]

0437 수사상 증인신문 청구에 의한 증인신문을 한 때에는 지체없이 이에 관한 서류를 검사에게 송부하여야 한다. O|X

[14 경간부, 12 경간부] [Essential ★]

해설

제221조의2 제6항 [O]

0438 증거보전 또는 증인신문절차에서 작성된 서류는 당연히 증거능력이 인정된다. O|X

[14 경간부, 14 경찰채용] [Essential ★]

해설

제311조 [O]

0439 증인신문조서가 증거보전절차에서 증인의 증언내용을 기재한 것으로, 피의자였던 피고인이 당사자로 참여하여 자신의 범행사실을 시인하는 전제하에 위 증인에게 반대신문한 내용이 기재되어 있다면, 위 조서 중 피의자의 진술기재 부분은 형사소송법 제311조 소정의 법원 또는 법관의 조서로서 증거능력이 인정된다. O|X

[16 경찰채용, 15 경간부, 14 변호사, 13 경찰승진, 12 경찰승진, 12 법원9급] [Core ★★]

해설

증인신문조서가 증거보전절차에서 피고인이 증인으로서 증언한 내용을 기재한 것이 아니라 증인의 증언내용을 기재한 것이고 다만 피의자였던 피고인이 당사자로 참여하여 자신의 범행 사실을 시인하는 전제하에 위 증인에게 반대신문한 내용이 기재되어 있을 뿐이라면 위 조서는 공판준비 또는 공판기일에 피고인 등의 진술을 기재한 조서도 아니고 반대신문 과정에서 피의자가 한 진술에 관한 한 형사소송법 제184조에 의한 증인신문조서도 아니므로 위 조서 중 피의자의 진술기재 부분에 대하여는 형사소송법 제311조에 의한 증거능력을 인정할 수 없다. (대법원 1984.5.15. 84도508 국일당구장 여주인 살해 사건) [X]

Part 03

수사의 종결과 공소의 제기

Chapter 01 | 수사의 종결

0440 검사는 고소·고발 사건에 관하여 공소제기, 불기소처분, 공소취소 또는 타관송치를 한 때에는 그 처분을 한 날로부터 7일 이내에 서면으로 고소인 또는 고발인에게 그 취지를 통지하여야 한다. O|X

[16 경찰승진, 14 경찰승진, 13 경찰승진] [Essential ★]

해설

제258조 제1항 [O]

0441 법원은 범죄로 인한 피해자 또는 그 법정대리인(피해자가 사망한 경우 그 배우자푸 직계친족·형제자매 포함)의 신청이 있는 때에는 당해 사건의 공소제기여부, 공판의 일시·장소, 재판 결과, 피의자·피고인의 구속·석방 등 구금에 관한 사실 등을 신속하게 통지하여야 한다. O|X

[16 법원9급, 15 경찰채용, 14 국가9급, 13 경찰승진, 11 법원9급] [Superlative ★★★]

해설

검사는 범죄로 인한 피해자 또는 그 법정대리인(피해자가 사망한 경우 그 배우자·직계친족·형제자매 포함)의 신청이 있는 때에는 당해 사건의 공소제기여부, 공판의 일시·장소, 재판 결과, 피의자·피고인의 구속·석방 등 구금에 관한 사실 등을 신속하게 통지하여야 한다.(제259조의2) [X]

0442 형사소송법에 의하면 검사가 고소 또는 고발에 의하여 범죄를 수사할 때에는 고소 또는 고발을 수리한 날로부터 3월 이내에 수사를 완료하여 공소제기 여부를 결정하여야 한다. O|X

[17 경간부] [Essential ★]

해설

제257조 [O]

0443 모든 고소인과 모든 고발인은 재정신청을 할 수 있다. O|X

[16 경찰승진, 14 경찰승진, 11 경찰채용, 11 국가9급] [Core ★★]

해설

재정신청은 고소권자로서 고소를 한 자가 할 수 있다. 다만, 형법 제123조부터 제126조까지의 죄에 대하여는 고발을 한 자도 할 수 있다.(제260조 제1항) 더 나아가 공직선거법 등 일부 특별법위반 죄도 고발인이 재정신청을 할 수 있는 경우도 있다.(공직선거법 제273조 등) [X]

0444 검사의 불기소처분 당시의 공소시효가 완성되어 공소권이 없는 경우에는 위 불기소처분에 대한 재정신청은 허용되지 않는다. O|X

[12 경찰채용] [Essential ★]

해설

대법원 1990.7.16. 90모34 [O]

0445 대통령에게 제출한 청원서를 대통령 비서실로부터 이관받은 검사가 진정사건으로 내사 후 내사종결처리한 경우, 위 내사종결처리도 불기소처분에 준하여 재정신청의 대상이 될 수 있다. O|X

[15 경찰승진, 14 경간부, 11 경찰승진, 11 국가7급, 11 국가9급] [Essential ★]

해설

대통령에게 제출한 청원서를 대통령비서실로부터 이관받은 검사가 진정사건으로 내사 후 내사종결처리한 경우 위 내사종결처리는 고소 또는 고발사건에 대한 불기소처분이라고 볼 수 없어 재정신청의 대상이 되지 아니한다. (대법원 1991.11.5. 91모68) [X]

0446 고소인 또는 고발인이 재정신청을 하려면 원칙적으로 검찰청법 제10조에 따른 항고를 거쳐야 한다. O|X

[16 경간부, 12 경찰채용] [Core ★★]

해설

제260조 제2항 본문 [O]

0447 다음 경우에는 검찰항고를 거치지 않고도(고등검찰청의 항고기각결정을 받지 않고도) 곧장 재정신청을 제기할 수 있다. O|X

[14 경찰승진, 14 경찰채용, 14 국가9급, 12 경찰승진, 12 경찰채용, 12 법원9급] [Core ★★]

㉠ 항고 이후 재기수사가 이루어진 다음에 다시 공소를 제기하지 아니한다는 통지를 받은 경우
㉡ 항고 신청 후 항고에 대한 처분이 행하여지지 아니하고 3개월이 경과한 경우
㉢ 검사가 공소시효 만료일 30일 전까지 공소를 제기하지 아니하는 경우

해설

제260조 제2항 단서 [O]

0448 재정신청을 하려는 자는 항고기각 결정을 통지받은 날 또는 위 ㉠㉡ 사유가 발생한 날부터 10일 이내에 지방검찰청 검사장 또는 지청장에게 재정신청서를 제출하여야 한다. 다만, 위 문제 ㉢ 경우에는 공소시효 만료일까지 재정신청서를 제출할 수 있다. ○│×

[14 경찰승진, 12 경찰채용, 12 법원9급] [Core ★★]

해설

(중략) ㉢ 경우에는 공소시효 만료일 전날까지 재정신청서를 제출할 수 있다.(제260조 제3항) [×]

0449 재정신청 제기기간이 경과된 후에 재정신청보충서를 제출하면서 원래의 재정신청에 재정신청 대상으로 포함되어 있지 않은 고발사실을 재정신청의 대상으로 추가한 경우, 그 재정신청 보충서에서 추가한 부분에 관한 재정신청은 법률상 방식에 어긋난 것으로서 부적법하다. ○│×

[15 경간부, 11 국가7급] [Essential ★]

해설

대법원 1997.4.22. 97모30 김문수후보 재정신청사건 [○]

0450 구금중인 고소인이 재정신청서를 기간(10일) 안에 교도소장에게 제출하였다고 한다면 비록 재정신청서가 이 기간 안에 불기소처분을 한 검사가 소속한 지방검찰청의 검사장에게 도달하지 않더라도 적법한 재정신청서의 제출이라고 보아야 한다. ○│×

[11 국가7급] [Core ★★]

해설

재정신청서에 대하여는 형사소송법에 제344조 제1항과 같은 특례규정이 없으므로 재정신청서는 같은 법 제260조 제2항[24년 현재 제3항]이 정하는 기간 안에 불기소처분을 한 검사가 소속한 지방검 찰청의 검사장 또는 지청장에게 도달하여야 한다. (대법원 1998.12.14. 98모127) [×]

0451 재정신청은 대리인에 의하여 할 수 있으며 공동신청권자 중 1인의 신청은 그 전원을 위하여 효력을 발생한다. ○│×

[16 경찰승진, 15 변호사, 14 경찰채용, 12 경찰채용, 12 국가7급, 11 경찰승진] [Essential ★]

해설

제264조 제1항 [○]

0452 (형사소송법 제260조 제2항 본문에 따라 검찰항고를 거친 경우) 재정신청서를 제출받은 지방검찰청검사장 등은 재정신청서를 제출받은 날부터 7일 이내에 재정신청서·의견서·수사 관계 서류 및 증거물을 관할 고등검찰청을 경유하여 관할 고등법원에 송부하여야 한다. ○│×

[14 경찰채용, 14 국가9급, 12 법원9급] [Core ★★]

해설

제261조 본문 [○]

0453 고등법원이 재정신청서를 송부받은 때에는 송부받은 날부터 10일 이내에 피의자 및 재정신청인에게 그 사실을 통지하여야 한다. O|X

[13 경찰채용, 12 경찰채용, 12 법원9급] [Core ★★]

해설

제262조 제1항, 규칙 제120조 [O]

0454 고등법원은 재정신청서를 송부받은 날부터 20일 이내에 항고의 절차에 준하여 재정결정을 한다. 이 경우 필요한 때에는 증거를 조사할 수 있다. O|X

[13 경찰채용, 11 경찰채용] [Core ★★]

해설

고등법원은 재정신청서를 송부받은 날부터 3개월 이내에 항고의 절차에 준하여 재정결정을 한다.(제262조 제2항) [X]

0455 고등법원이 재정신청의 대상인 고소사실이 아닌 사실에 대하여 공소제기결정을 한 관계로 그에 따른 공소가 제기되어 본안사건의 절차가 개시된 경우 본안사건에서 다툴 수 있다. O|X

[19 경찰채용, 19 국가9급, 19 법원9급] [Core ★★]

해설

다른 특별한 사정이 없는 한 이제 그 본안사건에서 위와 같은 잘못을 다툴 수는 없다.(대법원 2017.11.14. 2017도13465 후보자비방죄 재정신청 인용사건) [X]

0456 재정신청사건의 심리는 특별한 사정이 없는 한 공개한다. O|X

[13 경찰승진, 12 경찰채용, 11 경찰승진, 11 국가9급] [Essential ★]

해설

재정신청사건의 심리는 특별한 사정이 없는 한 공개하지 아니한다.(제262조 제3항) [X]

0457 검사의 무혐의 불기소처분이 위법하다면 비록 여러 가지 사정을 고려하여 기소유예의 불기소처분을 할 만한 사건이라고 인정되는 경우라도 재정신청을 기각할 수 없다. O|X

[17 경찰승진, 15 경간부, 12 경찰승진, 11 국가7급] [Core ★★]

해설

검사의 무혐의 불기소처분이 위법하다 하더라도 기록에 나타난 여러 가지 사정을 고려하여 기소유예의 불기소처분을 할 만한 사건이라고 인정되는 경우에는 재정신청을 기각할 수 있다.(대법원 1997.4.22. 97모30) [X]

0458 고등법원의 재정신청기각결정 및 공소제기결정에 대하여는 불복할 수 없다. O|X

[15 변호사, 15 경간부, 14 국가9급, 13 국가7급, 12 경찰채용] [Core ★★]

해설

재정신청기각결정에 대해서는 형사소송법 제415조에 의하여 대법원에 불복할 수 있으나(헌법재판소 2011. 11.24. 2008헌마578, 대법원 2011.2.1. 2009모407), 공소제기결정에 대해서는 불복하지 못한다.(대법원 2012. 10.29. 2012모1090) [×]

0459 공소제기결정에 따른 재정결정서를 송부받은 관할 지방검찰청 검사장 또는 지청장은 지체 없이 담당 검사를 지정하고 지정받은 검사는 공소를 제기할 수 있다. O|X

[14 국가9급, 11 경찰채용] [Essential ★]

해설

공소제기결정에 따른 재정결정서를 송부받은 관할 지방검찰청 검사장 또는 지청장은 지체 없이 담당 검사를 지정하고 지정받은 검사는 공소를 제기하여야 한다.(제262조 제6항) [×]

0460 공소제기결정에 따라 공소를 제기한 경우라도 검사는 제1심판결선고 전까지 공소를 취소할 수 있다. O|X

[14 국가9급, 12 경찰승진, 12 경찰채용] [Essential ★]

해설

공소제기결정에 따라 공소를 제기한 때에는 이를 취소할 수 없다.(제264조의2) 공소제기결정에 따라 제기한 공소를 검사가 임의로 취소할 수 있도록 한다면 재정신청 제도의 취지가 몰각되기 때문이다. [×]

0461 「형사소송법」 제262조 제4항 후문에서 말하는 '재정신청 기각결정이 확정된 사건'이라 함은 재정신청 사건을 담당하는 법원에서 공소제기의 가능성과 필요성 등에 관한 심리와 판단이 현실적으로 이루어져 재정신청 기각결정의 대상이 된 사건만을 의미한다. O|X

[18 경찰승진, 17 변호사] [Core ★★]

해설

대법원 2015.9.10. 2012도14755 [O]

0462 형사소송법 제262조 제4항 후문의 '다른 중요한 증거를 발견한 경우'란 재정신청 기각결정 당시에 제출된 증거에 새로 발견된 증거를 추가하면 충분히 유죄의 확신을 가지게 될 정도의 증거가 있는 경우를 말한다. O|X

[22 경찰승진] [Superlative ★★★]

해설

[1] 형사소송법 제262조 제4항 후문은 재정신청 기각결정이 확정된 사건에 대하여는 다른 중요한 증거를 발견한 경우를 제외하고는 소추할 수 없다고 규정하고 있다. 여기에서 '다른 중요한 증거를 발견한 경우'란 재정신청 기각결정 당시에 제출된 증거에 새로 발견된 증거를 추가하면 충분히 유죄의 확신을 가지게 될 정도의 증거가 있는 경우를 말하고, 단순히 재정신청 기각결정의 정당성에 의문이 제기되거나 범죄피해자의 권리를 보호하기 위하여 형사재판절차를 진행할 필요가 있는 정도의 증거가 있는 경우는 여기에 해당하지 않는다. [2] 그리고 관련 민사판결에서의 사실인정 및 판단은, 그러한 사실인정 및 판단의 근거가 된 증거자료가 새로 발견된 증거에 해당할 수 있음은 별론으로 하고, 그 자체가 새로 발견된 증거라고 할 수는 없다.(대법원 2018.12.28. 2014도17182 관련 민사판결 발견 사건) [O]

0463 재정신청 기각결정이 확정된 사건에 대하여 다른 중요한 증거 발견 없이 공소를 제기한 경우, 형사소송법 제329조에 위반된 공소제기이므로 형사소송법 제327조 제4호에 따라 법원은 공소기각판결을 선고하여야 한다. O|X

[Superlative ★★★]

해설

재정신청 기각결정이 확정된 사건에 대하여 다른 중요한 증거 발견 없이 공소를 제기한 경우, 공소제기의 절차가 법률의 규정에 위반하여 무효인 때에 해당하므로 법원은 형사소송법 제327조 제2호에 따라 공소기각판결을 선고하여야 한다. (대법원 2018.12.28. 2014도17182 관련 민사판결 발견 사건) [X]

0464 재정신청이 있으면 고등법원의 재정결정이 확정될 때까지 공소시효의 진행이 정지된다. O|X

[17 경간부, 15 경찰채용, 13 경찰승진] [Essential ★]

해설

재정신청이 있으면 고등법원의 재정결정이 확정될 때까지 공소시효의 진행이 정지된다. (제264조의4 제1항) [O]

0465 고등법원의 공소제기결정이 있는 때에는 공소시효에 관하여 그 결정이 있는 날에 공소가 제기된 것으로 본다. O|X

[15 경찰채용, 12 경찰채용] [Core ★★]

해설

제262조의4 제2항 [O]

0466 재정신청인 또는 피의자는 재정신청사건의 심리 중에 관련 서류 및 증거물을 열람 또는 등사할 수 있다. O|X

[15 경간부, 12 경찰승진, 11 경찰승진, 11 경찰채용, 11 국가9급] [Essential ★]

해설

재정신청사건의 심리 중에는 관련 서류 및 증거물을 열람 또는 등사할 수 없다. 다만, 법원은 제262조 제2항 후단의 증거조사과정에서 작성된 서류의 전부 또는 일부의 열람 또는 등사를 허가 할 수 있다. (제262조의2) [X]

0467 법원은 재정신청 기각결정 또는 재정신청의 취소가 있는 경우에는 결정으로 재정신청인에게 신청절차에 의하여 생긴 비용의 전부 또는 일부를 부담하게 하여야 한다. O|X

[17 경찰승진, 12 경찰채용] [Essential ★]

해설

법원은 재정신청 기각결정 또는 재정신청의 취소가 있는 경우에는 결정으로 재정신청인에게 신청절차에 의하여 생긴 비용의 전부 또는 일부를 부담하게 할 수 있다. (제262조의3 제1항) [×]

0468 비용부담의 결정이나 비용지급의 결정에 대하여는 즉시항고를 할 수 있다. O|X

[13 경찰승진, 12 경찰채용, 12 국가7급, 11 경찰승진] [Essential ★]

해설

제262조의3 제3항 [O]

0469 재정신청은 고등법원의 재정결정이 있을 때까지 취소할 수 있다. 취소한 자는 다시 재정신청을 할 수 없다. O|X

[16 경찰승진, 15 변호사, 12 국가7급, 11 경찰승진] [Essential ★]

해설

제264조 제2항 [O]

0470 재정신청의 취소는 다른 공동신청권자에게도 그 효력이 미친다. O|X

[15 변호사, 15 경간부, 12 국가7급, 11 경찰승진] [Core ★★]

해설

재정신청의 취소는 다른 공동신청권자에게 효력을 미치지 아니한다. (제264조 제3항) [×]

0471 교통사고로 사망한 사람의 부모는 형사실체법상으로 직접적인 보호법익의 향유주체가 아니므로 헌법상 재판절차진술권이 보장되는 형사피해자의 범주에 속하지 아니한다. O|X

[15 국가9급, 14 경찰채용] [Core ★★]

해설

교통사고로 사망한 사람의 부모는 형사실체법상으로 직접적인 보호법익의 향유주체가 아니지만 헌법상 재판절차진술권이 보장되는 형사피해자의 범주에 속한다. (헌법재판소 1993.3.11, 92헌마48) [×]

0472 검사가 공소제기 후 형사소송법 제215조에 따라 수소법원 이외의 지방법원판사에게 청구하여 발부받은 영장에 의하여 압수·수색을 하였다고 하더라도 그와 같이 수집된 증거의 증거 능력이 부정된다고 할 수 없다. O|X

[17 경찰승진, 17 경간부, 16 변호사, 16 경찰승진, 16 경찰채용, 16 국가7급, 15 법원9급, 14 변호사, 12 변호사, 12 경찰채용, 12 국가9급] [Essential ★]

해설

검사가 공소제기 후 형사소송법 제215조에 따라 수소법원 이외의 지방법원판사에게 청구하여 발부받은 영장에 의하여 압수·수색을 하였다면, 그와 같이 수집된 증거는 기본적 인권 보장을 위해 마련된 적법한 절차에 따르지 않은 것으로서 원칙적으로 유죄의 증거로 삼을 수 없다. (대법원 2011.4.28. 2009도10412 공정원 사무관수뢰사건) [×]

0473 검사 작성의 피고인에 대한 진술조서가 공소제기 후에 작성된 것이라는 이유만으로 곧 그 증거능력이 없다. O|X

[17경찰승진, 16 경찰승진, 15 경찰승진, 13 경간부, 13 국가9급, 11 국가9급] [Essential ★]

해설

검사 작성의 피고인에 대한 진술조서가 공소제기 후에 작성된 것이라는 이유만으로는 곧 그 증거 능력이 없다고 할 수 없다. (대법원 1984.9.25. 84도1646) [×]

0474 공판준비 또는 공판기일에서 이미 증언을 마친 증인을 검사가 소환한 후 피고인에게 유리한 그 증언 내용을 추궁하여 이를 일방적으로 번복시키는 방식으로 작성한 진술조서는 피고인의 증거동의 여부를 불문하고 증거능력이 없다. O|X

[17 경간부, 16 경찰승진, 16 국가7급, 15 법원9급, 14 변호사, 14 경찰승진, 14 경찰채용, 14 법원9급, 13 경간부, 13 국가9급, 12 경간부] [Core ★★]

해설

증인을 검사가 소환한 후 피고인에게 유리한 그 증언 내용을 추궁하여 이를 일방적으로 번복시키는 방식으로 작성한 진술조서는 피고인이 증거로 할 수 있음에 동의하지 아니하는 한 그 증거능력이 없다. (대법원 2000.6.15. 99도1108 全合 청탁교제비 2억 수재사건) 설문과 같이 작성된 진술조서라 도 피고인이 증거동의를 하면 증거능력이 인정된다. [×]

0475 제1심에서 피고인에 대하여 무죄판결이 선고되어 검사가 항소한 후 수사기관이 항소심 공판 기일에 증인으로 신청하여 신문할 수 있는 사람을 특별한 사정 없이 미리 수사기관에 소환하여 작성한 진술조서는 피고인이 증거로 할 수 있음에 동의하지 않는 한 증거능력이 없다. 그러나 그 참고인이 나중에 법정에 증인으로 출석하여 진술조서의 성립의 진정을 인정하고 피고인 측에 반대신문의 기회가 부여되면 그 진술조서를 증거로 할 수 있다. O|X

[22 국가7급, 21 경찰채용] [Core ★★]

해설

제1심에서 피고인에 대하여 무죄판결이 선고되어 검사가 항소한 후, 수사기관이 항소심 공판 기일에 증인으로 신청하여 신문할 수 있는 사람을 특별한 사정 없이 미리 수사기관에 소환하여 작성한 진술조서는 피고인이 증거로 할 수 있음에 동의하지 않는 한 증거능력이 없다. 검사가 공소를 제기한 후 참고인을 소환하여 피고인에게 불리한 진술을 기재한 진술조서를 작성하여 이를 공판절 차에 증거로 제출할 수 있게 한다면, 피고인과 대등한 당사자의 지위에 있는 검사가 수사기관으로 서의 권한을 이용하여 일방적으로 법정 밖에서 유리한 증거를 만들 수 있게 하는 것이므로 당사자 주의·공판중심주의·직접심리주의에 반하고 피고인의 공정한 재판을 받을 권리를 침해하기 때문이다. 참고인이 나중에 법정에 증인으로 출석하여 진술조서의 성립의 진정을 인정하고 피고인 측에 반대신문의 기회가 부여된다 하더라도 진술조서의 증거능력을 인정할 수 없음은 마찬가지이다. (대법원 2019.11.28. 2013도6825 양재동 화물터미널 복합개발사업 사건) [×]

제1절 증거재판주의와 자유심증주의

0476 상해사건의 경우 상처를 진단한 의사의 진술이나 진단서는 폭행, 상해 등의 사실자체에 대한 직접적인 증거가 되는 것은 아니고, 다른 증거에 의하여 폭행, 상해의 가해행위가 인정되는 경우에 그에 대한 상해의 부위나 정도의 점에 대한 증거가 된다. ○|×

[15 경간부, 14 경찰승진] [Core ★★]

해설

> 대법원 1983.2.8. 82도3021 [○]

0477 상해진단서에 기재된 상해 부위와 정도가 피해자가 주장하는 상해의 원인 내지 경위와 일치하는 경우에는 특별한 사정이 없는 한, 그 상해진단서는 피해자의 진술과 더불어 피고인의 상해 사실에 대한 유력한 증거가 되고, 합리적인 근거 없이 그 증명력을 함부로 배척할 수 없다. ○|×

[15 국가9급] [Essential ★]

해설

> 대법원 2011.1.27. 2010도12728 [○]

0478 뇌물죄에서 있어 '수뢰액'의 인정은 자유로운 증명의 대상이다. ○|×

[14 경찰채용] [Essential ★]

해설

> 뇌물죄에서 있어 '수뢰액'의 인정은 엄격한 증명의 대상이다. (대법원 2011.5.26. 2009도 2453 해운정책과과장수뢰사건) [×]

0479 교사범에 있어 '교사의 사실'의 인정은 엄격한 증명의 대상이다. ○|×

[16 경찰승진, 12 경간부, 11 경찰승진] [Core ★★]

해설

> 대법원 2000.2.25. 99도1252 남원 협박교사사건 [○]

0480 법원은 전과조회서가 변론종결 후에 회보되었다 하더라도 변론재개 없이 전과조회서에 기재된 누범전과의 사실을 근거로 형을 가중할 수 있다. O|X

[22 경찰채용] [Core ★★]

해설

누범전과에 관한 사실은 엄격한 증명의 대상이 된다는 것이 다수설적 견해로 보인다. 따라서 법원이 변론재개 없이 전과조회서에 기재된 누범전과의 사실을 근거로 형을 가중할 수는 없다. [×]

0481 공모공동정범에 있어서 '공모나 모의의 사실'의 인정은 자유로운 증명의 대상이다. O|X

[17 경찰승진, 16 경찰승진, 16 경간부, 16 경찰채용, 14 경찰채용, 13 경간부, 11 경찰승진] [Essential ★]

해설

공모공동정범에 있어서 '공모나 모의의 사실'의 인정은 엄격한 증명의 대상이다.(대법원 2007.4.27. 2007도236) [×]

0482 '몰수·추징의 대상이 되는지 여부나 추징액'의 인정은 엄격한 증명의 대상이다. O|X

[16 경간부, 16 국가9급, 14 경찰채용, 14 국가7급, 11 경찰승진] [Essential ★]

해설

몰수, 추징의 대상이 되는지 여부나 추징액의 인정은 엄격한 증명을 필요로 하지 아니하다.(대법원 2008.1.17. 2006도455 다이아몬드 밀수사건) [×]

0483 교통사고로 인하여 업무상과실치상죄 또는 중과실치상죄를 범한 운전자에 대하여 피해자의 명시한 의사에 반하여' 공소를 제기할 수 있도록 하고 있는 교통사고처리 특례법 제3조 제2항 단서의 각 호에서 규정한 신호위반 등의 예외사유는 같은 법 제3조 제1항 위반죄의 구성 요건 요소에 해당하므로 엄격한 증명을 필요로 한다. O|X

[21 국가7급] [Superlative ★★★]

해설

교통사고로 인하여 업무상과실치상죄 또는 중과실치상죄를 범한 운전자에 대하여 피해자의 명시한 의사에 반하여 공소를 제기할 수 있도록 하고 있는 교통사고처리특례법 제3조 제2항 단서의 각 호에서 규정한 신호위반 등의 예외사유는 같은 법 제3조 제1항 위반죄의 구성요건 요소가 아니라 그 공소제기의 조건에 관한 사유일 뿐이다.(대법원 2007.4.12. 2006도4322 효성동교통사고 사건) 판례의 취지에 의할 때 신호위반 등의 예외사유는 자유로운 증명의 대상이다. [×]

0484 횡령죄에 있어 불법영득의사를 실현하는 행위로서의 '횡령행위가 있다는 점'의 입증은 엄격한 증명의 대상이다. O|X

[16 국가9급, 13 국가9급] [Essential ★]

해설

대법원 2010.6.24. 2008도6755 전경태 구례군수사건 [O]

0485 횡령죄에 있어 '피해자 등이 목적과 용도를 정하여 금전을 위탁한 사실 및 그 목적과 용도'의 증명은 엄격한 증명의 대상이다. O|X

[16 국가9급, 15 법원9급] [Essential ★]

해설

대법원 2013.11.14. 2013도8121 [O]

0486 정당한 사유 없이 도로관리청의 적재량 측정요구에 불응한 도로법위반죄에 있어 '측정요구가 있었는지의 여부'의 판단은 자유로운 증명의 대상이다. O|X

[16 경찰승진, 12 경간부] [Core ★★]

해설

정당한 사유 없이 도로관리청의 적재량 측정요구에 불응한 도로법위반죄에 있어 '측정요구가 있었는지의 여무'의 판단은 엄격한 증명의 대상이다.(대법원 2005.6.24. 2004도7212) [X]

0487 위드마크 공식을 적용하기 위하여 필요한 '전제사실(음주량, 음주시각, 체중, 평소의 음주정도 등)'의 인정은 엄격한 증명의 대상이다. O|X

[17 경찰승진, 15 경간부, 14 국가7급, 12 국가7급, 11 경찰승진] [Core ★★]

해설

대법원 2008.8.21. 2008도5531 [O]

0488 친고죄에 있어 '고소의 유무'의 판단은 엄격한 증명의 대상이다. O|X

[17 경찰승진, 16 경찰승진, 16 경간부, 16 경찰채용, 15 법원9급, 14 경찰채용, 13 법원9급, 12 경찰채용, 12 국가7급, 11 경찰승진, 11 국가9급] [Essential ★]

해설

친고죄에서 적법한 고소가 있었는지는 자유로운 증명의 대상이 된다. (대법원 2011.6.24. 2011도4451 인천 계산동 여아 약취사건)

0489 피고인의 '검찰 진술의 임의성의 유무'의 판단은 엄격한 증명의 대상이다. O|X

[16 경찰채용, 15 경찰승진, 14 경찰채용, 13 경간부, 12 경간부, 11 경찰승진, 11 국가9급] [Essential ★]

해설

피고인의 검찰 진술의 임의성의 유무가 다투어지는 경우에는 법원은 구체적인 사건에 따라 증거조사의 방법이나 증거능력의 제한을 받지 아니하고 제반 사정을 종합 참작하여 적당하다고 인정되는 방법에 의하여 자유로운 증명으로 그 임의성 유무를 판단하면 된다.(대법원 2004.3.26. 2003도8077 안종길 양산시장 수뢰사건) [×]

0490 형법 제6조 단서의 '행위지의 법률에 의하여 범죄를 구성하는지 여부'의 판단은 자유로운 증명의 대상이다. O|X

[16 국가9급, 14 경찰채용, 11 경찰승진] [Essential ★]

해설

형법 제6조 단서의 '행위지의 법률에 의하여 범죄를 구성하는지 여부'의 판단은 엄격한 증명의 대상이다.(대법원 2011.8.25. 2011도6507 캐나다에서는 죄가 되는가 사건) [×]

0491 형사소송법 제312조 제4항 또는 제313조 단서의 '특히 신빙할 수 있는 상태'의 판단은 엄격한 증명의 대상이다. O|X

[16 경찰채용, 16 국가9급, 15 변호사, 14 경찰채용, 14 국가7급, 11 경찰승진] [Essential ★]

해설

'특히 신빙할 수 있는 상태'는 증거능력의 요건에 해당하므로 검사가 그 존재에 대하여 구체적으로 주장·증명하여야 하지만 이는 소송상의 사실에 관한 것이므로 엄격한 증명을 요하지 아니하고 자유로운 증명으로 족하다.(대법원 2012.7.26. 2012도2937 지원장 출신 원로변호사사기사건, 대법원 2001.9.4. 2000도1743 길메리유치원 여직원 횡령사건) [×]

0492 재심의 청구를 받은 법원은 재심청구 이유의 유무를 판단함에 필요한 경우에는 사실을 조사할 수 있으며, 이 경우 공판절차에 적용되는 엄격한 증거조사 방식에 따라야 한다. O|X

[20 경간부] [Core ★★]

해설

재심의 청구를 받은 법원은 재심청구 이유의 유무를 판단함에 필요한 경우에는 사실을 조사할 수 있으며, 공판절차에 적용되는 엄격한 증거조사 방식에 따라야만 하는 것은 아니다. (대법원 2019.3.21. 2015모2229 全合 여순반란 희생자 재심사건) [×]

0493 공연히 사실을 적시하여 사람의 명예를 훼손한 행위가 형법 제310조의 규정에 따라서 위법성이 조각되어 처벌대상이 되지 않기 위하여는 그것이 진실한 사실로서 오로지 공공의 이익에 관한 때에 해당된다는 점을 검사가 증명하여야 한다. O|X

[15 경간부, 14 국가7급, 13 국가9급, 12 변호사] [Essential ★]

해설

공연히 사실을 적시하여 사람의 명예를 훼손한 행위가 형법 제310조의 규정에 따라서 위법성이 조각되어 처벌대상이 되지 않기 위하여는 그것이 진실한 사실로서 오로지 공공의 이익에 관한 때에 해당된다는 점을 행위자가 증명하여야 한다. (대법원 2004.5.28. 2004도1497 제약회사 비방사건) [×]

0494 영장 발부의 사유로 된 범죄 혐의사실과 무관한 별개의 증거를 압수하였을 경우 이는 원칙적으로 유죄의 증거로 사용할 수 없으나, 수사기관이 그 증거를 피압수자에게 환부한 후에 임의제출받아 다시 압수하였다면 최초의 절차 위반행위와 최종적인 증거수집 사이의 인과관계가 단절되었다고 평가할 수 있고, 제출에 임의성이 있다는 점을 검사가 합리적 의심을 배제할 수 있을 정도로 증명한 경우에는 증거능력을 인정할 수 있다. O|X

[21 경찰채용] [Essential ★]

해설

(1) 압수. 수색은 영장 발부의 사유로 된 범죄 혐의사실과 관련된 증거에 한하여 할 수 있는 것이므로 영장 발부의 사유로 된 범죄 혐의사실과 무관한 별개의 증거를 압수하였을 경우 이는 원칙적으로 유죄 인정의 증거로 사용할 수 없다. (2) 다만 수사기관이 그 별개의 증거를 피압수자 등에게 환부하고 후에 이를 임의제출받아 다시 압수하였다면 그 증거를 압수한 최초의 절차 위반 행위와 최종적인 증거수집 사이의 인과관계가 단절되었다고 평가할 수 있는 사정이 될 수 있으나, 환부 후 다시 제출하는 과정에서 수사기관의 우월적 지위에 의하여 임의제출의 명목으로 실질적으 로 강제적인 압수가 행하여질 수 있으므로 그 제출에 임의성이 있다는 점에 관하여는 검사가 합리적 의심을 배제할 수 있을 정도로 증명하여야 하고, 임의로 제출된 것이라고 볼 수 없는 경우에는 그 증거능력을 인정할 수 없다.(대법원 2016.3.10. 2013도11233 광우병의심 소고기 유통사건) [O]

0495 법원에 제출한 원본 동영상과의 동일성은 검사가 주장·입증해야 하며, 엄격한 증명의 방법으로 증명되어야 한다. O|X

[22 경찰채용] [Superlative ★★★]

해설

판례의 취지에 의할 때 압수된 CD에 저장된 동영상과 휴대폰2에 저장된 원본 동영상과의 동일성은 검사가 주장오 입증하여야 하지만, 반드시 엄격한 증명의 방법으로 증명될 필요는 없다. (대법원 2018.2.8. 2017도13263 유흥주점 탈세 사건) [×]

0496 유전자검사나 혈액형검사 등 과학적 증거방법은 그 전제로 하는 사실이 모두 진실임이 입증되고 그 추론의 방법이 과학적으로 정당하여 오류의 가능성이 전무하거나 무시할 정도로 극소한 것으로 인정되는 경우에는 법관이 사실인정을 함에 있어 상당한 정도로 구속력을 가진다. O|X

[21 국가9급] [Essential ★]

해설

유전자검사나 혈액형검사 등 과학적 증거방법은 그 전제로 하는 사실이 모두 진실임이 입증되고 그 추론의 방법이 과학적으로 정당하여 오류의 가능성이 전무하거나 무시할 정도로 극소한 것으로 인정되는 경우에는 법관이 사실인정을 함에 있어 상당한 정도로 구속력을 가지므로, 비록 사실의 인정이 사실심의 전권이라 하더라도 아무런 합리적 근거 없이 함부로 이를 배척하는 것은 자유심증주의의 한계를 벗어나는 것으로서 허용될 수 없다.(대법원 2009.3.12. 2008도8486 방배 래미안타워 필로폰 투약사건) [O]

0497 같은 사람의 법정에서의 증언과 다른 검찰에서의 진술을 믿고서 범죄사실을 인정하더라도 그것이 위법하게 진술된 것이 아닌 이상 자유심증에 속한다. O|X

[12 경찰승진, 11 국가7급] [Essential ★]

해설

대법원 1988.6.28. 88도740 연대보증서 위조사건 [O]

0498 형사재판에 유죄의 심증이 반드시 직접증거에 의하여 형성되어야만 하는 것은 아니고 경험칙과 논리법칙에 위반되지 아니하는 한 간접증거에 의하여 형성되어도 무방하며, 간접증거가 개별적으로는 범죄사실에 대한 완전한 증명력을 가지지 못하더라도 전체 증거를 상호 관련하에 종합적으로 고찰할 경우 그 단독으로는 가지지 못하는 종합적 증명력이 있는 것으로 판단되면 그에 의하여도 범죄사실을 인정할 수 있는 것이다. O|X

[17 경간부, 15 경간부, 12 경간부, 12 국가9급, 11 국가7급] [Core ★★]

해설

대법원 2013.6.27. 2013도4172 부산 시신없는 살인 사건 [O]

0499 살인죄에 있어 피해자의 시체가 멸실되거나 또는 발견되지 아니하였다면 비록 제반 간접 증거를 종합적으로 고찰하여 살인의 공소사실이 인정되더라도 법원은 유죄판결을 선고할 수 없다. O|X

[15 경간부] [Essential ★]

해설

(1) 피해자의 사체가 멸실된 경우라 하더라도 간접증거를 상호 관련하에서 종합적으로 고찰 하여 살인죄의 공소사실을 인정할 수 있다.(대법원 2012.9.27. 2012도2658 부산시신없는살인 사건) (2) 피해자의 시체가 발견되지 아니하였더라도 간접증거를 상호 관련하에 종합적으로 고찰하여 살인죄의 공소사실을 인정할 수도 있다. (대법원 1999.10.22. 99도3273 부산 애인친구 살해사건) [X]

0500 예비군법 제15조 제9항 제1호에서 정한 정당한 사유가 없다는 사실은 범죄구성요건이므로 검사가 증명하여야 하지만, 양심적 예비군훈련거부를 주장하는 피고인은 자신의 예비군훈련 거부가 그에 따라 행동하지 않고서는 인격적 존재가치가 파멸되고 말 것이라는 절박하고 구체적인 양심에 따른 것이며 그 양심이 깊고 확고하며 진실한 것이라는 사실의 존재를 수긍할 만한 소명자료를 제시하고, 검사는 제시된 자료의 신빙성을 탄핵하는 방법으로 진정한 양심의 부존재를 증명할 수 있다. ○│×

[22 경찰채용] [Core ★★]

해설

> 예비군법 제15조 제9항 제1호에서 정한 정당한 사유가 없다는 사실은 범죄구성요건이므로 검사가 증명하여야 하지만, 양심적 예비군훈련거부를 주장하는 피고인은 자신의 예비군훈련 거부가 그에 따라 행동하지 않고서는 인격적 존재가치가 파멸되고 말 것이라는 절박하고 구체적인 양심에 따른 것이며 그 양심이 깊고 확고하며 진실한 것이라는 사실의 존재를 수긍할 만한 소명자료를 제시하고, 검사는 제시된 자료의 신빙성을 탄핵하는 방법으로 진정한 양심의 부존재를 증명할 수 있다.(대법원 2021.2.25. 2019도18442 양심적 예비군훈련거부 사건) [○]

0501 압수물(피해품)은 피고인에 대한 범죄의 증명이 없게 된 경우에도 압수물의 존재만으로 그 유죄의 증거가 될 수 있다. ○│×

[14 경간부, 13 법원9급] [Core ★★]

해설

> 압수물(피해품)은 피고인에 대한 범죄의 증명이 없게 된 경우에는 압수물의 존재만으로 그 유죄의 증거가 될 수 없다.(대법원 1984.3.27. 83도3067 손님 택시기사 3,000원 절취사건) [×]

0502 형사재판에 있어서 이와 관련된 다른 형사사건의 확정판결에서 인정된 사실은 특별한 사정이 없는 한 유력한 증거자료가 되는 것이나, 당해 형사재판에서 제출된 다른 증거 내용에 비추어 관련 형사사건의 확정판결에서의 사실판단을 그대로 채택하기 어렵다고 인정될 경우에는 이를 배척 할 수 있다. ○│×

[15 국가9급, 14 경찰승진] [Essential ★]

해설

> 대법원 2012.6.14. 2011도15653 수원 노숙소녀 상해치사사건 [○]

0503 야간에 짧은 시간 동안 강도의 범행을 당한 피해자가 어떤 용의자의 인상착의 등에 의하여 그를 범인으로 진술하는 경우에 피해자가 범행 전에 용의자를 한 번도 본 일이 없고 피해자의 진술 외에는 그 용의자를 범인으로 의심할 만한 객관적인 사정이 존재하지 않는 상태에서, 수사기관이 잘못된 단서에 의하여 범인으로 지목하고 신병을 확보한 피의자를 일대일로 대면하고 그가 범인임을 확인한 것이라면, 위 피해자의 진술은 그 신빙성이 낮다. ○│×

[17 경간부] [Essential ★]

해설

> 대법원 2001.2.9. 2000도4946 영천 신흥사 강도사건 [○]

0504 성폭력범죄의 재판에 있어서 '성추행 피해자가 추행 즉시 행위자에게 항의하지 않은 사정'이나 '피해 신고 시 성폭력이 아닌 다른 피해사실을 먼저 진술한 사정'만으로 곧바로 피해자 진술의 신빙성을 부정할 것은 아니다. O|X

[22 국가7급] [Core ★★]

해설

대법원 2020.9.24. 2020도7869 여제자들 격려 사건 [O]

0505 범죄 발생 직후 그 현장이나 부근에서 범인식별 절차를 실시하는 경우에도 목격자의 흥분, 당황 등에 의하여 부정확한 식별과 오류의 가능성이 있기 때문에 이 경우에도 원칙적으로 용의자와 목격자의 일대일 대면은 허용되지 아니한다. O|X

[17 경간부, 15 경간부] [Core ★★]

해설

범죄 발생 직후 목격자의 기억이 생생하게 살아있는 상황에서 현장이나 그 부근에서 범인식별 절차를 실시하는 경우에는 목격자에 의한 생생하고 정확한 식별의 가능성이 열려 있고 범죄의 신속한 해결을 위한 즉각적인 대면의 필요성도 인정할 수 있으므로 용의자와 목격자의 일대일 대면도 허용된다. (대법원 2009.6.11. 2008도12111 부산 대연동 강제추행사건) [X]

제2절 자백배제법칙과 위법수집증거배제법칙

0506 진술(자백)의 임의성에 다툼이 있을 때에는 그 임의성을 의심할 만한 합리적이고 구체적인 사실을 피고인이 증명할 것이 아니고 검사가 그 임의성의 의문점을 없애는 증명을 하여야 할 것이다. O|X

[15 경찰승진, 15 국가9급, 15 법원9급, 14 경간부, 14 법원9급, 13 국가9급, 12 경찰승진, 11 국가9급] [Essential ★]

해설

대법원 2013.7.11. 2011도14044 긴급조치 제1호·제4호 위반사건 [O]

0507 임의성에 의심이 있는 자백은 원칙적으로 증거능력이 없지만 피고인이 이를 증거로 함에 동의하면 예외적으로 증거능력을 가진다. O|X

[15 변호사, 15 경찰승진, 14 경간부, 13 변호사, 13 경간부, 13 법원9급] [Essential ★]

해설

임의성이 인정되지 아니하여 증거능력이 없는 진술증거는 피고인이 증거로 함에 동의하더라도 증거로 삼을 수 없다. (대법원 2006.11.23. 2004도7900 서세원 프로덕션 사건) [X]

0508 일정한 증거가 발견되면 자백하겠다고 한 약속이 검사의 강요나 위계에 의하여 이루어졌다던가 또는 불기소나 경한 죄의 소추 등 이익과 교환조건으로 된 것으로 인정되지 않는다면 위와 같은 자백의 약속하에 된 자백이라 하여 곧 임의성 없는 자백이라고 단정할 수는 없다. O|X

[16 국가7급, 15 변호사, 14 국가9급] [Core ★★]

해설

자백의 약속이 검사의 강요나 위계에 의하여 이루어졌다던가 또는 불기소나 경한 죄의 소추 등 이익과 교환조건으로 된 것이라고 인정되지 아니하므로 위와 같이 일정한 증거가 발견되면 자백하겠다는 약속하에 된 자백을 곧 임의성이 없는 자백이라고 단정할 수는 없다. (대법원 1983.9.13. 83도712 정재파 · 박상은사건) [O]

0509 검사의 접견금지결정으로 피고인들의 (비변호인간의) 접견이 제한된 상황하에서 피의자신문 조서가 작성된 경우 피고인의 자백은 임의성이 없는 자백이다. O|X

[15 경찰승진, 14 경찰채용, 13 경간부, 12 경간부] [Essential ★]

해설

검사의 접견금지결정으로 피고인들의 (비변호인간의) 접견이 제한된 상황하에서 피의자신문 조서가 작성되었다는 사실만으로 바로 그 조서가 임의성이 없는 것이라고는 볼 수 없다. (대법원 1984.7.10. 84도846 녹용밀수단 사건) [X]

0510 검찰에 연행된 때로부터 약 30시간 동안 잠을 재우지 아니한 채 검사 2명이 교대로 신문을 하면서 회유한 끝에 받아낸 자백은 임의성이 없는 자백이다. O|X

[15 경간부, 11 국가9급] [Essential ★]

해설

대법원 1997.6.27. 95도1964 조흥은행 연산동지점장수뢰사건 [O]

0511 '피의사실을 자백하면 피의사실 부분은 가볍게 처리하고 보호감호의 청구를 하지 않겠다'는 각서를 작성하여 주면서 얻은 자백은 임의성이 없는 자백이다. O|X

[15 변호사, 15 경찰승진] [Essential ★]

해설

대법원 1985.12.10. 85도2182 보호감호를 청구하지 않겠다 사건 [O]

0512 별건으로 수감중인 자를 약 1년 3개월의 기간 동안 270회나 검찰청으로 소환하여 밤늦은 시각 또는 그 다음날 새벽까지 조사하여 받아낸 자백은 임의성이 없는 자백이다. O|X

[11 국가9급] [Essential ★]

해설

대법원 2006.1.26. 2004도517 경성비리 사건 [O]

0513 피고인이 검사 이전의 수사기관에서 고문 등 가혹행위로 인하여 임의성 없는 자백을 하고 그 후 검사의 조사단계에서도 임의성 없는 심리상태가 계속되어 동일한 내용의 자백을 하였다면 검사의 조사단계에서 고문 등 자백의 강요행위가 없었다고 하여도 검사 앞에서의 자백도 임의성 없는 자백이라고 볼 수밖에 없다. O|X

[15 국가9급, 13 경찰채용] [Core ★★]

해설

대법원 2011.10.27. 2009도1603 춘천 파출소장 딸 강간·살인사건 [O]

0514 피고인이 수사기관에서 가혹행위 등으로 인하여 임의성 없는 자백을 하고 그 후 법정에서도 임의성 없는 심리상태가 계속되어 동일한 내용의 자백을 하였다고 하더라도 법정에서의 자백은 임의성이 없는 자백이라고 볼 수 없다. O|X

[15 변호사, 15 국가9급] [Core ★★]

해설

피고인이 수사기관에서 가혹행위 등으로 인하여 임의성 없는 자백을 하고 그 후 법정에서도 임의성 없는 심리상태가 계속되어 동일한 내용의 자백을 하였다면 법정에서의 자백도 임의성 없는 자백이라고 보아야 한다. (대법원 2012.11.29. 2010도3029 백남욱 간첩조작사건) [×]

0515 비진술증거인 압수물은 압수절차가 위법하다 하더라도 그 물건자체의 성질, 형태에 변경을 가져오는 것은 아니어서 그 형태 등에 관한 증거가치에는 변함이 없으므로 증거능력이 인정된다. O|X

[21 경찰승진] [Essential ★]

해설

압수물과 같은 비진술증거에 대하여도 위법수집증거배제법칙이 적용되어 압수절차가 위법한 경우 그 압수물은 증거능력이 부정된다. (대법원 2017.7.18. 2014도8719 통제배달사건Ⅱ 사건 등 다수) [×]

0516 CCTV에 녹화된 甲의 얼굴 등은 개인정보에 해당하지만 CCTV 관리자가 정보주체의 동의 없이 임의제출하였더라도 위법수집증거에 해당하지 않는다. O|X

[22 경찰채용] [Core ★★]

해설

개인정보처리자는 범죄의 수사와 공소의 제기 및 유지를 위하여 필요한 경우에는 정보주체 또는 제3자의 이익을 부당하게 침해할 우려가 있을 때를 제외하고는 개인정보를 목적 외의 용도로 이용하거나 이를 제3자에게 제공할 수 있다. (개인정보 보호법 제18조 제2항 제7호) CCTV 관리자가 정보주체의 동의 없이 수사기관에 임의제출하였더라도 이를 위법수집증거라고 할 수 없다. [O]

0517 위법수집증거배제법칙은 영미법상 판례에 의해 확립된 증거법칙으로 우리나라 「형사소송법」에는 명문의 규정이 없지만 일반적인 형사법의 대원칙으로 자리잡고 있다. O|X

[21 경찰승진] [Essential ★]

해설

형사소송법 제308조의2는 명문으로 위법수집증거배제법칙을 규정하고 있다. [X]

0518 (1) 헌법과 형사소송법이 정한 절차에 따르지 아니하고 수집한 증거는 물론, 이를 기초로 하여 획득한 2차적 증거 역시 기본적 인권 보장을 위해 마련된 적법한 절차에 따르지 않은 것으로서 원칙적으로 유죄 인정의 증거로 삼을 수 없다. (2) 다만, 수사기관의 절차 위반행위가 적법절차의 실질적인 내용을 침해하는 경우에 해당하지 아니하고 오히려 그 증거의 증거능력을 배제하는 것이 형사사법 정의를 실현하려고 한 취지에 반하는 결과를 초래하는 것으로 평가되는 예외적인 경우에 한해 그 증거를 유죄 인정의 증거로 사용할 수 있을 뿐이다. O|X

[15 경간부, 15 경찰채용, 15 법원9급, 14 법원9급, 13 경간부, 13 경찰채용, 11 경찰승진] [Core ★★]

해설

대법원 2009.5.14. 2008도10914 [O]

0519 진술거부권이 고지되지 않은 상태에서 자백을 한 이후 40여 일이 지난 시점에서 피고인이 변호인의 충분한 조력을 받으면서 공개된 법정에서 임의로 자백한 경우 증거능력이 인정된다. O|X

[17 경간부, 16 경찰승진, 15 경찰채용, 14 법원9급, 12 경찰승진, 12 경찰채용, 12 국가7급] [Essential ★]

해설

대법원 2009.3.12. 2008도11437 40여일 뒤 자백 사건 [O]

0520 위법한 체포 상태에서 주취운전에 여부에 관한 호흡조사가 이루어진 후, 그 호흡조사에 불복하여 피고인의 자발적인 요구에 의하여 혈액채취가 이루어진 경우에도 증거능력이 없다. O|X

[17 경찰간부, 15 변호사, 15 경간부, 14 변호사] [Core ★★]

해설

대법원 2013.3.14. 2010도2094 군산 강제연행 사건 [O]

0521 수사기관의 연행이 위법한 체포에 해당하고 그에 이은 제1차 채뇨에 의한 증거 수집이 위법하였지만, 이후 법관이 발부한 구속영장에 의하여 피고인이 적법하게 구금되었고 법관이 발부한 압수영장에 의하여 2차 채뇨 및 채모가 이루어진 경우 증거능력이 있다. O|X

[15 변호사, 15 경간부, 14 국가7급] [Core ★★]

해설

대법원 2013.3.14. 2012도 13611 부산 마약피의자 강제연행 사건 [O]

0522 범죄의 피해자인 검사가 그 사건의 수사에 관여하거나 압수·수색영장의 집행에 참여한 검사가 다시 수사에 관여하였다면 이는 특별한 사정이 없는 한 위법하다. O|X

[16 법원9급, 14 경간부, 14 경찰채용, 14 국가7급] [Core ★★]

해설

(1) 범죄의 피해자인 검사가 그 사건의 수사에 관여하거나 압수·수색영장의 집행에 참여한 검사가 다시 수사에 관여하였다는 이유만으로 바로 그 수사가 위법하다거나 그에 따른 참고인이나 피의자의 진술에 임의성이 없다고 볼 수는 없다. (2) 압수·수색영장의 집행과정에서 폭행 등의 피해를 당한 검사 등이 수사에 관여하였다는 이유만으로 그 검사 등이 작성한 참고인진술조서 등의 증거능력이 부정될 수 없다.(대법원 2013.9.12. 2011도12918 한화그룹 압수·수색 방해사건) [X]

0523 유류물의 경우 영장 없이 압수하였더라도 영장주의를 위반한 잘못이 있다 할 수 없고, 압수 후 압수조서의 작성 및 압수 목록의 작성·교부 절차가 제대로 이행되지 아니한 잘못이 있다 하더라도 그것이 적법절차의 실질적인 내용을 침해하는 경우에 해당하는 것은 아니다. O|X

[21 국가7급] [Core ★★]

해설

유류물의 경우 영장 없이 압수하였더라도 영장주의를 위반한 잘못이 있다 할 수 없고, 압수 후 압수조서의 작성 및 압수 목록의 작성·교부 절차가 제대로 이행되지 아니한 잘못이 있다 하더라도 그것이 적법절차의 실질적인 내용을 침해하는 경우에 해당하는 것은 아니다.(대법원 2011.5.26. 2011도1902 장흥 방호벽충돌 아내살해사건) [O]

0524 검찰관이 피고인을 뇌물수수 혐의로 기소한 후 형사사법공조절차를 거치지 아니한 채 과테말라공화국에 현지출장하여 그곳 호텔에서 뇌물공여자를 상대로 참고인진술조서를 작성한 경우 이는 위법수집증거에 해당한다. O|X

[15 경간부, 14 경간부, 13 법원9급, 12 경찰채용] [Core ★★]

해설

검찰관이 피고인을 뇌물수수 혐의로 기소한 후 형사사법공조절차를 거치지 아니한 채 과테말라공화국에 현지출장하여 그곳 호텔에서 뇌물공여자를 상대로 참고인 진술조서를 작성한 경우 피고인에 대한 국내 형사소송절차에서 위와 같은 사유로 인하여 위법수집증거배제법칙이 적용된다고 할 수 없다.(대법원 2011.7.14. 2011도3809 해병대 소령 수뢰사건) [X]

0525 공개금지사유가 없음에도 불구하고 재판의 심리에 관한 공개를 금지하기로 결정한 경우 그 절차에 의하여 이루어진 증인의 증언은 증거능력이 없지만 변호인의 반대신문권이 보장되었다면 증거능력이 있다. ○|×

[22 국가7급] [Core ★★]

해설

> 헌법 제109조, 법원조직법 제57조 제1항이 정한 공개금지사유가 없음에도 불구하고 재판의 심리에 관한 공개를 금지하기로 결정하였다면 그러한 공개금지결정은 피고인의 공개재판을 받을 권리를 침해한 것으로서 그 절차에 의하여 이루어진 증인의 증언은 증거능력이 없고 변호인의 반대신문권이 보장되었더라도 달리 볼 수 없으며, 이러한 법리는 공개금지결정의 선고가 없는 등으로 공개 금지결정의 사유를 알 수 없는 경우에도 마찬가지이다. (대법원 2015.10.29. 2014도5939 서울시 공무원 간첩사건)　　　　[×]

0526 수사기관으로부터 통신제한조치의 집행을 위탁받은 통신기관 등이 집행에 필요한 설비가 없을 때에는 수사기관에 설비의 제공을 요청하여야 하는데, 그러한 요청 없이 통신제한조치허가서에 기재된 사항을 준수하지 아니한 채 통신제한조치를 집행하였더라도, 그러한 집행으로 취득한 전기통신의 내용 등은 유죄 인정의 증거로 할 수 있다. ○|×

[17 경찰채용] [Essential ★]

해설

> 허가된 통신제한조치의 종류가 전기통신의 '감청'인 경우, 수사기관 또는 수사기관으로부터 통신제한조치의 집행을 위탁받은 통신기관 등은 통신비밀보호법이 정한 감청의 방식으로 집행하여야 하고 그와 다른 방식으로 집행하여서는 아니 된다. 한편 수사기관이 통신기관 등에 통신제한조치의 집행을 위탁하는 경우에는 그 집행에 필요한 설비를 제공하여야 한다(통신비밀보호법 시행령 제21조 제3항). 그러므로 수사기관으로부터 통신제한조치의 집행을 위탁받은 통신기관 등이 그 집행에 필요한 설비가 없을 때에는 수사기관에 그 설비의 제공을 요청하여야 하고, 그러한 요청 없이 통신제한조치허가서에 기재된 사항을 준수하지 아니한 채 통신제한조치를 집행하였다면, 그러한 집행으로 인하여 취득한 전기통신의 내용 등은 적법한 절차를 따르지 아니하고 수집한 증거에 해당하므로 이는 유죄 인정의 증거로 할 수 없다. (대법원 2016.10.13. 2016도8137 코리아연대 사건)　　　　[×]

0527 다음 중 (　) 안의 압수물이 위법수집증거로써 증거능력이 부정되는 것은 모두 2개다. O|X

[Superlative ★★★]

㉠ 수사기관이 유류물인 강판조각 및 임의제출물인 보강용 강판과 페인트를 영장 없이 적법하게 압수하였으나, 압수 후로 압수조서의 작성 및 압수목록의 작성·교부 절차가 제대로 이행되지 않은 경우 (강판조각, 보강용 강판 및 페인트)

㉡ 경찰이 형사소송법 제215조 제2항에 위반하여 피고인의 집에서 20m 떨어진 곳에서 피고인을 체포하여 수갑을 채운 후 피고인의 집으로 가서 집안을 수색하여 칼과 합의서를 압수하였을 뿐만 아니라 적법한 시간 내에 압수·수색영장을 청구하여 발부받지 않은 경우 (칼과 합의서 및 이를 기초로 한 2차 증거인 임의제출동의서, 압수조서 및 목록, 압수품 사진) [19 경찰승진, 18 법원9급, 16 국가7급, 16 경간부]

㉢ 피고인 甲이 바지선을 타고 밀입국하면서 필로폰을 밀수한다는 제보를 받고, 검찰수사관이 위 바지선을 수색하던 도중 숨어 있던 甲을 발견하고 필로폰을 둔 장소를 물었으나 대답을 듣지 못하였고, 때마침 다른 검찰수사관이 "물건이 여기 있다, 찾았다"라고 외치자, 甲을 필로폰 밀수입 및 밀입국 등의 현행범으로 체포하면서 필로폰을 제시하고 필로폰을 임의로 제출할 의사가 있는지를 물었고, 피고인으로부터 "그 정도는 저도 압니다"라는 말과 함께 승낙을 받아 필로폰을 압수한 경우 (필로폰)

해설

㉡ 1 항목이 증거능력이 부정된다. [×]

㉠ 압수 후 압수조서의 작성 및 압수목록의 작성·교부 절차가 제대로 이행되지 아니한 잘못이 있다 하더라도 그것이 적법절차의 실질적인 내용을 침해하는 경우에 해당한다거나 그 증거능력의 배제가 요구되는 경우에 해당한다고 볼 수는 없다.(대법원 2011.5.26. 2011도1902 장흥방호벽충돌 아내살해사건)

㉡ 칼과 합의서는 임의제출물이 아니라 영장 없이 위법하게 압수된 것으로서 증거능력이 없고, 이를 기초로 한 2차 증거인 임의제출동의서, 압수조서 및 목록, 압수품 사진 역시 증거능력이 없다.(대법원 2010.7.22. 2009도14376 칼과 합·의서 압수사건)

㉢ 甲이 밀입국하면서 필로폰을 밀수입하는 범행을 실행 중이거나 실행한 직후에 검찰수사관이 바지선 내 甲을 발견한 장소 근처에서 필로폰이 발견되자 곧바로 甲을 체포하였으므로 이는 현행범 체포로서 적법하고, 甲은 필로폰의 소지인으로서 이를 임의로 제출하였다고 할 것이므로 그 필로폰의 압수도 적법하다. 그럼에도 원심이 검찰수사관이 甲을 필로폰 밀수의 현행범으로 체포 한 것은 위법하고, 압수한 필로폰은 적법한 임의제출물건이 아니라는 이유로, 필로폰과 이를 기초로 한 2차적 증거들은 증거능력 이 없다고 판단한 것은 판결에 영향을 미친 잘못이 있다.(대법원 2016.2.18. 2015도13726 바지선 필로폰 밀수사건)

0528 수사기관이 구속수감되어 있던 자에게 그의 압수된 휴대전화를 제공하여 피고인과 통화하게 하고 범행에 관한 통화 내용을 녹음하게 하였더라도 그 녹음 자체는 수사기관이 아닌 사인이 수집한 증거에 해당하므로 피고인이 증거로 함에 동의한 이상 증거능력이 인정된다. O|X

[21 경찰채용, 20 경찰승진] [Core ★★]

해설

수사기관이 구속수감된 자로 하여금 피고인의 범행에 관한 통화 내용을 녹음하게 한 행위는 수사기관 스스로가 주체가 되어 구속수감된 자의 동의만을 받고 상대방인 피고인의 동의가 없는 상태에서 그들의 통화 내용을 녹음한 것으로서 불법감청에 해당한다고 보아야 할 것이므로 그 녹음 자체는 물론이고 이를 근거로 작성된 수사보고의 기재 내용과 첨부 녹취록 및 첨부 mp3파일도 모두 피고인과 변호인의 증거동의에 상관없이 증거능력이 없다. (대법원 2010.10.14. 2010도9016 공범자통화 녹음사건) [×]

0529 선거관리위원회 위원·직원이 관계인에게 진술이 녹음된다는 사실을 미리 알려주지 아니한 채 진술을 녹음하였더라도, 그와 같은 조사절차에 의하여 수집한 녹음 파일 내지 그에 터 잡아 작성된 녹취록이 증거능력이 부정된다고 할 수 없다. O|X

[17 경찰승진, 16 경찰승진, 16 경간부] [Core ★★]

해설

선거관리위원회 위원·직원이 관계인에게 진술이 녹음된다는 사실을 미리 알려주지 아니한 채 진술을 녹음하였다면, 그와 같은 조사절차에 의하여 수집한 녹음 파일 내지 그에 터잡아 작성된 녹취록은 형사소송법 제308조의2에서 정하는 '적법한 절차에 따르지 아니하고 수집한 증거'에 해당하여 원칙적으로 유죄의 증거로 쓸 수 없다. (대법원 2014.10.15. 2001도3509 돈받은할머니 사건) [×]

0530 압수·수색·검증영장 법관의 서명·날인란에 서명만 있고 날인이 없는 경우 형사소송법이 정한 요건을 갖추지 못하여 적법하게 발부되었다고 볼 수 없으므로, 위와 같은 결함이 있으면 반드시 압수된 파일 출력물은 그 증거능력을 배제하는 것이 적법절차의 원칙과 실체적 진실 규명의 조화를 도모하고 이를 통하여 형사사법 정의를 실현하려는 취지에 부합한다. O|X

[22 경찰채용, 21 국가9급, 20 경찰승진] [Core ★★]

해설

압수·수색·검증영장 법관의 서명·날인란에 서명만 있고 날인이 없는 경우 형사소송법이 정한 요건을 갖추지 못하여 적법하게 발부되었다고 볼 수 없으나, 위와 같은 결함은 피고인의 기본적 인권보장 등 법익 침해 방지와 관련성이 적으므로 절차 조항 위반의 내용과 정도가 중대하지 않고 절차 조항이 보호하고자 하는 권리나 법익을 본질적으로 침해하였다고 볼 수 없다. 오히려 이러한 경우에까지 공소사실과 관련성이 높은 파일 출력물의 증거능력을 배제하는 것은 적법절차의 원칙과 실체적 진실규명의 조화를 도모하고 이를 통하여 형사 사법 정의를 실현하려는 취지에 반하는 결과를 초래할 수 있다. (대법원 2019.7.11. 2018도20504 판사 날인 누락사건) [×]

0531 범행 현장에서 지문채취 대상물에 대한 지문채취가 먼저 이루어진 이상, 수사기관이 그 이후에 지문채취 대상물을 적법한 절차에 의하지 아니한 채 압수하였다고 하더라도 위와 같이 채취된 지문은 위법하게 압수한 지문채취 대상물로부터 획득한 2차적 증거에 해당하지 아니함이 분명하여 이를 가리켜 위법수집증거라고 할 수 없다. O|X

[15 변호사, 15 경찰승진, 13 변호사, 13 경찰채용, 13 법원9급, 12 경찰채용, 11 경찰채용] [Essential ★]

해설

대법원 2008.10.23. 2008도7471 인천 주점 강도강간 사건 [O]

0532 사인이 위법하게 수집한 증거에 대해서는 효과적인 형사소추 및 형사소송에서의 진실발견이라는 공익과 개인의 인격적 이익 등의 보호이익을 비교형량하여 그 허용 여부를 결정하여야 한다. O|X

[21 국가9급] [Essential ★]

해설

국민의 인간으로서의 존엄과 가치를 보장하는 것은 국가기관의 기본적인 의무에 속하고 이는 형사절차에서도 당연히 구현되어야 하지만, 국민의 사생활 영역에 관계된 모든 증거의 제출이 곧 바로 금지되는 것으로 볼 수는 없으므로 법원으로서는 효과적인 형사소추 및 형사소송에서 진실발견이라는 공익과 개인의 인격적 이익 등 보호이익을 비교형량하여 그 허용 여부를 결정하여야 한다. (대법원 2020.10.29. 2020도3972) [O]

0533 (간통죄에 위헌결정이 있기 전에) 제3자가 공갈목적을 숨기고 피고인의 동의 하에 찍은 나체사진은 위법하게 수집한 증거로서 간통죄의 증거능력이 없다. O|X

[15 경찰승진, 14 국가9급, 12 경찰채용, 11 경찰채용] [Essential ★]

해설

피고인의 동의하에 촬영된 나체사진의 존재만으로 피고인의 인격권과 초상권을 침해하는 것으로 볼 수 없고 가사 사진을 촬영한 제3자가 그 사진을 이용하여 피고인을 공갈할 의도였다고 하더라도 사진의 촬영이 임의성이 배제된 상태에서 이루어진 것이라고 할 수는 없으며 그 사진은 범죄현장의 사진으로서 피고인에 대한 형사소추를 위하여 반드시 필요한 증거로 보이므로 공익의 실현을 위하여는 그 사진을 범죄의 증거로 제출하는 것이 허용되어야 하고, 이로 말미암아 피고인의 사생활의 비밀을 침해하는 결과를 초래한다 하더라도 이는 피고인이 수인하여야 할 기본권의 제한에 해당된다. (대법원 1997.9.30. 97도1230 나체사진 사건) [×]

제3절 전문법칙

0534 타인의 진술을 내용으로 하는 진술이 전문증거인지 여부는 요증사실과의 관계에서 정하여지는바, 원진술의 내용인 사실이 요증사실인 경우에는 전문증거가 아니라 본래증거이다. O|X

[22 경찰채용] [Superlative ★★★]

해설

타인의 진술을 내용으로 하는 진술이 전문증거인지 여부는 요증사실과의 관계에서 정해지는데, 원진술의 내용인 사실이 요증사실인 경우에는 전문증거이나 원진술의 존재 자체가 요증사실인 경우에는 본래증거이지 전문증거가 아니다. (대법원 2018.5.15. 2017도19499 이대 입시비리 사건) [×]

0535 甲이 진술 당시 술에 취하여 횡설수설하였다는 것을 확인하기 위하여 제출된 甲의 진술이 녹음된 녹음테이프는 전문증거에 해당한다. O|X

[22 경찰승진] [*Core* ★★]

해설

녹음테이프에 대한 검증의 내용이 그 진술 당시 진술자의 상태 등을 확인하기 위한 것인 경우에는 녹음테이프에 대한 검증조서의 기재 중 진술내용을 증거로 사용하는 경우에 관한 전문법칙에 관한 법리는 적용되지 아니한다. (대법원 2008. 7.10. 2007도10755) 甲이 진술 당시 술에 취하여 횡설수설하였다는 것을 확인하기 위하여 제출된 녹음테이프는 진술증거로 사용되는 경우가 아니므로 전문증거가 아니다. [X]

0536 usb에 저장된 cctv 영상이 범죄 당시 현장의 영상이라는 사실이 요증사실인 경우에는 전문법칙이 적용되지 않는다. O|X

[22 경찰채용] [*Core* ★★]

해설

범행상황 및 그 전후 상황을 촬영한 CCTV가 독립된 증거로 사용되는 경우 판례는 비진술증거설을 취하고 있는 것으로 해석된다. (대법원 2013.7.26. 2013도2511 왕재산간첩단사건) (同旨 대법원 1999.9.3. 99도2317 영남위원회 사건, 대법원 1999.12.7. 98도3329 과속카메라사건 등) 따라서 전문법칙이 적용되지 않는다. [O]

0537 어떤 진술이 기재된 서류가 그 내용의 진실성이 범죄사실에 대한 직접증거로 사용될 때는 전문증거가 된다고 하더라도 그와 같은 진술을 하였다는 것 자체 또는 그 진술의 진실성과 관계없는 간접사실에 대한 정황증거로 사용될 때는 반드시 전문증거가 되는 것은 아니다. O|X

[14 경찰채용, 14 법원9급] [*Core* ★★]

해설

대법원 2013.6.13. 2012도16001 선거사무장 사건 [O]

0538 "피해자로부터 '피고인이 자신을 추행했다.'는 취지의 말을 들었다."는 A의 진술을 "피고인이 자신을 추행했다."는 피해자의 진술내용의 진실성을 증명하는 간접사실로 사용하는 경우에는 전문증거에 해당하지 않는다. O|X

[22 경찰채용] [*Core* ★★]

해설

어떤 진술이 기재된 서류가 그 내용의 진실성이 범죄사실에 대한 직접증거로 사용될 때는 전문증거가 되지만, 그와 같은 진술을 하였다는 것 자체 또는 진술의 진실성과 관계없는 간접사실에 대한 정황증거로 사용될 때는 반드시 전문증거가 되는 것이 아니다. 그러나 어떠한 내용의 진술을 하였다는 사실 자체에 대한 정황증거로 사용될 것이라는 이유로 서류의 증거능력을 인정한 다음 그 사실을 다시 진술 내용이나 그 진실성을 증명하는 간접사실로 사용하는 경우에 그 서류는 전문증거에 해당한다. 서류가 그곳에 기재된 원진술의 내용인 사실을 증명하는 데 사용되어 원진술의 내용인 사실이 요증사실이 되기 때문이다. (대법원 2019.8.29. 2018도14303 全合 국정농단사건) A의 진술을 "피고인이 자신을 추행했다"는 피해자의 진술내용의 진실성을 증명하는 간접사실로 사용하는 경우 이는 전문증거에 해당한다. [X]

0539 컴퓨터 디스켓에 들어 있는 문건이 증거로 사용되는 경우 그 컴퓨터 디스켓은 그 기재의 매체가 다를 뿐 실질에 있어서는 피고인 또는 피고인 아닌 자의 진술을 기재한 서류와 크게 다를 바 없고, 압수 후의 보관 및 출력과정에 조작의 가능성이 있으며, 기본적으로 반대신문의 기회가 보장되지 않는 점 등에 비추어 그 기재내용의 진실성에 관하여는 전문법칙이 적용된다. ○|✕

[21 국가9급] [Essential ★]

해설

> (1) 컴퓨터 디스켓에 담긴 문건이 증거로 사용되는 경우 그 기재 내용의 진실성에 관하여는 전문법칙이 적용된다 할 것이고, 따라서 피고인 또는 피고인 아닌 자가 작성하거나 또는 그 진술을 기재한 문건의 경우 (2) 원칙적으로 형사소송법 제313조 제1항 본문에 의하여 그 작성자 또는 진술자의 진술에 의하여 그 성립의 진정함이 인정된 때에 이를 증거로 사용할 수 있다. (대법원 2001.3.23. 2000도486 영남위원회 사건) [○]

0540 당해 사건의 공판기일에서 피고인이 행한 진술은 형소법 제311조에 따라서 증거능력이 인정된다.

○|✕

[23 경찰간부] [Core ★★]

해설

> 당해 사건의 공판기일에서 피고인이 행한 '진술'은 특별한 사정이 없는 한 원본증거이고 제311조에 규정된 '피고인의 진술을 기재한 조서'가 아니다. 전문증거에 대한 규정인 제311조가 적용될 필요가 없다. 그냥 원본증거이다.

[✕]

0541 피고인이 수표를 발행하였으나 예금부족 또는 거래정지처분으로 지급되지 아니하게 하였다는 부정수표단속법위반의 공소사실을 증명하기 위하여 제출되는 수표는 그 서류의 존재 또는 상태. 자체가 증거가 되는 것이어서 증거물인 서면에 해당하고 어떠한 사실을 직접 경험한 사람의 진술에 갈음하는 대체물이 아니므로, 증거능력은 증거물의 예에 의하여 판단하여야 하고, 이에 대하여는 형사소송법 제310조의2에서 정한 전문법칙이 적용될 여지가 없다. ○|✕

[17 경간부, 16 변호사, 16 국가7급] [Core ★★]

해설

> 대법원 2015.4.23. 2015도2275 당좌수표사본 사건 [○]

0542 제1심 법정에서 피해자 甲이 '피고인 乙이 88체육관 부지를 공시지가로 매입하게 해 주고 KBS와의 시설이주 협의도 2개월 내로 완료하겠다고 말하였다'고 진술한 경우 위와 같은 원 진술의 존재 자체가 피고인 乙의 각 사기죄 또는 변호사법위반죄에 있어서의 요증사실이므로, 이를 직접 경험한 甲이 乙로부터 위와 같은 말을 들었다고 하는 진술은 전문증거가 아니라 본래증거에 해당한다. ○|✕

[17 경간부] [Core ★★]

해설

> 대법원 2012.7.26. 2012도2937 원로변호사 사기사건 [○]

0543 "정보통신망을 통하여 공포심이나 불안감을 유발하는 글을 반복적으로 상대방에게 도달하게 하는 행위를 하였다"는 공소사실에 대하여 휴대전화기에 저장된 문자정보가 그 증거가 되는 경우와 같이 그 문자정보가 범행의 직접적인 수단이 될 뿐 경험자의 진술에 갈음하는 대체물에 해당하지 않는 경우에는 전문법칙이 적용될 여지가 없다. O|X

[16 경찰채용, 16 국가7급, 16 법원9급, 14 경찰승진, 14 경찰채용, 13 변호사, 13 경찰승진, 12 법원9급] [Core ★★]

해설

대법원 2008.11.13. 2006도2556 **횡설수설 문자협박 사건** [O]

0544 공판준비 또는 공판기일에 피고인이나 피고인 아닌 자의 진술을 기재한 조서와 법원 또는 법관의 검증의 결과를 기재한 조서는 당연히 증거능력이 인정된다. O|X

[12 경찰채용] [Essential ★]

해설

제311조 [O]

0545 피의자의 진술을 녹취 내지 기재한 서류 또는 문서가 수사기관에서의 조사과정에서 작성된 것이라면 그것이 '진술조서, 진술서, 자술서'라는 형식을 취하였다고 하더라도 피의자신문 조서와 달리 볼 수 없다. O|X

[17 경간부, 16 변호사, 16 경간부, 16 경찰채용, 15 변호사, 15 경찰승진, 14 경찰채용, 11 법원9급] [Core ★★]

해설

대법원 2014.4.10. 2014도1779 **대구 필로폰 매매사건** [O]

0546 공범으로서 별도로 공소제기된 다른 사건의 피고인에 대한 수사과정에서 담당 검사가 피의자와 그 사건에 관하여 대화하는 내용과 장면을 녹화한 비디오테이프에 대한 법원의 검증조서는 당연히 증거능력이 인정된다. O|X

[14 경찰승진, 13 경찰승진, 12 법원9급] [Essential ★]

해설

공범으로서 별도로 공소제기된 다른 사건의 피고인에 대한 수사과정에서 담당 검사가 피의자와 그 사건에 관하여 대화하는 내용과 장면을 녹화한 비디오테이프에 대한 법원의 검증조서는 이러한 비디오테이프의 녹화내용이 피의자의 진술을 기재한 피의자신문조서와 실질적으로 같다고 볼 것 이므로 피의자신문조서에 준하여 그 증거능력을 가려야 한다.(대법원 1992.6.23. 92도682 **신이십세기파사건**) [X]

0547 피고인 본인의 진술에 의한 실질적 진정성립의 인정은 공판준비 또는 공판기일에서 한 명시적인 진술에 의하여야 하지만, 피고인이 실질적 진정성립에 대하여 이의하지 않았고 조서 작성 절차와 방식의 적법성을 인정하였다면 실질적 진정성립을 인정한 것으로 볼 수 있다. O|X

[18 법원9급] [Core ★★]

해설

피고인 본인의 진술에 의한 실질적 진정성립의 인정은 공판준비 또는 공판기일에서 한 명시적인 진술에 의하여야 하고, 단지 피고인이 실질적 진정성립에 대하여 이의하지 않았다거나 조서 작성절차와 방식의 적법성을 인정하였다는 것만으로 실질적 진정성립까지 인정한 것으로 보아서는 아니될 것이다. 또한 특별한 사정이 없는 한 이른바 '입증취지 부인'이라고 진술한 것만으로 이를 조서의 진정성립을 인정하는 전제에서 그 증명력만을 다투는 것이라고 가볍게 단정해서도 안 된다.(대법원 2013.3.14. 2011도8325 실질적 진정성립 사건) [×]

0548 검사 또는 사법경찰관이 피고인이 아닌 자의 진술을 기재한 조서는 적법한 절차와 방식에 따라 작성된 것으로서 그 조서가 검사 또는 사법경찰관 앞에서 진술한 내용과 동일하게 기재 되어 있음이 원진술자의 공판준비 또는 공판기일에서의 진술이나 영상녹화물 또는 그 밖의 객관적인 방법에 의하여 증명되고, 그 조서에 기재된 진술이 특히 신빙할 수 있는 상태하에서 행하여졌음이 증명된 때에는 증거로 할 수 있다. O|X

[15 변호사, 14 법원9급, 13 변호사, 13 경간부, 12 경찰채용, 11 경찰승진, 11 경찰채용] [Core ★★]

해설

검사 또는 사법경찰관이 피고인이 아닌 자의 진술을 기재한 조서는 적법한 절차와 방식에 따라 작성된 것으로서 그 조서가 검사 또는 사법경찰관 앞에서 진술한 내용과 동일하게 기재되어 있음이 원진술자의 공판준비 또는 공판기일에서의 진술이나 영상녹화물 또는 그 밖의 객관적인 방법에 의하여 증명되고, 피고인 또는 변호인이 그 기재 내용에 관하여 원진술자를 신문할 수 있었던 때에는 증거로 할 수 있다. 다만, 그 조서에 기재된 진술이 특히 신빙할 수 있는 상태하에서 행하여졌음이 증명된 때에 한한다.(제312조 제4항) [×]

0549 사법경찰관이 피의자 아닌 자의 진술을 기재한 조서를 작성함에 있어서 진술자의 성명을 가명으로 기재하였다면 그 이유만으로도 그 조서는 적법한 절차와 방식에 따라 작성되었다고 할 수 없고, 공판기일에 원진술자가 출석하여 자신의 진술을 기재한 조서임을 확인함과 아울러 그 조서의 실질적 진정성립을 인정하고 나아가 그에 대한 반대신문이 이루어졌다고 하더라도 그 증거능력이 인정되지 않는다. O|X

[21 경찰채용] [Core ★★]

해설

진술자와 피고인의 관계, 범죄의 종류, 진술자 보호의 필요성 등 여러 사정으로 볼 때 상당한 이유가 있는 경우에는 수사기관이 진술자의 성명을 가명으로 기재하여 조서를 작성하였다고 해서 그 이유만으로 그 조서가 '적법한 절차와 방식'에 따라 작성되지 않았다고 할 것은 아니다. 그러한 조서라 도 공판기일 등에 원진술자가 출석하여 자신의 진술을 기재한 조서임을 확인함과 아울러 그 조서의 실질적 진정성립을 인정하고 나아가 그에 대한 반대신문이 이루어지는 등 형사소송법 제312조 제4항에서 규정한 요건이 모두 갖추어진 이상 그 증거능력을 부정할 것은 아니다.(대법원 2012.5.24. 2011도7757 조폭이 무서워 가명으로 사건) [×]

0550 (조서의 성립의 진정을 증명하기 위한) 영상녹화물은 조사가 개시된 시점부터 조사가 종료되어 피의자가 조서에 기명날인 또는 서명을 마치는 시점까지 전과정이 영상녹화된 것이어야 한다. O|X

[13 경찰승진, 12 법원9급] [Core ★★]

해설

규칙 제134조의2 제3항 [O]

0551 검사 이외의 수사기관이 작성한 피의자신문조서는 적법한 절차와 방식에 따라 작성된 것으로서 공판준비 또는 공판기일에 그 피의자였던 피고인 또는 변호인이 성립의 진정이 인정될 때에 한하여 증거로 할 수 있다. O|X

[14 경찰승진, 14 경간부, 14 경찰채용, 13 경찰채용, 12 경간부, 12 경찰채용, 11 경찰승진, 11 경찰채용] [Core ★★]

해설

검사 이외의 수사기관[2022. 1. 1.부터는 검사 또는 사법경찰관]이 작성한 피의자신문조서는 적법한 절차와 방식에 따라 작성된 것으로서 공판준비 또는 공판기일에 그 피의자였던 피고인 또는 변호인이 그 내용을 인정할 때에 한하여 증거로 할 수 있다.(제312조 제1항·제3항) [X]

0552 검사 이외의 수사기관이 작성한 피의자신문조서에 대하여 피고인이나 변호인이 그 내용을 부인한 경우에는 그 조서에 기재된 진술이 피고인이 진술한 내용과 동일하게 기재되어 있음 이 영상녹화물이나 그 밖의 객관적인 방법에 의하여 증명된 때에 한하여 증거로 할 수 있다. O|X

[13 경찰채용, 11 국가9급] [Essential ★]

해설

검사 이외의 수사기관[2022. 1. 1.부터는 검사 또는 사법경찰관]이 작성한 피의자신문조서에 대하여 피고인이나 변호인이 그 내용을 부인한 경우에는 그 조서는 증거능력이 부정된다. (제312조 제1항·제3항) 영상녹화물이나 그 밖의 객관적인 방법에 의하여 성립의 진정이 증명되고, 그 조서에 기재된 진술이 특히 신빙할 수 있는 상태하에서 행하여 졌음이 증명되더라도 증거 능력이 인정되지 아니한다. [X]

0553 형사소송법 제312조 제3항의 '검사 이외의 수사기관'에는 달리 특별한 사정이 없는 한 외국의 권한 있는 수사기관도 포함된다고 봄이 상당하다. O|X

[15 경찰승진, 13 국가7급, 11 경찰승진] [Essential ★]

해설

대법원 2006.1.13. 2003도6548 이태원 미국여대생 피살사건 [O]

0554 양벌규정에 따라 처벌되는 행위자와 행위자가 아닌 법인 또는 개인 사이는 공범 관계라고 볼 수 없으므로 법인 또는 개인이 피고인인 사건에서 사법경찰관 작성의 행위자에 대한 피의자신문조서에는 피고인이 아닌 자의 진술을 기재한 조서에 관한 형사소송법 제312조 제4항이 적용된다. O|X

[22 법원9급] [Essential ★]

해설

(1) 형사소송법 제312조 제3항은 검사 이외의 수사기관[2022. 1. 1.부터는 검사 또는 사법경찰관]이 작성한 해당 피고인에 대한 피의자신문조서를 유죄의 증거로 하는 경우뿐만 아니라 검사 이외의 수사기관이 작성한 해당 피고인과 공범 관계에 있는 다른 피고인이나 피의자에 대한 피의자신문조서를 해당 피고인에 대한 유죄의 증거로 채택할 경우에도 적용된다. (2) 이러한 법리는 공동정범이나 교사범, 방조범 등 공범관계에 있는 자들 사이에서뿐만 아니라 법인의 대표자나 법인 또는 개인의 대리인, 사용인, 그 밖의 종업원 등 행위자의 위반행위에 대하여 행위자가 아닌 법인 또는 개인이 양벌규정에 따라 기소된 경우 이러한 법인 또는 개인과 행위자 사이의 관계에서도 마찬가지로 적용된다. (대법원 2020.6.11. 2016도9367 병원 사무국장 사망 사건) 사법경찰관 작성의 행위자에 대한 피의자신문조서에 대하여는 형사소송법 제312조 제3항이 적용된다. [×]

0555 형사소송법 제312조 제3항의 '그 내용을 인정할 때'라 함은 피의자신문조서의 기재 내용이 진술내용대로 기재되어 있다는 의미가 아니고 진술한 내용이 실제사실과 부합한다는 것을 의미한다. O|X

[16 경찰채용, 13 국가9급, 12 경간부, 11 경찰승진] [Essential ★]

해설

대법원 2013.3.28. 2010도3359 공항버스운전기사횡령사건 [O]

0556 공소사실이 최초로 심리된 공판기일부터 피고인이 공소사실을 일관되게 부인하여 경찰 작성 피의자신문조서의 진술 내용을 인정하지 않는 경우라도, 공판기일에 피고인이 서증의 내용을 인정한 것으로 공판조서에 기재되어 있다면 그 피의자신문조서는 증거능력이 인정된다. O|X

[12 경찰승진, 12 경간부] [Core ★★]

해설

공소사실이 최초로 심리된 공판기일부터 피고인이 공소사실을 일관되게 부인하여 경찰 작성 피의자신문조서의 진술 내용을 인정하지 않는 경우, 공판기일에 피고인이 서증의 내용을 인정한 것으로 공판조서에 기재된 것은 착오 기재 등으로 보아 피의자신문조서의 증거능력을 부정하여야 한다.(대법원 2010.6.24. 2010도5040 철근 절도사건) [×]

0557 형사소송법 제312조 제3항은 검사 이외의 수사기관이 작성한 당해 피고인에 대한 피의자신문조서를 유죄의 증거로 하는 경우뿐만 아니라, 검사 이외의 수사기관이 작성한 당해 피고인과 공범관계에 있는 다른 피고인이나 피의자에 대한 피의자신문조서를 당해 피고인에 대한 유죄의 증거로 채택할 경우에도 적용된다. O|X

[15 경찰승진, 15 국가9급, 14 변호사, 14 경찰승진, 14 법원9급, 13 변호사, 13 경간부, 13 경찰채용, 13 국가7급, 13 국가9급, 11 경찰승진, 11 경찰채용, 11 국가7급, 11 국가9급] [Core ★★]

해설

대법원 2010.2.25. 2009도14409 소고기 원산지 허위표시 사건 [O]

0558 당해 피고인과 공범관계가 있는 다른 피의자에 대하여 검사 이외의 수사기관이 작성한 피의자신문조서는 그 피의자의 법정진술에 의하여 그 성립의 진정이 인정되는 등 형사소송법 제312조 제4항의 요건을 갖춘 경우라면, 비록 당해 피고인이 공판기일에서 그 조서의 내용을 부인하더라도 이를 유죄 인정의 증거로 사용할 수 있다. O|X

[16 경찰채용, 15 경찰승진, 15 국가9급, 14 변호사, 14 경찰승진, 14 법원9급, 13 변호사, 13 경간부, 13 경찰채용, 13 국가7급, 13 국가9급, 11 경찰승진, 11 경찰채용, 11 국가7급, 11 국가9급] [Superlative ★★★]

해설

당해 피고인과 공범관계가 있는 다른 피의자에 대하여 검사 이외의 수사기관[2022. 1. 1.부터는 검사 또는 사법경찰관]이 작성한 피의자신문조서는 그 피의자의 법정진술에 의하여 그 성립의 진정이 인정되는 등 형사소송법 제312조 제4항의 요건을 갖춘 경우라고 하더라도 당해 피고인이 공판기일에서 그 조서의 내용을 부인한 이상 이를 유죄 인정의 증거로 사용할 수 없다. (대법원 2010.2.25, 2009도14409 소고기 원산지 허위표시 사건) [X]

0559 (당해 피고인과 공범관계에 있는 공동피고인에 대한 검사 이외의 수사기관이 작성한 피의자 신문조서에 대하여 당해 피고인이 그 조서의 내용을 부인하여 증거능력이 부정되는 경우) 공동피고인이 법정에서 "경찰 수사 도중 피의자신문조서에 기재된 것과 같은 내용으로 진술하였다"는 취지로 증언하였다고 하더라도, 위 조서의 증거능력이 부정되는 이상 위와 같은 증언 역시 유죄 인정의 증거로 쓸 수 없다. O|X

[13 변호사, 13 경간부, 12 경찰승진] [Superlative ★★★]

해설

대법원 2009.10.15. 2009도1889 포승창고 유사휘발류 사건 [O]

0560 당해 피고인과 공범관계에 있는 다른 피고인이나 피의자에 대한 검사 이외의 수사기관이 작성한 피의자신문조서라고 하더라도 사망 등 사유로 인하여 법정에서 진술할 수 없는 때에 예외적으로 증거능력을 인정하는 규정인 형사소송법 제314조가 적용될 수 있다. ○|×

[15 변호사, 14 경찰승진, 13 법원9급] [Essential ★]

해설

당해 피고인과 공범관계가 있는 다른 피의자에 대한 검사 이외의 수사기관[2022. 1. 1.부터는 검사 또는 사법경찰관] 작성의 피의자신문조서는 그 피의자의 법정진술에 의하여 그 성립의 진정이 인정되더라도 당해 피고인이 공판기일에서 그 조서의 내용을 부인하면 증거능력이 부정되므로 그 당연한 결과로 그 피의자신문조서에 대하여는 사망 등 사유로 인하여 법정에서 진술할 수 없는 때에 예외적으로 증거능력을 인정하는 규정인 형사소송법 제314조가 적용되지 아니한다.(대법원 2009.11.26. 2009도6602 필로폰매수인사 망사건) [×]

0561 사법경찰관이 작성한 검증조서에 피고인이 검사 이외의 수사기관 앞에서 '자백한 범행내용을 현장에 따라 진술·재연한 내용이 기재되고 그 재연 과정을 촬영한 사진'이 첨부되어 있다면, 그러한 기재나 사진은 피고인이 공판정에서 실황조사서에 기재된 진술내용 및 범행재연의 상황을 모두 부인하는 이상 증거능력이 없다. ○|×

[12 경간부, 11 경찰승진] [Essential ★]

해설

대법원 2006.1.13. 2003도6548 이태원 미국여대생 피살사건 [○]

0562 압수조서의 '압수경위'란에 피고인이 범행을 저지르는 현장을 목격한 사법경찰관 및 사법경찰리의 진술이 담겨 있고, 그 하단에 피고인의 범행을 직접 목격하면서 위 압수조서를 작성한 사법경찰관 및 사법경찰리의 각 기명날인이 들어가 있다면, 위 압수조서 중 '압수경위'란 에 기재된 내용은 형사소송법 제312조 제5항에서 정한 '피고인이 아닌 자가 수사과정에서 작성한 진술서'에 준하는 것으로 볼 수 있다. ○|×

[21 국가7급] [Core ★★]

해설

대법원 2019.11.14. 2019도13290 지하철 몰카 사건 I [○]

0563 검사가 참고인인 피해자와의 전화통화 내용을 기재한 수사보고서는 전문증거에 해당하나, 그 진술자의 서명 또는 날인이 없고 진술자의 진술에 의해 성립의 진정함이 증명되지 않았다면 증거능력이 없다. ○|×

[14 변호사, 12 경간부, 11 경찰승진] [Core ★★]

해설

대법원 2010.10.14. 2010도5610 창 길잡이의 집 성폭행 사건 [○]

0564 상해사건 피해자의 피해 부위에 대해 사법경찰리가 작성한 수사보고서는 진술서로 볼 수는 없고 검증조서로 보아야 한다. O|X

[23 경찰간부, 16 경찰채용] [Core ★★]

해설

수사보고서에 검증의 결과에 해당하는 기재가 있는 경우 그 기재 부분은 실황조서 또는 실황조사서에 해당하지 아니하며, 단지 수사의 경위 및 결과를 내부적으로 보고하기 위하여 작성된 서류에 불과하므로 그 안에 검증의 결과에 해당하는 기재가 있다고 하여 이를 형사소송법 제312조 제1항[24년 현재 제312조 제6항]의 '검사 또는 사법경찰관이 검증의 결과를 기재한 조서'라고 할 수 없을 뿐만 아니라 이를 같은 법 제313조 제1항의 '피고인 또는 피고인이 아닌 자가 작성한 진술서나 그 진술을 기재한 서류'라고 할 수도 없고, 같은 법 제311조, 제315조, 제316조의 적용대상이 되지 아니함이 분명하므로 그 기재 부분은 증거로 할 수 없다.(대법원 2001.5.29. 2000도2933 안양 백운나이트 폭행사건) [×]

0565 사법경찰리 작성의 피해자에 대한 진술조서가 피해자의 화상으로 인한 서명불능을 이유로 입회하고 있던 피해자의 동생에게 대신 읽어 주고 그 동생으로 하여금 서명·날인하게 하는 방법으로 작성된 경우 이는 증거로 사용할 수 있다. O|X

[15 경찰승진, 15 경간부] [Core ★★]

해설

피해자의 화상으로 인한 서명불능을 이유로 입회하고 있던 피해자의 동생에게 대신 읽어 주고 그 동생으로 하여금 서명·날인하게 하는 방법으로 작성된 경우 이는 증거로 사용할 수 없다.(대법원 1997.4.11. 96도2865 동생이 대신 서명 · 날인 사건) [×]

0566 피고인 아닌 자가 작성한 진술서에 대하여 작성자가 그 진정성립을 부인하는 경우에는 과학적 분석결과에 기초한 디지털포렌식 자료, 감정 등 객관적인 방법으로 성립의 진정이 증명되고, 반대신문의 기회가 제공되었다면 증거로 할 수 있다. O|X

[17 국가7급] [Superlative ★★★]

해설

제313조 제1항, 제2항 [O]

0567 이메일 작성자인 B가 증인으로 출석하여 "甲에게 이메일을 보낸 기억이 없다."고 진술한 경우에는 과학적 분석결과에 기초한 디지털포렌식 자료, 감정 등 객관적 방법으로 성립의 진정함이 증명되는 때에도 증거로 할 수 없다. O|X

[22 경찰채용] [Core ★★]

해설

진술서의 작성자가 공판준비나 공판기일에서 그 성립의 진정을 부인하는 경우에는 과학적 분석결과에 기초한 디지털포렌식 자료, 감정 등 객관적 방법으로 성립의 진정함이 증명되는 때에는 증거로 할 수 있다. 다만, 피고인 아닌 자가 작성한 진술서는 피고인 또는 변호인이 공판준비 또는 공판 기일에 그 기재 내용에 관하여 작성자를 신문할 수 있었을 것을 요한다.(형사소송법 제313조 제2항) B가 "甲에게 이메일을 보낸 기억이 없다"고 진술한 경우라도 과학적 분석결과에 기초한 디지털포렌식 자료, 감정 등 객관적 방법으로 성립의 진정함이 증명되면 그 이메일 내용은 증거로 할 수 있다. [×]

0568 경찰관이 피고인이 아닌 자의 주거지·근무지를 방문한 곳에서 진술서 작성을 요구하여 제출받은 경우 등 그 진술서가 경찰서에서 작성한 것이 아니라 작성자가 원하는 장소를 방문하여 받은 것이라면 형사소송법 제244조의4(수사과정의 기록) 제1항 규정이 적용되지 않는다. ○|×

[23 법원9급] [Core ★★]

해설

(1) 형사소송법 제312조 제5항의 적용대상인 '수사과정에서 작성한 진술서'란 수사가 시작된 이후에 수사기관의 관여 아래 작성된 것이거나 개시된 수사와 관련하여 수사과정에 제출할 목적으로 작성한 것으로 작성 시기와 경위 등 여러 사정에 비추어 그 실질이 이에 해당하는 이상 명칭이나 작성된 장소 여부를 불문한다. (2) 원심은, 경찰관이 입당원서 작성자의 주거지·근무지를 방문하여 입당원서 작성 경위 등을 질문한 후 진술서 작성을 요구하여 이를 제출받은 이상 형사소송법 제312조 제5항이 적용되어야 한다는 이유로 형사소송법 제244조의4에서 정한 절차를 준수하지 않은 각 증거의 증거능력이 인정되지 않는다고 판단하고 이와 달리 위 진술서는 경찰서에서 작성한 것이 아니라 작성자가 원하는 장소를 방문하여 받은 것이므로 각 절차에 관한 규정이 적용되지 아니한다는 검사의 주장을 배척하였는 바, 이러한 원심의 판단에는 판결에 영향을 미친 잘못이 없다.(대법원 2022.10.27. 2022도9510 입당원서 사건) [×]

0569 원진술자가 공판기일에 증인으로 소환받고도 출산을 앞두고 있다는 이유로 출석하지 아니한 경우 제314조에 규정된 '사망·질병·외국거주·소재불명 그밖에 이에 준하는 사유로 인하여 진술할 수 없는 때'에 해당한다. ○|×

[15 경간부, 15 국가9급, 14 경찰채용] [Core ★★]

해설

증인으로 소환받고도 출산을 앞두고 있다는 이유로 공판기일에 출석하지 아니한 것은 특별한 사정이 없는 한 사망, 질병, 외국거주 기타 사유로 인하여 진술을 할 수 없는 때에 해당한다고 할 수 없어 형사소송법 제314조에 의한 증거능력이 있다고 할 수도 없다.(대법원 1999.4.23. 99도915 출산을 앞두고 있다 사건) [×]

0570 피해자가 증인으로 소환당할 당시부터 노인성 치매로 인한 기억력 장애, 분별력 상실 등으로 인하여 진술할 수 없는 경우 제314조에 규정된 '사망·질병·외국거주·소재불명 그밖에 이에 준하는 사유로 인하여 진술할 수 없는 때'에 해당한다. ○|×

[16 경찰승진, 16 법원9급, 15 국가9 급] [Essential ★]

해설

대법원 1992. 3.13. 91도2281 [○]

0571 진술자가 만 5세 무렵에 당한 성추행으로 인하여 외상후 스트레스 증후군을 앓고 있다는 등의 이유로 공판정에 출석하지 아니한 경우 제314조에 규정된 '사망·질병·외국거주·소재불 명 그밖에 이에 준하는 사유로 인하여 진술할 수 없는 때'에 해당한다. ○|×

[16 경찰승진, 14 경찰채용, 13 경찰승진, 12 법원9급] [Essential ★]

해설

만 5세 무렵에 당한 성추행으로 인하여 외상 후 스트레스 증후군을 앓고 있다는 등의 이유로 공판정에 출석하지 아니한 약 10세 남짓의 성추행 피해자에 대한 진술조서는 형사소송법 제314조에 정한 필요성의 요건과 신용성 정황적 보장의 요건을 모두 갖추지 못하여 증거능력이 없다. (대법원 2006.5.25. 2004도3619 외상후 스트레스증후군 사건) [×]

0572 진술을 요할 자가 중풍·언어장애 등 장애등급 3급 5호의 장애로 인하여 법정에 출석할 수 없었고, 그 후 신병을 치료하기 위하여 속초로 간 후에는 그에 대한 소재탐지가 불가능하게 된 경우는 제314조에 규정된 '사망·질병·외국거주·소재불명 그밖에 이에 준하는 사유로 인하여 진술할 수 없는 때'에 해당하지 않는다. O|×

[17 경찰승진, 16 경찰승진, 13 경찰승진, 12 법원9급] [Essential ★]

해설

진술을 요할 자가 중풍·언어장애 등 장애등급 3급 5호의 장애로 인하여 법정에 출석할 수 없었고, 그 후 신병을 치료하기 위하여 속초로 간 후에는 그에 대한 소재탐지가 불가능하게 된 경우 제314조에 규정된 '사망·질병·외국거주·소재불명 그밖에 이에 준하는 사유로 인하여 진술할 수 없는 때'에 해당한다.(대법원 1999.5.14. 99도202) [×]

0573 증인이 미국으로 출국하여 그곳에 거주하고 있음이 밝혀지고 또한 증인이 제1심 법원에 경위서를 제출하면서 장기간 귀국할 수 없음을 통보한 경우 제314조에 규정된 '사망·질병·외국거주·소재불명 그밖에 이에 준하는 사유로 인하여 진술할 수 없는 때'에 해당한다. O|×

[15 국가9급, 14 경찰채용] [Essential ★]

해설

대법원 2007.6.14. 2004도5561 신승남 검찰총장 사건 [O]

0574 일본에 거주하는 사람을 증인으로 채택하여 환문코자 하였으나 외무부로부터 현재 일본측에서 형사사건에 대하여는 양국 형법체계상의 상이함을 이유로 송달에 응하지 않고 있어 그 송달이 불가능하다는 취지의 회신을 받은 경우 제314조에 규정된 '사망·질병·외국거주·소재불명 그밖에 이에 준하는 사유로 인하여 진술할 수 없는 때'에 해당한다. O|×

[13 경찰승진, 12 법원9급] [Essential ★]

해설

대법원 1987.9.8. 87도1446 간첩 김병련 사건 [O]

0575 진술을 요할 자가 일정한 주거를 가지고 있더라도 법원의 소환에 계속 불응하고 구인하여도 구인장이 집행되지 않는 경우 제314조에 규정된 '사망·질병·외국거주·소재불명 그밖에 이에 준하는 사유로 인하여 진술할 수 없는 때'에 해당한다. O|X

[13 경찰승진, 12 법원9급] [Essential ★]

해설

대법원 1995.6.13. 95도523 [O]

0576 법정에 출석한 증인이 증언거부권을 행사하여 증언을 거부한 경우 제314조에 규정된 '사망·질병·외국거주·소재불명 그밖에 이에 준하는 사유로 인하여 진술할 수 없는 때'에 해당한다. O|X

[17 경찰승진, 16 변호사, 16 법원9급, 15 변호사, 15 국가9급, 15 법원9급, 14 변호사, 14 법원9급, 13 경찰승진, 13 법원9급, 12 경찰채용] [Essential ★]

해설

증인이 형사소송법에서 정한 바에 따라 정당하게 증언거부권을 행사하여 증언을 거부한 경우는 형사소송법 제314조의 '그 밖에 이에 준하는 사유로 인하여 진술할 수 없는 때'에 해당하지 않는다. (대법원 2012.5.17. 2009도6788 全合 법무법인 의견서 사건) [×]

0577 수사기관에서 진술한 참고인이 법정에서 증언을 거부하여 피고인이 반대신문을 하지 못한 경우 정당하게 증언거부권을 행사한 것이 아니라면 피고인이 증인의 증언거부 상황을 초래하였다는 등의 특별한 사정이 있더라도 형사소송법 제314조의 '그 밖에 이에 준하는 사유로 인하여 진술할 수 없는 때'에 해당하지 않는다. O|X

[22 경찰승진, 22 국가7급] [Superlative ★★★]

해설

수사기관에서 진술한 참고인이 법정에서 증언을 거부하여 피고인이 반대신문을 하지 못한 경우에는 정당하게 증언거부권을 행사한 것이 아니라도 피고인이 증인의 증언거부 상황을 초래하였다는 등의 특별한 사정이 없는 한 형사소송법 제314조의 '그 밖에 이에 준하는 사유로 인하여 진술할 수 없는 때'에 해당하지 않는다. 따라서 증인이 정당하게 증언거부권을 행사하여 증언을 거부한 경우와 마찬가지로 수사기관에서 그 증인의 진술을 기재한 서류는 증거능력이 없다.(대법원 2019.11.21. 2018도13945 全合 필로폰 매수인 증언거부사건) 피고인이 증인의 증언거부 상황을 초래하였다는 등의 특별한 사정이 있다면 형사소송법 제314조의 '그 밖에 이에 준하는 사유로 인하여 진술할 수 없는 때'에 해당할 수 있다. [×]

0578 원진술자가 공판정에서 진술을 한 경우라도 증인신문 당시 일정한 사항에 관하여 "기억이 나지 않는다"는 취지로 진술하여 그 진술의 일부가 재현 불가능하게 된 경우 제314조에 규정된 '사망·질병·외국거주·소재불명 그밖에 이에 준하는 사유로 인하여 진술할 수 없는 때'에 해당한다. O|X

[14 변호사, 13 경찰승진] [Essential ★]

해설

대법원 2006.4.14. 2005도9561 대전 관저동 여아 강간사건 [O]

0579 우리나라 법원의 형사사법공조 요청에 따라 미합중국 법원이 지명한 미합중국 검사가 작성한 피해자 및 공범에 대한 증언녹취서는 「형사소송법」 제312조 또는 제313조에 해당하는 조서 또는 서류로서, 원진술자가 공판기일에서 진술할 수 없는 때에는「형사소송법」 제314조에 의하여 증거능력을 인정할 수 있다. O|X

[17 국가7급] [Core ★★]

해설

대법원 1997.7.25. 97도 1351 [O]

0580 법원의 명령에 의하여 감정인이 작성한 감정서와 다른 피고인에 대한 형사사건의 공판조서는 제315조에 의해서 당연히 증거능력이 있다. O|X

[Core ★★]

해설

감정서는 공판준비나 공판기일에서의 감정인의 진술에 의하여 그 성립의 진정함이 증명된 때에는 증거로 할 수 있다.(제313조 제3항) 항에 관하여 작성한 문서(제315조 제1호). 다른 피고사건의 공판조서는 형사소송법 제315조 제3호의 문서로서 당연히 증거능력이 있다.(대법원 2005.1.14. 2004도6646 태권도연맹회장 횡령사건) [X]

0581 일본 하관(下關)세관서 통괄심리관 작성의 범칙물건감정서등본과 분석의뢰서 및 분석회답서 등본는 제315조에 의하여 당연히 증거능력이 인정된다. O|X

[16 경찰승진, 14 국가9급, 12 경찰채용] [Essential ★]

해설

대법원 1984.2.28. 83도3145 [O]

0582 성매매업소에서 영업에 참고하기 위하여 성매매 상대방에 관한 정보를 입력하여 작성한 메모리카드의 내용은 제315조에 의하여 당연히 증거능력이 인정된다. O|X

[15 경찰승진, 14 경찰승진, 14 국가9급, 13 경찰승진, 13 경찰채용, 12 경찰채용] [Essential ★]

해설

대법원 2007.7.26. 2007도3219 23-1 보통 사건 [O]

0583 변호사가 피고인에 대한 법률자문 과정에 작성하여 피고인에게 전송한 전자문서를 출력한 법률의 견서는 제315조 제2호에 의해 당연히 증거능력이 인정된다. O|X

[20 국가7급] [Core ★★]

해설

제315조 제2호가 적용되지 않아 당연히 증거능력이 인정된다고 할 수 있는 서류에 해당하지 않는다. (대법원 2012.5.17. 2009도6788 全合) [×]

0584 체포·구속인접견부는 특히 신용할 만한 정황에 의하여 작성된 문서로서 형사소송법 제315조 제2호, 제3호에 규정된 '당연히 증거능력이 있는 서류'에 해당된다. O|X

[16 국가9급] [Essential ★]

해설

체포·구속인접견부는 유치된 피의자가 죄증을 인멸하거나 도주를 기도하는 등 유치장의 안전과 질서를 위태롭게 하는 것을 방지하기 위한 목적으로 작성되는 서류로 보일 뿐이어서 형사소송법 제315조 제2, 3호에 규정된 당연히 증거능력이 있는 서류로 볼 수는 없다.(대법원 2012.10.25. 2011도 5459) [×]

0585 국립과학수사연구소장 작성의 감정의뢰회보서은 제315조에 의하여 당연히 증거능력이 인정된다. O|X

[13 경찰채용, 11 경찰채용] [Essential ★]

해설

대법원 1982.9.14. 82도1504 기소후 아버지 고소사건 [O]

0586 육군과학수사연구소 실험분석관이 작성한 감정서는 제315조에 의하여 당연히 증거능력이 인정된다. O|X

[16 경찰승진, 12 경찰채용, 11 경찰채용 [Core ★★]

해설

육군과학수사연구소 실험분석관이 작성한 감정서는 유죄의 증거로 할 수 있는 증거능력이 없다.(대법원 1976.10.12. 76도2960) [×]

0587 군의관이 작성한 진단서는 제315조에 의하여 당연히 증거능력이 인정된다. O|X

[14 경찰승진] [Essential ★]

해설

대법원 1972.6.13. 72도922 [O]

0588 의사가 작성한 진단서는 업무상 필요에 의하여 순서적, 계속적으로 작성되는 것이고 그 작성이 특히 신빙할 만한 정황에 의하여 작성된 문서이므로 당연히 증거능력이 인정되는 서류라고 할 수 있다. O|X

[18 국가9급] [Essential ★]

해설

의사가 작성한 진단서는 형사소송법 제315조 아니라 형사소송법 제313조 제1항·제2항이 적용되어 성립의 진정함이 증명되어야 증거능력이 인정된다.(대법원 1976.4.13. 76도500 참고) [×]

0589 주민들의 진정서사본은 제315조에 의하여 당연히 증거능력이 인정된다. O|X

[11 경찰채용] [Essential ★]

해설

주민들의 진정서 사본은 피고인이 증거로 함에 동의하지 않고 원본의 존재나 그 진정성립을 인정할 아무런 자료도 없을 뿐 아니라 형사소송법 제315조 제3호의 규정사유도 없으므로 이를 증거로 할 수 없다.(대법원 1983.12.13. 83도2613) [×]

0590 보험사기 사건에서 건강보험심사평가원이 수사기관의 의뢰에 따라 수사기관이 보내온 자료를 토대로 입원진료의 적정성에 대한 의견을 제시하는 내용의 '건강보험심사평가원의 입원 진료 적정성 여부 등 검토의뢰에 대한 회신'은 형사소송법 제315조에 의하여 당연히 증거능력이 인정된다. O|X

[18 법원9급] [Essential ★]

해설

사무처리 내역을 계속적, 기계적으로 기재한 문서가 아니라 범죄사실의 인정 여부와 관련 있는 어떠한 의견을 제시하는 내용을 담고 있는 문서는 형사소송법 제315조 제3호에서 규정하는 당연히 증거능력이 있는 서류에 해당한다고 볼 수 없으므로, 이른바 보험사기 사건에서 건강보험심 사평가원이 수사기관의 의뢰에 따라 그 보내온 자료를 토대로 입원진료의 적정성에 대한 의견을 제시하는 내용의 '건강보험심사평가원의 입원진료 적정성 여부 등 검토의뢰에 대한 회신'은 형사소송법 제315조 제3호의 '기타 특히 신용할 만한 정황에 의하여 작성된 문서'에 해당하지 않는다.(대법원 2017.12.5. 2017도12671 **건보심사평가원 회신자료 사건**) [×]

0591 다른 피고사건의 공판조서는 제315조에 의하여 당연히 증거능력이 인정된다. O|X

[14 변호사, 14 국가9급] [Core ★★]

해설

대법원 2005.1.14. 2004도6646 **김운용 태권도연맹회장 횡령사건** [O]

0592 법원이 구속피의자를 심문하고 그 진술을 기재한 구속적부심문조서는 제315조에 의하여 당연히 증거능력이 인정된다. O|X

[17 경간부, 15 경찰승진, 14 경찰승진, 14 경찰채용, 14 국가9급, 13 경찰승진, 13 경찰채용, 12 경찰채용, 12 법원9급, 11 경찰채용, 11 법원9급] [Essential ★]

해설

대법원 2004.1.16. 2003도5693 [O]

0593 군법회의 판결사본(교도소장이 교도소에 보관 중인 판결등본을 사본한 것)는 제315조에 의하여 당연히 증거능력이 인정돈!다. O|X

[13 경간부, 11 경찰채용] [Core ★★]

해설

대법원 1981.11.24. 81도2591 [O]

0594 피고인이 아닌 자 (공소제기 전에 피고인을 피의자로 조사하였거나 그 조사에 참여하였던 자를 포함한다)의 공판준비 또는 공판기일에서의 진술이 피고인의 진술을 그 내용으로 하는 것인 때에는 그 진술이 특히 신빙할 수 있는 상태하에서 행하여졌음이 증명된 때에 한하여 이를 증거로 할 수 있다. O|X

경찰승진, 14 경찰채용, 14 국가9급, 13 경간부, 13 국가9급, 12 경찰승진] [Core ★★]

해설

제316조 제1항 [O]

0595 피고인 아닌 자의 공판준비 또는 공판기일에서의 진술이 '피고인 아닌 타인의 진술'을 그 내용으로 하는 것인 때에는 원진술자가 사망, 질병 기타 사유로 인하여 진술할 수 없고 그 진술이 특히 신빙할 수 있는 상태하에서 행하여진 때에 한하여 이를 증거로 할 수 있는데, 여기서 말하는 '피고인 아닌 자'에는 공동피고인이나 공범자는 포함되지 아니한다. O|X

[15 경간부, 14 경찰승진, 12 경찰승진] [Superlative ★★★]

해설

피고인 아닌 자(甲)의 공판준비 또는 공판기일에서의 진술이 피고인 아닌 타인(乙)의 진술을 그 내용으로 하는 것인 때에는 원진술자가 사망, 질병, 외국거주, 소재불명 그 밖에 이에 준하는 사유로 인하여 진술할 수 없고 그 진술이 특히 신빙할 수 있는 상태하에서 행하여졌음이 증명된 때에 한하여 이를 증거로 할 수 있다고 규정하고 있고, 여기서 말하는 '피고인 아닌 자(乙)'라고 함은 제3자는 말할 것도 없고 공동피고인이나 공범자를 모두 포함한다고 해석된다.(대법원 2011.11.24. 2011도7173) [X]

0596 피해자인 원진술자가 법정에 출석하여 수사기관에서의 진술을 부인하는 취지로 증언을 하더라도, 원진술자의 진술을 내용으로 하는 조사자의 증언은 그 진술이 특히 신빙할 수 있는 상태하에서 행하여졌음이 증명된 때에 한하여 이를 증거로 할 수 있다. ○│×

[17 경간부, 14 경찰승진, 13 국가7급, 12 경간부, 11 국가9급] [Core ★★]

해설

원진술자가 법정에 출석하여 수사기관에서의 진술을 부인하는 취지로 증언을 한 이상 원진술자의 진술을 내용으로 하는 조사자의 증언은 증거능력이 없다.(대법원 2008.9.25. 2008도6985 서울 합정동 강간사건) [×]

0597 피고인 아닌 자의 진술을 그 내용으로 하는 전문진술이 기재된 조서는 형사소송법 제312조 또는 제314조의 규정에 따라 증거능력이 인정될 수 있는 경우에 해당하여야 함은 물론 형사소송법 제316조 제2항의 규정에 따른 요건을 갖추어야 예외적으로 증거능력이 있다. ○│×

[14 경간부, 12 변호사] [Core ★★]

해설

대법원 2010.7.8. 2008도7546 정윤재 청와대비서관 사건 [○]

0598 피고인 아닌 자의 진술을 그 내용으로 하는 전문진술이 기재된 조서는 재전문증거에 해당한다. ○│×

[22 경찰채용] [Core ★★]

해설

피고인 아닌 자의 진술을 그 내용으로 하는 전문진술이 기재된 조서는 형사소송법 제312조 또는 제314조에 따라 증거능력이 인정될 수 있는 경우에 해당하여야 함은 물론 형사소송법 제316조 제2항에 따른 요건을 갖추어야 예외적으로 증거능력이 있다.(대법원 2017.7.18. 2015도12981 대구 여대생 성폭행 스리랑카인 사건) 전문진술이 기재된 조서는 재전문증거 중에 재전문서류에 해당한다. 옳은 지문이다. [○]

0599 형사소송법 제316조에 규정된 '그 진술이 특히 신빙할 수 있는 상태하에서 행하여진 때'라 함은 그 진술을 하였다는 것에 허위개입의 여지가 거의 없고, 그 진술내용의 신빙성이나 임의성을 담보할 구체적이고 외부적인 정황이 있는 경우를 가리킨다. ○│×

[21 국가9급, 17 경찰승진, 17 경간부, 14 경찰승진, 12 경찰승진, 12 경간부, 11 국가9급] [Essential ★]

해설

대법원 2012.5.24. 2010도5948 대전동거남폭행치사사건, 대법원 2014.4.30. 2012도725 부산 저축은행 전직원 공갈사건 [○]

0600 형사소송법 제314조의 '특히 신빙할 수 있는 상태하에서 행하여졌음에 대한 증명'은 단지 그러할 개연성이 있다는 정도로는 부족하고 합리적인 의심의 여지를 배제할 정도에 이르러야 하고, 이러한 법리는 원진술자의 소재불명 등을 전제로 하고 있는 형사소송법 제316조 제2항의 '특신상태'에 관한 해석에도 그대로 적용된다. O|X

[18 국가9급] [Essential ★]

해설

대법원 2014.4.30. 2012도725 부산저축은행 전직원 공갈사건 [O]

0601 재전문진술이나 재전문진술을 기재한 조서라도 전문법칙의 예외규정인 형사소송법 제316조 규정에 따라서 그 증거능력이 인정될 수 있다. O|X

[17 경찰승진, 17 경간부, 16 경간부, 14 경찰승진, 14 경간부, 14 경찰채용, 13 경찰승진, 12 변호사, 12 경찰승진, 12 경간부, 12 법원9급, 11 국가9급] [Core ★★]

해설

형사소송법은 전문진술에 대하여 제316조에서 실질상 단순한 전문의 형태를 취하는 경우에 한하여 예외적으로 그 증거능력을 인정하는 규정을 두고 있을 뿐 재전문진술이나 재전문진술을 기재한 조서에 대하여는 달리 그 증거능력을 인정하는 규정을 두고 있지 아니하고 있으므로, 피고인이 증거로 하는 데 동의하지 아니하는 한 형사소송법 제310조의2의 규정에 의하여 이를 증거로 할 수 없다.(대법원 2012.5.24. 2010도5948 대전 동거남 폭행치사사건) [X]

0602 성폭력 피해아동이 어머니에게 진술한 내용을 어머니가 상담원에게 전한 후 상담원이 그 내용을 검사 면전에서 진술하여 작성된 진술조서는 이른바 '재전문진술을 기재한 조서'로서 피고인이 동의하지 않는 한 증거능력이 인정되지 않는다. O|X

[22 경찰승진] [Core ★★]

해설

형사소송법은 전문진술에 대하여 제316조에서 실질상 단순한 전문의 형태를 취하는 경우에 한하여 예외적으로 그 증거능력을 인정하는 규정을 두고 있을 뿐 재전문진술이나 재전문진술을 기재한 조서에 대하여는 달리 그 증거능력을 인정하는 규정을 두고 있지 아니하고 있으므로 피고인이 증거로 하는 데 동의하지 아니하는 한 형사소송법 제310조의2의 규정에 의하여 이를 증거로 할 수 없다.(대법원 2000.3.10. 2000도159 성룡이 아저씨 사건) [O]

0603 甲이 乙로부터 들은 피고인 A의 진술내용을 수사기관이 진술조서에 기재하여 증거로 제출하였다면, 그 진술조서 중 피고인 A의 진술을 기재한 부분은 乙이 증거로 하는 데 동의하지 않는 한 「형사소송법」 제310조의2의 규정에 의하여 이를 증거로 할 수 없다. O|X

[21 경찰채용] [Superlative ★★★]

해설

재전문진술이나 재전문진술을 기재한 조서에 대하여는 달리 그 증거능력을 인정하는 규정을 두고 있지 아니하고 있으므로 피고인이 증거로 하는 데 동의하지 아니하는 한 이를 증거로 할 수 없다. (대법원 2012.5.24. 2010도5948 대전동거남폭행치사사건) 지문의 진술조서는 재전문진술을 기재한 조서이므로 (A → 乙 → 甲 → 수사기관 조서 작성) 피고인 A가 증거로 하는 데 동의하지 아니하는 한 이를 증거로 할 수 없다. [X]

0604 수사기관이 아닌 사인이 피고인 아닌 사람과의 대화내용을 녹음한 녹음테이프에 증거능력을 부여하기 위해서는, 첫째 녹음테이프가 원본이거나 원본으로부터 복사한 사본일 경우에는 복사과정에서 편집되는 등의 인위적 개작 없이 원본의 내용 그대로 복사된 사본일 것, 둘째 형사소송법 제313조 제1항에 따라 공판준비나 공판기일에서 원진술자의 진술에 의하여 그 녹음테이프에 녹음된 각자의 진술내용이 자신이 진술한 대로 녹음된 것이라는 점이 인정되어야 할 것이다. O|X

[16 국가7급, 16 국가9급, 15 변호사, 14 변호사, 14 경찰채용] [Superlative ★★★]

해설

대법원 2011.9.8. 2010도7497 정신병이 있었다고 하더라 사건 [O]

0605 사인(私人)이 녹음한 녹음테이프의 검증조서 기재 중 피고인의 진술내용을 증거로 하기 위해서는 피고인이 내용을 인정하여야 한다. O|X

[16 국가9급] [Essential ★]

해설

(1) 녹음테이프에 대하여 실시한 검증의 내용은 녹음테이프에 녹음된 대화의 내용이 검증조서에 첨부된 녹취서에 기재된 내용과 같다는 것에 불과하여 증거자료가 되는 것은 여전히 녹음테이프에 녹음된 대화의 내용이라 할 것인바, 그 중 피고인의 진술내용은 실질적으로 형사소송법 제311조, 제312조 규정 이외에 피고인의 진술을 기재한 서류와 다를 바 없으므로, 피고인이 그 녹음테이프를 증거로 할 수 있음에 동의하지 않은 이상 그 녹음테이프 검증조서의 기재 중 피고인의 진술내용을 증거로 사용하기 위해서는 (2) 형사소송법 제313조 제1항 단서에 따라 공판준비 또는 공판기일에서 그 작성자인 고소인의 진술에 의하여 녹음테이프에 녹음된 피고인의 진술내용이 피고인이 진술한 대로 녹음된 것이라는 점이 증명되고 그 진술이 특히 신빙할 수 있는 상태하에서 행하여진 것으로 인정되어야 한다.(대법원 2001.10.9. 2001도3106 강간당했다 변명 사건) [×]

0606 압수물인 디지털 저장매체로부터 출력한 문건을 증거로 사용하기 위해서는 디지털 저장매체 원본에 저장된 내용과 출력한 문건의 동일성이 인정되어야 하고, 이를 위해서는 디지털 저장 매체 원본이 압수시부터 문건 출력시까지 변경되지 않았음이 담보되어야 한다. O|X

[17 경간부, 16 경찰승진, 16 법원9급, 15 변호사, 15 경찰채용, 14 경찰채용, 12 변호사] [Essential ★]

해설

대법원 2013.6.13. 2012도16001 이언주 의원 선거사무장사건 [O]

제4절 증거동의와 탄핵증거

0607 검사와 피고인이 증거로 할 수 있음을 동의한 서류 또는 물건은 법원이 진정한 것으로 인정한 때에는 증거로 할 수 있다. O|X

[13 변호사, 13 경찰승진, 12 변호사, 12 경간부, 11 국가9급] [Essential ★]

해설

제318조 제1항 [O]

0608 증거동의는 전문증거 금지의 원칙에 대한 예외로서 반대신문권을 포기하겠다는 피고인의 의사표시에 의하여 서류 또는 물건의 증거능력을 부여하려는 규정이다. O|X

[13 국가7급, 11 국가9급] [Core ★★]

해설

대법원 1983.3.8. 82도2873 이철희·장영자사건 [O]

0609 서류의 기재내용이 가분적인 경우에는 서류의 일부에 대한 증거동의도 가능하다. O|X

[22 국가9급] [Essential ★]

해설

증거동의는 증거가 가분적인 경우에는 일부동의도 가능하다. [O]

0610 피고인의 변호인이 증거 부동의 의견을 밝힌 고발장을 첨부문서로 포함하고 있는 검찰주사보 작성의 수사보고가 수사기관이 첨부한 자료를 통하여 얻은 인식·판단·추론이거나 자료의 단순한 요약에 불과하더라도 피고인이 증거에 동의하여 증거조사가 행하여졌다면 그 수사보고에 대한 증거동의의 효력은 첨부된 고발장에도 당연히 미친다고 볼 것이므로 이를 유죄의 증거로 삼을 수 있다. O|X

[22 경찰채용] [Core ★★]

해설

뇌물공여자가 작성한 고발장에 대하여 피고인의 변호인이 증거 부동의 의견을 밝히고, 고발장을 첨부문서로 포함하고 있는 검찰주사보 작성의 수사보고에 대하여는 증거에 동의하여 증거조사가 행하여졌는데, 수사보고에 대한 증거동의가 있다는 이유로 아무런 지적 없이 그에 첨부된 고발장까지 증거로 채택해 두었다가 판결을 선고하는 단계에 이르러 이를 유죄 인정의 증거로 삼은것은 실질적 적법절차의 원칙에 비추어 수긍할 수 없다. 결국 수사보고에 첨부된 고발장은 적법 한 증거신청·증거결정·증거조사의 절차를 거쳤다고 볼 수 없거나 공소사실을 뒷받침하는 증명력을 가진 증거가 아니므로 이를 유죄의 증거로 삼을 수 없다.(대법원 2011.7.14. 2011도3809 해병대 소령 수뢰사건) [X]

0611 경찰관이 현행범인 체포 당시 피의자로부터 임의제출방식으로 압수한 휴대전화기에 대하여 작성한 압수조서 중 압수경위란에 피의자의 범행을 목격한 사람의 진술이 기재된 경우 이는 형사소송법 제312조 제5항에서 정한 '피고인이 아닌 자가 수사과정에서 작성한 진술서'에 준하는 것으로 볼 수 있지만, 휴대전화기에 대한 임의제출절차가 적법하지 않다면 위 압수조서에 기재된 피의자의 범행을 목격한 사람의 진술 역시 피의자가 증거로 함에 동의하더라도 유죄를 인정하기 위한 증거로 사용할 수 없다. O|X

[22 경찰승진] [Essential ★]

해설

휴대전화기에 대한 압수조서 중 '압수경위'란에 기재된 내용은 피고인이 공소사실과 같은 범행을 저지르는 현장을 직접 목격한 사람의 진술이 담긴 것으로서 형사소송법 제312조 제5항에서 정한 '피고인이 아닌 자가 수사과정에서 작성한 진술서'에 준하는 것으로 볼 수 있고, 이에 따라 휴대전화기에 대한 임의제출절차가 적법하였는지 여부에 영향을 받지 않는 별개의 독립적인 증거에 해당하므로 피고인이 증거로 함에 동의한 이상 유죄를 인정하기 위한 증거로 사용할 수 있다.(대법원 2019.11.14. 2019도13290 지하철몰카사건Ⅰ) [×]

0612 증거로 함에 대한 동의의 주체는 소송주체인 당사자라 할 것이지만 변호인은 피고인의 명시한 의사에 반하지 아니하는 한 피고인을 대리하여 증거로 함에 동의할 수 있다. O|X

[16 경찰채용, 16 국가7급, 13 경찰승진, 12 변호사, 12 경찰승진, 12 경간부, 12 국가7급, 11 국가9급, 11 법원9급] [Essential ★]

해설

대법원 2005.4.28. 2004도4428 [O]

0613 피고인이 출석한 공판기일에서 증거로 함에 부동의한다는 의견이 진술된 경우라도 그 후 피고인이 출석하지 아니한 공판기일에 변호인만이 출석하여 종전 의견을 번복하여 증거로 함에 동의하였다면 이는 특별한 사정이 없는 한 효력이 있다. O|X

[22 경찰채용, 16 경찰채용, 15 국가9급, 14 경찰채용, 13 국가9급] [Core ★★]

해설

(1) 증거동의의 주체는 소송주체인 검사와 피고인이고, 변호인은 피고인을 대리하여 증거동의에 관한 의견을 낼 수 있을 뿐이므로 피고인의 명시한 의사에 반하여 증거로 함에 동의할 수는 없다. (2) 피고인이 출석한 공판기일에서 증거로 함에 부동의한다는 의견이 진술된 경우에는 그 후 피고인이 출석하지 아니한 공판기일에 변호인만이 출석하여 종전 의견을 번복하여 증거로 함에 동의하였다 하더라도 이는 특별한 사정이 없는 한 효력이 없다. (대법원 2013.3.28. 2013도3) [×]

0614 피고인이 신청한 증인의 증언이 피고인 아닌 타인의 진술을 그 내용으로 하는 전문진술이라 하더라도 피고인이 그 증언에 대하여 "별 의견이 없다"고 진술하였다면 그 증언을 증거로 함에 동의한 것으로 볼 수 있으므로 증거능력이 있다. O|X

[16 국가7급] [Essential ★]

해설

대법원 1983.9.27. 83도516 [O]

0615 피고인이 공소사실을 부인하고 있는 상황에서 검사가 신청한 증인의 법정진술이 전문증거로서 증거능력이 없는 경우 피고인 또는 변호인에게 의견을 묻는 등의 적절한 방법으로 그러한 사정에 대하여 고지가 이루어지지 않은 채 증인신문이 진행되었다면, 피고인이 그 증거조사 결과에 대하여 별 의견이 없다고 진술하였더라도 증인의 법정증언을 증거로 삼는 데에 동의한 것으로 볼 수 없다. O|X

[22 경찰차용] [Core ★★]

해설

피고인이 공소사실을 부인하고 있는 상황에서 검사가 신청한 증인의 법정진술이 전문증거로서 증거능력이 없는 경우 피고인 또는 변호인에게 의견을 묻는 등의 적절한 방법으로 그러한 사정에 대하여 고지가 이루어지지 않은 채 증인신문이 진행되었다면, 피고인이 그 증거조사 결과에 대하여 별 의견이 없다고 진술하였더라도 증인의 법정증언을 증거로 삼는 데에 동의한 것으로 볼 수 없다.(대법원 2019.11.14. 2019도11552 새마을금고 이사장 선거사건) [O]

0616 증거동의는 개개의 증거에 대하여 개별적으로 이루어져야 하므로 "검사가 제시한 모든 증거에 대하여 증거로 함에 동의한다"는 방식의 포괄적 증거동의는 그 효력이 없다. O|X

[16 국가7급, 13 국가7급] [Essential ★]

해설

피고인들의 의사표시가 하나 하나의 증거에 대하여 형사소송법상의 증거조사방식을 거쳐 이루어진 것이 아니라 "검사가 제시한 모든 증거에 대하여 증거로 함에 동의한다"는 방식으로 이루어진 것이라 하여 그 효력을 부정할 이유가 되지 못한다.(대법원 1983.3.8. 82도2873 이철희 · 장영자 사건) [×]

0617 피고인의 출정없이 증거조사를 할 수 있는 경우에 피고인이 출정하지 아니한 때에는 증거동의가 있는 것으로 간주한다. 이는 대리인 또는 변호인이 출정한 경우에도 동일하다. O|X

[16 변호사, 12 경간부, 12 경찰채용, 11 법원9급] [Core ★★]

해설

피고인의 출정없이 증거조사를 할 수 있는 경우에 피고인이 출정하지 아니한 때에는 증거동의가 있는 것으로 간주한다. 단, 대리인 또는 변호인이 출정한 때에는 예외로 한다.(제318조 제2항) [×]

0618 피고인이 공소사실 및 이를 뒷받침하는 수사기관이 원진술자의 진술을 기재한 조서 내용을 부인하였음에도 불구하고 원진술자의 법정 출석과 피고인에 의한 반대신문이 이루어지지 못하였다면 그 조서는 진정한 증거가치를 가진 것으로 인정받을 수 없어 원칙적으로 이를 주된 증거로 하여 공소사실을 인정할 수 없지만 수사기관의 조서를 증거로 함에 피고인이 동의한 경우에는 그러하지 아니하다. O|X

[12 경찰승진, 12 경찰채용] [Core ★★]

해설

피고인이 공소사실 및 이를 뒷받침하는 수사기관이 원진술자의 진술을 기재한 조서 내용을 부인하였음에도 불구하고, 원진술자의 법정 출석과 피고인에 의한 반대신문이 이루어지지 못하였다면 그 조서는 진정한 증거가치를 가진 것으로 인정받을 수 없는 것이어서 이를 주된 증거로 하여 공소사실을 인정하는 것은 원칙적으로 허용될 수 없다. 이는 원진술자의 사망이나 질병 등으로 인하여 원진술자의 법정 출석 및 반대신문이 이루어지지 못한 경우는 물론 수사기관의 조서를 증거로 함에 피고인이 동의한 경우에도 마찬가지이다.(대법원 2006.12. 8. 2005도9730 대전 유성구 가요주점 사건) [X]

0619 약식명령에 불복하여 정식재판을 청구한 피고인이 정식재판절차에서 2회 불출정하여 법원이 피고인의 출정 없이 증거조사를 하는 경우라도 형사소송법 제318조 제2항에 따른 피고인의 증거동의가 간주된다고 할 수 없다. O|X

[17 경찰승진, 14 경찰채용, 13 경찰승진, 13 국가7급, 13 국가9급, 12 변호사, 12 경찰승진] [Essential ★]

해설

약식명령에 불복하여 정식재판을 청구한 피고인이 정식재판절차에서 2회 불출정하여 법원이 피고인의 출정 없이 증거조사를 하는 경우에 형사소송법 제318조 제2항에 따른 피고인의 증거동의가 간주된다.(대법원 2010.7.15. 2007도5776) [X]

0620 간이공판절차의 결정이 있는 사건에 있어서는 전문증거에 대하여 당사자의 동의가 있는 것으로 간주한다. 단 검사, 피고인 또는 변호인이 증거로 함에 이의가 있는 때에는 그러하지 아니하다. O|X

[14 변호사, 13 변호사] [Core ★★]

해설

제318조의3 [O]

0621 증거동의의 의사표시는 증거조사가 완료되기 전까지 취소 또는 철회할 수 있으나, 일단 증거 조사가 완료된 뒤에는 취소 또는 철회가 인정되지 아니하므로 취소 또는 철회 이전에 이미 취득한 증거능력은 상실되지 않는다. O|X

[16 경찰승진, 16 경간부, 16 경찰채용, 16 국가7급, 14 경찰채용, 13 국가9급, 12 경간부, 12 국가7급, 11 법원9급] [Essential ★]

해설

대법원 2010.7.8. 2008도7546 정윤재 청와대비서관사건 [O]

0622 탄핵증거는 범죄사실을 인정하는 증거가 아니므로 그것이 증거서류이던 진술이던간에 유죄 증거에 관한 소송법상의 엄격한 증거능력을 요하지 아니한다. O|X

[16 경찰채용, 16 법원9급, 14 경찰채용, 12 경간부, 11 경찰승진] [Core ★★]

해설

대법원 1985.5.14. 85도441 [O]

0623 검사가 피고인의 부인진술을 탄핵하기 위해 신청한 체포·구속인접견부 사본은 피고인의 진술의 증명력을 다투기 위한 탄핵증거가 될 수 있다. O|X

[16 법원9급] [Superlative ★★★]

해설

(1) 탄핵증거는 진술의 증명력을 감쇄하기 위하여 인정되는 것이고 범죄사실 또는 그 간접사실의 인정의 증거로서는 허용되지 않는다. (2) 원심이, 검사가 탄핵증거로 신청한 체포·구속인접견부 사본은 피고인의 부인진술을 탄핵한다는 것이므로 결국 검사에게 입증책임이 있는 공소사실 자체를 입증하기 위한 것에 불과하므로 형사소송법 제318조의2 제1항 소정의 피고인의 진술의 증명력을 다투기 위한 탄핵증거로 볼 수 없다는 이유로 그 증거신청을 기각한 것은 정당하다.(대법원 2012.10.25. 2011도5459) [X]

0624 증인의 법정진술은 탄핵의 대상이 되나 피고인의 법정진술은 탄핵의 대상이 되지 아니한다. O|X

[21 해경채용] [Core ★★]

해설

형사소송법 제312조부터 제316조까지의 규정에 따라 증거로 할 수 없는 서류나 진술이라도 공판준비 또는 공판기일에서의 피고인 또는 피고인이 아닌 자의 진술의 증명력을 다투기 위하여 증거로 할 수 있다.(제318조의2 제1항) [X]

0625 유죄의 자료가 되는 것으로 제출된 증거의 반대증거인 서류 및 진술에 대하여는 그것이 유죄 사실을 인정하는 증거가 아니므로 그 진정성립이 증명되지 아니하거나 전문증거로서 상대방이 증거로 함에 동의를 한 바 없었다고 하여도 증명력을 다투기 위한 자료로 삼을 수는 있다. O|X

[16 경간부, 16 경찰채용, 16 국가7급, 13 경찰승진, 12 경찰승진, 12 법원9급] [Core ★★]

해설

대법원 1981.12.22. 80도1547 [O]

0626 사법경찰리 작성의 피고인에 대한 피의자신문조서와 피고인이 작성한 자술서들은 피고인이 각 그 내용을 부인하는 이상 증거능력이 없으므로, 그러한 증거는 피고인의 법정에서의 진술을 탄핵하기 위한 반대증거로도 사용할 수 없다. ○│×

[16 법원9급, 14 경찰채용, 13 경찰채용, 13 국가9급] [Core ★★]

해설

사법경찰리 작성의 피고인에 대한 피의자신문조서와 피고인이 작성한 자술서들은 모두 검사가 유죄의 자료로 제출한 증거들로서 피고인이 각 그 내용을 부인하는 이상 증거능력이 없으나, 그러한 증거라 하더라도 피고인의 법정에서의 진술을 탄핵하기 위한 반대증거로 사용할 수 있다.(대법원 1998.2.27. 97도1770 허인회 불고지죄 사건)

[×]

0627 검사가 유죄의 자료로 제출한 사법경찰리 작성의 피고인에 대한 피의자신문조서는 피고인이 그 내용을 부인하는 이상 증거능력이 없지만, 그것이 임의로 작성된 것이 아니라고 하더라도 피고인의 법정에서의 진술을 탄핵하기 위한 반대증거로는 사용할 수 있다. ○│×

[21 경찰채용] [Core ★★]

해설

사법경찰리 작성의 피고인에 대한 피의자신문조서는 피고인이 그 내용을 부인하는 이상 증거 능력이 없으나, 그것이 임의로 작성된 것이 아니라고 의심할 만한 사정이 없는 한 피고인의 법정에서의 진술을 탄핵하기 위한 반대증거로 사용할 수 있다.(대법원 2014.3.13. 2013도12507 김태환의원 비방사건) 피의자신문조서가 임의로 작성된 것이 아니라면 탄핵증거로 사용할 수 없다.

[×]

0628 탄핵증거는 범죄사실을 인정하는 증거가 아니므로 엄격한 증거조사를 거쳐야 할 필요가 없으므로, 법정에서 이에 대한 탄핵증거로서의 증거조사도 필요하지 않다. ○│×

[16 경찰채용, 14 경간부, 14 경찰채용, 13 경찰채용, 13 국가9급, 11 경찰채용] [Essential ★]

해설

탄핵증거는 범죄사실을 인정하는 증거가 아니므로 엄격한 증거조사를 거쳐야 할 필요가 없음은 형사소송법 제318조의2의 규정에 따라 명백하다고 할 것이나, 법정에서 이에 대한 탄핵증거로서의 증거조사는 필요하다.(대법원 1998.2.27. 97도1770 허인회 불고지죄 사건)

[×]

0629 탄핵증거의 제출에 있어서도 상대방에게 이에 대한 공격방어의 수단을 강구할 기회를 사전에 부여하여야 한다는 점에서 그 증거와 증명하고자 하는 사실과의 관계 및 입증취지 등을 미리 구체적으로 명시하여야 할 것이므로, 증명력을 다투고자 하는 증거의 어느 부분에 의하여 진술의 어느 부분을 다투려고 한다는 것을 사전에 상대방에게 알려야 한다. ○│×

[16 경찰채용, 15 경찰승진, 14 경찰채용, 13 경찰채용, 13 국가9급, 11 경찰채용] [Essential ★]

해설

대법원 2005.8.19. 2005도2617

[○]

0630 피고인 또는 피고인이 아닌 자의 진술을 내용으로 하는 영상녹화물도 공판준비 또는 공판기일에서의 피고인 또는 피고인이 아닌 자의 진술의 증명력을 다투기 위하여 증거로 할 수 있다. O|X

[17 경찰승진, 14 경간부, 13 경간부, 12 경찰채용, 11 경찰승진] [Core ★★]

해설

피고인 또는 피고인이 아닌 자의 진술을 내용으로 하는 영상녹화물은 피고인 또는 피고인이 아닌 자가 진술함에 있어서 기억이 명백하지 아니한 사항에 관하여 기억을 환기시켜야 할 필요가 있다고 인정되는 때에 한하여 피고인 또는 피고인이 아닌 자에게 재생하여 시청하게 할 수 있다. (제318조의2 제2항) 이 조문의 취지는 영상녹화물은 탄핵증거로 사용할 수 없고 기억환기용으로만 사용할 수 있다는 의미이다. [×]

제5절 자백의 보강법칙

0631 형사소송법 제310조의 '피고인의 자백'에는 '공범인 공동피고인의 진술'도 포함되므로 공범인 공동피고인(乙)의 진술은 다른 공동피고인(甲)에 대한 범죄사실을 인정하는 데 있어서 증거로 쓸 수 있지만 그에 대한 보강증거가 없다면 甲에 대하여 유죄판결을 선고할 수 없다. O|X

[16 경찰채용, 15 경찰승진, 14 경찰채용, 14 법원9급, 13 국가7급, 12 변호사, 12 경찰승진, 12 법원9급] [Core ★★]

해설

형사소송법 제310조의 '피고인의 자백'에는 공범인 공동피고인의 진술이 포함되지 아니하므로 공범인 공동피고인의 진술은 다른 공동피고인에 대한 범죄사실을 인정하는 데 있어서 증거로 쓸 수 있고 그에 대한 보강증거의 여부는 법관의 자유심증에 맡긴다.(대법원 1985.3.9. 85도951) [×]

0632 "피고인이 범행을 자인하는 것을 들었다"는 피고인 아닌 자의 진술 내용은 형사소송법 제310조의 피고인의 자백에 포함되지 아니하므로 이는 피고인의 자백의 보강증거로 될 수 있다. O|X

[16 경찰채용, 16 국가7급, 15 경찰채용, 15 법원9급, 14 경간부, 14 경찰채용, 14 국가9급, 14 법원9급, 13 변호사, 13 경찰승진, 13 경찰채용, 12 변호사, 12 경간부, 12 경찰채용, 12 국가9급, 11 경찰승진] [Essential ★]

해설

검사와 사법경찰관은 수사, 공소제기 및 공소유지에 관하여 서로 협력하여야 한다.(제195조 제1항) [×]

0633 "현대자동차 점거로 甲이 처벌받은 것은 학교측의 제보 때문이라 하여 그 보복으로 학교총장실을 침입·점거했다"는 자백에 대한 '피고인과 甲이 현대자동차 춘천영업소를 점거했다가 甲이 처벌받았다'는 취지의 증거 [주거침입죄]의 보강증거로 될 수 있다. O|X

[14 국가7급] [Essential ★]

해설

검사가 보강증거로서 제출한 증거의 내용이 피고인과 甲이 현대자동차 춘천영업소를 점거했다가 甲이 처벌받았다는 것이고, 피고인의 자백내용은 현대자동차 점거로 甲이 처벌받은 것은 학교측의 제보 때문이라 하여 피고인이 그 보복으로 학교총장실을 침입점거했다는 것이라면, 위 증거는 공소사실의 객관적 부분인 주거침입, 점거사실과는 관련이 없는 범행의 침입동기에 관한 정황증거에 지나지 않으므로 이는 보강증거가 될 수 없다.(대법원 1990.12.7. 90도2010) [×]

0634 뇌물공여의 상대방인 공무원이 뇌물을 수수한 사실을 부인하면서도 그 일시 경에 뇌물공여자를 만났던 사실 및 공무에 관한 청탁을 받기도 한 사실 자체는 시인하였다면, 이는 뇌물을 공여하였다는 뇌물공여자의 자백에 대한 보강증거가 될 수 있다. O|X

[16 경찰채용] [Core ★★]

해설

대법원 1995.6.30. 94도993 천기호 치안감 수뢰사건 [O]

0635 "내가 거주하던 다세대주택의 여러 세대에서 7건의 절도행위를 하였다"는 자백에 대한 '각 절취품의 압수조서 및 압수물 사진'의 존재. 다만, 이 중 4건은 범행장소인 구체적 호수가 특정되지 않았지만 위 4건에 관한 피고인의 진술이 매우 사실적·구체적·합리적인 경우 [절도죄]의 보강증거로 될 수 있다.

O|X

[17 경찰승진, 12 경간부, 12 경찰채용] [Essential ★]

해설

대법원 2008.5.29. 2008도2343 이웃집 잡범 사건 [O]

0636 자동차등록증에 차량의 소유자가 피고인으로 등록·기재된 것이 피고인이 그 차량을 운전하였다는 사실의 자백 부분에 대한 보강증거가 될 수 있고 결과적으로 피고인의 무면허운전이라는 전체 범죄사실의 보강증거로 충분하다. O|X

[16 경찰채용] [Essential ★]

해설

대법원 2000.9.26. 2000도2365 [O]

0637 2000.10.19. 채취한 소변에 대한 검사결과 메스암페타민 성분이 검출된 경우 위 소변검사결과는 2000.10.17. 메스암페타민을 투약하였다는 자백에 대한 보강증거가 될 수는 있지만, 각 투약행위에 대한 자백의 보강증거는 별개의 것이어야 하므로 같은 달 13. 메스암페타민을 투약하였다는 자백에 대한 보강증거는 될 수 없다. O|X

[22 변호사] [Core ★★]

해설

대구광역시 보건환경연구원장 작성의 시험성적서는 2000.10.19. 21:50경 피고인으로부터 채취한 소변을 검사한 결과 메스암페타민 성분이 검출되었다는 취지의 검사결과를 기재한 것이고, 그와 같은 검사결과에 의하여 검출된 메스암페타민 성분은 주로 피고인이 2000.10.17. 투약한 메스암페타민에 의한 것으로 보이기는 하지만, 피고인이 2000.10.13. 메스암페타민을 투약함으로 인하여 피고인의 체내에 남아 있던 메스암페타민 성분도 그에 포함되어 검출되었을 가능성을 배제할 만한 합리적 근거가 없으므로 소변검사결과가 오로지 2000.10.17. 투약행위로 인한 것이라기보다는 2000.10.13. 투약행위와 2000.10.17. 투약행위가 결합되어 나온 것으로 보아야 할 것이어서 그 결과는 각 투약행위에 대한 보강증거로 될 수 있다.(대법원 2002.1.8. 2001도1897) [X]

0638 피고인이 업무수행에 필요한 자금을 지출하면서 뇌물자금과 기타 자금을 구별하지 아니하고 그 지출 일시, 금액, 상대방 등 내역을 그때그때 계속적, 기계적으로 기입한 수첩의 기재 내용은 피고인의 뇌물공여 자백에 대한 보강증거가 될 수 있다. O|X

[16 경찰승진, 16 국가9급, 15 경찰승진, 14 변호사, 14 경간부, 13 경찰승진, 13 국가9급, 12 국가9급, 12 법원9급, 11 경찰채용, 11 국가9급] [Essential ★]

해설

대법원 1996.10.17. 94도2865 全合 뇌물수첩 사건 [O]

0639 공동피고인의 자백은 이에 대한 피고인의 반대신문권이 보장되어 있어 증인으로 신문한 경우와 다를 바 없으므로 독립한 증거능력이 있다. O|X

[16 경찰채용, 14 변호사, 13 국가7급, 11 국가9급] [Core ★★]

해설

대법원 2007.10.11. 2007도5577 [O]

0640 공범인 공동피고인의 진술은 다른 공동피고인에 대한 범죄사실을 인정하는 증거로 할 수 있는 것일 뿐만 아니라 공범인 공동피고인들의 각 진술은 상호간에 서로 보강증거가 될 수 있다. O|X

[21 법원9급, 16 경찰승진, 16 경찰채용, 16 국가9급, 15 경찰채용, 15 법원9급, 14 경간부, 14 법원9급, 13 변호사, 12 경찰승진, 12 경간부, 12 국가9급, 12 법원9급, 11 경찰승진, 11 국가9급] [Essential ★]

해설

대법원 1997.1.21. 96도2715 가포유원지 강도사건 [O]

0641 자백에 대한 보강증거는 범죄사실의 전부 또는 중요 부분을 인정할 수 있는 정도가 되지 아니하더라도 피고인의 자백이 가공적인 것이 아닌 진실한 것임을 인정할 수 있는 정도만 되면 족할 뿐만 아니라, 직접증거가 아닌 간접증거나 정황증거도 보강증거가 될 수 있고, 또한 자백과 보강증거가 서로 어울려서 전체로서 범죄사실을 인정할 수 있으면 유죄의 증거로 충분하다. O|X

[17 경찰승진, 16 경찰승진, 16 국가7급, 16 국가9급, 15 경찰채용, 15 법원9급, 14 경간부, 14 법원9급,13 변호사, 13 경찰승진, 13 경간부, 13 경찰채용, 12 경찰승진, 12 경간부, 12 경찰채용, 12 법원9급, 11 경찰채용, 11 국가9급, 11 법원9급] [Core ★★]

해설

대법원 2011 9.29. 2011도8015 [O]

0642 자백에 대한 보강증거는 피고인의 임의적인 자백사실이 가공적인 것이 아니고 진실하다고 인정될 정도의 증거이면 직접증거이거나 간접증거이거나 보강증거 능력이 있다 할 것이나 적어도 그 증거만으로 객관적 구성요건에 해당하는 사실을 인정할 수 있는 정도는 되어야 한다. O|X

[16 경찰채용] [Core ★★]

해설

자백에 대한 보강증거는 피고인의 임의적인 자백사실이 가공적인 것이 아니고 진실하다고 인정될 정도의 증거이면 직접증거이거나 간접증거이거나 보강증거능력이 있다 할 것이고, 반드시 그 증거만으로 객관적 구성요건에 해당하는 사실을 인정할 수 있는 정도의 것임을 요하는 것이 아니다.(대법원 1983.2.22. 82도3107) [×]

0643 고의와 같은 주관적 구성요건도 자백의 대상이 된다고 할 것이지만, 이는 피고인의 자백만으로는 인정할 수 없다. O|X

[11 경찰승진] [Essential ★]

해설

(1) 범의는 자백만으로 인정할 수 있다.(대법원 1961.8.16. 61도171) (2) 고의와 같은 주관적 구성요건도 자백의 대상이 된다고 할 것이므로 피고인이 필로폰 투약으로 인하여 정상적으로 운전하지 못할 우려가 있는 상태에 있었다는 구성요건도 자백의 대상이 된다.(대법원 2010.12.23. 2010도11272) [×]

0644 (누범에 있어) 전과에 관한 사실은 피고인의 자백만으로 이를 인정할 수 없다. O|X

[15 경간부, 14 법원9급, 13 경간부] [Essential ★]

해설

전과에 관한 사실은 엄격한 의미에서의 범죄사실과는 구별되는 것으로서 피고인의 자백만으로서도 이를 인정할 수 있다.(대법원 1979.8.21. 79도1528) [×]

0645 피고인 甲이 乙로부터 필로폰을 매수하면서 그 대금을 乙이 지정하는 은행계좌로 송금한 사실에 대한 압수·수색·검증영장 집행보고는 피고인 甲의 필로폰 매수행위와 실체적 경합범 관계에 있는 필로폰 투약행위에 대한 보강증거가 될 수 있다. O|X

[16 국가9급, 16 경찰승진, 13 경간부, 13 경찰채용, 12 국가9급] [Core ★★]

해설

실체적 경합범은 실질적으로 수죄이므로 각 범죄사실에 관하여 자백에 대한 보강증거가 있어야 하는바, '피고인 甲이 乙로부터 필로폰을 매수하면서 그 대금을 乙이 지정하는 은행계좌로 송금한 사실'에 대한 압수수색검증영장 집행보고는 필로폰 매수행위에 대한 보강증거는 될 수 있어도 그와 실체적 경합범 관계에 있는 필로폰 투약행위에 대한 보강증거는 될 수 없다.(대법원 2008.2.14. 2007도10937 대구 신천동 필로폰 투약사건) [×]

0646 피고인의 습벽을 범죄구성요건으로 하는 포괄일죄인 상습범에 있어서는 이를 구성하는 각 행위에 관하여 개별적으로 보강증거가 필요한 것은 아니다. O|X

[15 경간부, 13 경찰승진, 13 경간부, 12 경찰채용, 11 경찰승진, 11 법원9급] [Core ★★]

해설

피고인의 습벽을 범죄구성요건으로 하는 포괄일죄인 상습범에 있어서도 이를 구성하는 각 행위에 관하여 개별적으로 보강증거가 필요하다.(대법원 1996.2.13. 95도1794) [×]

0647 보강증거가 없이 피고인의 자백만을 근거로 공소사실을 유죄로 판단한 경우에는 그 자체로 판결 결과에 영향을 미친 위법이 있는 것으로 보아야 한다. O|X

[15 경찰채용] [Core ★★]

해설

대법원 2007.11.29. 2007도7835 [O]

제6절 공판조서의 증명력

0648 공판조서의 기재가 명백한 오기나 착오에 의한 경우를 제외하고는 공판기일의 소송절차로서 공판조서에 기재된 것은 조서만으로써 증명하여야 하고, 그 증명력은 공판조서 이외의 자료에 의한 반증이 허용되지 않는 절대적인 것이다. O|X

[12 경간부, 12 법원9급, 11 국가9급, 11 법원9급] [Core ★★]

해설

대법원 2010.12.9. 2007도10121 강정구 교수 사건 [O]

0649 공판조서의 기재가 명백한 오기인지 여부는 당해 공판조서만으로 판단할 것이고, 다른 자료를 참작해서는 아니된다. O|X

[Essential ★]

해설

공판조서의 기재가 명백한 오기인지 여부는 원칙적으로는 공판조서만으로 판단하여야 할 것이지만, 공판조서가 아니더라도 당해 공판절차에 제출되어 공판기록에 편철되거나 법원이 직무상 용이하게 확인할 수 있는 자료 중에서 신빙성 있는 객관적 자료에 의하여 판단을 할 수 있다.(대법원 2010.7.22. 2007도3514) [×]

Chapter 03 | 공소의 제기

제1절 공소제기의 방식과 효과

0650 검사가 자의적으로 공소권을 행사하여 피고인에게 실질적인 불이익을 줌으로써 소추재량권을 현저히 일탈하였다고 보여지는 경우에 이를 공소권의 남용으로 보아 공소제기의 효력을 부인할 수 있는 것이고, 여기서 자의적인 공소권의 행사라 함은 단순히 직무상의 과실에 의한 것만으로는 부족하고 적어도 미필적이나마 어떤 의도가 있어야 한다. O|X

[16 경간부, 14 경찰승진, 14 경간부, 13 국가9급] [Essential ★]

해설

대법원 2014.12.24. 2014도10199 한수원 원전 납품비리 사건 [O]

0651 검사가 종전에 기소유예처분을 한 피의사실에 대하여 이를 번복할 만한 사정변경이 없었음에도 4년 여가 지난 시점에 다시 기소하였고, 검사가 공소권을 자의적으로 행사하여 소추재량권을 현저히 일탈하였다고 볼 수 있다면 공소기각의 판결을 하여야 한다. O|X

[22 국가7급] [Core ★★]

해설

대법원 2021.10.14. 2016도14772 4년만에 기소사건 [O]

0652 검사가 공소사실의 일부가 되는 범죄일람표를 컴퓨터 프로그램을 통하여 열어보거나 출력할 수 있는 전자적 형태의 문서로 작성한 후, 종이문서로 출력하여 제출하지 아니하고 위 전자적 형태의 문서가 저장된 저장매체 자체를 서면인 공소장에 첨부하여 제출한 경우, 그 신청의 효력은 전자적 형태의 문서 부분까지 미친다. O|X

[18 경간부, 17 국가7급] [Core ★★]

해설

서면인 공소장에 기재된 부분에 한하여 공소가 제기된 것으로 볼 수 있을뿐이고, 위 저장매체에 저장된 전자적 형태의 문서 부분까지 공소가 제기된 것이라고 할 수는 없다. 이러한 법리는 검사가 공소장변경허가신청서에 의한 공소장변경 허가를 구하면서 변경하려는 공소사실을 전자적 형태의 문서로 작성하여 그 문서가 저장된 저장매체를 첨부한 경우에도 마찬가지로 적용된다.(대법원 2016.12.15. 2015도3682) [X]

0653 공소장에 검사의 간인이 없으나 공소장의 형식과 내용이 연속된 것으로 일체성이 인정되고 동일한 검사가 작성하였다고 인정되는 경우라고 하더라도 그 공소장은 형사소송법 제57조 제2항에 위반되어 효력이 없는 서류이고, 이러한 공소장 제출에 의한 공소제기는 그 절차가 형사소송법 제327조 제2호에 위반하여 무효인 때에 해당한다. O|X

[22 법원9급] [*Core* ★★]

해설

공소장에 검사의 간인이 없더라도 그 공소장의 형식과 내용이 연속된 것으로 일체성이 인정되고 동일한 검사가 작성하였다고 인정되는 한 그 공소장을 형사소송법 제57조 제2항에 위반되어 효력이 없는 서류라고 할 수 없다. 이러한 공소장 제출에 의한 공소제기는 그 절차가 법률의 규정에 위반하여 무효인 때에 해당한다고 할 수 없다. (대법원 2021.12.30. 2019도16259 간인누락공소장사건) [X]

0654 공소장에 기재된 수개의 공소사실이 서로 동일성이 없고 실체적 경합관계에 있는 경우에 그 일부를 소추대상에서 철회하려면 공소취소가 아니라 공소장변경의 방식에 의하여야 한다. O|X

[12 경찰승진] [*Core* ★★]

해설

공소장에 기재된 수개의 공소사실이 서로 동일성이 없고 실체적 경합관계에 있는 경우에 그 일부를 소추대상에서 철회하려면 공소장변경의 방식에 의할 것이 아니라 공소의 일부 취소절차에 의하여야 한다.(대법원 1992.4.24. 91도1438) [X]

0655 실체적 경합관계에 있는 수개의 공소사실 중 어느 한 공소사실을 전부 철회하는 검찰관의 공소장변경신청이 있는 경우 이것이 그 부분의 공소를 취소하는 취지가 명백하다면 이를 공소취소로 보아 공소기각결정을 하여야 한다. O|X

[14 법원9급, 13 법원9급] [Essential ★]

해설

대법원 1992.4.24. 91도1438 [O]

0656 상습범에 있어서 공소제기의 효력은 공소가 제기된 범죄사실과 동일성이 인정되는 범죄사실 전체에 미치는데, 이 경우 공소제기의 효력이 미치는 시적 범위는 검사의 공소제기시를 기준으로 삼아야 한다. O|X

[17 경간부] [*Core* ★★]

해설

상습범에 있어서 공소제기의 효력은 공소가 제기된 범죄사실과 동일성이 인정되는 범죄사실 전체에 미치는 것이며 또한 공소제기의 효력이 미치는 시적 범위는 사실심리의 가능성이 있는 최후의 시점인 판결 선고시를 기준으로 삼아야 할 것이므로 검사가 일단 상습사기죄로 공소제기한 후 그 공소의 효력이 미치는 위 기준시까지의 사기행위 일부를 별개의 독립된 상습사기죄로 공소제기를 하는 것은 비록 그 공소사실이 먼저 공소제기를 한 상습사기의 범행 이후에 이루어진 사기 범행을 내용으로 한 것일지라도 공소가 제기된 동일사건에 대한 이중기소에 해당되어 허용될 수 없다.(대법원 2004.8.20. 2004도3331 상습무전취식 사건) [X]

0657 공소는 판결확정 전까지 취소할 수 있다. O|X

[구 경간부, 15 법원9급, 14 법원9급, 11 법원9급] [Core ★★]

해설

공소취소는 제1심 판결선고 전까지 할 수 있다.(제255조 제1항) [X]

0658 제1심판결이 선고된 이상 동 판결이 확정되어 이에 대한 재심소송절차가 진행 중에 있다 하여도 공소취소를 할 수 없다. O|X

[14 법원9급, 13 법원9급] [Core ★★]

해설

대법원 1976.12.28. 76도3203 [O]

0659 공소취소는 이유를 기재한 서면으로 하여야 하고, 구술에 의한 공소취소는 허용되지 아니 한다. O|X

[15 법원9급, 13 경찰승진, 13 법원9급, 11 법원9급] [Core ★★]

해설

공소취소는 이유를 기재한 서면으로 하여야 한다. 단 공판정에서는 구술로써 할 수 있다. (체255조 제2항) [X]

0660 공소취소에 의한 공소기각의 결정이 확정된 때에는 공소취소 후 그 범죄사실에 대한 다른 중요한 증거를 발견한 경우에 한하여 다시 공소제기를 할 수 있다. O|X

[17 경간부, 16 경간부, 15 법원9급] [Core ★★]

해설

제329조 [O]

0661 다른 중요한 증거를 발견하지 않았음에도 검사가 다시 공소를 제기한 경우 법원은 공소기각 결정을 고지하여야 한다. O|X

[15 법원9급, 13 법원9급] [Core ★★]

해설

법원은 공소기각판결을 선고하여야 한다.(제327조 제4호) [X]

0662 포괄일죄의 경우 그 죄의 일부를 구성하는 개개의 행위를 구체적으로 특정하여야 하므로 전체 범행의 시기와 종기, 범행방법, 범행횟수 또는 피해액의 합계 등을 명시한다고 하여 공소 사실이 특정된 것이라고 알 수 없다. O|X

[14 변호사, 11 국가7급] [Essential ★]

해설

포괄일죄에 있어서는 그 일죄를 구성하는 개개의 행위에 대하여 구체적으로 특정하지 아니 하더라도 그 전체 범행의 시기와 종기, 범행방법과 장소, 상대방, 범행횟수나 피해액의 합계 등을 명시하면 이로써 그 범죄사실은 특정되었다고 할 것이다.(대법원 2010.12.23. 2008도2182) [×]

0663 방조범의 공소사실을 기재함에 있어서는 그 전제가 되는 정범의 범죄구성을 충족하는 구체적 사실을 기재하여야 한다. O|X

[16 법원9급, 14 변호사, 14 경찰채용] [Essential ★]

해설

대법원 2001.12.28. 2001도5158 염산날부핀 판매사건 [O]

0664 문서의 위조 여부가 문제되는 사건에서 그 위조된 문서가 압수되어 현존하고 있는 이상, 그 범죄 일시와 장소, 방법 등은 범죄의 동일성 인정과 이중기소의 방지, 시효저촉 여부 등을 가름할 수 있는 범위에서 사문서의 위조사실을 뒷받침할 수 있는 정도로만 기재되어 있으면 충분하다. O|X

[16 경간부, 14 변호사] [Essential ★]

해설

대법원 2009.6.11. 2008도11042 이한정 의원사건 (同旨 대법원 2009.1.30. 2008도6950 신정아 사건) [O]

0665 살인죄에 있어 범죄의 일시장소와 방법은 범죄의 구성요건이 아닐 뿐만 아니라 이를 구체적으로 명확히 인정할 수 없는 경우에는 개괄적으로 설시하여도 무방하다. O|X

[15 경간부] [Core ★★]

해설

대법원 2008.3.27. 2008도507 애인 토막살해 사건 [O]

0666 업무상과실치상 공소사실 중 그 일부 피해자에 대하여 치료기간이 '미상'이라고 기재하고 있다고 하더라도, 치료기간은 필요적 기재사항이라고 할 수는 없는 것이니 공소사실은 모두 특정되어 있다 할 것이다. O|X

[15 경간부] [Core ★★]

해설

대법원 1984.3.13. 83도3006 버스 레이싱 사건 [O]

0667 공모공동정범에 있어서 실행정범의 인적사항이 적시되지 아니하고 범행일시나 장소가 명백히 표시되지 아니하였으나 그 공모관계, 실행정범의 실행행위가 모두 표시되어 있는 경우라면 공소사실이 특정되었다. ○│×

[14 경찰채용, 11 경찰승진] [Essential ★]

해설

대법원 1997.7.8. 97도632 [○]

0668 뇌물수수의 점에 관하여 '2억 원 상당'으로 기재하였다고 하더라도 공소사실에 기재된 다른 사항들에 의하여 공소사실을 특정할 수 있다면 공소제기의 효력에 영향이 없다. ○│×

[11 국가9급] [Core ★★]

해설

대법원 2010.4.29. 2010도2556 재건축조합장 2억 수뢰사건 [○]

0669 오락기 이용자가 게임에서 당첨이 되면 오락기에서 자동으로 그 당첨액수에 상응하는 상품권이 배출되는 방식의 위조유가증권을 행사한 죄에 있어서, 이에 관한 공소사실로써 상품권 사용일자의 범위와 장소, '경품용으로 지급'하였다는 용도 정도만을 기재한 것은 공소사실이 특정되었다고 보기 어렵다. ○│×

[11 국가9급] [Core ★★]

해설

오락기 이용자가 게임에서 당첨이 되면 오락기에서 자동으로 그 당첨액수에 상응하는 상품권 이 배출되는 방식의 위조유가증권을 행사한 죄에 있어서, 각각의 상품권 사용시에 몇 매가 함께 사용되었는지, 행사 상대방이 누구인지 등의 특정은 불가능하다고 보아야 하므로 이에 관한 공소 사실은 상품권 사용일자의 범위와 장소, '경품용으로 지급'하였다는 용도 정도를 특정하는 것으로 족하다.(대법원 2007.4.12. 2007도796 경품용으로 지급 사건) [×]

0670 "피고인은 2000. 11. 2.경부터 2001. 7. 2.경까지 사이에 인천 이하 불상지에서 향정신성의 약품인 메스암페타민 불상량을 불상의 방법으로 수 회 투약하였다."는 공소사실의 경우, 투약량은 물론 투약방법을 불상으로 기재하면서 그 투약의 일시와 장소마저 위와 같이 기재한 것만으로는 형사소송법 제254조 제4항의 요건에 맞는 구체적 사실의 기재라고 볼 수 없으므로, 이 부분 공소는 그 공소사실이 특정되었다고 할 수 없다. ○│×

[16 국가9급] [Core ★★]

해설

대법원 2002.9.27. 2002도3194 [○]

0671 피고인이 마약류취급자가 아니면서 201이년 1월에서 3월 사이 일자불상 03:00경 서산시 소재 상호불상의 모텔에서, 甲과 공모하여 여자 청소년 乙에게 메스암페타민(일명 필로폰)을 투약하였다고 하여 4구 마약류 관리에 관한 법률'(2011. 6. 7. 법률 제10786호로 개정되기 전의 것) 위반(향정)으로 기소된 사안에서, 위 공소사실이 투약 대상인 乙의 진술에 기초한 것이라고 하더라도 공소사실이 특정되었다고 볼 수 없다. ○|×

[16 경간부] [Core ★★]

해설

공소사실은 투약 대상인 乙의 진술에 기초한 것이라는 점에서 피고인에 대한 모발 등의 감정 결과에만 기초하여 공소사실을 기재한 경우와는 달리 볼 필요가 있고, 투약행위가 있었던 시기 전후하여 상당한 기간에는 공소사실의 구별을 곤란하게 하는 다른 유사한 내용의 투약행위가 존재할 가능성이 낮았기 때문에, 공소사실에서 일시나 장소가 다소 개괄적으로 기재되었다고 하더라도 공소사실의 기재가 다른 사실과 식별이 곤란하다거나 그로 인하여 피고인의 방어권 행사에 지장을 초래 할 정도라고는 보기 어렵다고 할 것이다.(대법원 2014.10.30. 2014도6107) [×]

0672 저작재산권 침해행위에 관한 공소사실의 특정은 침해 대상인 저작물 및 침해 방법의 종류, 형태 등 침해행위의 내용이 명확하게 기재되어 있어 피고인의 방어권 행사에 지장이 없는 정도이면 된다 할 것이고, 각 저작물의 저작재산권자가 누구인지 특정되어 있지 않다고 하여 공소사실이 특정되지 않았다고 볼 것은 아니다. ○|×

[21 해경승진, 20 경찰채용, 20 국가9급] [Core ★★]

해설

대법원 2016.12.15. 2014도1196 성명불상 저작권자 사건 [○]

0673 공소장에는 법령에 규정한 서류 외에 사건에 관하여 법원에 예단이 생기게 할 수 있는 서류 기타 물건을 첨부하거나 그 내용을 인용하여서는 아니된다. ○|×

[11 국가9급] [Essential ★]

해설

규칙 제118조 제2항 [○]

0674 살인, 방화 등의 경우 범죄의 직접적인 동기 또는 공소범죄사실과 밀접불가분의 관계에 있는 동기를 공소사실에 기재하는 것이 공소장일본주의 위반이 아님은 명백하고 설사 범죄의 직접적인 동기가 아닌 경우에도 동기의 기재는 공소장의 효력에 영향을 미치지 아니한다. ○|×

[14 경간부, 14 국가7급, 14 법원9급, 11 국가9급] [Core ★★]

해설

대법원 2007.5.11. 2007도748 보험금 편취 목적 딸 살해 사건 [○]

0675 공소장에 누범이나 상습범을 구성하지 않는 전과사실을 기재한 경우 공소장일본주의에 위반한다. O|X

[14 국가7급, 14 법원9급, 13 법원9급] [Core ★★]

해설

공소장에 누범이나 상습범을 구성하지 않는 전과사실을 기재하였다 하더라도 이는 피고인을 특정할 수 있는 사항에 속한다 할 것으로서 그 공소장기재는 적법하다.(대법원 1966.7.19. 66도793) [×]

0676 공소장의 공소사실 첫머리에 피고인이 전에 받은 '소년부송치처분과 직업 없음'을 기재한 경우 공소장일본주의에 위반한다. O|X

[16 경찰승진, 14 경간부, 14 국가9급, 13 경찰승진] [Core ★★]

해설

공소장의 공소사실 첫머리에 피고인이 전에 받은 '소년부송치처분과 직업 없음'을 기재하였다 하더라도 이는 '피고인을 특정할 수 있는 사항'에 속하는 것이어서 그와 같은 내용의 기재가 있다 하여 공소제기의 절차가 법률의 규정에 위반된 것이라고 할 수 없다.(대법원 1990.10.16. 90도1813) [×]

0677 검사가 약식명령의 청구와 동시에 증거서류 및 증거물을 법원에 제출한 경우 공소장일본주의에 위반된다. O|X

[15 경간부, 13 법원9급, 12 경간부, 11 국가9급] [13 경찰승진, 12 경간부, 11 국가9급] [Essential ★]

해설

약식명령의 청구와 동시에 증거서류 및 증거물이 법원에 제출되었다 하여 공소장일본주의를 위반하였다 할 수 없다.(대법원 2007.7.26. 2007도3906) [×]

0678 약식명령에 대한 정식재판청구가 제기되었음에도 법원이 증거서류 및 증거물을 검사에게 반환하지 않고 보관하고 있는 경우 공소장일본주의에 위반된다. O|X

[15 변호사, 14 국가7급, 14 법원9급, 13 법원9급, 12 경간부] [Essential ★]

해설

약식명령에 대한 정식재판청구가 제기되었음에도 법원이 증거서류 및 증거물을 검사에게 반환하지 않고 보관하고 있다고 하여 그 이전에 이미 적법하게 제기된 공소제기의 절차가 위법하게 된다고 할 수도 없다.(대법원 2007.7.26. 2007도3906) [×]

0679 즉결심판에 대한 피고인의 정식재판청구로 제1회 공판기일 전에 사건기록 및 증거물이 경찰서장, 관할 지방검찰청 또는 지청의 장을 거쳐 관할 법원에 송부된 경우(다만, 그 과정에서 정식재판이 청구된 이후에 작성된 피해자에 대한 진술조서 등이 사건기록에 편철되어 송부되었음) 공소장일본주의에 위반된다. O|X

[13 경찰승진, 12 경찰승진] [Essential ★]

해설

(1) 즉결심판에 관한 절차법이 즉결심판의 청구와 동시에 판사에게 증거서류 및 증거물을 제출하도록 한 것은 (중략) 공소장일본주의가 배제되도록 한 것이라고 보아야 한다. (2) 피고인이 즉결심판에 회부되었다가 정식재판을 청구한 경우, 위 정식재판청구로 제1회 공판기일 전에 사건 기록 및 증거물이 경찰서장, 관할 지방검찰청 또는 지청의 장을 거쳐 관할 법원에 송부된다고 하여 그 이전에 이미 적법하게 제기된 경찰서장의 즉결심판청구의 절차가 위법하게 된다고 볼 수 없고, 그 과정에서 정식재판이 청구된 이후에 작성된 피해자에 대한 진술조서 등이 사건기록에 편철되어 송부되었더라도 달리 볼 것은 아니다.(대법원 2011.1.27. 2008도7375) [×]

0680 공소장일본주의에 위배된 공소제기라고 인정되는 때에는 그 절차가 법률의 규정에 위반하여 무효인 때에 해당하는 것으로 보아 공소기각의 판결을 선고하는 것이 원칙이다. 그러나 피고인측으로부터 아무런 이의가 제기되지 아니하였고 증거조사절차가 마무리되어 법관의 심증 형성이 이루어진 단계에서는 더 이상 공소장일본주의 위배를 주장하여 이미 진행된 소송절차의 효력을 다툴 수는 없다. O|X

[17 경간부, 16 국가9급, 15 경간부, 14 경간부, 14 국가7급, 13 경찰승진, 13 국가7급, 13 법원9급, 12 국가9급, 11 국가7급, 11 국가9급] [Core ★★]

해설

대법원 2009.10.22. 2009도7436 全合 문국현 의원 사건 [O]

0681 하나의 행위가 부작위범인 직무유기죄와 작위범인 범인도피죄의 구성요건을 동시에 충족하는 경우 공소제기권자는 재량에 의하여 작위범인 범인도피죄로 공소를 제기하지 않고 부작위범인 직무유기죄로만 공소를 제기할 수도 있다. O|X

[14 국가9급, 11 국가9급] [Core ★★]

해설

대법원 1999.11.26. 99도1904 박노항 원사도피사건 [O]

0682 (강간죄가 친고죄이었던 개정 형법 시행 전에) 강간죄에 대하여 고소가 없는 경우, 그 수단이 폭행·협박만으로 공소제기하였다면 법원은 공소기각판결을 선고하여야 한다. O|X

[14 법원9급, 13 법원9급, 12 경간부, 11 국가9급] [Core ★★]

해설

대법원 2002.5.16. 2002도51 全合 참다 참다 고소 사건 [O]

0683 공범 중 그 1인 또는 수인에 대한 공소제기는 다른 공범자에 대하여도 효력이 있다. O|X

[15 경찰채용, 14 경찰승진, 14 경찰채용, 13 경찰승진, 13 법원9급, 12 경찰채용, 11 국가9급] [Core ★★]

해설

공소는 검사가 피고인으로 지정한 사람 외의 다른 사람에게는 그 효력이 미치지 아니한다.(제248조 제1항) [X]

0684 공소제기로 인한 공소시효정지의 효력은 다른 공범자에게는 미치지 아니한다. O|X

[15 경간부, 15 경찰채용, 14 경찰승진, 14 경찰채용, 14 국가9급, 13 경찰승진, 12 경찰채용, 11 국가9급] [Core ★★]

해설

공범처벌의 일관성과 균형성을 위하여 공범 1인에 대한 공소시효의 정지는 다른 공범자에게도 그 효력이 미친다.(제253조 제2항) [X]

제2절 공소시효

0685 다음은 모두 올바른 공소시효 기간의 연결이다. O|X

[16 경찰채용, 14 경찰채용, 13 경찰채용, 12 경찰승진, 11 경찰승진, 11 국가9급] [Superlative ★★★]

㉠ 사형에 해당하는 범죄 - 25년
㉡ 무기징역 또는 무기금고에 해당하는 범죄 - 15년
㉢ 장기 10년 이상의 징역 또는 금고에 해당하는 범죄 - 10년
㉣ 장기 10년 미만의 징역 또는 금고에 해당하는 범죄 - 7년
㉤ 장기 5년 미만의 징역 또는 금고 - 5년
㉥ 장기 10년 이상의 자격정지 - 5년
㉦ 장기 5년 이상의 자격정지 또는 벌금에 해당하는 범죄 - 5년
㉧ 장기 5년 미만의 자격정지, 구류, 과료 또는 몰수에 해당하는 범죄 - 1년

해설

㉦ 장기 5년 이상의 자격정지에 해당하는 범죄는 공소시효 3년. 벌금에 해당하는 범죄는 공소시효 5년(제249조 제1항) [X]

0686 공소가 제기된 범죄에 대하여 판결의 확정 없이 공소제기시부터 15년이 경과하면 공소시효가 완성한 것으로 간주한다. O|X

[17 경간부, 16 경찰채용, 15 경찰승진, 14 경간부, 14 경찰채용, 14 국가9급, 13 경간부. 13 경찰채용, 11 경찰채용] [Core ★★]

해설

공소가 제기된 범죄에 대하여 판결의 확정 없이 공소제기시부터 25년이 경과하면 공소시효가 완성한 것으로 간주한다.(제249조 제2항) [×]

0687 2개 이상의 형을 병과하거나 2개 이상의 형에서 그 1개를 과할 범죄에는 중한 형에 의하여 공소시효를 계산한다. O|X

[15 경찰채용, 15 법원9급, 13 경찰채용, 12 경찰채용] [Essential ★]

해설

제250조 [O]

0688 형법에 의하여 형을 가중 또는 감경한 경우에는 가중 또는 감경한 형에 의하여 공소시효를 계산한다. O|X

[15 경찰승진, 15 경찰채용, 13 경찰채용, 12 경찰승진, 11 법원9급] [Essential ★]

해설

형법에 의하여 형을 가중 또는 감경한 경우에는 가중 또는 감경하지 아니한 형에 의하여 공소시효를 계산한다.(제251조) [×]

0689 특별법에 의하여 형을 가중·감경할 경우에는 가중 또는 감경하지 아니한 형에 의하여 공소시효기간을 계산한다. O|X

[12 경찰채용, 11 법원9급] [Core ★★]

해설

형법 이외에 특별법에 의하여 형을 가중·감경하는 경우에는 특별법상의 법정형(가중·감경된 형)을 기준으로 공소시효기간을 계산한다.(대법원 1979.4.24. 77도2752, 대법원 1973.3.13. 72도 2976) [×]

0690 범죄 후 법률의 개정에 의하여 법정형이 가벼워진 경우에는 형법 제1조 제2항에 의하여 당해 범죄사실에 적용될 가벼운 법정형이 공소시효기간의 기준이 된다. O|X

[15 변호사, 15 경찰채용, 14 경찰채용, 12 경찰채용, 12 국가9급, 11 경간부, 11 국가7급] [Core ★★]

해설

대법원 2008.12.11. 2008도4376 참깨 밀수사건 [O]

0691 상상적 경합관계에 있는 죄들 중 일부의 죄에 대해 공소시효가 완성되었다고 하여 그 죄와 상상적 경합관계에 있는 다른 죄의 공소시효까지 완성되는 것이 아니다. O|X

[Essential ★]

해설

대법원 2006.12.8. 2006도6356 [O]

0692 공소장변경절차에 의하여 공소사실이 변경됨에 따라 그 법정형에 차이가 있는 경우에는 변경된 공소사실에 대한 법정형이 공소시효기간의 기준이 된다. O|X

[17 경간부, 16 국가7급, 16 국가9급, 16 법원9급, 15 경찰채용, 14 법원9급, 12 경찰채용, 12 국가7급, 11 경찰승진] [Essential ★]

해설

대법원 2003.3.11. 2003도585 [O]

0693 공소장변경이 있는 경우 공소시효의 완성 여부는 당초의 공소제기가 있었던 시점을 기준으로 판단하여야 하지 공소장변경시를 기준으로 삼을 것은 아니다. O|X

[17 경간부, 16 국가7급, 16 국가9급, 15 경찰채용, 14 경찰승진, 14 법원9급, 13 경찰채용, 12 경찰채용, 11 경찰승진, 11 국가7급] [Essential ★]

해설

대법원 2004.7.22. 2003도8153 [O]

0694 공소시효는 범죄행위에 착수한 때로부터 진행한다. O|X

[15 경찰승진, 14 경찰승진, 12 경찰채용] [Core ★★]

해설

공소시효는 범죄행위가 종료한 때로부터 진행한다.(제252조 제1항) [X]

0695 공범에는 최종행위의 종료한 때로부터 공범에 대한 공소시효기간을 기산한다. O|X

[13 경찰채용] [Essential ★]

해설

제252조 제2항 [O]

0696 포괄일죄의 공소시효는 최종의 범죄행위가 종료한 때로부터 진행한다. ○|×

[15 경간부, 15 경찰채용, 14 법원9급, 12 경찰승진, 11 국가7급] [Essential ★]

해설

대법원 2015.10.29. 2014도5939 서울시 공무원 간첩사건 [○]

0697 사람을 살해한 범죄(종범은 제외한다)로 사형에 해당하는 범죄에 대해 공소시효의 적용을 배제하는 형사소송법의 규정은 이 규정의 시행 후에 범한 범죄에 대해서만 적용된다. ○|×

[18 국가9급] [Core ★★]

해설

사람을 살해한 범죄(종범은 제외한다)로 사형에 해당하는 범죄에 대하여는 공소시효를 적용하지 아니한다. (제253조의2) 형사소송법 제253조의2는 2015.7.31. 개정 형사소송법 시행 전에 범한 범죄로 아직 공소시효가 완성되지 아니한 범죄에 대하여도 적용한다.(부칙 제2조) [×]

0698 공소시효를 정지·연장·배제하는 내용의 특례조항을 신설하면서 소급적용에 관한 명시적인 경과규정을 두지 아니한 경우에도 그 조항을 소급하여 적용할 수 있다고 볼 것인지에 관하여는 이를 해결할 보편타당한 일반원칙이 존재한다. ○|×

[16 경찰채용] [Core ★★]

해설

공소시효를 정지·연장·배제하는 내용의 특례조항을 신설하면서 소급적용에 관한 명시적인 경과규정을 두지 아니한 경우에 그 조항을 소급하여 적용할 수 있다고 볼 것인지에 관하여는 이를 해결할 보편타당한 일반원칙이 존재할 수 없는 터이므로 적법절차원칙과 소급금지원칙을 천명한 헌법 제12조 제1항과 제13조 제1항의 정신을 바탕으로 하여 법적 안정성과 신뢰보호원칙을 포함한 법치주의 이념을 훼손하지 아니하도록 신중히 판단하여야 한다. (대법원 2015.5.28. 2015도1362) [×]

0699 대통령의 재직 중에는 공소시효의 진행이 당연히 정지되는 것으로 보아야 한다. ○|×

[17 경간부] [Core ★★]

해설

헌법재판소 1995.1.20. 94헌마246 5·18 불기소처분 사건 [○]

0700 공무원이 그 직무에 관하여 금전을 무이자로 차용한 경우에는 그 차용 당시에 금융이익 상당의 뇌물을 수수한 것으로 보아야 하므로 그 공소시효는 금전을 무이자로 차용한 때로부터 기산한다. ○|×

[16 경간부, 13 경찰승진, 13 경찰채용, 13 법원9급] [Essential ★]

해설

대법원 2012.2.23. 2011도7282 1억 무이자 차용사건 [○]

0701 정보통신망을 이용한 명예훼손의 경우에는 게재행위의 종료만으로 범죄행위가 종료하는 것이 아니고 원래 게시물이 삭제되어 정보의 송수신이 불가능해지는 시점을 범죄의 종료시기로 보아서 이때부터 공소시효를 기산하여야 한다. O|X

[22 경찰간부, 21 해경승진] [Core ★★]

해설

서적·신문 등 기존의 매체에 명예훼손적 내용의 글을 게시하는 경우에 그 게시행위로써 명예훼손의 범행은 종료하는 것이며 그 서적이나 신문을 회수하지 않는 동안 범행이 계속된다고 보지는 않는다는 점을 고려해 보면, 정보통신망을 이용한 명예훼손의 경우에 게시행위 후에도 독자의 접근가능성이 기존의 매체에 비하여 좀 더 높다고 볼 여지가 있다 하더라도 그러한 정도의 차이만으로 정보통신망을 이용한 명예훼손의 경우에 범죄의 종료시기가 달라진다고 볼 수는 없다.(대법원 2007.10.25. 2006도346) 정보통신망을 이용한 명예훼손의 경우에도 게시행위로써 범행이 종료하는 것으로 그 때부터 공소시효가 진행한다는 취지의 판례이다. [×]

0702 선거범죄가 당내경선운동에 관한 공직선거법 위반죄인 경우 그 선거범죄에 대한 공소시효의 기산일은 당내경선의 투표일이다. O|X

[22 경찰간부, 20 경찰채용, 21 경찰승진] [Core ★★]

해설

그 선거범죄에 대한 공소시효의 기산일은 당내경선의 투표일이 아니라 그 선거범죄와 직접 관련된 공직선거의 투표일이다.(대판 2019.10.31. 2019도8815) [×]

0703 「수산업협동조합법」 제178조 제5항 본문은 "제1항 내지 제4항에 규정된 죄의 공소시효는 해당 선거일 후 6월(선거일 후에 행하여진 죄는 그 행위가 있는 날부터 6월)을 경과함으로써 완성한다."라고 규정하고 있는데, 여기서 선거일까지 발생한 범죄의 공소시효 기산일인 '선거일 후'는 '선거일 다음 날'이 아니라 '선거일 당일'을 의미한다. O|X

[21 경찰채용] [Superlative ★★★]

해설

수산업협동조합법 제178조 제5항 본문은 "제1항 내지 제4항에 규정된 죄의 공소시효는 해당 선거일 후 6월 (선거일 후에 행하여진 죄는 그 행위가 있는 날부터 6월)을 경과함으로써 완성한다"고 규정함으로써, 수산업협동조합법에 규정된 선거범죄 중 선거일까지 발생한 범죄에 대하여는 '선거일 후'부터, 선거일 후에 발생한 범죄에 대하여는 '그 행위가 있었던 날' 즉, 범죄행위 종료일부터 각 공소시효가 진행되도록 하고 있다. 여기서 선거일까지 발생한 범죄의 공소시효 기산일인 '선거일 후'는 '선거일 당일'이 아니라 '선거일 다음 날'을 의미한다고 해석하는 것이 우선 위 조항의 문언에 부합한다.(대법원 2012.10.11. 2011도17404) [×]

0704 공소시효는 공소의 제기로 진행이 정지되고 공소기각 또는 관할위반의 재판이 확정된 때로 부터 진행한다. 공범의 1인에 대한 시효정지는 다른 공범자에게 대하여 효력이 미치고 당해 사건의 재판이 확정된 때로부터 진행한다. O|X

[16 경찰채용, 15 법원9급, 14 경찰승진, 14 경찰채용, 14 법원9급, 13 경찰승진, 12 국가9급] [Core ★★]

해설

제253조 제1항·제2항 [O]

0705 공범 중 1인에 대해 약식명령이 확정된 후 그에 대한 정식재판청구권회복결정이 있었다고 하면 그 사이의 기간 동안에는 특별한 사정이 없는 한 다른 공범자에 대한 공소시효는 정지된다. O|X

[18 경찰승진] [Core ★★]

해설

공범 중 1인에 대해 약식명령이 확정된 후 그에 대한 정식재판청구권회복결정이 있었다고 하더라도 그 사이의 기간 동안에는 특별한 사정이 없는 한 다른 공범자에 대한 공소시효는 정지함이 없이 계속 진행한다.(대법원 2012.3.29. 2011도15137 공범 공소시효 진행사건) [X]

0706 피고인의 신병이 확보되기 전에 공소가 제기되었다고 하더라도 그러한 사정만으로 공소제기가 부적법한 것이 아니고, 공소가 제기되면 「형사소송법」 제253조 제1항에 따라 공소시효의 진행이 정지된다. O|X

[21 경찰채용] [Core ★★]

해설

피고인의 신병이 확보되기 전에 공소가 제기되었다고 하더라도 그러한 사정만으로 공소제기가 부적법한 것이 아니고, 공소가 제기되면 형사소송법 제253조 제1항에 따라 공소시효의 진행이 정지된다.(대법원 2017.1.25. 2016도15526 패터슨 이태원 살인사건) [O]

0707 공범이더라도 뇌물공여죄와 뇌물수수죄 사이와 같은 대향범 관계에 있는 자의 경우에는 뇌물공여자에 대하여 공소가 제기되더라도 뇌물수수자에 대한 공소시효가 정지되지 아니한다. O|X

[17 경간부, 16 변호사, 16 경간부, 16 국가7급] [Core ★★]

해설

대법원 2015.2.12. 2012도4842 제3자뇌물교부 공범사건 [O]

0708 형사소송법 제253조 제3항의 '범인이 형사처분을 면할 목적으로 국외에 있는 경우'는 범인이 국내에서 범죄를 저지르고 형사처분을 면할 목적으로 국외로 도피한 경우에 한정되고, 범인이 국외에서 범죄를 저지르고 형사처분을 면할 목적으로 국외에서 체류를 계속하는 경우는 포함되지 않는다. O|X

[16 경찰채용, 16 국가7급] [Essential ★]

해설

형사소송법 제253조 제3항이 정한 '범인이 형사처분을 면할 목적으로 국외에 있는 경우'는 범인이 국내에서 범죄를 저지르고 형사처분을 면할 목적으로 국외로 도피한 경우에 한정되지 아니하고, 범인이 국외에서 범죄를 저지르고 형사처분을 면할 목적으로 국외에서 체류를 계속하는 경우도 포함된다.(대법원 2015.6.24. 2015도5916) [X]

0709 피고인이 당해 사건으로 처벌받을 가능성이 있음을 인지하였다고 보기 어려운 경우라면 피고인이 다른 고소사건과 관련하여 형사처분을 면할 목적으로 국외에 있은 경우라고 하더라도 당해 사건의 형사처분을 면할 목적으로 국외에 있었다고 볼 수 없다. ○|×

[16 경찰채용] [Core ★★]

해설

대법원 2014.4.24. 2013도9162 짝퉁 미술품 판매사건 [○]

0710 공범의 1인으로 기소된 자가 구성요건에 해당하는 위법행위를 공동으로 하였다고 인정되기는 하나 책임조각을 이유로 무죄로 되는 경우와 범죄의 증명이 없다는 이유로 공범 중 1인이 무죄의 확정판결을 선고받은 경우에는 그에 대하여 제기된 공소로써는 진범에 대한 공소시 효정지의 효력이 없다. ○|×

[16 경간부, 16 국가7급, 13 경찰채용, 13 국가7급, 12 변호사, 12 경찰승진, 12 경찰채용] [Core ★★]

해설

공범의 1인으로 기소된 자가 구성요건에 해당하는 위법행위를 공동으로 하였다고 인정되기는 하나 책임조각을 이유로 무죄로 되는 경우와는 달리 범죄의 증명이 없다는 이유로 공범 중 1인이 무죄의 확정판결을 선고받은 경우에는 그를 공범이라고 할 수 없어 그에 대하여 제기된 공소로써는 진범에 대한 공소시효정지의 효력이 없다.(대법원 1999.3.9. 98도4621) [×]

0711 범인이 형사처분을 면할 목적으로 국외에 있는 경우 공소시효는 정지되는데, 이 때 범인의 국외체류의 목적은 오로지 형사처분을 면할 목적만으로 국외에 체류하는 것에 한정 되지 않고, 범인이 가지는 여러 국외체류 목적 중 형사처분을 면할 목적이 포함되어 있으면 족하다. ○|×

[17 경간부, 16 경간부, 16 경찰채용, 15 경찰승진, 15 법원9급, 14 경찰승진] [Core ★★]

해설

형사소송법 제253조 제3항이 정한 '형사처분을 면할 목적'은 국외 체류의 유일한 목적으로 되는 것에 한정되지 않고 범인이 가지는 여러 국외 체류 목적 중에 포함되어 있으면 족하다.(대법원 2015.6.24. 2015도5916) [○]

MEMO

해커스경찰
police.Hackers.com

Part 04

소송주체와 일반이론

Chapter 01 | 소송주체와 소송관계인

제1절 법원

0712 제척원인은 형사소송법 제구조에 예시적으로 열거되어 있는 것으로서, 열거되어 있는 원인 이외의 경우에도 불공평한 재판을 할 염려가 있다면 제척원인이 된다. O|X

[21 국가9급] [Essential ★]

해설

형사소송법 제17조에 규정된 제척의 사유는 예시적 열거가 아닌 한정적 열거이다. 따라서 법관이 아무리 불공평한 재판을 할 염려가 있어도 제17조 각호 사유에 해당하지 않으면 제척되지 아니한다. [×]

0713 사실혼 관계에 있는 사람은 민법 소정의 친족이라고 할 수 없어 통역인이 피해자의 사실혼 배우자라고 하여도 통역인에게 제척사유가 있다고 할 수 없다. O|X

[15 경찰채용] [Essential ★]

해설

대법원 2011.4.14. 2010도13583 띵정 사기사건 [O]

0714 통역인이 사건에 관하여 증인으로 증언한 때에는 직무집행에서 제척되지만, 제척사유가 있는 통역인이 통역한 증인의 증인신문조서의 증거능력이 부정되는 것은 아니다. O|X

[17 경간부, 16 국가9급, 13 국가7급] [Essential ★]

해설

통역인이 사건에 관하여 증인으로 증언한 때에는 직무집행에서 제척되고, 제척사유가 있는 통역인이 통역한 증인의 증인신문조서는 유죄 인정의 증거로 사용할 수 없다.(대법원 2011.4.14. 2010도13583 띵정 사기사건) [×]

0715 약식명령을 발부한 법관이 그 정식재판절차의 제1심에 관여하는 경우 제척사유에 해당한다. O|X

[16 경간부, 14 변호사, 14 경찰승진, 12 국가9급, 12 법원9급, 11 경찰채용] [Core ★★]

해설

약식절차와 피고인 또는 검사의 정식재판청구에 의하여 개시된 제1심공판절차는 동일한 심급 내에서 서로 절차만 달리할 뿐이므로, 약식명령이 제1심공판절차의 전심재판에 해당하는 것은 아니고, 따라서 약식명령을 발부한 법관이 정식재판절차의 제1심판결에 관여하였다고 하여 '법관이 사건에 관하여 전심재판 또는 그 기초되는 조사, 심리에 관여한 때'에 해당하여 제척의 원인이 된다고 볼 수는 없다.(대법원 2002.4.12. 2002도944) [×]

0716 약식명령을 발부한 법관이 그 정식재판절차의 항소심에 관여하는 경우 제척사유에 해당한다.

O|X

[15 변호사, 14 경간부, 11 국가9급] [Essential ★]

해설

대법원 2011.4.28. 2011도17 [O]

0717 파기환송전 원심에 관여한 법관이 파기환송후 다시 원심에 관여하는 경우 제척사유에 해당한다.

O|X

[16 변호사, 16 경간부, 13 법원9급, 12 국가9급, 12 법원9급, 11 국가9급] [Essential ★]

해설

환송판결전의 원심에 관여한 재판관이 환송후의 원심 재판관으로 관여하였다고 하여도 군법회의법 제48조나 형사소송법 제17조에 위배된다고 볼 수 없다.(대법원 1979.2.27. 78도3204) [×]

0718 재심청구의 대상인 확정판결에 관여한 법관이 재심청구사건에 관여하는 경우 제척사유의 전심관여에 해당하지 아니한다.

O|X

[12 경찰승진, 11 국가9급] [Essential ★]

해설

법관이 재심청구의 목적이 되는 확정판결에 관여하였다 하여도 그 재심청구사건에서는 제척되지 아니한다.(대법원 1964.6.22. 64모16) [O]

0719 증거보전절차에서 증인신문을 했던 법관이 그 사건의 공판절차에 관여하는 경우 제척사유에 해당한다.

O|X

[16 경간부, 14 경간부, 13 국가7급, 12 국가9급, 11 국가9급] [Core ★★]

해설

공소제기 전에 검사의 증거보전청구에 의하여 증인신문을 한 법관은 전심재판 또는 기초되는 조사, 심리에 관여한 법관이라고 할 수 없다.(대법원 1971.7.6. 71도974) [×]

0720 수사단계에서 피고인에 대하여 구속영장을 발부한 법관이 다시 그 피고인에 대한 공판절차에 관여하는 경우 제척사유에 해당한다.

O|X

[14 경찰승진, 12 경찰승진, 12 국가9급, 12 법원9급, 11 경찰채용] [Core ★★]

해설

법관이 수사단계에서 피고인에 대하여 구속영장을 발부한 경우는 '법관이 사건에 관하여 전심 재판 또는 그 기초되는 조사, 심리에 관여한 때'에 해당된다고 볼 수 없다.(대법원 1989.9.12. 89도612) [×]

0721 구속적부심에 관여한 법관이 그 사건에 대한 제1심재판에 관여한 경우 제척사유에 해당하지 않는다. ○|×

[16 변호사] [Core ★★]

해설

대법원 2004.10.28. 2004도5710 [○]

0722 법관이 사건에 관하여 피고인의 변호인이거나 피고인·피해자의 대리인인 법무법인, 법무법인(유한), 법무조합, 법률사무소, 「외국법자문사법」 제2조 제9호에 따른 합작법무법인에서 퇴직한 날부터 2년이 지나지 아니한 때는 제척사유에 해당한다. ○|×

[22 법원9급] [Essential ★]

해설

법관은 직무집행에서 제척된다. (제17조 제8호) 제17조 제8호, 제9호가 신설되었다. [○]
8. 법관이 사건에 관하여 피고인의 변호인이거나 피고인·피해자의 대리인인 법무법인, 법무법인(유한), 법무조합, 법률사무소, 「외국법자문사법」 제2조 제9호에 따른 합작법무법인에서 퇴직한 날부터 2년이 지나지 아니한 때
9. 법관이 피고인인 법인·기관·단체에서 임원 또는 직원으로 퇴직한 날부터 2년이 지나지 아니한 때

0723 기피의 원인인 '불공정한 재판을 할 염려가 있는 때'라고 함은 통상인의 판단으로서 법관과 사건과의 관계상 불공평한 재판을 할 것이라는 의혹을 갖는 것이 합리적이라고 인정할 만한 주관적인 사정이 있는 때를 말한다. ○|×

[16 경찰승진, 15 경찰채용] [Essential ★]

해설

기피의 원인인 '불공정한 재판을 할 염려가 있는 때'라고 함은 통상인의 판단으로서 법관과 사건과의 관계상 불공평한 재판을 할 것이라는 의혹을 갖는 것이 합리적이라고 인정할 만한 객관적인 사정이 있는 때를 말한다.(대법원 1990.11.2. 90모44) [×]

0724 재판부가 당사자의 증거신청을 채택하지 아니하거나 이미 한 증거결정을 취소한 경우 기피의 원인이 된다. ○|×

[16 변호사, 15 경찰채용, 14 경찰승진, 11 경찰채용 [Core ★★]

해설

재판부가 당사자의 증거신청을 채택하지 아니하거나 이미 한 증거결정을 취소하였다 하더라도 그러한 사유만으로는 재판의 공평을 기대하기 어려운 객관적인 사정이 있다고 할 수 없다.(대법원 1995.4.3. 95모10) [×]

0725 수명법관, 수탁판사 또는 단독판사에 대한 기피는 그 법관의 소속법원에 신청하여야 한다. O|X

[17 경찰승진] [Superlative ★★★]

해설

합의법원의 법관에 대한 기피는 그 법관의 소속법원에 신청하고 수명법관, 수탁판사 또는 단독판사에 대한 기피는 당해 법관에게 신청하여야 한다.(제19조 제1항) [X]

0726 기피사유는 신청한 날로부터 3일 이내에 서면 또는 구술로 소명하여야 한다. O|X

[13 경찰승진, 11 경찰채용] [Essential ★]

해설

기피사유는 신청한 날로부터 3일 이내에 서면으로 소명하여야 한다.(제19조 제2항) [X]

0727 기피신청이 소송의 지연을 목적으로 함이 명백하거나 형사소송법 제19조의 규정에 위배된 때에는 신청을 받은 법원 또는 법관은 결정으로 이를 기각한다. O|X

[14 국가9급, 12 경찰승진, 11 경찰채용] [Essential ★]

해설

제20조 제1항 [O]

0728 기피신청을 받은 경우에는 기피신청에 대한 재판이 있을 때까지 소송절차를 정지해야 하므로, 피고인이 변론종결 뒤 재판부에 대한 기피신청을 하였으나 법원이 소송진행을 정지하지 아니하고 판결을 선고한 것은 위법하다. O|X

[16 국가7급] [Core ★★]

해설

기피신청이 있는 경우 정지되는 소송진행에 '판결의 선고'는 포함되지 아니하므로 피고인이 변론 종결 뒤 재판부에 대한 기피신청을 하였지만, 원심이 소송진행을 정지하지 아니하고 판결을 선고한 것은 정당하다.(대법원 2002.11.13. 2002도4893) [X]

0729 간이기각결정에 대해서도 즉시항고를 할 수 있고, 이 경우 재판의 집행이 정지되지 아니한다. O|X

[14 국가7급, 14 국가9급, 11 경찰채용] [Core ★★]

해설

제23조 제2항 [O]

0730 기피신청에 대한 재판은 기피당한 법관의 소속법원 합의부에서 결정으로 하여야 한다. 기피 당한 법관은 이 결정에 관여하지 못한다. O|X

[16 경간부, 14 경찰승진, 13 경찰승진, 11 경찰채용] [Core ★★]

해설

제21조 제1항·제2항 [O]

0731 기피신청을 기각한 결정이나 인용한 결정에 대하여는 즉시항고를 할 수 있다. O|X

[13 경찰승진, 13 국가7급] [Core ★★]

해설

기피신청 기각결정에 대하여는 즉시항고할 수 있으나(제23조 제1항), 기피신청 인용결정은 판결 전 소송절차에 관한 결정이므로 이에 대하여는 항고하지 못한다.(제403조 제1항) [X]

0732 기피신청을 받은 법관이 본안의 소송절차를 정지하지 않은 채 그대로 소송을 진행하여서 한 소송행위는 그 효력이 없고, 이는 그 기피신청에 대한 기각결정이 확정되었다고 하더라도 마찬가지이다. O|X

[15 국가9급, 13 국가7급] [Core ★★]

해설

대법원 2012.10.11. 2012도8544 기피신청 무시 사건 [O]

0733 토지관할은 범죄지, 피해자의 주소, 거소 또는 현재지로 한다. O|X

[15 경간부, 15 법원9급, 13 경간부, 11 경찰채용] [Essential ★]

해설

토지관할은 범죄지, 피고인의 주소, 거소 또는 현재지로 한다.(제4조 제1항) [X]

0734 소말리아 해적인 피고인들에 대한 체포·구금·인도 등이 적법한 절차에 따라 이루어져 피고인들이 현재 부산구치소에 구금되어 있는 경우 형사소송법 제4조 제1항에 따라 부산지방법원에 토지관할이 있다. O|X

[16 경찰채용, 14 경찰채용, 14 국가9급] [Essential ★]

해설

대법원 2011.12.22. 2011도12927 소말리아 해적 사건 [O]

0735 제1심 법원이 피고인의 현재지인 이상 그 범죄지나 주소지가 아니더라도 그 판결에 토지관 할 위반의 위법은 없다. ○|×

[14 국가7급, 14 국가9급, 11 법원9급] [Core ★★]

해설

대법원 1984.2.28. 83도3333 [○]

0736 제1심 형사사건에 관하여 지방법원 본원과 지방법원 지원은 소송법상 별개의 법원이자 각각 일정한 토지관할 구역을 나누어 가지는 대등한 관계에 있으므로 지방법원 본원과 지방법원 지원 사이의 관할의 분배도 소송법상 토지관할의 분배에 해당한다. ○|×

[19 경찰채용, 19 법원9급] [Core ★★]

해설

[1] 형사소송법 제4조에 의하여 지방법원 본원에 제1심 토지관할이 인정된다고 볼 특별한 사정이 없는 한, 지방법원 지원에 제1심 토지관할이 인정된다는 사정만으로 당연히 지방법원 본원에도 제1심 토지관할이 인정된다고 볼 수는 없다. [2] 피고인의 범죄지인 전라남도 진도군은 광주지방법원 해남지원의 관할에 속하므로 검사가 광주지방법원 본원에 공소를 제기한 사건에 관하여, 원심이 제1심 토지관할은 광주지방법원 해남지원에만 있을 뿐이고, 지방법원 지원의 관할구역이 당연히 지방 법원 본원의 관할구역에 포함된다고 해석할 수 없다는 이유를 들어 관할위반의 선고를 한 제1심판결을 그대로 유지한 것은 정당하다(대판 2015.10.15, 2015도1803 세월호 해경간부 사건) [○]

0737 고유관할사건 계속 중 고유관할 법원에 관련사건이 계속되더라도 그 후 양 사건이 병합되어 심리되지 아니한 채 고유사건에 대한 심리가 먼저 종결되었다면 관련사건에 대한 관할권은 소멸된다. ○|×

[17 경찰승진, 15 국가9급, 14 경찰승진, 11 경찰채용] [Core ★★]

해설

형사소송법 제5조에 정한 관련사건의 관할은 이른바 고유관할사건 및 그 관련사건이 반드시 병합기소되거나 병합되어 심리될 것을 전제요건으로 하는 것은 아니고 고유관할사건 계속 중 고유관할 법원에 관련사건이 계속된 이상 그 후 양 사건이 병합되어 심리되지 아니한 채 고유사건에 대한 심리가 먼저 종결되었다 하더라도 관련사건에 대한 관할권은 여전히 유지된다.(대법원 2008.6.12. 2006도8568 배기선 의원 사건) [×]

0738 사물관할을 달리하는 수개의 사건이 관련된 때에는 공통되는 직근 상급법원이 병합관할한다. ○|×

[13 국가9급, 12 경찰채용] [Core ★★]

해설

사물관할을 달리하는 수개의 사건이 관련된 때에는 법원합의부는 병합 관할한다.(제9조) [×]

0739 토지관할을 달리하는 수개의 제1심 법원들에 관련 사건이 계속된 경우에 그 소속 고등법원이 같은 경우에는 그 고등법원이, 그 소속 고등법원이 다른 경우에는 대법원이 위 제1심 법원들의 공통되는 직근상급법원으로서 토지관할 병합심리 신청사건의 관할법원이 된다. O|X

[16 국가7급, 11 경찰채용, 11 국가7급, 11 국가9급] [Core ★★]

해설

대법원 2006.12.5. 2006초기335 全合 서울 · 성남사건 [O]

0740 관련사건이 각각 마산지방법원 항소부와 부산고등법원에 계속된 경우 직근 상급법원은 검사 또는 피고인의 신청이 있는 경우 결정으로 1개 법원으로 하여금 병합심리하게 할 수 있다. O|X

[14 변호사, 14 국가7급, 12 국가9급, 11 법원9급] [Core ★★]

해설

형사소송법 제6조는 토지관할을 달리하는 수개의 관련사건이 각각 다른 법원에 계속된 때에는 공통되는 직근 상급법원은 검사 또는 피고인의 신청에 의하여 결정으로 1개 법원으로 하여금 병합심리하게 할 수 있다고 규정하고 있는데 여기서 말하는 '각각 다른 법원'이란 사물관할은 같으나 토지관할을 달리 하는 동종, 동등의 법원을 말하는 것이므로 사건이 각각 계속된 마산지방법원 항소부와 부산고등법원은 심급은 같을지언정 사물관할을 같이하지 아니하여 여기에 해당하지 아니한다.(대법원 1990.5.23. 90초56 마산부산 사건) [×]

0741 합의부는 2개의 관련사건이 사물관할을 달리하는 경우에 결정으로 단독판사에게 속한 사건을 병합하여 심리할 수 있지만, 2개의 관련사건이 사물관할과 토지관할을 모두 달리하는 경우에는 병합하여 심리할 수 없다. O|X

[22 변호사] [Superlative ★★★]

해설

사물관할을 달리하는 수개의 관련사건이 각각 법원합의부와 단독판사에 계속된 때에는 합의부는 결정으로 단독판사에 속한 사건을 병합하여 심리할 수 있다.(형사소송법 제10조) 형사소송법 제10조의 규정은 법원합의부와 단독판사에 계속된 각 사건이 토지관할을 달리하는 경우에도 이를 적용한다.(형사소송규칙 제4조 제1항) [×]

0742 사물관할을 달리하는 수개의 관련사건이 각각 법원합의부와 단독판사에 계속된 때에는 합의부는 결정으로 단독판사에 속한 사건을 병합하여 심리할 수 있다. 관련사건이 토지관할을 달리하는 경우에도 이를 적용한다. O|X

[14 경찰채용, 13 경간부, 13 국가7급, 12 경찰승진, 11 경찰승진, 11 국가9급, 11 법원9급] [Core ★★]

해설

제10조, 규칙 제4조 제1항 [O]

0743 법원의 관할이 명확하지 아니하거나 관할위반을 선고한 재판이 확정된 사건에 관하여 다른 관할법원이 없는 때에 검사는 제1심 법원에 공통되는 직근 상급법원에 관할지정을 신청하여야 한다. 피고인도 이 신청을 할 수 있다. ○ | ×

[14 경찰채용] [Essential ★]

해설

> 피고인은 관할지정을 신청할 수 없다.(제14조) [×]

0744 관할법원이 재판권을 행할 수 없거나 재판의 공평을 유지하기 어려운 염려가 있는 때에 검사는 직근 상급법원에 관할이전을 신청하여야 한다. 피고인도 이 신청을 할 수 있다. ○ | ×

[17 경찰승진. 14 변호사, 12 경찰승진] [Essential ★]

해설

> 제15조 [○]

0745 동일사건이 사물관할을 달리하는 수개의 법원에 계속된 때에는 법원합의부가 심판한다. ○ | ×

[13 경간부, 13 국가9급, 12 경찰채용, 11 경찰승진, 11 국가9급] [Core ★★]

해설

> 제12조 [○]

0746 동일사건이 사물관할을 같이하는 수개의 법원에 계속된 때에는 먼저 공소를 받은 법원이 심판한다. 단, 각 법원에 공통되는 직근 상급법원은 검사 또는 피고인의 신청에 의하여 결정으로 뒤에 공소를 받은 법원으로 하여금 심판하게 할 수 있다. ○ | ×

[15 법원9급, 14 경찰승진, 13 국가7급, 12 경찰승진, 12 경찰채용] [Core ★★]

해설

> 제13조 [○]

0747 동일사건이 다른 법원에 이중으로 기소되어 관할경합으로 재판을 할 수 없는 법원은 공소기 각판결을 선고하여야 한다. ○ | ×

[13 국가9급, 11 국가9급] [Core ★★]

해설

> 동일사건이 다른 법원에 이중으로 기소되어 관할경합으로 재판을 할 수 없는 법원은 공소기각 결정을 고지하여야 한다.(제328조 제1항 제3호) [×]

0748 법원은 직권으로 관할을 조사하여야 한다. 피고사건이 법원의 관할에 속하지 아니한 때에는 판결로써 관할위반의 선고를 하여야 한다. ○|×

[14 경간부, 13 경찰승진] [Core ★★]

해설

제1조, 제319조 [○]

0749 법원은 피고인의 신청이 없으면 토지관할에 관하여 관할위반의 선고를 하지 못한다. 관할위반의 신청은 변론종결 전에 하여야 한다. ○|×

[15 법원9급, 14 경간부, 12 경찰채용] [Core ★★]

해설

관할위반의 신청은 피고사건에 대한 진술전에 하여야 한다.(제320조) [×]

0750 법원은 피고인이 그 관할구역 내에 현재하지 아니하는 경우에 특별한 사정이 있으면 결정으로 사건을 피고인의 현재지를 관할하는 동급법원에 이송하여야 한다. ○|×

[15 법원9급, 12 경찰채용] [Essential ★]

해설

법원은 사건을 피고인의 현재지를 관할하는 동급법원에 이송할 수 있다.(제8조 제1항) [×]

0751 단독판사의 관할사건이 공소장변경에 의하여 합의부 관할사건으로 변경된 경우에는 단독판사는 사건을 관할권이 있는 법원에 이송하여야 한다. ○|×

[14 변호사, 14 법원9급, 13 경간부, 11 경찰승진, 11 국가9급] [Essential ★]

해설

제8조 제2항 [○]

0752 항소심에서 공소장변경에 의하여 단독판사의 관할사건이 합의부 관할사건으로 된 경우에도 법원은 사건을 관할권이 있는 법원에 이송하여야 하고 항소심에서 변경된 위 합의부 관할사건에 대한 관할권이 있는 법원은 고등법원이라고 봄이 상당하다. ○|×

[14 변호사, 14 경찰승진, 13 국가7급, 12 국가9급, 11 경찰채용] [Core ★★]

해설

대법원 1997.12.12. 97도2463 합의부 이송사건 [○]

0753 제1심에서 합의부 관할사건에 관하여 단독판사 관할사건으로 죄명, 적용법조를 변경하는 검사의 공소장변경허가신청서가 제출된 경우, 합의부는 공소장변경신청을 허가한 후 사건을 관할권이 있는 단독판사로 이송하여야 한다. ○|×

<p style="text-align:right">[15 경간부, 15 국가9급, 15 법원9급, 14 국가7급] [Core ★★]</p>

해설

> (제1심에서 합의부 관할사건에 관하여 단독판사 관할사건으로 죄명, 적용법조를 변경하는 공소장변경 허가신청서가 제출된 경우) 합의부는 공소장변경 허가결정을 하였는지에 관계없이 사건의 실체에 들어가 심판하였어야 하고 사건을 단독판사에게 재배당할 수 없는데도, 사건을 재배당받은 제1심 및 원심(지방법원 합의부)이 사건에 관한 실체 심리를 거쳐 심판한 조치는 관할권이 없는데도 이를 간과하고 실체판결을 한 것으로서 소송절차에 관한 법령을 위반한 잘못이 있다.(대법원 2013.4.25. 2013도1658 잘못된 재배당 사건) [×]

0754 법원은 공소가 제기된 사건에 대하여 군사법원이 재판권을 가지게 되었거나 재판권을 가졌음이 판명된 때에는 결정으로 사건을 재판권이 있는 같은 심급의 군사법원으로 이송한다. 이 경우 이송전에 행한 소송행위는 이송후에는 그 효력이 없다. ○|×

<p style="text-align:right">[15 국가9급, 14 법원9급, 11 국가9급] [Core ★★]</p>

해설

> 이송전에 행한 소송행위는 이송후에도 그 효력에 영향이 없다.(제16조의2) [×]

<p style="text-align:center">제2절 검사</p>

0755 검사의 불기소처분에는 확정재판에 있어서의 확정력과 같은 효력이 없어 일단 불기소처분을 한 후에도 공소시효가 완성되기 전이면 언제라도 공소를 제기할 수 있다. ○|×

<p style="text-align:right">[16 경찰승진, 16 경찰채용, 14 경찰채용] [Core ★★]</p>

해설

> 대법원 2009.10.29. 2009도6614 [○]

0756 검사직무대리자인 사법연수생이 특가법위반(절도)의 피의자를 신문하고 작성한 피의자신문 조서는 증거능력이 있다. ○|×

<p style="text-align:right">[15 경간부, 14 경간부, 13 국가9급] [Core ★★]</p>

해설

> 대법원 2010.4.15. 2010도1107 [○]

0757 검사가 수사 및 공판과정에서 피고인에게 유리한 증거를 발견하게 되었다면 피고인의 이익을 위하여 이를 법원에 제출하여야 한다. ○ | ×

[15 국가9급, 13 국가9급] [Core ★★]

해설

대법원 2002.2.22. 2001다23447 감정서 누락 사건 [○]

0758 서장이 아닌 경정 이하의 사법경찰관리가 직무집행에 관하여 부당한 행위를 하는 경우에는 지방검찰청 검사장은 당해 사건의 수사중지를 명하고 임용권자에게 그 교체임용을 요구할 수 있다. ○ | ×

[15 국가9급] [Essential ★]

해설

검찰청법 제54조 제1항 [○]

0759 지방검찰청 검사장 또는 지청장은 불법체포·구속의 유무를 조사하기 위하여 검사로 하여금 매월 2회 이상 관하수사관서의 피의자의 체포·구속 장소를 감찰하게 하여야 한다. ○ | ×

[17 경찰채용] [Core ★★]

해설

매월 1회 이상 관하 수사관서의 피의자의 체포·구속 장소를 감찰하게 하여야 한다.(제198조의2 제1항) [×]

제3절 피고인

0760 공동피고인이란 동일한 소송절차에서 심판을 받고 있는 수인의 피고인을 말하므로 공범 또는 관련사건이 아니면 공동피고인이 될 수 없다. ○ | ×

[13 경간부, 12 경찰승진, 12 국가9급] [Essential ★]

해설

동일한 소송절차에서 심판을 받으면 족하므로 공범 또는 관련사건인지의 여부를 불문하고 공동 피고인이 될 수 있다. [×]

0761 상소심이 피고인을 위하여 원심판결을 파기하는 경우에 파기의 이유가 상소한 공동피고인에게 공통되는 때에는 그 공동피고인에게 대하여도 원심판결을 파기하여야 한다. O|X

[13 경간부, 12 경찰승진, 12 국가9급] [*Core* ★★]

해설

제364조의2, 제392조 [O]

0762 피고인이 사망하거나 피고인인 법인이 존속하지 아니하면 법원은 공판절차를 정지하여야 하고, 피고인이 사물의 변별 또는 의사의 결정을 할 능력이 없게 되면 법원은 공소기각결정을 고지하여야 한다. O|X

[Essential ★]

해설

피고인이 사망하거나 피고인인 법인이 존속하지 아니하면 법원은 공소기각결정을 고지하여야 하고(제328조 제1항 제2호) [당사자능력 상실] 피고인이 사물의 변별 또는 의사의 결정을 할 능력이 없게 되면 원칙적으로 공판절차를 정지하여야 한다.(제306조 제1항) [X]

0763 형사소송법 제364조의2(피고인을 위하여 원심판결을 파기하는 경우에 파기의 이유가 항소한 공동피고인에게 공통되는 때에는 그 공동피고인에게 대하여도 원심판결을 파기하여야 한다)의 규정은 공동피고인 사이에서 파기의 이유가 공통되는 해당 범죄사실이 동일한 소송절차에서 병합심리된 경우에만 적용된다. O|X

[20 국가7급, 20 법원9급] [Essential ★]

해설

대법원 2019.8.29. 2018도14303 全合 국정농단 박근혜 전대통령 사건 [O]

0764 법인세체납 등으로 공소제기 되어 그 피고사건의 공판계속 중에 그 법인의 청산종결의 등기가 경료되었다면 법인의 당사자능력이 소멸하므로 법원은 공소기각결정을 하여야 한다. O|X

[17 경간부] [*Core* ★★]

해설

피고인 법인의 법인세체납은 피고인 법인의 존속 중에 있었던 일이고 이러한 법인세체납이 완전히 정리되지 아니하여 공소제기되어 그 피고사건의 법원공판계속 중에 비록 피고인법인의 청산종료의 등기가 경료되었다고 하더라도 그 피고사건이 종결되지 아니하는 동안 피고인 법인의 청산 사무는 종료된 것이라 할 수 없고 형사소송법상 법인의 당사자능력도 그대로 존속한다고 해석함이 상당하다.(대법원 1986.10.28. 84도693) [X]

0765 법인의 해산 또는 청산종결 등기 이전에 업무나 재산에 관한 위반행위가 있는 경우 청산종결 등기가 된 이후 위반행위에 대한 수사가 개시되거나 공소가 제기되었다면 그에 따른 수사나 재판을 받는 일이 법인의 청산사무에 포함된다고 볼 수 없고 따라서 청산종결 등기가 완료된 법인의 형사소송법상 당사자능력은 인정되지 아니한다. O|X

[22 국가7급] [Core ★★]

해설

법인에 대한 청산종결 등기가 되었더라도 청산사무가 종결되지 않는 한 그 범위 내에서는 청산법인으로 존속한다. 법인의 해산 또는 청산종결 등기 이전에 업무나 재산에 관한 위반행위가 있는 경우에는 청산종결 등기가 된 이후 위반행위에 대한 수사가 개시되거나 공소가 제기되더라도 그에 따른 수사나 재판을 받는 일은 법인의 청산사무에 포함되므로 그 사건이 종결될 때까지 법인의 청산사무는 종료되지 않고 형사소송법상 당사자능력도 그대로 존속한다.(대법원 2021.6.30. 2018도14261 무등록 투자일임업 사건) [×]

0766 피의자가 다른 사람의 성명을 모용한 탓으로 공소장에 피모용자가 피고인으로 표시되었다 하더라도 이는 당사자의 표시상의 착오일 뿐이고, 검사는 모용자에 대하여 공소를 제기한 것이므로 모용자가 피고인이 되고 피모용자에게 공소의 효력이 미친다고는 할 수 없다. O|X

[16 경간부, 16 국가9급, 14 국가9급, 13 국가7급, 13 법원9급, 12 경찰승진, 12 경간부, 12 국가9급, 11 경찰채용, 11 국가7급, 11 국가9급] [Essential ★]

해설

대법원 1993.1.19. 92도2554 [O]

0767 검사는 공소장의 인적사항의 기재를 정정하여 피고인의 표시를 바로잡아야 하는 것인바, 이는 피고인의 표시상의 착오를 정정하는 것이지 공소장을 변경하는 것이 아니지만 법원의 허가를 필요로 한다. O|X

[14 국가9급, 13 국가7급, 13 법원9급, 12 경찰승진, 12 경간부, 12 국가9급, 11 경찰채용, 11 국가7급, 11 국가9급] [Essential ★]

해설

공소장을 변경하는 것이 아니므로 형사소송법 제298조에 따른 공소장변경의 절차를 밟을 필요가 없고 법원의 허가도 필요로 하지 아니한다.(대법원 1997.11.28. 97도2215) [×]

0768 검사가 공소장의 피고인표시를 정정하여 모용관계를 바로잡지 아니한 경우에는 외형상 피모용자 명의로 공소가 제기된 것으로 되어 있어 공소제기의 방식이 형사소송법 제254조의 규정에 위반하여 무효라 할 것이므로 법원은 공소기각의 판결을 선고하여야 한다. O|X

[14 국가9급, 13 국가7급, 12 경간부, 12 국가9급, 11 국가9급] [Essential ★]

해설

대법원 1993.1.19. 92도2554 [O]

0769 형사피고인은 유죄의 판결이 선고될 때까지는 무죄로 추정된다. O|X

[16 경찰승진, 15 경찰승진, 14 국가9급, 12 경찰채용, 12 국가9급, 11 경찰승진] [Core ★★]

해설

형사피고인은 유죄의 판결이 확정될 때까지는 무죄로 추정된다.(헌법 제27조 제4항, 형사소송법 제275조의2) [X]

0770 피고인에게 구속의 사유가 있어 구속영장이 발부, 집행되어 그의 신체의 자유가 제한된 경우(파기환송을 받은 법원이 구속을 계속할 사유가 있다고 판단하여 구속기간을 갱신하고 피고인을 계속 구속한 경우)는 무죄추정원칙에 위배된다. O|X

[17 경찰승진, 16 경찰승진, 15 경찰승진, 15 국가9급, 14 국가9급, 12 경찰채용] [Core ★★]

해설

대법원의 파기환송 판결에 의하여 사건을 환송받은 법원은 형사소송법 제92조 제1항에 따라 2월의 구속기간이 만료되면 특히 계속할 필요가 있는 경우에는 2차에 한하여 결정으로 구속기간을 갱신할 수 있는 것이고, 한편 무죄추정을 받는 피고인이라고 하더라도 그에게 구속의 사유가 있어 구속영장이 발부, 집행된 이상 신체의 자유가 제한되는 것은 당연한 것이므로, 이러한 조치가 무죄 추정의 원칙에 위배되는 것이라고 할 수는 없다.(대법원 2001.11.30. 2001도5225) [X]

0771 형법 제57조 제1항에 따라 법원이 재량에 의하여 미결구금일수 중 일부를 형기에 산입하지 않을 수 있도록 한 규정은 무죄추정원칙에 위배된다. O|X

[12 경찰채용] [Essential ★]

해설

헌법재판소 2009.6.25. 2007헌바25 재정통산 위헌사건 [O]

0772 군사법원법이 적용되는 범죄에 대하여 군사법경찰관의 구속기간을 형사소송법상의 사법 경찰관에 의한 구속기간 10일보다 10일이나 많은 20일을 인정한 경우 무죄추정원칙에 위배된다. O|X

[15 경간부] [Essential ★]

해설

헌법재판소 2003.11.27. 2002헌마193 공군대령 수뢰사건 [O]

0773 미결수용자가 수감되어 있는 동안 수사 또는 재판을 받을 때에 사복을 입지 못하게 하고 재소자용 의류를 입게 한 경우 무죄추정원칙에 위배된다. O|X

[14 변호사, 13 국가7급] [Essential ★]

해설

헌법재판소 1999.5.27. 97헌마137, 98헌마5 [O]

0774 유죄의 확정판결을 받기 전에 공무원의 징계혐의 사실을 인정하여 징계처분을 한 경우에도 무죄추정원칙에 위배되지 않는다. ○|×

[15 경찰승진, 15 경간부, 14 국가9급, 12 경찰채용] [Core ★★]

해설

징계혐의 사실의 인정은 형사재판의 유죄확정 여부와는 무관한 것이므로 형사재판 절차에서 유죄의 확정판결을 받기 전이라도 징계혐의 사실은 인정될 수 있는 것이며 그와 같은 징계혐의 사실인정은 무죄추정에 관한 헌법 제26조 제4항 또는 형사소송법 제275조의2 규정에 저촉된다고 볼 수 없다.(대법원 1986.6.10. 85누407) [○]

0775 구 사립학교법이 형사사건으로 기소된 교원에 대하여 필요적으로 직위해제처분을 하도록 규정한 것은 무죄추정의 원칙 등에 반하여 위헌이다. ○|×

[16 경찰승진] [Core ★★]

해설

헌법재판소 1994.7.29. 93헌가3 [○]

0776 형사사건으로 기소된 국가공무원을 구 국가공무원법에 의하여 임의적으로 직위해제를 할 수 있도록 규정한 경우 무죄추정원칙에 위배된다. ○|×

[14 변호사, 12 경찰채용] [Core ★★]

해설

국가공무원법 제73조의2 제1항 제4호는 직위해제처분을 받은 공무원에 대한 범죄사실 인정이나 유죄판결을 전제로 하여 불이익을 과하는 것이 아니므로 무죄추정의 원칙에 위배된다고 볼 수 없다.(헌법재판소 2006.5.25. 2004헌바12) [×]

0777 지방자치단체의 장이 금고 이상의 형의 선고를 받은 경우 부단체장으로 하여금 그 권한을 대행하도록 한 경우 무죄추정원칙에 위배된다. ○|×

[15 경간부, 12 경찰승진, 12 경찰채용] [Core ★★]

해설

헌법재판소 2010.9.2. 2010헌마418 이광재 강원지사 사건 [○]

0778 지방자치단체의 장이 공소제기된 후 구금상태에 있는 경우 부단체장으로 하여금 그 권한을 대행하도록 한 경우 무죄추정원칙에 위배된다. ○|×

[Core ★★]

해설

공소제기된 자로서 구금되었다는 사실 자체에 사회적 비난의 의미를 부여한다거나 그 유죄의 개연성에 근거하여 직무를 정지시키는 것이 아니라, 구금의 효과, 즉 구속되어 있는 자치단체장의 물리적 부재상태로 말미암아 자치단체행정의 원활하고 계속적인 운영에 위험이 발생할 것이 명백하여 이를 미연에 방지하기 위하여 직무를 정지시키는 것이므로, '범죄사실의 인정 또는 유죄의 인정에서 비롯되는 불이익'이라거나 '유죄를 근거로 하는 사회윤리적 비난'이라고 볼 수 없다. 따라서 무죄추정의 원칙에 위반되지 않는다.(헌법재판소 2011.4.28. 2010헌마474 박형상 서울 중구청장 사건) [×]

0779 관세법상 몰수할 것으로 인정되는 물품을 압수한 경우에 있어서 범인이 당해 관서에 출두하지 아니하거나 또는 범인이 도주하여 그 물품을 압수한 날로부터 4월을 경과한 때에 당해 물품을 별도의 재판이나 처분없이 국고에 귀속토록 한 경우 무죄추정원칙에 위배된다. O|×

[12 경찰채용] [Essential ★]

해설

헌법재판소 1997.5.29. 96헌가17 [O]

0780 피고인이 교도소에 수용된 때에 국민건강보험급여를 정지하도록 규정한 경우 무죄추정원칙에 위배된다. O|×

[17 경찰승진, 14 국가7급, 12 경찰승진] [Core ★★]

해설

수용자의 의료보장체계를 일원화하기 위한 입법 정책적 판단에 기인한 것이며 유죄의 확정 판결이 있기 전인 미결수용자에게 어떤 불이익을 주기 위한 것은 아니므로 무죄추정의 원칙에 위반된다고 할 수 없다.(헌법재판소 2005.2.24. 2003헌마31) [×]

0781 다음 중 헌법에 위반되는 것은 모두 1개다. O|×

[Superlative ★★★]

㉠ 구치소와 치료감호시설에 수용 중인 자를 국민기초생활보장법상 급여의 지급 대상에서 제외한 경우
㉡ 경찰청장이 이미 수집되어 있는 지문정보를 보관전산화하여 범죄수사 목적에 이용한 경우 [18 경간부]
㉢ 구치소장이 수용자와 그 배우자의 접견내용을 녹음하여 검찰청 검사장에게 그 접견녹음파일을 제공한 경우
㉣ 법관이 아닌 사회보호위원회가 치료감호의 종료 여부를 결정하도록 한 경우 [18 경간부]

해설

모든 항목이 헌법에 위반되지 아니한다. [×]
㉠ 헌법재판소 2012.2.23. 2011헌마123
㉡ 헌법재판소 2005.5.26. 99헌마513. 지문정보를 이용하는 것은 (헌법상 보장된 개인정보자기 결정권 침해 여부는 별론으로 하고) 무죄추정 원칙이나 적법절차 원칙에 위반되지 아니한다.
㉢ 헌법재판소 2012.12.27. 2010헌마153. 이 항목은 수용자와 '그 배우자'의 접견내용을 녹음한 경우로서 수용자와 변호인의 접견내용을 녹음한 경우가 아님을 주의하여야 한다. 물론 수용자와 변호인의 접견내용을 녹음하였다면 이는 위헌·위법이다.
㉣ 헌법재판소 2005.2.3. 2003헌바1

0782 다음 중 인격권 또는 신체의 자유 등의 침해에 해당하는 것은 모두 3개다. O|X

[Superlative ★★★]

㉠ 구치소 또는 교도소에 수용된 자에 대하여 행형법 규정에 따라 소변을 받아 제출하도록 하는 경우 [20 경찰승진, 17 경간부, 16 법원행시]
㉡ 교도소장이 '외부 재판(민사재판)에 출정할 때 운동화를 착용하게 해달라'라는 수형자의 신청을 불허한 경우(고무신 착용을 강제한 경우)
㉢ 경찰관이 기자들에게 피의자가 경찰서 내에서 수갑을 차고 얼굴을 드러낸 상태에서 조사받는 모습을 촬영할 수 있도록 허용한 경우 [16 변호사]
㉣ 성인 남성인 수용자가 방실(정원 6명)에 수용된 기간 동안 1인당 실제 개인사용가능면적은, 6인이 수용된 2일 16시간 동안에는 $1.06m^2$, 5인이 수용된 6일 5시간 동안에는 $1.27m^2$이었던 경우
㉤ 피의자들이 유치장에 재수용되는 과정에서 흉기 등 위험물이나 반입금지물품을 소지 은닉할 가능성이 극히 낮았음에도 불구하고 피의자들의 옷을 전부 벗긴 상태에서 앉았다 일어서기를 3회씩 반복하게 하는 신체수색을 한 경우 [17 경찰채용, 16 경찰승진]
㉥ 수용자가 구치소 및 교도소에 수용되는 과정에서 알몸 상태로 가운만 입고 전자영상장비에 의한 신체검사기에 올라가 다리를 벌리고 용변을 보는 자세로 쪼그려 앉아 항문 부위에 대한 검사를 받게 한 경우 [17 경찰승진]
㉦ 수용자가 속옷까지 탈의를 하고 돌아서서 상체를 숙인 후 양손으로 둔부를 벌려 항문을 보이게 하는 신체검사를 받게 한 경우. 다만, 사람들은 볼 수 없는 차단된 공간에서 같은 성별의 교도관과 1 대 1의 상황에서 짧은 시간 내에 손가락이나 다른 도구의 사용 없이 시각적으로만 항문을 보이게 하였음
㉧ 금치처분을 받은 수형자에 대하여 절대적으로 운동을 금지시킨 경우

해설

㉢㉣㉤㉧ 4 항목이 인격권 또는 신체의 자유 등을 침해하는 경우에 해당한다.

㉠ 대상자가 소변을 받아 제출하는 하기 싫은 일을 하여야 하고 자신의 신체의 배출물에 대한 자기 결정권이 다소 제한된다고 하여도 그것만으로는 소변채취의 목적 및 검사방법 등에 비추어 과잉금지의 원칙에 반한다고 할 수 없다.(헌법재판소 2006.7.27. 2005헌마277)

㉡ 유죄판결이 확정된 청구인의 경우에는 무죄추정의 원칙이라든가 방어권이 문제될 여지가 없고, 청구인이 출석한 재판은 민사재판이었으므로 운동화 대신 고무신을 착용하였다고 하여 공정한 재판을 받을 권리가 침해되었다고 볼 여지가 없다.(헌법재판소 2011.2.24. 2009헌마209 고무신 사건)

㉢ 촬영허용행위는 언론 보도를 보다 실감나게 하기 위한 목적 외에 어떠한 공익도 인정할 수 없는 반면, 피의자는 얼굴이 공개되어 초상권을 비롯한 인격권에 대한 중대한 제한을 받았고, 촬영한 것이 언론에 보도될 경우 범인으로서의 낙인 효과와 그 파급효는 매우 가혹하여 법익균형성도 인정되지 아니하므로 촬영 허용행위는 과잉금지 원칙에 위반되어 피의자의 인격권을 침해하였다.(헌법재판소 2014.3.27. 2012헌마652 강동서 사기피의자 촬영사건)

㉣ 위와 같은 1인당 수용면적은 우리나라 성인 남성의 평균 신장인 174cm 전후의 키를 가진 사람이 팔다리를 마음껏 뻗기 어렵고, 다른 수형자들과 부딪치지 않기 위하여 모로 누워 칼잠을 자야할 정도로 매우 협소한 것으로, 청구인의 인간으로서의 존엄과 가치를 침해하여 헌법에 위반된다.(헌법재판소 2016.12.29. 2013헌마142 과밀수용 헌법소원사건) 헌법재판소는 이 판례에서 국가는 수형자가 인간으로서의 존엄과 가치를 지킬 수 있도록 상당한 기간 (늦어도 5년 내지 7년) 내에 수형자 1인당 적어도 $2.58m^2$ 이상의 수용면적을 확보하여야 한다고 촉구하였다.

㉤ 헌법 제10조의 인간의 존엄과 가치로부터 유래하는 인격권 및 제12조의 신체의 자유가 침해된 것으로 판단된다.(헌법재판소 2002.7.18. 2000헌마327 알몸수색 사건)

㉥ 필요한 최소한도를 벗어나 과잉금지원칙에 위배되어 수용자의 인격권 내지 신체의 자유를 침해한다고 볼 수 없다.(헌법재판소 2011.5.26. 2010헌마775 항문검사사건 I)

Ⓢ 청구인이 수인하여야 할 모욕감이나 수치심에 비하여 반입금지품을 차단함으로써 얻을 수 있는 수용자들의 생명과 신체의 안전, 구치소 내의 질서유지 등의 공익이 보다 크므로 과잉금지의 원칙에 위배되었다고 할 수 없다.(헌법재판소 2006.6.29. 2004헌마826 항문검사 사건Ⅰ)
Ⓞ 금치 처분을 받은 수형자에 대한 절대적인 운동의 금지는 징벌의 목적을 고려하더라도 그 수단과 방법에 있어서 필요한 최소한도의 범위를 벗어난 것으로서, 수형자의 헌법 제10조의 인간의 존엄과 가치 및 신체의 안전성이 훼손당하지 아니할 자유를 포함하는 제12조의 신체의 자유를 침해하는 정도에 이르렀다고 판단된다.(헌법재판소 2004.12.16. 2002헌마478) [×]

0783 다음 중 무죄추정 내지 적법절차 원칙 등 헌법에 위반되는 것은 모두 4개다. O|×

[Superlative ★★★]

㉠ 형사재판의 피고인으로 출석하는 수형자에 대하여 교정시설에서 지급하는 의류를 입게 한 경우
㉡ 민사재판의당사자로 출석하는 수형자에 대하여 교정시설에서 지급하는 의류를 입게 한 경우
㉢ 미결수용자가 수감되어 있는 동안 수사 또는 재판을 받을 때에 사복을 입지 못하게 하고 재소자용 의류를 입게 한 경우
㉣ 미결수용자가 수감되어 있는 동안 구치소 등 수용시설 안에서 사복을 입지 못하게 하고 재소자용 의류를 입게 한 경우
㉤ 구속된 피의자의 도주·항거 등을 억제하는 데 필요하다고 인정할 상당한 이유가 있어 수사기관이 필요한 한도 내에서 포승이나 수갑을 사용한 경우 [20 경간부]
㉥ 강간상해의 범죄사실 등으로 징역 13년을 선고받아 형집행 중인 수형자를 교도소장이 다른 교도소로 이송함에 있어 4시간 정도에 걸쳐 상체승의 포승과 앞으로 수갑 2개를 채운 경우
㉦ 피의자에게 도주·폭행·소요 또는 자해 등의 우려가 없었고 수사 검사도 피의자에 대한 계구의 해제를 요청하였음에도 불구하고, 계호교도관이 이를 거절하고 피의자로 하여금 수갑 및 포승을 계속 사용한 채 피의자조사를 받도록 한 경우

해설

㉠㉢㉦ 3 항목이 무죄추정의 원칙 등에 위반된다.
㉠㉡ 헌법재판소 2015.12.23. 2013헌마712. ㉠ 항목은 형사재판의 피고인으로 출석하는 경우이고, ㉡ 항목은 민사재판의 당사자로 출석하는 경우이기 때문에 ㉠ 항목은 위헌이고, ㉡ 항목은 합헌이다.
㉢㉣ 헌법재판소 1999.5.27. 97헌마137. ㉢ 항목은 미결수용자가 수사 또는 재판을 받기 위하여 수용시설 밖으로 나온 경우이고, ㉣ 항목은 미결수용자가 수용시설 안에 있는 경우이기 때문에 ㉢ 항목은 위헌이고, ㉣ 항목은 합헌이다.
㉤ 대법원 1996.5.14. 96도561. ㉤㉥ 2 항목은 필요한 한도 내에서 계구를 경우이고, ㉦ 항목은 필요 이상으로 계구를 사용한 경우이기 때문에 ㉤㉥ 2 항목은 합헌이고, ㉦ 항목은 위헌이다.
㉥ 헌법재판소 2012.7.26. 2011헌마426
㉦ 헌법재판소 2005.5.26. 2001헌마728 [×]

0784 의사무능력자인 피고인, 피의자의 법정대리인 그리고 외국인도 진술거부권의 주체가 된다. O|X

[21 경찰승진] [Essential ★]

해설

헌법 제12조 제2항은 '모든 국민'에게 진술거부권을 보장하고 있으므로 진술거부권 행사주체에는 제한이 없다. 형사소송과 관련하여 검토하면 피고인·피의자에게 당연히 진술거부권이 인정이 된다. 이외에도 의사무능력자인 피의자·피고인의 법정대리인이나 법인인 피고인의 대표도 진술거부권을 가진다. 외국인에게도 인정이 된다.

[O]

0785 헌법 제우조 제2항은 형사상 자기에게 불리한 진술을 강요당하지 아니한다고 규정하고 있으나, 피고인 또는 피의자는 자기에게 유리한 내용이더라도 그 진술을 거부할 수 있다. O|X

[22 국가9급] [Essential ★]

해설

헌법 제12조 제2항은 형사상 자기에게 불리한 진술의 강요를 금지하고 있으나, 형사소송법은 불리한 진술에 국한하고 있지 않으므로 피의자·피고인이 거부할 수 있는 진술은 유리·불리를 불문한다.(제244조의3, 제283조의2)

[O]

0786 진술거부권은 형사절차의 피고인 또는 피의자에게 인정되는 권리이므로 피내사자나 참고인에게는 인정되지 않는다. O|X

[22 국가9급] [Core ★★]

해설

헌법 제12조 제2항은 '모든 국민'에게 진술거부권을 보장하고 있으므로 진술거부권 행사주체에는 제한이 없다. 따라서 피내사자나 참고인에게는 진술거부권이 인정된다. [X]

0787 진술거부권을 국민의 기본적 권리로 보장하는 것은 첫째, 인간의 존엄성과 가치를 보장하고 나아가 비인간적인 자백의 강요와 고문을 근절하려는데 있고, 둘째, 피고인 또는 피의자와 검사 사이에 무기평등을 도모하여 공정한 재판의 이념을 실현하려는 데 있다. O|X

[16 경찰승진, 15 경찰채용, 14 국가9급] [Essential ★]

해설

헌법재판소 1997.3.27. 96헌가11 [O]

0788 진술거부권은 형사절차에서만 보장되는 것이므로 행정절차나 국회에서의 질문 등의 경우에는 비록 그 진술이 자기에게 형사상 불리한 경우라도 진술거부권의 보장대상에 포함되지 아니한다. O|X

[17 경간부, 16 경찰채용, 15 경찰채용] [Core ★★]

해설

진술거부권은 현재 피의자나 피고인으로서 수사 또는 공판절차에 계속 중인 자 뿐만 아니라 장차 피의자나 피고인이 될 자에게도 보장되며 형사절차뿐 아니라 행정절차나 국회에서의 조사절차 등에서도 보장된다.(헌법재판소 1997.3.27. 96헌가11) [X]

0789 법률이 범법자에게 자기의 범죄사실을 반드시 신고하도록 명시하고 그 미신고를 이유로 처벌하는 벌칙을 규정하는 것은 헌법상 보장된 국민의 기본권인 진술거부권을 침해하는 것이 된다. O|X

[17 경간부] [Core ★★]

해설

대법원 2015.5.28. 2015도3136 새마을금고 직원 사건 [O]

0790 주취운전의 혐의자에게 호흡측정기에 의한 주취 여부의 측정에 응할 것을 요구하고 이에 불응할 경우 처벌하는 도로교통법 규정은 진술거부권에 관한 헌법 제12조 제2항에 위반되지 아니한다. O|X

[15 경찰승진, 15 경찰채용, 14 경찰채용, 13 경간부, 13 국가9급, 12 변호사, 12 국가7급, 11 법원9급] [Core ★★]

해설

대법원 2009.9.24. 2009도7924 [O]

0791 교통사고를 일으킨 운전자에게 신고의무를 부담시키고 있고 이를 위반할 때 처벌하는 도로교통법 제50조 제2항, 제111조 제3호는 형사책임과 관련되는 사항에 적용되는지의 여부를 불문하고 헌법에 위반되지 아니한다. O|X

[14 국가9급, 13 경간부] [Core ★★]

해설

교통사고를 일으킨 운전자에게 신고의무를 부담시키고 있는 도로교통법 제50조 제2항, 제111조 제3호는 피해자의 구호 및 교통질서의 회복을 위한 조치가 필요한 범위 내에서 교통사고의 객관적 내용만을 신고하도록 한 것으로 해석하고 형사책임과 관련되는 사항에는 적용되지 아니하는 것으로 해석하는 한 헌법에 위반되지 아니한다.(헌법재판소 1990.8.27. 89헌가118) [X]

0792 '새마을금고나 새마을금고중앙회의 임직원 또는 청산인이 검사원의 질문에 거짓으로 진술한 경우 3년 이하의 징역이나 500만원 이하의 벌금에 처한다'라는 새마을금고법 처벌규정은 새마을금고의 임직원이 장차 특경법에 규정된 죄로 처벌받을 수도 있는 사항에 관한 질문을 받고 거짓 진술을 한 경우에도 적용된다. ○|×

해설

'새마을금고나 새마을금고중앙회의 임직원 또는 청산인이 (중략) 검사원의 질문에 거짓으로 진술한 경우 3년 이하의 징역이나 500만원 이하의 벌금에 처한다'라는 새마을금고법 제85조 제2항 제9호 처벌규정은 새마을금고의 임직원이 장차 특경법에 규정된 죄로 처벌받을 수도 있는 사항에 관한 질문을 받고 거짓 진술을 한 경우에는 특별한 사정이 없는 한 적용되지 않는다고 해석하여야 한다. 이러한 경우까지 항상 처벌될 수 있다고 본다면, 이는 실질적으로 장차 형사피의자나 피고인이 될 가능성이 있는 자로 하여금 수사기관 앞에서 자신의 형사책임을 자인하도록 강요하는 것과 다르지 않기 때문이다.(대법원 2015.5.28. 2015도3136 새마을금고 직원 사건)　　　[×]

0793 진술거부권이 보장되는 절차에서 진술거부권을 고지받을 권리는 진술거부권을 보장한 헌법 규정에 의하여 바로 도출되는 것으로 이를 인정하기 위해서 별도의 입법적 뒷받침이 필요한 것은 아니다. ○|×

[16 국가9급, 14 국가9급] [Core ★★]

해설

(1) 진술거부권이 보장되는 절차에서 진술거부권을 고지받을 권리가 헌법 제12조 제2항에 의하여 바로 도출된다고 할 수는 없고, 이를 인정하기 위해서는 입법적 뒷받침이 필요하다. (2) 구 공직선거법은 제272조의2에서 선거관리위원회 위원·직원이 관계자에게 질문·조사를 할 수 있다고 규정하면서도 진술거부권의 고지에 관하여는 별도의 규정을 두지 않았고, 수사기관의 피의자에 대한 진술거부권 고지를 규정한 형사소송법 제244조의3 제1항이 구 공직선거법상 선거관리위원회 위원·직원의 조사절차에 당연히 유추적용된다고 볼 수도 없다. (3) 결국 구 공직선거법 시행 당시 선거관리위원회 위원·직원이 선거범죄 조사와 관련하여 관계자에게 질문을 하면서 미리 진술거부권을 고지하지 않았다고 하여 단지 그러한 이유만으로 그 조사절차가 위법하다거나 그 과정에서 작성·수집된 선거관리위원회 문답서의 증거능력이 당연히 부정된다고 할 수는 없다.(대법원 2014.1.16. 2013도5441 신장용 의원 사건)　　　[×]

0794 수사기관이 피의자를 신문함에 있어서 피의자에게 미리 진술거부권을 고지하지 않은 때에는 그 피의자의 진술은 위법하게 수집된 증거로서 진술의 임의성이 인정되는 경우라도 증거능력이 부인되어야 한다. ○|×

[16 경찰승진, 16 국가9급, 15 변호사, 15 경찰승진, 14 변호사, 14 경간부, 14 경찰채용, 14 법원9급, 13 경간부, 13 국가9급, 13 법원9급, 12 변호사, 12 경찰승진, 12 경간부, 12 경찰채용, 11 경찰승진, 11 법원9급] [Essential ★]

해설

대법원 2014.4.10. 2014도1779 대구 필로폰 매매사건　　　[○]

0795 피의자와 마찬가지로 피의자 지위에 있지 아니한 자에 대하여도 진술거부권이 고지되지 않았다면 그 진술을 기재한 조서는 증거능력이 부정된다. O|X

[14 변호사, 14 법원9급, 13 경찰채용, 13 국가9급, 12 경찰채용, 12 국가7급] [Essential ★]

해설

피의자 지위에 있지 아니한 자에 대하여는 진술거부권이 고지되지 아니하였더라도 진술의 증거능력을 부정할 것은 아니다.(대법원 2014.4.30. 2012도725 부산저축은행 전직원 공갈사건) [×]

0796 수사기관에 의한 진술거부권 고지 대상이 되는 피의자 지위는 수사기관이 조사대상자에 대한 범죄혐의를 인정하여 수사를 개시하는 행위를 한 때 인정된다. O|X

[16 경간부, 16 경찰채용] [Essential ★]

해설

대법원 2015.10.29. 2014도5939 서울시 공무원 간첩사건 [O]

0797 「형사소송법」 제301조(공판절차의 갱신)에 따라 공판절차를 갱신하는 경우 원칙적으로 피고인에게 진술거부권을 다시 고지하지 아니한다. O|X

[18 경찰승진] [Essential ★]

해설

공판절차를 갱신하는 경우 재판장은 피고인에게 진술거부권 등을 고지한 후 인정신문을 하여 피고인임에 틀림없음을 확인하여야 한다.(규칙 제144조 제1항 제1호) [×]

0798 甲에 대하여 검사가 국가보안법위반죄로 구속영장을 발부받아 피의자신문을 한 다음, 구속 기소한 후 다시 甲을 소환하여 진술거부권을 고지하지 않은 채 공범 乙들과의 조직구성 및 활동 등에 관한 신문을 하면서 진술조서를 작성한 경우 증거능력이 없다. O|X

[12 경찰채용, 12 국가7급] [Core ★★]

해설

대법원 2009.8.20. 2008도8213 박준의 민노당 정책국장 사건 [O]

0799 조사대상자의 진술 내용이 단순히 제3자의 범죄에 관한 경우가 아니라 자신과 제3자에게 공동으로 관련된 범죄에 관한 것이거나 제3자의 피의사실뿐만 아니라 자신의 피의사실에 관한 것이기도 하여 실질이 피의자신문조서의 성격을 가지는 경우라면 수사기관은 진술을 듣기 전에 미리 진술거부권을 고지하여야 한다. O|X

[16 경찰채용] [Core ★★]

해설

대법원 2015.10.29. 2014도5939 서울시 공무원 간첩사건 [O]

0800 피고인들의 필로폰 수입에 관한 범의를 명백하게 하기 위하여 검사가 필로폰이 은닉된 곡물 포대를 받아 피고인들에게 전달한 甲을 참고인으로 조사한 것이라면, 甲이 수사기관에 의해 범죄혐의를 인정받아 수사가 개시된 피의자의 지위에 있었다고 할 수 없고, 피의자로서의 지위가 아닌 참고인으로서 조사를 받으면서 수사기관으로부터 진술거부권을 고지받지 않았다 하더라도 그 이유만으로 그 진술조서가 위법수집증거로서 증거능력이 없다고 할 수 없다. O|X

[17 경간부] [Core ★★]

해설

대법원 2011.11.10. 2011도8125 곡물포대 전달자 사건 [O]

0801 진술을 거부하거나 거짓 진술을 하는 태도나 행위가 피고인에게 보장된 방어권 행사의 범위를 넘어 객관적이고 명백한 증거가 있음에도 진실의 발견을 적극적으로 숨기거나 법원을 오도하려는 시도에 기인한 경우라도 이를 가중적 양형의 조건으로 참작될 수는 없다. O|X

[14 경찰채용, 14 국가9급, 12 경찰승진, 12 경찰채용, 12 국가7급, 11 법원9급] [Core ★★]

해설

(1) 형사소송절차에서 피고인은 방어권에 기하여 범죄사실에 대하여 진술을 거부하거나 거짓 진술을 할 수 있고 이 경우 범죄사실을 단순히 부인하고 있는 것이 죄를 반성하거나 후회하고 있지 않다는 인격적 비난요소로 보아 가중적 양형의 조건으로 삼는 것은 피고인에게 자백을 강요하는 것이 되어 허용될 수 없다고 할 것이나 (2) 그러한 태도나 행위가 피고인에게 보장된 방어권 행사의 범위를 넘어 객관적이고 명백한 증거가 있음에도 진실의 발견을 적극적으로 숨기거나 법원을 오도하려 는 시도에 기인한 경우에는 가중적 양형의 조건으로 참작될 수 있다.(대법원 2012.1.12. 2011도 14083) [×]

0802 구속적부심사절차에서 피의자의 변호인은 경찰서장에게 피의자에 대한 수사기록 중 고소장과 피의자신문조서의 열람·등사를 신청할 권리가 있다. O|X

[16 경찰채용, 14 경찰승진, 11 경찰승진] [Core ★★]

해설

헌법재판소 2003.3.27. 2000헌마474 인천서부서 열람·등사 거부사건 [O]

0803 구속적부심사건 피의자의 변호인은 지방법원판사에게 제출된 구속영장청구서 및 그에 첨부된 고소장을 열람 및 복사할 수 있다. O|X

[22 해경간부] [Superlative ★★★]

해설

구속적부심사를 청구한 피의자의 변호인은 지방법원판사에게 제출된 구속영장청구서 및 그에 첨부된 고소·고발장, 피의자의 진술을 기재한 서류와 피의자가 제출한 서류를 열람할 수 있다.(규칙 제96조의21 제1항, 제104조의2) [×]

0804 피고인 또는 변호인은 검사에게 공소제기된 사건에 관한 서류 또는 물건의 목록과 공소사실의 인정 또는 양형에 영향을 미칠 수 있는 서류 등의 열람·등사 또는 서면의 교부를 신청할 수 있다. 피고인에게 변호인이 있는 경우에도 피고인은 열람·등사 또는 서면의 교부를 신청할 수 있다. O|X

[17 경찰승진, 16 경간부, 16 경찰채용, 16 법원9급, 15 경간부, 14 경간부, 14 경찰채용, 13 변호사, 13 경찰승진, 13 경찰채용, 13 국가9급, 12 경찰채용, 12 국가7급, 11 경찰채용] [Core ★★]

해설

피고인에게 변호인이 있는 경우에는 피고인은 열람만을 신청할 수 있다.(제266조의3 제1항) [X]

0805 열람·등사 또는 서면의 교부를 신청할 수 있는 서류에 불기소처분기록도 포함된다. O|X

[15 경찰승진, 15 경간부, 13 국가9급, 12 경찰채용] [Essential ★]

해설

관련 형사재판확정기록, 불기소처분기록 등도 열람·등사 또는 서 면의 교부를 신청할 수 있는 대상이다.(제266조의3 제1항) [O]

0806 열람·등사 또는 서면의 교부를 신청할 수 있는 서류 등은 도면·사진·녹음테이프·비디오 테이프·컴퓨터용 디스크 그밖에 정보를 담기 위하여 만들어진 물건으로서 문서가 아닌 특수 매체를 포함한다. 이 경우 특수매체에 대한 등사는 필요 최소한의 범위에 한한다. O|X

[17 경간부, 16 경찰채용, 13 변호사, 12 경찰채용] [Essential ★]

해설

제266조의3 제6항 [O]

0807 검사는 열람·등사 또는 서면의 교부를 허용하지 아니할 상당한 이유가 있다고 인정하는 때에는 열람·등사 또는 서면의 교부를 거부하거나 그 범위를 제한할 수 있다. 이는 '서류 등의 목록'에 대해서도 동일하다. O|X

[14 경간부, 13 변호사, 13 경찰채용, 13 국가9급, 12 국가9급] [Core ★★]

해설

검사는 '서류 등의 목록'에 대하여는 열람 또는 등사를 거부할 수 없다.(제266조의3 제5항) [X]

0808 검사는 열람·등사 또는 서면의 교부를 거부하거나 그 범위를 제한하는 때에는 지체 없이 그 이유를 서면 또는 구술로 통지하여야 한다. O|X

[16 경찰채용, 14 경간부, 14 경찰채용, 12 경찰채용, 12 국가7급] [Essential ★]

해설

검사는 열람·등사 또는 서면의 교부를 거부하거나 그 범위를 제한하는 때에는 지체없이 그 이유를 서면으로 통지하여야 한다.(제266조의3 제3항) [X]

0809 피고인 또는 변호인은 검사가 서류 등의 열람·등사 또는 서면의 교부를 거부하거나 그 범위를 제한한 때에는 법원에 그 서류 등의 열람·등사 또는 서면의 교부를 허용하도록 할 것을 신청할 수 있다.　　○|×

[13 경찰승진, 13 경찰채용, 12 국가7급, 11 경찰채용] [Core ★★]

해설

제266조의4 제1항　　[○]

0810 검사가 열람·등사 또는 서면의 교부에 관한 법원의 결정을 지체 없이 이행하지 아니하는 때에도 해당 증인 및 서류 등에 대하여 증거신청을 할 수 있다.　　○|×

[16 경간부, 15 경간부, 14 경간부, 14 경찰채용, 13 변호사, 13 경찰승진, 12 경찰채용, 12 국가7급, 11 경찰채용] [Core ★★]

해설

검사가 열람·등사 또는 서면의 교부에 관한 법원의 결정을 지체 없이 이행하지 아니하는 때에는 해당 증인 및 서류 등에 대하여 증거신청을 할 수 없다.(제266조의4 제5항)　　[×]

0811 법원의 열람 등사 허용결정은 '판결 전의 소송절차에 관한 결정'에 해당하며, 위 결정에 대해서는 형사소송법에서 별도로 즉시항고에 관한 규정을 두고 있지 아니하므로 형사소송법 제402조에 의한 항고의 방법으로 불복할 수 없고, 그 결과 법원의 열람·등사허용결정은 그 결정이 고지되는 즉시 집행력이 발생한다.　　○|×

[22 경찰간부] [Core ★★]

해설

형사소송법 제266조의4는 검사의 열람·등사 거부처분에 대하여 법원이 그 허용 여부를 결정하도록 하면서도 법원의 열람·등사 허용 결정에 대하여 집행정지의 효력이 있는 즉시항고로 불복할 수 있는 명문의 규정을 두고 있지 않으므로 법원의 열람·등사 허용 결정은 그 결정이 고지되는 즉시 집행력이 발생한다.(대법원 2012.11.15. 2011다48452 용산참사 사건)　　[○]

0812 피고인 또는 변호인이 공판기일 또는 공판준비절차에서 현장부재·심신상실 또는 심신미약 등 법률상·사실상의 주장을 한 경우라도 피고인 또는 변호인에게는 증거개시 의무가 없으므로 검사는 피고인이 증거로 신청할 서류 등에 대하여 열람·등사 또는 서면의 교부를 요구할 수 없다.　　○|×

[14 경찰채용, 13 변호사, 13 경찰승진, 11 경찰채용] [Core ★★]

해설

검사는 피고인 또는 변호인이 현장부재·심신상실 또는 심신미약 등 법률상·사실상의 주장을 한 때에는 피고인 또는 변호인에게 서류 등의 열람·등사 또는 서면의 교부를 요구할 수 있다. 검사는 피고인 또는 변호인이 열람·등사의 요구를 거부한 때에는 법원에 그 서류 등의 열람·등사를 허용하도록 할 것을 신청할 수 있다.(제266조의11)　　[×]

0813 증거개시는 공판기일의 집중심리를 가능하게 하는 장치로서 공판준비절차의 일환으로 인정되므로, 증거개시의 신청은 공판준비절차에서만 허용된다. O|X

[17 경간부] [Core ★★]

해설

형사소송법 제266조의3 제1항은 '피고인 또는 변호인은 검사에게 공소제기된 사건에 관한 서류 또는 물건의 목록과 공소사실의 인정 또는 양형에 영향을 미칠 수 있는 서류 등의 열람·등사 또는 서면의 교부를 신청할 수 있다'라고 규정하여 증거개시 신청의 시기제한을 두고 있지 않다. 따라서 공판준비절차에서는 물론 공판기일절차에서도 증거개시 신청이 허용된다.(규칙 제123조의5 제1항 참고) 이는 형사소송법 제266조의11에 규정된 피고인이 보유하고 있는 서류 등에 대한 증거개시의 경우에도 동일하다. [X]

0814 피고인과 변호인은 소송계속 중의 관계 서류 또는 증거물을 열람하거나 등사할 수 있다. O|X

[12 국가9급] [Essential ★]

해설

제35조 제1항 [O]

0815 변호인이 있는 피고인은 소송계속 중 법원이 보관하고 있는 관계 서류 또는 증거물에 대하여는 열람만을 신청할 수 있다. O|X

[17 국가7급] [Core ★★]

해설

피고인과 변호인은 소송계속 중의 관계 서류 또는 증거물을 열람하거나 등사할 수 있다.(제35조 제1항) [X]

0816 피고인의 법정대리인, 특별대리인, 보조인 또는 피고인의 배우자·직계친족·형제자매로서 피고인의 위임장 또는 신분관계를 증명하는 문서를 제출한 자도 소송계속 중의 관계 서류 또는 증거물을 열람하거나 등사할 수 있다. O|X

[15 국가9급] [Core ★★]

해설

피고인의 법정대리인, 제28조에 따른 특별대리인, 제29조에 따른 보조인 또는 피고인의 배우자. 직계친족·형제자매로서 피고인의 위임장 및 신분관계를 증명하는 문서를 제출한 자도 제1항과 같다.(제35조 제2항) [X]

0817 소송계속 중인 사건의 피해자, 피해자 본인의 법정대리인 또는 이들로부터 위임을 받은 피해자 본인의 배우자·직계친족·형제자매·변호사는 소송기록의 열람 또는 등사를 재판장에게 신청할 수 있다. O|X

[17 경간부, 16 경간부, 15 경찰승진, 15 경찰채용, 15 법원9급, 14 국가9급, 12 국가9급] [Essential ★]

해설

제294조의4 제1항 [O]

0818 재판장은 피해자 등의 권리구제를 위하여 필요하다고 인정하거나 그 밖의 정당한 사유가 있는 경우 범죄의 성질, 심리의 상황 그 밖의 사정을 고려하여 상당하다고 인정하는 때에는 열람 또는 등사를 허가할 수 있다. O|X

[12 국가7급, 11 법원9급] [Core ★★]

해설

제294조의4 제3항 [O]

0819 누구든지 권리구제·학술연구 또는 공익적 목적으로 재판이 확정된 사건의 소송기록을 보관하고 있는 검찰청에 그 소송기록의 열람 또는 등사를 신청할 수 있다. O|X

[11 경찰승진, 11 경찰채용] [Essential ★]

해설

제59조의2 제1항 [O]

0820 소송기록의 열람 또는 등사를 신청한 자는 열람 또는 등사에 관한 검사의 처분에 불복하는 경우 관할 고등검찰청 검사장에게 그 처분의 취소 또는 변경을 신청할 수 있다. O|X

[11 경찰승진, 11 경찰채용] [Core ★★]

해설

소송기록의 열람 또는 등사를 신청한 자는 열람 또는 등사에 관한 검사의 처분에 불복하는 경우에는 당해 기록을 보관하고 있는 검찰청에 대응한 법원에 그 처분의 취소 또는 변경을 신청할 수 있다.(제59조의2 제6항) [×]

0821 누구든지 판결이 확정된 사건의 판결서 또는 그 등본, 증거목록 또는 그 등본, 그 밖에 검사나 피고인 또는 변호인이 법원에 제출한 서류·물건의 명칭·목록 또는 이에 해당하는 정보를 보관하는 법원에서 해당 판결서 등을 열람 및 복사할 수 있다. O|X

[법원9급] [Core ★★]

해설

누구든지 판결이 확정된 사건의 판결서 또는 그 등본, 증거목록 또는 그 등본, 그 밖에 검사나 피고인 또는 변호인이 법원에 제출한 서류·물건의 명칭·목록 또는 이에 해당하는 정보(이하 "판결서등"이라 한다)를 보관하는 법원에서 해당 판결서등을 열람 및 복사(인터넷, 그 밖의 전산정보처리 시스템을 통한 전자적 방법을 포함한다. 이하 이 조에서 같다)할 수 있다.(제59조의3 제1항) [O]

0822 법원사무관등이나 그 밖의 법원공무원은 확정 판결서등의 열람 및 복사에 앞서 판결서등에 기재된 성명 등 개인정보가 공개되지 아니하도록 대법원규칙으로 정하는 보호조치를 하여야 하며, 이때 개인정보 보호조치를 한 법원사무관등이나 그 밖의 법원공무원은 고의로 인한 것이 아니면 위 열람 및 복사와 관련하여 민사상·형사상 책임을 지지 아니한다. O|X

[22 법원9급] [Core ★★]

해설

개인정보 보호조치를 한 법원사무관등이나 그 밖의 법원공무원은 고의 또는 중대한 과실로 인한 것이 아니면 열람 및 복사와 관련하여 민사상·형사상 책임을 지지 아니한다.(제59조의3 제3항) [×]

제4절 변호인

0823 피고인 또는 피의자의 법정대리인, 배우자, 직계친족, 형제자매는 독립하여 변호인을 선임할 수 있다. O|X

[14 경찰채용, 13 경찰승진, 12 국가7급, 11 국가7급, 11 법원9급] [Essential ★]

해설

제30조 제2항 [O]

0824 사선변호인의 선임은 피고인 등 변호인 선임권자와 변호인의 사법상 계약으로 이루어지는 반면 국선변호인의 선정은 법원의 재판행위이므로 양자는 그 성질이 다르다. O|X

[Essential ★]

해설

대법원 2018.11.22. 2015도10651 全合 불성실한 사선변호인 사건 [O]

0825 변호인은 변호사 중에서 선임하여야 한다. 단, 대법원 이외의 법원은 특별한 사정이 있으면 변호사 아닌 자를 변호인으로 선임함을 허가할 수 있다. O|X

[12 국가7급] [Core ★★]

해설

제31조 [O]

0826 변호인의 선임은 심급마다 변호인과 연명날인한 서면으로 제출하여야 한다. 공소제기전의 변호인 선임은 제1심에도 그 효력이 있다. ○|×

[16 경간부, 15 변호사, 15 경찰채용, 14 국가7급, 11 법원9급] [Essential ★]

해설

제32조 [○]

0827 변호인선임신고서는 특별한 사정이 없는 한 원본 또는 사본을 의미한다. ○|×

[12 법원9급] [Core ★★]

해설

변호인선임신고서는 특별한 사정이 없는 한 원본을 의미한다고 할 것이고 사본은 이에 해당하지 않는다.(대법원 2005.1.20. 2003모429 선임서 사본 사건) [×]

0828 제1심 법원에서의 변호인선임은 항소심의 파기환송 또는 파기이송이 있은 후에는 그 효력이 없다. ○|×

[15 변호사, 13 국가9급, 12 국가7급] [Essential ★]

해설

제1심 법원에서의 변호인선임은 항소심의 환송 또는 이송이 있은 후에도 효력이 있다.(규칙 제158조) [×]

0829 하나의 사건에 관한 변호인선임은 동일법원의 동일피고인에 대하여 병합된 다른 사건에 관하여는 그 효력이 없다. 다만, 피고인 또는 변호인이 이와 다른 의사표시를 한 때에는 그러하지 아니하다. ○|×

[13 국가9급] [Core ★★]

해설

하나의 사건에 관하여 한 변호인선임은 동일법원의 동일피고인에 대하여 병합된 다른 사건에 관하여도 그 효력이 있다. 다만, 피고인 또는 변호인이 이와 다른 의사표시를 한 때에는 그러하지 아니하다.(규칙 제13조) [×]

0830 변호인은 3인을 초과할 수 없다. ○|×

[15 경찰채용, 13 경찰승진, 12 경찰채용] [Essential ★]

해설

대표변호인은 3인을 초과할 수 없다.(제32조의2 제3항) 변호인 수에는 제한이 없다. [×]

0831 사형, 무기 또는 단기 1년 이상의 징역·금고에 해당하는 사건으로 기소된 경우에 피고인에게 변호인이 없는 경우 법원은 직권으로 국선변호인을 선정하여야 한다. ○|×

[16 경찰승진, 15 경찰승진, 12 변호사, 11 경찰채용, 11 국가7급] [Core ★★]

해설

사형, 무기 또는 단기 3년 이상의 징역·금고에 해당하는 사건으로 기소된 경우에 피고인에게 변호인이 없는 경우 법원은 직권으로 국선변호인을 선정하여야 한다.(제33조 제1항 제6호) [×]

0832 법원은 피고인이 빈곤 그 밖의 사유로 변호인을 선임할 수 없는 경우에는 직권으로 국선변호인을 선정하여야 한다. ○|×

[16 경찰승진, 12 국가7급, 11 경찰채용] [Core ★★]

해설

법원은 피고인이 빈곤 그 밖의 사유로 변호인을 선임할 수 없는 경우에 피고인의 청구가 있는 때에는 변호인을 선정하여야 한다.(제33조 제2항) [×]

0833 법원은 피고인의 연령·지능 및 교육 정도 등을 참작하여 권리보호를 위하여 필요하다고 인정하는 때에는 피고인의 명시한 의사에 반해서도 변호인을 선정하여야 한다. ○|×

[12 국가7급, 11 경찰채용] [Essential ★]

해설

법원은 피고인의 명시적 의사에 반하지 아니하는 범위 안에서 변호인을 선정하여야 한다.(제33조 제3항) [×]

0834 형사소송법 제33조 제1항 각 호의 어느 하나에 해당하는 사건 및 제2항·제3항의 규정에 따라 변호인이 선정된 사건에 관하여는 변호인 없이 개정하지 못한다. 이는 판결만을 선고하는 경우에도 동일이다. ○|×

[14 경간부, 14 국가9급, 13 경찰승진, 13 국가9급, 12 변호사, 12 경간부, 11 경찰승진] [Core ★★]

해설

형사소송법 제33조 제1항 각 호의 어느 하나에 해당하는 사건 및 제2항·제3항의 규정에 따라 변호인이 선정된 사건에 관하여는 변호인 없이 개정하지 못한다. 단, 판결만을 선고할 경우에는 예외로 한다.(제282조) [×]

0835 국선변호인 제도는 구속영장실질심사, 체포·구속적부심사의 경우를 제외하고는 공판절차에서 피고인의 지위에 있는 자에게만 인정되고 집행유예의 취소청구 사건의 심리절차에서는 인정되지 않는다. ○|×

[Core ★★]

해설

대법원 2019.1.4. 2018모3621 [○]

0836 형사소송법 제33조 제1항 제1호의 '피고인이 구속된 때'라고 함은 피고인이 당해 형사사건에서 구속되어 재판을 받고 있는 경우는 물론 피고인이 별건으로 구속되어 있거나 다른 형사사건에서 유죄로 확정되어 수형중인 경우도 포함된다. ○|×

[17 경간부. 15 변호사, 13 법원9급, 12 국가7급, 12 법원9급] [Core ★★]

해설

형사소송법 제33조 제1항 제1호의 4피고인이 구속된 때'라고 함은, 피고인이 당해 형사사건에서 구속되어 재판을 받고 있는 경우를 의미하고, 피고인이 별건으로 구속되어 있거나 다른 형사사건 에서 유죄로 확정되어 수형중인 경우는 이에 해당하지 아니한다.(대법원 2009.5.28. 2009도579) [×]

0837 피고인이 원심 변론종결시까지 국선변호인 선정을 청구한 일이 없다면 국선변호인을 선정함이 없이 진행한 공판절차는 위법이라고 할 수 없다. ○|×

[13 국가9급, 12 경찰승진, 11 국가7급] [Essential ★]

해설

대법원 1994.10.25. 94도1467 [○]

0838 피고인이 '지체(척추) 4급 장애인으로서 국민기초생활수급자에 해당한다'는 소명자료를 첨부하여 국선변호인 선정청구를 하였음에도 원심이 국선변호인을 선정하지 아니한 채 공판 심리를 진행한 것은 판결에 영향을 미친 위법이 있다. ○|×

[13 경찰승진] [Essential ★]

해설

대법원 2011.3.24. 2010도18103 [○]

0839 형사소송법 제33조 제1항 제5호에서 정한 '피고인이 심신장애의 의심이 있는 때'란 진단서나 정신감정 등 객관적인 자료에 의하여 피고인의 심신장애 상태를 확신할 수 있거나 그러한 상태로 추단할 수 있는 근거가 있는 경우만을 의미하고 피고인의 의식상태나 사물에 대한 변별능력, 행위통제능력이 결여되거나 저하된 상태로 의심되어 피고인이 공판심리단계에서 효과적으로 방어권을 행사하지 못할 우려가 있다고 인정되는 경우는 포함되지 않는다. O|X

[20 법원9급, 21 경찰간부] [Superlative ★★★]

해설

범행의 경위, 범행의 내용과 방법, 범행 전후 과정에서 보인 행동 등과 아울러 피고인의 연령·지능·교육 정도 등 소송기록과 소명자료에 드러난 제반 사정에 비추어 피고인의 의식상태나 사물에 대한 변별능력, 행위통제능력이 결여되거나 저하된 상태로 의심되어 피고인이 공판심리단계에서 효과적으로 방어권을 행사하지 못할 우려가 있다고 인정되는 경우를 포함한다.(대판 2019.9.26. 2019도 8531 또라이 피고인 사건) [X]

0840 국선변호인선임청구를 기각한 결정은 판결전의 소송절차이므로 그 결정에 대하여 즉시항고를 할 수 있는 근거가 없는 이상 그 결정에 대하여는 재항고도 할 수 없다. O|X

[11 경찰승진] [Essential ★]

해설

대법원 1993.12.3. 92모49 [O]

0841 공판절차가 아닌 재심개시결정 전의 절차에서 국선변호인 선임청구를 할 수 없는 것이므로 법원이 재심청구인의 국선변호인 선임청구를 기각한 것은 적법하다. O|X

[17 경간부, 15 경찰승진, 13 경찰채용, 12 경간부, 11 경찰승진] [Essential ★]

해설

대법원 1993.12.3. 92모49 [O]

0842 2급 시각장애인 피고인의 경우, 법원으로서는 피고인의 연령·지능·교육 정도를 비롯한 시각장애의 정도 등을 확인한 다음 권리보호를 위하여 필요하다고 인정하는 때에는 시각장애인인 피고인의 명시적 의사에 반하더라도 국선변호인을 선정하여 방어권을 보장해 줄 필요가 있다. O|X

[16 국가7급, 15 경찰채용, 13 경찰채용, 11 경찰승진] [Essential ★]

해설

피고인이 2급 시각장애인으로서 점자자료가 아닌 경우에는 인쇄물 정보접근에 상당한 곤란을 겪는 수준인 경우, 법원으로서는 형사소송법 제33조 제3항의 규정을 준용하여 피고인의 명시적 의사에 반하지 아니하는 범위 안에서 국선변호인을 선정하는 절차를 취하여야 한다.(대법원 2010.4.29. 2010도881) [X]

0843 즉결심판을 받은 피고인이 정식재판청구를 함으로써 공판절차가 개시된 경우에는 국선변호인의 선정에 관한 형사소송법 제283조의 규정은 적용되지 아니한다. O|X

[11 경찰승진, 11 국가7급] [Core ★★]

해설

즉결심판을 받은 피고인이 정식재판청구를 함으로써 공판절차가 개시된 경우에는 통상의 공판절차와 마찬가지로 국선변호인의 선정에 관한 형사소송법 제283조의 규정이 적용된다.(대법원 1997.2.14. 96도3059 대구 할아버지 사건) [×]

0844 필요적 변호사건에 해당하는 사건에서 제심의 공판절차가 변호인 없이 이루어져 증거조사와 피고인신문 등 심리가 이루어졌다면, 그와 같은 위법한 공판절차에서 이루어진 증거조사와 피고인신문 등 일체의 소송행위는 모두 무효이다. O|X

[14 국가9급, 12 경찰채용, 11 법원9급] [Core ★★]

해설

대법원 2011.9.8. 2011도6325 (同旨 대법원 2008.6.12. 2008도2621 석궁테러 사건) [O]

0845 필요적 변호사건에서 변호인이 없거나 출석하지 아니한 채 공판절차가 진행되었기 때문에 그 공판절차가 위법한 것이라 한다면 그 절차에서의 소송행위 외에 다른 절차에서 적법하게 이루어진 소송행위까지 모두 무효가 된다. O|X

[12 변호사, 11 법원9급] [Core ★★]

해설

필요적 변호사건에서 변호인이 없거나 출석하지 아니한 채 공판절차가 진행되었기 때문에 그 공판절차가 위법한 것이라 하더라도 그 절차에서의 소송행위 외에 다른 절차에서 적법하게 이루 어진 소송행위까지 모두 무효로 된다고 볼 수는 없다.(대법원 1999.4.23. 99도915) [×]

0846 필요적 변호사건에 해당하는 사건에서 제1심의 공판절차가 변호인 없이 이루어진 경우 그와 같은 위법한 공판절차에서 이루어진 소송행위는 무효이므로 이러한 경우 항소심으로서는 변호인이 있는 상태에서 소송행위를 새로이 한 후 위법한 제1심판결을 파기하고 항소심에서의 진술 및 증거조사 등 심리결과에 기하여 다시 판결하여야 한다. O|X

[16 국가7급, 12 변호사, 12 경간부, 11 경찰승진] [Core ★★]

해설

대법원 2008.6.12. 2008도2621 석궁테러 사건 [O]

0847 피고인이 필요적 변호사건인 폭력행위등처벌에관한법률위반죄로 기소된 후 사기죄의 약식 명령에 대한 정식재판을 청구하여 제1심에서 모두 유죄판결을 받고 항소하였는데, 항소심이 국선변호인을 선정하지 아니한 채 두 사건을 병합심리하여 항소기각판결을 선고하였다면 변호인의 관여 없이 공판절차를 진행한 위법은 필요적 변호사건이 아닌 사기죄 부분에도 미친다. O|X

[21 경찰채용] [*Core* ★★]

해설

피고인이 필요적 변호사건인 ⓐ죄(폭처법위반)로 기소된 후 ⓑ죄(사기죄)의 약식명령에 대해 정식재판을 청구하여 제1심에서 모두 유죄판결을 받고 항소하였는데, 원심이 국선변호인을 선정하지 아니한 채 두 사건을 병합·심리하여 항소기각 판결을 선고한 경우 변호인의 관여 없이 공판절차를 진행한 위법은 필요적 변호사건이 아닌 사기죄 부분에도 미치며 이는 사기죄 부분에 대해 별개의 벌금형을 선고하였더라도 마찬가지이다.(대법원 2011.4.28. 2011도2279) [O]

0848 동일한 변호사가 민사사건에서 형사사건의 피해자에 해당하는 상대방 당사자를 위한 소송대리인으로서 소송행위를 하는 등 직무를 수행하였다가 나중에 실질적으로 동일한 쟁점을 포함하고 있는 형사사건에서 피고인을 위한 변호인으로 선임되어 변호활동을 하는 등 직무를 수행하는 것은 허용되지 않는다. 피고인들의 제1심 변호인에게 변호사법 제31조 제1호의 수임 제한 규정을 위반한 위법이 있다면 피고인들 스스로 그 변호인을 선임한 경우라도 소송절차가 무효가 된다. O|X

[19 국가7급, 20 경찰채용] [*Core* ★★]

해설

피고인들의 제1심 변호인에게 변호사법 제31조 제1호의 수임제한 규정을 위반한 위법이 있다 하여도 피고인들 스스로 위 변호사를 변호인으로 선임한 사건에 있어서 다른 특별한 사정이 없는 한 위와 같은 위법으로 인하여 변호인의 조력을 받을 피고인들의 권리가 침해되었다거나 그 소송절차가 무효로 된다고 볼 수는 없다.(대법원 2009.2.26. 2008도9812) [X]

0849 이해가 상반된 피고인들 중 어느 피고인이 법무법인을 변호인으로 선임하고, 법무법인이 담당변호사를 지정하였는데 법원이 담당변호사 중 1인 또는 수인을 다른 피고인을 위한 국선변호인으로 선정한 경우, 국선변호인의 조력을 받을 피고인의 권리를 침해한다. O|X

[*Core* ★★]

해설

이해가 상반된 피고인들 중 어느 피고인이 법무법인을 변호인으로 선임하고, 법무법인이 담당변호사를 지정하였을 때, 법원이 담당변호사 중 1인 또는 수인을 다른 피고인을 위한 국선변호인으로 선정한다면, 국선변호인으로 선정된 변호사는 이해가 상반된 피고인들 모두에게 유리한 변론을 하기 어렵다. 결국 이로 인하여 다른 피고인은 국선변호인의 실질적 조력을 받을 수 없게 되고, 따라서 국선변호인 선정은 국선변호인의 조력을 받을 피고인의 권리를 침해하는 것이다.(대법원 2015.12.23. 선고 2015도9951) [O]

0850 피고인 또는 피의자 수인간에 이해가 상반되지 아니할 때에는 그 수인의 피고인 또는 피의자를 위하여 동일한 국선변호인을 선정할 수 있다. O|X

[12 경찰채용, 11 경찰채용] [Core ★★]

해설

규칙 제15조 제2항 [O]

0851 변호인이 피고인 또는 피의자로 하여금 헌법상 권리인 진술거부권이 있음을 알려주고 그 행사를 권고하는 것을 가리켜 진실의무에 위배되는 것이라고는 할 수 없다. O|X

[14 변호사, 12 경찰채용, 12 국가7급] [Essential ★]

해설

대법원 2007.1.31. 2006모656 일심회 마이클장사건 [O]

Chapter 02 | 소송행위와 소송조건

0852 검사의 공소장은 법원에 대하여 형사재판을 청구하는 서류로서 그 기재내용은 실체적 사실 인정의 증거자료가 될 수 있다. O|X

[16 경찰승진, 15 경찰승진, 11 경찰채용, 11 국가9급] [Essential ★]

해설

검사의 공소장은 법원에 대하여 형사재판을 청구하는 서류로서 그 기재내용이 실체적 사실 인정의 증거자료가 될 수는 없다.(대법원 1978.5.23. 78도575) [X]

0853 검사, 피고인 또는 변호인은 공판조서의 기재에 대하여 변경을 청구하거나 이의를 제기할 수 있다. O|X

[12 법원9급, 11 법원9급] [Superlative ★★★]

해설

제54조 제3항 [O]

0854 피고인의 공판조서에 대한 열람 또는 등사청구에 법원이 불응하여 피고인의 열람 또는 등사 청구권이 침해된 경우에는 그 공판조서를 유죄의 증거로 할 수 없지만, 공판조서에 기재된 당해 피고인이나 증인의 진술은 증거로 할 수 있다. O|X

[14 경간부, 13 국가7급, 12 법원9급] [Essential ★]

해설

피고인의 공판조서에 대한 열람 또는 등사청구에 법원이 불응하여 피고인의 열람 또는 등사 청구권이 침해된 경우에는 그 공판조서를 유죄의 증거로 할 수 없을 뿐만 아니라 공판조서에 기재된 당해 피고인이나 증인의 진술도 증거로 할 수 없다.(대법원 2012.12.27. 2011도15869) [X]

0855 비록 피고인이 차회 공판기일 전 등 원하는 시기에 공판조서를 열람·등사하지 못하였다 하더라도 그 변론종결 이전에 이를 열람·등사한 경우에는 그 열람·등사가 늦어짐으로 인하여 피고인의 방어권 행사에 지장이 있었다는 등의 특별한 사정이 없는 한 그 공판조서를 유죄의 증거로 할 수 있다. O|X

[15 국가9급] [Essential ★]

해설

대법원 2007.7.26. 2007도3906 [O]

0856 법원은 검사, 피고인 또는 변호인의 신청이 있는 때에는 특별한 사정이 없는 한 공판정에서의 심리의 전부 또는 일부를 속기사로 하여금 속기하게 하거나 녹음장치 또는 영상녹화장치를 사용하여 녹음 또는 영상녹화하여야 하며, 필요하다고 인정하는 때에는 직권으로 이를 명할 수 있다. O|X

[12 법원9급] [Core ★★]

해설

제56조의2 제1항 [O]

0857 법원은 속기록·녹음물 또는 영상녹화물을 공판조서와 함께 보관하여야 한다. O|X

[14 경간부, 12 법원9급] [Essential ★]

해설

법원은 속기록·녹음물 또는 영상녹화물을 공판조서와 별도로 보관하여야 한다.(제56조의2 제2항) [X]

0858 속기록, 녹음물, 영상녹화물 또는 녹취서는 전자적 형태로 이를 보관할 수 있으며, 재판이 선고되면 폐기한다. O|X

[14 경간부, 12 법원9급] [Core ★★]

해설

속기록, 녹음물, 영상녹화물 또는 녹취서는 전자적 형태로 이를 보관할 수 있으며, 재판이 확정되면 폐기한다.(규칙 제39조) [X]

0859 도소 또는 구치소에 있는 피고인이 상소의 제기기간 내에 상소장을 교도소장 또는 구치소장 또는 그 직무를 대리하는 자에게 제출한 때에는 상소의 제기기간 내에 상소한 것으로 간주한다. O|X

[15 법원9급] [Essential ★]

해설

제344조 제1항 [O]

0860 피고인이 원심 공판기일에 불출석하자, 검사가 피고인과 통화하여 피고인이 변호인으로 선임한 甲변호사의 사무소로 송달을 원하고 있음을 확인하고 피고인의 주소를 甲변호사 사무소로 기재한 주소보정서를 원심에 제출하였는 데, 그 후 甲변호사가 사임하고 새로이 乙변호사가 변호인으로 선임된 사안에서, 원심이 피고인에 대한 공판기일 소환장 등을 甲변호사 사무소로 발송하여 그 사무소 직원이 수령하였더라도 적법한 방법으로 피고인의 소환이 이루어졌다고 볼 수 없다. O|X

[21 법원9급] [Superlative ★★★]

해설

(1) 피고인에 대한 공판기일 소환은 형사소송법이 정한 소환장의 송달 또는 이와 동일한 효력이 있는 방법에 의하여야 하고 그 밖의 방법에 의한 사실상의 기일의 고지 또는 통지 등은 적법한 피고인 소환이라고 할 수 없다. (2) 검사가 피고인의 주소로서 보정한 변호사의 사무소는 피고인의 주소, 거소, 영업소 또는 사무소 등의 송달장소가 아니고, 피고인이 송달영수인과 연명하여 서면으로 신고한 송달영수인의 주소에도 해당하지 아니하며, 달리 그곳이 피고인에 대한 적법한 송달장소에 해당한다고 볼 자료가 없으므로 항소심이 공판기일 소환장 등을 변호사 사무소로 발송하여 그 사무소의 직원이 수령하였다고 하더라도 형사소송법이 정한 적법한 방법으로 피고인의 소환이 이루어졌다고 볼 수 없다.(대법원 2018.11.29. 2018도13377 변호사 사무소 송달사건) [O]

0861 교도소 또는 구치소에 구속된 자에 대한 송달은 그 소장에게 송달하면 구속된 자에게 전달된 여부와 관계없이 효력이 생기는 것이다. O|×

[16 법원9급, 15 국가9급, 14 경간부, 14 국가7급, 12 법원9급, 11 경찰승진] [Core ★★]

해설

대법원 1995.1.12. 94도2687 운전면허발급 알선사건 [O]

0862 수소법원이 약식명령의 송달을 실시함에 있어 당사자 또는 소송관계인의 수감사실을 모르고 종전의 주·거소에 하였다면 송달의 효력은 발생하지 않지만, 당사자가 약식명령이 고지된 사실을 다른 방법으로 알았다면 그 송달의 효력이 발생한다고 보아야 한다. O|×

[16 법원9급, 11 법원9급] [Core ★★]

해설

송달 자체가 부적법한 이상 당사자가 약식명령이 고지된 사실을 다른 방법으로 알았다고 하더라도 송달의 효력은 여전히 발생하지 아니한다.(대법원 1995.6.14. 95모14) [×]

0863 주거, 사무소 또는 송달영수인의 선임을 신고하여야 할 자가 그 신고를 하지 아니하는 때에는 법원사무관등은 서류를 우체에 부칠 수 있고, 이 경우 서류는 발송한 때에 송달된 것으로 간주한다. O|×

[22 국가7급] [Core ★★]

해설

주거, 사무소 또는 송달영수인의 선임을 신고하여야 할 자가 그 신고를 하지 아니하는 때에는 법원사무관등은 서류를 우체에 부치거나 기타 적당한 방법에 의하여 송달할 수 있다. 서류를 우체에 부친 경우에는 도달된 때에 송달된 것으로 간주한다.(제61조 제1항·제2항) [×]

0864 최초의 공시송달은 공시를 한날로부터 2주일이 경과하면 그 효력이 생긴다. 단 제2회 이후의 공시송달은 7일이 경과하면 그 효력이 생긴다.

O|X

[15 경간부, 15 경찰채용] [Essential ★]

해설

최초의 공시송달은 공시를 한 날로부터 2주일이 경과하면 그 효력이 생긴다. 단 제2회 이후의 공시송달은 5일이 경과하면 그 효력이 생긴다.(제64조 제4항) [×]

0865 공시송달의 방법에 의한 피고인의 소환이 부적법하여 피고인이 공판기일에 출석하지 않은 가운데 진행된 제1심의 절차가 위법하고 그에 따른 제1심판결이 파기되어야 한다면, 원심으로서는 다시 적법한 절차에 의하여 소송행위를 새로이 한 후 원심에서의 진술과 증거조사 등 심리 결과에 기초하여 다시 판결하여야 한다.

O|X

[15 법원9급, 13 법원9급] [Core ★★]

해설

대법원 2014.5.16. 2014도3037 [O]

0866 기간의 계산에 관하여는 시로써 계산하는 것은 즉시부터 기산하고 일, 월 또는 년으로써 계산하는 것은 초일을 산입하지 아니한다. 단, 시효와 구속기간의 초일은 시간을 계산함이 없이 1일로 산정한다.

O|X

[17 경찰승진, 13 경찰채용] [Essential ★]

해설

제66조 제1항 [O]

0867 기간의 말일이 공휴일 또는 토요일에 해당하는 날은 기간에 산입하지 아니한다. 이는 시효와 구속의 기간에 관해서도 동일하다.

O|X

[14 경간부, 13 경찰채용] [Essential ★]

해설

기간의 말일이 공휴일 또는 토요일에 해당하는 날은 기간에 산입하지 아니한다. 단, 시효와 구속의 기간에 관하여서는 예외로 한다.(제66조 제3항) [×]

0868 관공서의 공휴일에 관한 규정 제2조 제11호에 따라 정부에서 수시로 지정하는 임시공휴일은 형사소송법 제66조 제3항에서 정한 공휴일에 해당하지 않으므로 항소이유서 제출기간의 말일이 임시공휴일이더라도 피고인이 그 날까지 항소이유서를 제출하지 아니하였다면 항소이유서가 제출기간 내에 적법하게 제출되었다고 볼 수 없다. O|X

[22 법원9급] [Core ★★]

해설

형사소송법 제66조 제3항에서 기간의 말일이 공휴일인지 여부는 '공휴일'에 관하여 규정하고 있는 '관공서의 공휴일에 관한 규정' 제2조 각호에 해당하는지 여부에 따라 결정되고, 같은 조 제11호가 정한 '기타 정부에서 수시 지정하는 날'인 임시공휴일 역시 공휴일에 해당한다.(대법원 2021.1.14. 2020모3694 임시공휴일 사건) 항소이유서 제출기간의 말일이 임시공휴일이면 피고인은 그 임시공휴일의 다음날까지 항소이유서를 제출하면 된다. [×]

0869 법원이 경찰서장의 즉결심판 청구를 기각하여 경찰서장이 사건을 관할 지방검찰청으로 송치하였으나 검사가 이를 즉결심판에 대한 피고인의 정식재판 청구가 있은 사건으로 오인하여 그 사건기록을 법원에 송부한 경우, 공소제기가 성립되었다고 볼 수 있다. O|X

[15 국가9급, 14 국가9급, 13 경찰채용, 11 국가7급] [Core ★★]

해설

공소제기의 본질적 요소라고 할 수 있는 검사에 의한 공소장의 제출이 없는 이상 기록을 법원에 송부한 사실만으로 공소제기가 성립되었다고 볼 수 없다.(대법원 2003.11.14. 2003도2735 정신없는 검사 사건) [×]

0870 변호인선임신고서를 제출하지 아니한 변호인이 변호인 명의로 정식재판청구서만 제출하고 정식재판청구기간 경과 후에 비로소 변호인선임신고서를 제출한 경우 변호인 명의로 제출한 위 정식재판청구서는 적법·유효한 정식재판청구로서의 효력이 없다. O|X

[17 경간부, 15 경간부, 14 국가7급, 12 법원9급] [Core ★★]

해설

대법원 2005.1.20. 2003모429 선임서 사본 사건 [O]

0871 변호인선임서를 제출하지 않은 채 상고이유서만을 제출하고 상고이유서 제출기간이 지난 후에 변호인선임서를 제출하였다면, 그 상고이유서는 적법·유효한 변호인의 상고이유서가 될 수 없다.

O|X

[22 경찰간부] [Superlative ★★★]

해설

변호인선임서를 제출하지 않은 채 상고이유서만을 제출하고 상고이유서 제출기간이 지난 후에 변호인선임서를 제출하였다면 그 상고이유서는 적법·유효한 변호인의 상고이유서가 될 수 없다.(대법원 2015.2.26. 2014도12737) [O]

0872 검사가 공판기일에서 피고인 등이 특정되어 있지 않은 공소장변경허가신청서를 공소장에 갈음하는 것으로 구두진술하고 피고인과 변호인이 이의를 제기하지 않고 변론에 응한 경우, 공소제기의 하자는 치유된다. O|X

[17 경간부] [Core ★★]

해설

검사의 공소장변경 허가신청서에는 필로폰매매 알선행위에 대한 공소사실과 이 사건 변경신청을 허가하여 달라는 취지의 문구만이 기재되어 있을 뿐 피고인의 성명 기타 피고인을 특정할 수 있는 사항, 적용법조 등이 기재되어 있지 않고, 변경신청서가 피고인 또는 변호인에게 송달되지 않았으며, 새로운 공소의 제기에 대한 사건번호의 부여 및 사건배당절차도 거치지 않은 사실이 인정되므로, 알선행위에 대한 공소의 제기는 형사소송법 제254조에 규정된 형식적 요건을 갖추지 못한 변경신청서에 기하여 이루어졌을 뿐만 아니라, 공소장부본 송달 등의 절차 없이 공판기일에서 변경신청서로 공소장을 갈음한다는 검사의 구두진술에 의한 것이라서 그 공소제기의 절차에는 법률의 규정에 위반하여 무효라고 볼 정도의 현저한 방식위반이 있다고 봄이 상당하고 피고인과 변호인이 그에 대하여 이의를 제기하지 않았다고 하여 그 하자가 치유된다고 볼 수는 없으므로 판결로써 공소기각의 선고를 하여야 한다.(대법원 2009.2.26. 2008도11813 공소장을 갈음한다 사건) [×]

0873 다음 중 하자가 치유되는 것은 모두 2개다. O|X

[Superlative ★★★]

㉠ 공소장의 송달이 부적법하다 하여도 피고인이 제1심에서 이의함이 없이 공소사실에 관하여 충분히 진술할 기회를 부여받은 경우
㉡ 검사의 약식명령청구에 대하여 법원이 공판절차회부를 함에 있어 공소장부본을 피고인에게 송달하지 않았으나, 검사와 피고인이 공판기일에 출석하여 피고인을 신문하고 피고인도 이에 대하여 이의를 제기하지 아니하고 신문에 응하고 변론을 한 경우 [18 국가9급]
㉢ 증거보전절차에서 판사가 증인신문을 함에 있어 그 일시와 장소를 피의자 및 변호인에게 미리 통지하지 아니하여 증인신문에 참여할 수 있는 기회를 주지 아니하였고 또 변호인이 제1심 공판기일에서 위 증인신문조서의 증거조사에 관하여 이의신청을 한 경우 [17 경찰채용, 16 경간부]
㉣ 증거보전절차에서 판사가 증인신문을 함에 있어 그 일시와 장소를 피의자 및 변호인에게 미리 통지하지 아니하여 증인신문에 참여할 수 있는 기회를 주지 아니하였지만, 피고인과 변호인이 제1심 공판정에서 위 증인신문조서를 증거로 할 수 있음에 동의하여 별다른 이의없이 적법하게 증거조사를 거친 경우 [18 국가9급]

해설

㉠㉡㉣ 3 항목의 경우 하자가 치유된다.
㉠ 대법원 1992.3.10. 91도3272
㉡ 대법원 2003.11.14. 2003도2735 정신없는 검사 사건
㉢ 대법원 1992.2.28. 91도2337 화성 강제추행 사건
㉣ 대법원 1988.11.8. 86도1646 치안본부 경위 수뢰사건 [×]

0874 피고인이나 변호인에게 최종의견 진술의 기회를 주지 아니한 채 변론을 종결하고 판결을 선고하더라도 소송절차의 법령위반이라고 할 수 없다. O|X

[22 국가7급, 18 국가7급] [Core ★★]

해설

최종의견 진술의 기회는 피고인과 변호인 모두에게 주어져야 하는데, 이러한 최종의견 진술의 기회는 피고인과 변호인의 소송법상 권리로서 피고인과 변호인이 사실관계의 다툼이나 유리한 양형사유를 주장할 수 있는 마지막 기회이므로, 피고인이나 변호인에게 최종의견 진술의 기회를 주지 아니한 채 변론을 종결하고 판결을 선고하는 것은 소송절차의 법령위반에 해당한다.(대법원 2018.3.29. 2018도327) [×]

0875 (개정 형법 시행 전에 범한) 강간죄는 친고죄로서 피해자의 고소가 있어야 죄를 논할 수 있고 기소 이후의 고소의 추완은 허용되지 아니한다 할 것이지만, 이는 비친고죄인 강간치사죄로 기소되었다가 친고죄인 강간죄로 공소장이 변경되는 경우에는 그러하지 아니하다. O|X

[15 경간부, 14 경간부, 14 국가7급, 13 국가9급, 12 경간부, 12 경찰채용, 12 국가9급] [Core ★★]

해설

강간죄는 친고죄로서 피해자의 고소가 있어야 죄를 논할 수 있고 기소 이후의 고소의 추완은 허용되지 아니한다 할 것이며, 이는 비친고죄인 강간치사죄로 기소되었다가 친고죄인 강간죄로 공소장이 변경되는 경우에도 마찬가지이다.(대법원 1982.9.14. 82도1504 기소후아버지 고소사건) [×]

0876 반의사불벌죄에 있어서 처벌불원의 의사표시의 부존재는 소극적 소송조건으로서 직권조사 사항이라 할 것이므로 당사자가 항소이유로 주장하지 아니하였다고 하더라도 원심은 이를 직권으로 조사·판단하여야 한다. O|X

[15 경찰채용, 13 국가7급, 11 경찰승진, 11 국가7급] [Core ★★]

해설

대법원 2009.12.10. 2009도9939 [O]

Part 05

공 판

Chapter 01 | 공판절차

제1절 공판절차의 기본원칙

0877 항소심 법원이 제1심에서 채용된 증거의 신빙성에 의문을 가지면 심리 없이 그 증거를 곧바로 배척할 수 있다. O|X

[15 국가9급, 12 경찰승진, 11 국가7급] [Core ★★]

해설

제1심이 채용한 증거에 대하여 그 신빙성에 의문은 가지만 그렇다고 직접 증거조사를 한 제1심의 자유심증이 명백히 잘못되었다고 볼만한 합리적인 사유도 나타나 있지 아니한 경우에는, 비록 동일한 증거라고 하더라도 다시 한번 증거조사를 하여 항소심이 느끼고 있는 의문점이 과연 그 증거의 신빙성을 부정할 정도의 것인지 알아보거나, 그 증거의 신빙성에 대하여 입증의 필요성을 느끼지 못하고 있는 검사에 대하여 항소심이 가지고 있는 의문점에 관하여 입증을 촉구하는 등의 방법으로 그 증거의 신빙성에 대하여 더 심리하여 본 후 그 채부를 판단하여야 하고, 그 증거의 신빙성에 의문이 간다는 사유만으로 더 이상 아무런 심리를 함이 없이 그 증거를 곧바로 배척하여서는 아니된다.(대법원 1996.12.6. 96도2461) [×]

0878 재판의 심리와 판결은 공개한다. 다만, 심리와 판결 모두 국가의 안전보장·안녕질서 또는 선량한 풍속을 해할 우려가 있는 때에는 결정으로 이를 공개하지 아니할 수 있다. O|X

[12 경간부, 12 경찰채용] [Essential ★]

해설

심리만 공개하지 아니할 수 있다.(헌법 제109조, 법원조직법 제57조 제1항) 따라서 '판결의 선고'는 어떠한 경우에도 공개하여야 한다. [×]

0879 제1심법원이 공개금지결정을 선고하지 않은 채 공개되지 않은 상태에서 증인에 대한 증인신문절차를 진행한 경우, 그 증인에 대한 증인신문조서는 유죄의 증거로 쓸 수 없다. O|X

[Essential ★]

해설

대법원 2013.7.26. 2013도2511 왕재산 간첩단 사건 [O]

0880 법원의 증인신문절차 공개금지결정이 피고인의 공개재판을 받을 권리를 침해하는 경우, 그 절차에 의하여 이루어진 증인의 증언은 변호인의 반대신문권이 보장되지 않는 한 증거능력이 없다. O|X

[21 경찰채요] [Core ★★]

해설

헌법 제109조, 법원조직법 제57조 제1항이 정한 공개금지사유가 없음에도 불구하고 재판의 심리에 관한 공개를 금지하기로 결정하였다면 그러한 공개금지결정은 피고인의 공개재판을 받을 권리를 침해한 것으로서 그 절차에 의하여 이루어진 증인의 증언은 증거능력이 없다고 할 것이고, 변호인의 반대신문권이 보장되었더라도 달리 볼 수 없으며, 이러한 법리는 공개금지결정의 선고가 없는 등으로 공개금지결정의 사유를 알 수 없는 경우에도 마찬가지이다.(대법원 2015.10.29. 2014 도5939 서울시 공무원 간첩사건) [×]

0881 변호인이 없는 피고인을 일시 퇴정하게 하고 증인신문을 한 다음 피고인에게 실질적인 반대 신문권의 기회를 부여하지 아니한 채 이루어진 증인의 법정진술은 위법수집증거라고 할 수 없어 증거능력이 부정되지 아니한다. O|X

[17 경간부, 14 경찰채용, 13 경찰채용, 13 국가7급, 12 경간부, 11 국가7급] [Core ★★]

해설

(1) 변호인이 없는 피고인을 일시 퇴정하게 하고 증인신문을 한 다음 피고인에게 실질적인 반대 신문권의 기회를 부여하지 아니한 채 이루어진 증인의 법정진술은 위법한 증거로서 증거능력이 없다고 볼 여지가 있다. (2) 그러나 재판장이 증인신문 결과 등을 공판조서에 의하여 고지하였는데 피고인 은 '변경할 점과 이의할 점이 없다'고 진술한 사실을 알 수 있는바, 이와 같이 피고인이 책문권 포기 의사를 명시함으로써 실질적인 반대신문의 기회를 부여받지 못한 하자가 치유되었다고 할 수 있으므로 증인의 법정진술이 위법한 증거라고 볼 수 없다.(대법원 2010.1.14. 2009도9344 접대부 폭행·추행 사건) [×]

0882 공판기일의 심리는 집중되어야 한다. 심리에 2일 이상이 필요한 경우에는 부득이한 사정이 없는 한 매일 계속 개정하여야 한다. O|X

[15 경간부, 13 경찰승진, 12 경간부, 12 경찰채용, 11 경찰채용, 11 국가9급] [Core ★★]

해설

제267조의2 제1항·제2항 [O]

0883 형사소송법은 신속한 재판을 위해 집중심리주의를 명문으로 규정하고 있는데, 심리에 2일 이상이 필요한 경우에는 부득이한 사정이 없는 한 매일 계속 개정해야 하며, 재판장은 부득이한 사정이 있어 매일 계속 개정하지 못하는 경우에도 특별한 사정이 없는 한 전회의 공판 기일부터 7일 이내로 다음 공판기일을 지정해야 한다고 규정하고 있다. O|X

[16 경간부] [Essential ★]

해설

재판장은 부득이한 사정으로 매일 계속 개정하지 못하는 경우에도 특별한 사정이 없는 한 전회의 공판기일부터 14일 이내로 다음 공판기일을 지정하여야 한다.(제267조의2) [×]

제2절 공판심리의 범위

0884 형법 제49조는'행위자에게 유죄의 재판을 아니할 때에도 몰수의 요건이 있는 때에는 몰수만을 선고할 수 있다'라고 규정하고 있으므로 법원은 공소가 제기되지 아니한 범죄사실을 인정하여 그에 관하여 몰수나 추징을 선고할 수 있다. O|X

[13 법원9급, 12 변호사] [Core ★★]

해설

공소가 제기되지 아니한 별개의 범죄사실을 법원이 인정하여 그에 관하여 몰수나 추징을 선고하는 것은 불고불리의 원칙에 위반되어 허용되지 아니한다.(대법원 2010.5.13. 2009도11732) [×]

0885 검사는 법원의 허가를 얻어 공소장에 기재한 공소사실 또는 적용법조의 추가, 철회 또는 변경을 할 수 있다. O|X

[14 경찰승진] [Essential ★]

해설

제298조 제1항 본문 [O]

0886 공소장변경허가신청은 서면으로 하여야 하고, 구술로는 이를 할 수 없다. O|X

[14 경간부, 13 변호사] [Core ★★]

해설

검사가 공소장의 변경을 하고자 하는 때에는 공소장변경허가신청서를 법원에 제출하여야 한다. 다만, 법원은 피고인이 재정하는 공판정에서는 피고인에게 이익이 되거나 피고인이 동의하는 경우 구술에 의한 공소장변경을 허가할 수 있다.(규칙 제142조 제1항·제5항) [×]

0887 법원은 공소사실 또는 적용법조의 추가, 철회 또는 변경이 피고인의 불이익을 증가할 염려가 있다고 인정한 때에는 직권 또는 피고인이나 변호인의 청구에 의하여 공판절차를 정지할 수 있다. O|X

[17 경간부, 11 국가7급, 11 국가9급] [Essential ★]

해설

법원은 전3항의 규정에 의한 공소사실 또는 적용법조의 추가, 철회 또는 변경이 피고인의 불이익을 증가할 염려가 있다고 인정한 때에는 직권 또는 피고인이나 변호인의 청구에 의하여 피고인으로 하여금 필요한 방어의 준비를 하게 하기 위하여 결정으로 필요한 기간 공판절차를 정지할 수 있다.(제298조 제4항) [O]

0888 일반법과 특별법이 동일한 구성요건을 가지고 있고 그 구성요건에 해당하는 어느 범죄사실에 대하여 검사가 그 중 형이 가벼운 일반법의 법조를 적용하여 그 죄명으로 기소한 경우, 그 공소사실에 변경이 없고 적용법조의 구성요건이 완전히 동일하다면 법원은 공소장변경 없이도 형이 더 무거운 특별법의 법조를 적용하여 특별법 위반의 죄로 처단할 수 있다. O|X

[16 국가9급, 13 변호사, 13 경찰승진, 11 국가9급] [Core ★★]

해설

비록 그 공소사실에 변경이 없고 적용법조의 구성요건이 완전히 동일하다 하더라도 그러한 적용법조의 변경이 피고인의 방어권 행사에 실질적인 불이익을 초래한다고 보아야 하며, 따라서 법원은 공소장변경 없이는 형이 더 무거운 특별법의 법조를 적용하여 특별법위반의 죄로 처단할 수 없다.(대법원 2007.12.27. 2007도4749 상습절도 군인 사건) [X]

0889 공소사실의 동일성은 공소사실의 기초가 되는 사회적 사실관계가 기본적인 점에서 동일하면 그대로 유지되는 것이며, 이러한 기본적 사실관계의 동일성을 판단함에 있어서는 피고인의 행위와 그 사회적인 사실관계를 기본으로 하여야 하므로 그 규범적 요소는 고려하여서는 아니된다. O|X

[17 경간부, 16 법원9급, 15 법원9급, 14 경간부, 13 국가9급] [Core ★★]

해설

공소사실의 동일성은 공소사실의 기초가 되는 사회적 사실관계가 기본적인 점에서 동일하면 그대로 유지되는 것이며, 이러한 기본적 사실관계의 동일성을 판단함에 있어서는 그 사실의 동일성이 갖는 기능을 염두에 두고 피고인의 행위와 그 사회적인 사실관계를 기본으로 하되 규범적 요소도 아울러 고려하여야 한다.(대법원 2013.2.28. 2011도14986) [X]

0890 피고인의 방어권 행사에 실질적인 불이익을 초래할 염려가 없는 경우에는 공소사실과 기본적 사실이 동일한 범위 내에서 법원이 공소장변경절차를 거치지 아니하고 다르게 사실을 인정하였다고 할지라도 불고불리의 원칙에 위배되지 아니한다. O|X

[16 경찰채용, 15 변호사, 15 법원9급, 14 국가9급, 13 국가9급, 12 국가9급, 11 국가9급] [Core ★★]

해설

대법원 2014.5.16. 2012도12867 민노당 가입 교사들 사건 [O]

0891 검사가 당초 '피고인이 A 등에게 필로폰 약 0.3g을 교부하였다'고 하여 마약류관리에관한법률위반(향정)으로 공소를 제기하였다가 '피고인이 A 등에게 필로폰을 구해주겠다고 속여 A 등에게서 필로폰 대금을 편취하였다'는 사기 범죄사실을 예비적으로 추가하는 공소장변경을 신청한 경우 위 두 범죄사실은 기본적인 사실관계가 동일하므로 공소장변경은 허용된다. O|X

[22 변호사] [Core ★★]

해설

당초의 공소사실인 마약류관리에 관한 법률 위반(향정)의 범죄사실과 검사의 공소장변경에 의해 예비적으로 추가된 사기의 범죄사실은 그 수단·방법 등 범죄사실의 내용이나 행위의 태양 및 피해법익이 다르고 죄질에도 현저한 차이가 있어 그 기본적인 사실관계가 동일하다고 볼 수 없다.(대법원 2012.4.13. 2010도16659) [X]

0892 다음 중 공소장변경이 필요한 것은 모두 7개다. O|X

[Superlative ★★★]

㉠ 살인죄 → 폭행치사죄 [16 경찰채용, 14 경찰채용, 12 변호사]
㉡ 폭행치상죄 → 폭행죄 [12 경찰채용]
㉢ 강간죄 → 폭행죄 [12 변호사]
㉣ 강간치상죄 → 강간죄 [13 경찰승진, 11 국가9급]
㉤ 강간치상죄(예비적으로 상해죄) → 강제추행치상죄 [13 경찰승진]
㉥ 강간치상죄 → 준강제추행죄 [13 경찰승진, 12 경찰승진, 12 경찰채용, 12 국가7급, 11 국가9급]
㉦ 강제추행치상죄 → 강제추행죄 [12 법원9급]
㉧ 성폭법 제6조 제4항(장애인 간음·추행)
→ 형법 제302조(위력에 의한 심신미약자 간음·추행) [15 경간부]
㉨ 향정법상 히로뽕투약기수죄 → 동법 히로뽕투약미수죄 [14 경찰채용]
㉩ 특가법상 미성년자약취후 재물취득미수죄
→ 동법 미성년자약취후 재물요구죄 [12 변호사, 12 경찰채용]
㉪ 특가법상 관세포탈미수죄 → 동법 관세포탈예비죄 [15 변호사, 14 경찰채용]
㉫ 문화재보호법상 비지정문화재수출미수죄
→ 동법 비지정문화재수출예비음모죄 [13 경찰채용]
㉬ 횡령죄 → 배임죄
㉭ 배임죄 → 횡령죄 [17 경간부, 16 경찰채용, 16 국가9급, 15 변호사, 13 변호사, 13 경찰채용, 12 변호사, 12 법원9급]
㉮ 실체적 경합범 → 포괄일죄 [14 경찰채용]
㉯ 실체적 경합범 → 상상적 경합범
㉰ 포괄일죄 → 실체적 경합범 [13 변호사, 13 국가7급, 12 변호사, 11 국가7급]
㉱ 상습절도죄(형법 제332조·제329조·제330조)
→ 상습절도죄(특가법 제5조의4 제1항, 형법 제329조·제330조) [12 변호사]

해설

㉠㉡㉤㉧㉩㉪㉫㉱ 8 항목의 경우 공소장변경을 요한다.
㉠ 대법원 2001.6.29. 2001도1091 해변가 직장동료 폭행사건
㉡ 대법원 1971.1.12. 70도2216
㉤ 대법원 1968.9.29. 68도776
㉧ 대법원 2014.3.27. 2013도13567 중국집 여종업원 성폭행사건
㉩ 대법원 2008.7.10. 2008도3747 부산 학생유괴 사건
㉪ 대법원 1983.4.12. 82도2939
㉫ 대법원 1999.11.26. 99도2461 청화백자매도 실패사건
㉱ 대법원 2007.12.27. 2007도4749 상습절도군인 사건
㉢ 대법원 2010.11.11. 2010도10512
㉣ 대법원 2002.7,12. 20()1도6777 주병진 사건
㉥ 대법원 2008.5.29. 2007도7260 국방부 간부 여직원 성추행 사건
㉦ 대법원 1999.4.15. 96도1922 全合
㉨ 대법원 1999.11.9. 99도3674
㉬ 대법원 2000.9.8. 2000도258 낙찰명의인 배신사건
㉭ 대법원 1999.11.26. 99도2651
㉮ 법원 1987.7.21. 87도546
㉯ 대법원 1980.12.9. 80도2236
㉰ 대법원 2005.10.28. 2005도5996 [×]

0893 변론이 종결되기 전에 한 검사의 공소장변경신청이 공소사실의 동일성을 해하지 아니하는 한 법원은 이를 의무적으로 허가하여야 한다. O|X

[15 법원9급, 14 국가9급, 11 국가9급] [Essential ★]

해설

대법원 1999.5.14. 98도1438 [O]

0894 법원이 적법하게 공판의 심리를 종결한 뒤에 이르러 검사가 공소장변경허가신청을 한 경우 법원은 특별한 사정이 없는 한 공판의 심리를 재개하여 공소장변경을 허가하여야 한다. O|X

[12 국가7급, 12 법원9급, 11 경찰채용, 11 국가7급, 11 국가9급, 11 법원9급] [Core ★★]

해설

공소장의 변경은 그 변경사유가 변론종결 이후에 발생하는 등 특별한 사정이 없는 한 법원에서 공판의 심리를 종결하기 전에 한 신청에 한하여 공소사실의 동일성을 해하지 아니하는 한도에서 허가하여야 하는 것이지, 법원이 적법하게 공판의 심리를 종결한 뒤에 이르러 검사가 공소장변경허가신청을 한 경우에는 반드시 공판의 심리를 재개하여 공소장변경을 허가하여야 하는 것은 아니다.(대법원 2010.4.29. 2007도6553) [X]

0895 공소사실의 동일성이 인정되지 않는 등의 사유로 공소장변경허가결정에 위법사유가 있는 경우 공소장변경허가를 한 법원은 스스로 이를 취소할 수 있다. O|X

[17 경간부, 12 국가9급, 11 국가9급] [Essential ★]

해설

공소사실의 동일성이 인정되지 않는 등의 사유로 공소장변경허가결정에 위법사유가 있는 경우에는 공소장변경허가를 한 법원이 스스로 이를 취소할 수 있다.(대법원 2001.3.27. 2001도116) [O]

0896 검사에게 공소장의 변경을 요구하는 것은 법원의 의무이므로 법원이 검사에게 공소장변경을 요구하지 아니하고 공소사실에 대하여 무죄를 선고하는 것은 심리미진의 위법이 있는 것이다. O|X

[17 경간부, 13 국가7급, 12 국가9급] [Core ★★]

해설

법원이 검사에게 공소장변경을 요구할 것인지 여부는 재량에 속하는 것이므로 법원이 검사에게 공소장의 변경을 요구하지 아니하였다고 하여 위법하다고 할 수 없다.(대법원 2011.1.13. 2010도5994) [X]

0897 공소장변경 절차 없이도 법원이 심리·판단할 수 있는 죄가 한 개가 아니라 여러 개인 경우에는, 법원으로서는 그 중 하나를 임의로 선택할 수 있고, 검사에게 공소사실 및 적용법조에 관한 석명을 구하여 공소장을 보완하게 한 다음 이에 따라 심리·판단하여야 할 것은 아니다. O|X

[16 경찰채용] [Core ★★]

해설

공소장변경 절차 없이도 법원이 심리·판단할 수 있는 죄가 한 개가 아니라 여러 개인 경우에는 법원으로서는 그 중 어느 하나를 임의로 선택할 수 있는 것이 아니라 검사에게 공소사실 및 적용법조에 관한 석명을 구하여 공소장을 보완하게 한 다음 이에 따라 심리·판단하여야 한다.(대법원 2005.7.8. 2005도279 야간협박 위헌 사건) [×]

0898 공소장변경신청서 부본을 피고인과 변호인 중 어느 한 쪽에 대해서만 송달하였다고 하여 절차상 잘못이 있다고 할 수 없다. O|X

[17 경찰승진, 15 국가9급, 14 국가9급] [Essential ★]

해설

대법원 2013.7.12. 2013도5165 [O]

0899 공소장변경은 제1심은 물론 항소심에서도 가능하고 검사의 공소장변경허가신청이 공소사실의 동일성을 해하지 아니하는 한 법원은 이를 허가하여야 한다. O|X

[17 경간부, 16 법원9급] [Essential ★]

해설

대법원 2010.4.29. 2007도6553 [O]

0900 피고인의 상고에 의하여 상고심에서 원심판결을 파기하고 사건을 항소심에 환송한 경우에는 비록 공소사실의 동일성이 인정되더라도 법원은 공소장변경신청을 허가할 수 없다. O|X

[13 국가7급] [Essential ★]

해설

피고인의 상고에 의하여 상고심에서 원심판결을 파기하고 사건을 항소심에 환송한 경우에도 공소사실의 동일성이 인정되면 공소장변경을 허용하여 심판대상으로 삼을 수 있다.(대법원 2004.7.22. 2003도8153) [×]

0901 공소사실 또는 적용법조의 추가, 철회 또는 변경의 허가에 관한 결정은 판결전의 소송절차에 관한 결정이라 할 것이므로, 그 결정을 함에 있어서 저지른 위법이 판결에 영향을 미친 경우에 한하여 그 판결에 대하여 상소를 하여 다툼으로써 불복하는 외에는 당사자가 이에 대하여 독립하여 상소할 수 없다. ○|×

<div align="right">[16 경찰채용] [Core ★★]</div>

해설

> 대법원 1987.3.28. 87모17 [○]

0902 검사가 수 개의 협박 범행을 먼저 기소하고 다시 별개의 협박범행을 추가로 기소하였는데 이를 병합하여 심리하는 과정에서 전후에 기소된 각각의 범행이 모두 포괄하여 하나의 협박죄를 구성하는 것으로 밝혀졌다면, 비록 협박죄의 포괄일죄로 공소장을 변경하는 절차가 없었다거나 추가로 공소장을 제출한 것이 포괄일죄를 구성하는 행위로서 기존의 공소장에 누락된 것을 추가·보충하는 취지의 것이라는 석명절차를 거치지 아니하였더라도 법원은 전후에 기소된 범죄사실 전부에 대하여 실체판단을 할 수 있고 추가기소된 부분에 대하여 공소 기각판결을 할 필요는 없다. ○|×

<div align="right">[21 국가7급] [Superlative ★★★]</div>

해설

> 대법원 2007.8.23. 2007도2595 쿨하지 못한 동거남 사건 [○]

제3절 공판준비절차와 공판기일의 절차

0903 법원은 공소의 제기가 있는 때에는 지체없이 공소장의 부본을 피고인 또는 변호인에게 송달하여야 한다. 단, 제1회 공판기일전 7일까지 송달하여야 한다. ○|×

<div align="right">[15 경간부, 14 국가9급, 12 국가9급, 11 경찰채용, 11 법원9급] [Essential ★]</div>

해설

> 법원은 공소의 제기가 있는 때에는 지체없이 공소장의 부본을 피고인 또는 변호인에게 송달하여야 한다. 단, 제1회 공판기일전 5일까지 송달하여야 한다.(제266조) [×]

0904 피고인 또는 변호인은 공소장부본을 송달받은 날부터 14일 이내에 공소사실에 대한 인정 여부, 공판준비절차에 관한 의견 등을 기재한 의견서를 법원에 제출하여야 한다. 다만, 피고인이 진술을 거부하는 경우에는 그 취지를 기재한 의견서를 제출할 수 있다. ○|×

<div align="right">[11 법원9급] [Core ★★]</div>

해설

> 피고인 또는 변호인은 공소장부본을 송달받은 날부터 7일 이내에 의견서를 법원에 제출하여야 한다.(제266조의2 제1항) [×]

0905 재판장은 효율적이고 집중적인 심리를 위하여 사건을 공판준비절차에 부쳐야 한다. O|X

[15 법원9급, 14 국가7급, 13 경찰승진, 12 경간부, 12 경찰채용, 11 경찰승진] [Essential ★]

해설

재판장은 효율적이고 집중적인 심리를 위하여 사건을 공판준비절차에 부칠 수 있다.(제266조의5 제1항) 국민참여재판의 경우를 제외하고는 공판준비절차는 임의적 절차이다. [X]

0906 검사, 피고인 또는 변호인은 법원에 대하여 공판준비기일의 지정을 신청할 수 있다. 이 경우 당해 신청에 관한 법원의 결정에 대하여 즉시항고할 수 있다. O|X

[14 경찰채용, 14 국가7급, 12 경찰채용, 12 법원9급, 11 경찰채용] [Core ★★]

해설

공판준비기일 지정 신청에 관한 법원의 결정에 대하여는. 불복할수 없다.(제266조의7 제2항) [X]

0907 공판준비기일은 특별한 사정이 없는 한 공개하지 아니한다. O|X

[16 경찰채용, 12 경찰채용, 12 법원9급, 11 경찰채용] [Core ★★]

해설

공판준비기일은 공개한다. 다만, 공개하면 절차의 진행이 방해될 우려가 있는 때에는 공개하지 아니할 수 있다.(제266조의7 제4항) [X]

0908 공판준비기일에는 검사 및 변호인이 출석하여야 한다. O|X

[12 경찰채용, 12 법원9급] [Core ★★]

해설

제266조의8 제1항 [O]

0909 법원은 공판준비기일이 지정된 사건에 관하여 변호인이 없는 때에는 직권으로 변호인을 선정하여야 한다. O|X

[17 경찰승진, 16 경찰승진, 15 법원9급, 14 국가9급, 12 경찰채용, 12 국가7급, 11 경찰승진] [Essential ★]

해설

제266조의8 제4항 [O]

0910 법원은 필요하다고 인정하는 때에는 공판준비기일에 피고인을 소환할 수 있다. 피고인은 법원의 소환이 없는 때에는 공판준비기일에 출석할 수 없다. ○|×

[16 경찰채용, 14 경찰채용, 14 국가7급, 11 경찰승진] [Core ★★]

해설

> 법원은 필요하다고 인정하는 때에는 피고인을 소환할 수 있으며, 피고인은 법원의 소환이 없는 때에도 공판준비기일에 출석할 수 있다.(제266조의8 제5항) [×]

0911 법원은 쟁점 및 증거의 정리가 완료된 때, 사건을 공판준비절차에 부친 뒤 3개월이 지난 때 또는 검사우 변호인·소환받은 피고인이 출석하지 아니한 때에는 공판준비절차를 종결하여야 한다. ○|×

[13 경찰승진, 12 경간부] [Core ★★]

해설

> 제266조의12 [○]

0912 공판준비기일에서 검사, 피고인 또는 변호인이 신청하지 못한 증거라도 특별한 사정이 없는 한 공판기일에 다시 증거로 신청할 수 있다. ○|×

[16 경찰채용, 15 경찰채용, 15 법원9급, 14 국가7급, 13 경찰승진, 12 경간부] [Core ★★]

해설

> 공판준비기일에서 신청하지 못한 증거는 그 신청으로 인하여 소송을 현저히 지연시키지 아니 하는 때 또는 중대한 과실 없이 공판준비기일에 제출하지 못하는 등 부득이한 사유를 소명한 때에 한하여 공판기일에 신청할 수 있다.(제266조의13 제1항) 다만, 이 경우에도 법원은 직권으로 증거를 조사할 수 있다.(동조 제2항) [×]

0913 법원은 필요하다고 인정한 때에는 직권 또는 검사, 피고인이나 변호인의 신청에 의하여 결정으로 종결한 공판준비기일을 재개할 수 있다. ○|×

[13 경찰승진, 12 경간부] [Essential ★]

해설

> 제266조의14, 제305조 [○]

0914 법원은 제1회 공판기일 후에는 사건을 공판준비절차에 부칠 수 없다. ○|×

[15 경찰채용, 15 법원9급, 13 경찰승진, 12 경간부] [Core ★★]

해설

> 법원은 쟁점 및 증거의 정리를 위하여 필요한 경우에는 제1회 공판기일 후에도 사건을 공판준비 절차에 부칠 수 있다.(제266조의15) [×]

0915 재판장은 직권 또는 검사, 피고인이나 변호인의 신청에 의하여 공판기일을 변경할 수 있다. 공판기일 변경신청을 기각한 명령은 송달하여야 한다. O|X

[13 국가9급, 11 경찰채용, 11 법원9급] [Core ★★]

해설

공판기일 변경신청을 기각한 명령은 송달하지 아니한다.(제270조) [×]

0916 제1회 공판기일은 소환장의 송달 후 5일 이상의 유예기간을 두어야 한다. 다만, 피고인이 이의 없는 때에는 유예기간을 두지 아니할 수 있다. O|X

[11 국가9급] [Core ★★]

해설

제269조 [O]

0917 검사가 공판기일의 통지를 2회 이상 받고 출석하지 아니하거나 판결만을 선고하는 때에는 검사의 출석없이 개정할 수 있다. O|X

[15 법원9급, 13 국가9급, 11 국가7급] [Essential ★]

해설

제278조 [O]

0918 다음 경우에는 모두 피고인의 출석을 요하지 아니한다. O|X

[15 경찰승진, 15 국가9급, 14 국가9급, 13 경찰채용, 13 국가9급] [Core ★★]

㉠ 다액 500만원 이하의 벌금 또는 과료에 해당하는 사건
㉡ 공소기각 또는 면소의 재판을 할 것이 명백한 사건
㉢ 장기 3년 이하의 징역 또는 금고, 다액 500만원을 초과하는 벌금 또는 구류에 해당하는 사건에서 피고인의 불출석허가신청이 있는 사건(인정신문과 판결선고시도 불출석 가능)
㉣ 약식명령에 대하여 피고인만이 정식재판의 청구를 하여 판결을 선고하는 사건

해설

㉢ 장기 3년 이하의 징역 또는 금고, 다액 500만원을 초과하는 벌금 또는 구류에 해당하는 사건에서 피고인의 불출석허가신청이 있고 법원이 피고인의 불출석이 그의 권리를 보호함에 지장이 없다고 인정하여 이를 허가한 사건(다만, 인정신문을 하거나 판결을 선고하는 공판기일은 제외)의 경우에 피고인의 출석을 요하지 아니한다. (제277조 참고) 인정신문을 하거나 판결을 선고하는 공판기일에는 피고인이 출석하여야 한다. [×]

0919 피고인이 출석하지 아니하면 개정하지 못하는 경우에 구속된 피고인이 정당한 사유 없이 출석을 거부하면 그 자체로 피고인의 출석 없이 공판절차를 진행할 수 있다. O|X

[15 법원9급, 11 국가7급] [Core ★★]

해설

피고인이 출석하지 아니하면 개정하지 못하는 경우에 구속된 피고인이 정당한 사유 없이 출석을 거부하고, 교도관에 의한 인치가 불가능하거나 현저히 곤란하다고 인정되는 때에는 피고인의 출석 없이 공판절차를 진행할 수 있다.(제277조의2 제1항) [×]

0920 피고사건에 대하여 무죄, 형의 면제, 집행유예 또는 선고유예의 재판을 할 것이 명백한 때에는 피고인이 사물의 변별 또는 의사의 결정을 할 능력이 없는 상태라도 피고인의 출정 없이 재판할 수 있다. O|X

[15 경찰승진, 15 법원9급] [Core ★★]

해설

피고사건에 대하여 무죄, 면소, 형의 면제 또는 공소기각의 재판을 할 것이 명백한 때에는 (중략) 피고인의 출정 없이 재판할 수 있다.(제306조 제4항) [×]

0921 항소심에서 피고인이 공판기일의 통지를 2회 이상 받고 출석하지 아니한 경우나 약식명령에 대한 정식재판청구사건에서 피고인이 공판기일의 통지를 2회 이상 받고 출석하지 아니한 경우에는 피고인의 진술없이 판결을 할 수 있다. O|X

[11 국가7급] [Essential ★]

해설

제365조, 제458조 제2항 [O]

0922 피고인이 항소심 제1회, 제2회 공판기일에는 출석하였으나 제3회 공판기일에는 건강상 이유로 불출석하였고, 제4회 공판기일에는 변호인과 함께 출석하였으나 다시 제5회 공판기일인 선고기일에 불출석한 경우 피고인이 2회 연속으로 정당한 이유없이 출정하지 않은 경우에 해당하므로 항소심 법원은 제5회 공판기일을 개정하여 판결을 선고할 수 있다. O|X

[22 국가7급, 18 법원9급] [Core ★★]

해설

피고인이 항소심 공판기일에 출정하지 않아 다시 기일을 정하였는데도 정당한 사유 없이 그 기일에도 출정하지 않은 때에는 피고인의 진술 없이 판결할 수 있는데, 이와 같이 피고인이 불출석한 상태에서 그 진술 없이 판결할 수 있기 위해서는 피고인이 적법한 공판기일 통지를 받고서도 2회 연속으로 정당한 이유 없이 출정하지 않은 경우에 해당하여야 한다.(대법원 2019.10.31. 2019도5426 3회 5회 불출석 사건) 항소심은 제5회 공판기일을 개정하여 판결을 선고할 수 없다. [×]

0923 사형, 무기 또는 장기 10년이 넘는 징역이나 금고에 해당하는 사건을 제외하고, 제1심 공판 절차에서 피고인에 대한 송달불능보고서가 접수된 후 6월이 경과하도록 피고인의 소재를 확인할 수 없으면 2회 공시송달 후 궐석재판을 진행할 수 있다. O|X

[18 국가9급] [Essential ★]

해설

사형, 무기 또는 장기 10년이 넘는 징역이나 금고에 해당하는 사건을 제외하고, 제1심 공판절차에서 피고인에 대한 송달불능보고서가 접수된 후 6월이 경과하도록 피고인의 소재를 확인할 수 없으면 2회 공시송달 후 궐석재판을 진행할 수 있다.(소촉법 제23조, 소촉규칙 제19조) [O]

0924 필요적 변호사건이라고 한다면 비록 피고인이 재판거부의 의사를 표시하고 재판장의 허가 없이 퇴정하고 변호인마저 이에 동조하여 퇴정해 버리더라도 법원은 피고인이나 변호인의 재정 없이는 심리판결을 할 수 없다. O|X

[16 국가7급, 16 법원9급, 14 경찰채용, 14 국가9급, 13 변호사, 12 경찰채용, 11 경찰승진, 11 국가7급] [Essential ★]

해설

(1) 필요적 변호사건이라 하여도 피고인이 재판거부의 의사를 표시하고 재판장의 허가 없이 퇴정하고 변호인마저 이에 동조하여 퇴정해 버린 것은 모두 피고인측의 방어권의 남용 내지 변호권의 포기로 볼 수밖에 없는 것이므로 수소법원으로서는 형사소송법 제330조에 의하여 피고인이나 변호인의 재정 없이도 심리판결할 수 있다. (2) 위와 같이 피고인과 변호인들이 출석하지 않은 상태에서 증거조사를 할 수밖에 없는 경우에는 형사소송법 제318조 제2항의 규정상 피고인의 진의와는 관계없이 형사소송법 제318조 제1항의 동의가 있는 것으로 간주하게 되어 있다.(대법원 1991.6.28. 91도865) [×]

0925 법원은 소송관계를 분명하게 하거나 소송절차를 원활하게 진행하기 위하여 필요한 경우에는 직권으로 또는 검사, 피고인 또는 변호인의 신청에 의하여 결정으로 전문심리위원을 지정하여 공판준비 및 공판기일 등 소송절차에 참여하게 할 수 있다. O|X

[14 국가9급, 11 국가9급] [Core ★★]

해설

제279조의2 제1항 [O]

0926 전문심리위원을 소송절차에 참여시키는 경우 법원은 검사, 피고인 또는 변호인의 의견을 들어 각 사건마다 3인 이상의 전문심리위원을 지정한다. O|X

[Essential ★]

해설

법원은 각 사건마다 1인 이상의 전문심리위원을 지정한다.(제279조의4 제1항) [×]

0927 전문심리위원은 전문적인 지식에 의한 설명 또는 의견을 기재한 서면을 제출하거나 기일에 전문적인 지식에 의하여 설명이나 의견을 진술할 수 있다. 필요하면 재판의 합의에도 참여할 수 있다. O|X

[15 국가9급]

해설

전문심리위원은 재판의 합의에는 참여할 수 없다.(제279조의2 제2항) [X]

0928 전문심리위원은 기일에 재판장의 허가를 받아 피고인 또는 변호인, 증인 또는 감정인 등 소송관계인에게 소송관계를 분명하게 하기 위하여 필요한 사항에 관하여 직접 질문할 수 있다. O|X

[15 국가9급, 13 경찰승진, 13 법원9급] [Core ★★]

해설

전문심리위원은 기일에 재판장의 허가를 받아 피고인 또는 변호인, 증인 또는 감정인 등 소송 관계인에게 소송관계를 분명하게 하기 위하여 필요한 사항에 관하여 직접 질문할 수 있다.(제279조의2 제3항) [O]

0929 법원은 검사와 피고인 또는 변호인이 합의하여 전문심리위원의 참여결정을 취소할 것을 신청한 때에는 그 결정을 취소할 수 있다. O|X

[13 경찰승진, 13 법원9급] [Core ★★]

해설

(1) 법원은 상당하다고 인정하는 때에는 검사, 피고인 또는 변호인의 신청이나 직권으로 전문 심리위원의 참여결정을 취소할 수 있다.(제279조의3 제1항) (2) 법원은 검사와 피고인 또는 변호인이 합의하여 전문심리위원의 참여결정을 취소할 것을 신청한 때에는 그 결정을 취소하여야 한다.(동조 제2항) [X]

0930 증거신청은 피고인 또는 변호인이 먼저 이를 한 후 다음에 검사가 이를 한다. O|X

[14 경찰승진, 13 경찰승진, 11 법원9급] [Essential ★]

해설

증거신청은 검사가 먼저 이를 한 후 다음에 피고인 또는 변호인이 이를 한다.(규칙 제133조) [X]

0931 검사, 피고인 또는 변호인은 특별한 사정이 없는 한 필요한 증거를 일괄하여 신청하여야 한다. O|X

[14 경찰승진, 13 경찰승진, 11 법원9급] [Essential ★]

해설

규칙 제132조 [O]

0932 서류나 물건의 일부에 대한 증거신청을 함에 있어서는 증거로 할 부분을 특정하여 명시하여야 한다. O|X

[13 경찰승진, 11 법원9급] [Essential ★]

해설

규칙 제132조의2 제1항 [O]

0933 법원은 검사, 피고인 또는 변호인이 고의로 증거를 뒤늦게 신청함으로써 공판의 완결을 지연하는 것으로 인정할 경우라도 이를 각하하지 못한다. O|X

[15 경찰채용, 13 국가9급] [Core ★★]

해설

법원은 검사, 피고인 또는 변호인이 고의로 증거를 뒤늦게 신청함으로써 공판의 완결을 지연하는 것으로 인정할 때에는 직권 또는 상대방의 신청에 따라 결정으로 이를 각하할 수 있다.(제294조 제2항) [X]

0934 법원은 증거신청을 기각·각하하거나 증거신청에 대한 결정을 보류하는 경우라도 일단 증거 신청인으로부터 당해 증거서류 또는 증거물을 제출받아야 한다. O|X

[15 경찰채용, 13 경찰승진, 13 국가9급, 11 법원9급] [Core ★★]

해설

법원은 증거신청을 기각·각하하거나 증거신청에 대한 결정을 보류하는 경우, 증거신청인으로부터 당해 증거서류 또는 증거물을 제출받아서는 아니된다.(규칙 제134조 제4항) [X]

0935 증거신청의 채택 여부는 법원의 재량으로서 법원이 필요하지 아니하다고 인정할 때에는 이를 조사하지 아니할 수 있는 것이다. O|X

[12 경찰승진, 12 경간부, 11 경찰승진] [Core ★★]

해설

대법원 2011.1.27. 2010도7947 이광재 강원지사 사건 [O]

0936 법원은 검사가 신청한 증거를 조사한 후 피고인 또는 변호인이 신청한 증거를 조사한다. 법원은 이 조사가 끝난 후 직권으로 결정한 증거를 조사한다. O|X

[16 경간부, 15 경찰채용, 13 국가9급, 12 경찰승진] [Essential ★]

해설

제291조의2 제1항·제2항 [O]

0937 피고인이 철회한 증인을 법원이 직권 신문하고 이를 채증하더라도 위법이 아니다. O|X

[16 경찰채용] [Essential ★]

해설

대법원 1983.7.12. 82도3216 [O]

0938 피고인 또는 피고인 아닌 자의 진술을 기재한 조서 또는 서류가 피고인의 자백 진술을 내용으로 하는 경우에는 범죄사실에 관한 다른 증거를 조사하기 전에 이를 조사하여야 한다. O|X

[13 경찰승진, 11 법원9급] [Essential ★]

해설

조서 또는 서류가 피고인의 자백 진술을 내용으로 하는 경우에는 범죄사실에 관한 다른 증거를 조사한 후에 이를 조사하여야 한다.(규칙 제135조) [X]

0939 '증거물인 서면'을 조사하기 위해서는 증거서류의 조사방식인 낭독·내용고지 또는 열람의 절차와 증거물의 조사방식인 제시의 절차가 함께 이루어져야 한다. O|X

[16 경찰채용, 15 국가9급, 14 법원9급] [Essential ★]

해설

대법원 2013.7.26. 2013도2511 왕재산 간첩단 사건 [O]

0940 검사, 피고인 또는 변호인은 '법원의 증거결정'에 관하여 이의신청을 할 수 있다. 이의신청은 증거결정이 법령의 위반이 있거나 상당하지 아니함을 이유로 하여 이를 할 수 있다. O|X

[15 경찰채용, 14 국가7급, 13 국가9급] [Core ★★]

해설

검사·피고인·변호인은'법원의 증거결정'에 관하여 이의신청을 할 수 있다. 이의신청은 증거 결정이 법령의 위반이 있음을 이유로 하여서만 이를 할 수 있다.(규칙 제135조의2 단서) [X]

0941 검사, 피고인 또는 변호인은 '법원의 증거조사'에 관하여 이의신청을 할 수 있다. 이의신청은 증거조사가 법령의 위반이 있거나 상당하지 아니함을 이유로 하여 이를 할 수 있다. O|X

[14 경찰채용, 13 국가7급] [Core ★★]

해설

제296조 제1항, 규칙 제135조의2 본문 [O]

0942 항소심 공판기일에 증거조사가 종료되자 변호인이 피고인을 신문하겠다는 의사를 표시하였으나, 재판장이 일체의 피고인 신문을 불허하고 변호인에게 주장할 내용을 변론요지서로 제출할 것을 명령하면서 변론을 종결한 것은 위법하다. O|X

[21 법원9급, 21 경찰채용, 21 국가9급] [Essential ★]

해설

재판장은 변호인이 피고인을 신문하겠다는 의사를 표시한 때에는 피고인을 신문할 수 있도록 조치하여야 하고, 변호인이 피고인을 신문하겠다는 의사를 표시하였음에도 변호인에게 일체의 피고인신문을 허용하지 않는 것은 변호인의 피고인신문권에 관한 본질적 권리를 해하는 것으로서 소송절차의 법령위반에 해당한다.(대법원 2020.12.24. 2020도10778 변호인 피고인신문 불허 사건)

제4절 증거조사

0943 형사소송에 있어서 경찰공무원은 당해 피고인에 대한 수사를 담당하였는지의 여부에 관계없이 그 피고인에 대한 공판과정에서는 제3자라고 할 수 있어 수사 담당 경찰공무원이라 하더라도 증인의 지위에 있을 수 있음을 부정할 수 없다. O|X

[16 경간부, 14 국가9급, 13 경간부] [Essential ★]

해설

헌법재판소 2001.11.29. 20이헌바41 [O]

0944 공범인 공동피고인은 당해 소송절차에서는 피고인의 지위에 있어 다른 공동피고인에 대한 공소사실에 관하여 증인이 될 수 없으나, 소송절차가 분리되어 피고인의 지위에서 벗어나게 되면 다른 공동피고인에 대한 공소사실에 관하여 증인이 될 수 있다. O|X

[17 경간부, 16 변호사, 15 경간부, 15 국가9급, 15 법원9급, 14 변호사, 14 국가9급, 14 법원9급, 13 변호사, 13 경간부, 13 국가9급, 12 변호사, 12 경찰채용, 11 국가7급] [Core ★★]

해설

대법원 2012.12.13. 2010도10028 허위 살인자백 사건 [O]

0945 피고인과 별개의 범죄사실로 기소되어 병합심리되고 있던 공동피고인은 피고인에 대한 관계에서는 증인의 지위에 있음에 불과하므로, 선서없이 한 그 공동피고인의 법정 및 검찰진술은 피고인에 대한 공소범죄사실을 인정하는 증거로 할 수 없다. O|X

[15 국가9급, 14 경찰채용, 13 변호사, 13 국가7급, 13 국가9급, 12 경찰채용] [Core ★★]

해설

대법원 1982.6.22. 82도898 [O]

0946 공동피고인인 절도범과 그 장물범은 서로 다른 공동피고인의 범죄사실에 관하여는 증인의 지위에 있다 할 것이므로, 피고인이 증거로 함에 동의한 바 없는 공동피고인에 대한 피의자 신문조서는 공동피고인의 증언에 의하여 그 성립의 진정이 인정되지 아니하는 한 피고인의 공소범죄사실을 인정하는 증거로 할 수 없다. O|X

[16 경간부] [Core ★★]

해설

대법원 2006.1.12. 2005도7601 [O]

0947 공동피고인의 자백은 이에 대한 피고인의 반대신문권이 보장되어 있어 증인으로 신문한 경우와 다를 바 없으므로 독립한 증거능력이 있고, 이는 피고인들간에 이해관계가 상반된다고 하여도 마찬가지이다. O|X

[17 법원9급] [Core ★★]

해설

대법원 2006.5.11. 2006도1944 [O]

0948 사고 당시 10세 남짓한 초등학교 5학년생으로서 비록 선서무능력자라 하여도 그 증언 내지 진술의 전후 사정으로 보아 의사판단능력이 있다고 인정된다면 증언능력이 있다. O|X

[14 경찰채용, 13 국가7급] [Essential ★]

해설

대법원 1984.9.25. 84도619 프로축구 개막식 풍선폭발사건 [O]

0949 법원은 증인이 불출석에 따른 과태료 재판을 받고도 정당한 사유 없이 다시 출석하지 아니한 때에는 결정으로 증인을 7일 이내의 감치에 처하고, 감치의 재판을 받은 증인이 감치의 집행 중에 증언을 한 때에는 즉시 감치결정을 취소하고 그 증인을 석방하도록 명하여야 한다. O|X

[22 법원9급] [Essential ★]

해설

법원은 증인이 제1항에 따른 과태료 재판을 받고도 정당한 사유 없이 다시 출석하지 아니한 때에는 결정으로 증인을 7일 이내의 감치에 처한다.(제151조 제2항) 법원은 감치의 재판을 받은 증인이 감치의 집행 중에 증언을 한 때에는 즉시 감치결정을 취소하고 그 증인을 석방하도록 명하여야 한다.(제151조 제7항) [O]

0950 증인에 대한 감치재판절차를 개시한 후 감치결정 전에 그 증인이 증언을 하거나 그 밖에 감치에 처하는 것이 상당하지 아니하다고 인정되는 때에는 법원은 불처벌결정을 하여야 하며, 이에 대하여는 불복할 수 있다. O|X

[22 경찰승진] [Superlative ★★★]

해설

감치재판절차를 개시한 후 감치결정 전에 그 증인이 .증언을 하거나 그 밖에 감치에 처하는 것이 상당하지 아니하다고 인정되는 때에는 법원은 불처벌결정을 하여야 한다. 불처벌결정에 대하여는 불복할 수 없다.(규칙 제68조의4 제2항·제3항) [×]

0951 증인이 정당한 이유없이 선서 또는 증언을 거부한 때에는 결정으로 500만원 이하의 과태료에 처할 수 있다. O|X

[15 경간부, 11 국가7급] [Core ★★]

해설

선서 또는 증언을 거부한 때에는 결정으로 50만원 이하의 과태료에 처할 수 있다. (제161조 제1항) [×]

0952 다음 법원의 결정에 대하여 증인은 즉시항고를 할 수 있다. 이 경우 모두 그 재판의 집행이 정지된다. O|X

[15 경찰승진, 14 경찰승진, 11 국가7급] [Superlative ★★★]

㉠ 소환장을 송달받고 출석하지 아니한 증인에 대한 소송비용 부담, 500만원 이하의 과태료 또는 7일 이내의 감치
㉡ 선서를 거부한 증인에 대한 50만원 이하의 과태료
㉢ 증언을 거부한 증인에 대한 50만원 이하의 과태료

해설

㉠ 항목에 대하여 즉시항고를 할 수 있으나, 그 재판의 집행이 정지되지 아니한다. (제151조 제8항)
㉡㉢ 항목에 대하여 즉시항고를 할 수 있고 또한 그 재판의 집행이 정지된다.(제161조 제2항, 제410조) [×]

0953 14세 미만의 자 또는 선서의 취지를 이해하지 못하는 자는 선서시키지 아니하고 신문하여야 한다. O|X

[15 경간부, 15 법원9급, 14 경찰승진, 14 법원9급, 13 경찰채용, 11 법원9급] [Essential ★]

해설

16세 미만의 자 또는 선서의 취지를 이해하지 못하는 자는 선서시키지 아니하고 신문하여야 한다.(제159조) [×]

0954 증인은 선서의무가 있으나 감정인은 선서의무가 없다. O|X

[22 해경간부] [Core ★★]

해설

증인과 감정인 모두 선서의무가 있다.(제156조, 제170조 제1항) [×]

0955 범죄로 인한 피해자 또는 그 법정대리인 등 신청인이 출석통지를 받고도 정당한 이유없이 출석하지 아니한 때에는 기일을 속행하여 다시 소환하여야 한다. O|X

[22 해경간부] [Core ★★]

해설

범죄로 인한 피해자 또는 그 법정대리인 등 신청인이 출석통지를 받고도 정당한 이유없이 출석하지 아니한 때에는 그 신청을 철회한 것으로 본다.(제294조의2 제4항) [×]

0956 선서무능력자에 대하여 선서하게 하고 신문한 경우 그 선서와 증언은 모두 효력이 없다. O|X

[14 국가9급, 11 국가7급] [Core ★★]

해설

선서무능력자에 대하여 선서케하고 신문한 경우라 할지라도 선서만이 무효가 되고 그 증언의 효력에 관하여는 영향이 없고 유효하다.(대법원 1957.3.8. 57도23) [×]

0957 증인은 자기나 친족 등(친족, 친족관계가 있었던 자, 법정대리인 또는 후견감독인)이 형사소추 또는 공소제기를 당하거나 유죄판결을 받을 사실이 발로될 염려있는 증언을 거부할 수 있다. O|X

[15 경간부, 14 변호사, 14 법원9급, 13 경찰채용, 11 법원9급] [Essential ★]

해설

제148조 [O]

0958 증언거부권의 대상인 '공소제기를 당하거나 유죄판결을 받을 사실이 발로될 염려 있는 증언'에는 증인 자신이 범행을 한 것으로 오인되어 유죄판결을 받을 우려가 있는 사실은 포함되지 않는다. O|X

[17 국가7급] [Core ★★]

해설

증언거부권의 대상으로 규정한 '공소제기를 당하거나 유죄판결을 받을 사실이 발로될 염려 있는 증언'에는 자신이 범행을 한 사실뿐 아니라 범행을 한 것으로 오인되어 유죄판결을 받을 우려가 있는 사실 등도 포함된다. 따라서 범행을 하지 아니한 자가 범인으로 공소제기가 되어 피고인의 지위에서 범행사실을 허위자백하고, 나아가 공범에 대한 증인의 자격에서 증언을 하면서 그 공범과 함께 범행하였다고 허위의 진술을 한 경우에도 그 증언은 자신에 대한 유죄판결의 우려를 증대시키는 것이므로 증언거부권의 대상은 된다.(대법원 2012.12.13. 2010도10028 허위 살인자백 사건) [×]

0959 형사소송법 제148조(근친자의 형사책임과 증언거부)에서 말하는 '형사소추'는 증인이 이미 저지른 범죄사실에 대한 것뿐만 아니라 증인의 증언에 의하여 비로소 범죄가 성립하는 경우를 포함한다.

O|X

[22 경찰간부] [Superlative ★★★]

해설

형사소송법 제148조에서 '형사소추'는 증인이 이미 저지른 범죄사실에 대한 것을 의미한다고 할 것이므로 증인의 증언에 의하여 비로소 범죄가 성립하는 경우에는 증언거부권 고지대상이 된다고 할 수 없다.(대법원 2011.12.8. 2010도2816 장수돌침대 사건) [×]

0960 자신에 대한 유죄판결이 확정된 증인이라도 공범에 대한 피고사건에서 증언할 당시 앞으로 재심을 청구할 예정이라고 한다면 그 증인에게는 형사소송법 제148조에 의한 증언거부권이 인정된다.

O|X

[17 경간부, 14 변호사, 14 경찰승진, 12 경찰채용] [Core ★★]

해설

(1) 이미 유죄의 확정판결을 받은 경우에는 일사부재리의 원칙에 의해 다시 처벌받지 아니하므로 자신에 대한 유죄판결이 확정된 증인은 공범에 대한 피고사건에서 증언을 거부할 수 없고, 설령 증인이 자신에 대한 형사사건에서 시종일관 그 범행을 부인하였다 하더라도 그러한 사정만으로 증인이 진실대로 진술할 것을 기대할 수 있는 가능성이 없는 경우에 해당한다고 할 수 없으므로 허위의 진술에 대하여 위증죄의 성립을 부정할 수 없다. (2) 자신에 대한 유죄판결이 확정된 증인 이 공범에 대한 피고사건에서 증언할 당시 앞으로 재심을 청구할 예정이라고 하여도 이를 이유로 증인에게 형사소송법 제148조에 의한 증언거부권이 인정되지는 않는다.(대법원 2011.11.24. 2011도11994 진해 필로폰 매매알선사건) [×]

0961 헌법 제12조 제2항에 정한 불이익 진술의 강요금지 원칙을 구체화한 자기부죄거부특권에 관한 것이거나 기타 증언거부사유가 있음에도 증인이 증언거부권을 고지받지 못함으로 인하여 그 증언거부권을 행사하는 데 사실상 장애가 초래되었다고 볼 수 있는 경우에는 위증죄의 성립을 부정하여야 한다.

O|X

[16 변호사, 16 경간부, 14 경찰승진, 14 국가9급, 11 경찰승진, 11 경찰채용, 11 국가9급, 11 법원9급] [Essential ★]

해설

대법원 2010.1.21. 2008도942 全合 해운대 노점 싸움사건 [O]

0962 법원은 직권 또는 피해자나 그 법정대리인의 신청에 따라 피해자를 공판기일에 출석하게 하여 피해 정도 및 결과, 피고인의 처벌에 관한 의견 등 범죄사실의 인정에 해당하지 않는 사항에 관하여 증인신문에 의하지 아니하고 의견을 진술하게 할 수 있다.

O|X

[16 법원9급] [Core ★★]

해설

규칙 제134조의10 제1항 [O]

0963 재판장은 증인 또는 감정인이 피고인 또는 어떤 재정인의 면전에서 충분한 진술을 할 수 없다고 인정한 때에는 그를 퇴정하게 하고 진술하게 할 수 있다. 피고인이 다른 피고인의 면전에서 충분한 진술을 할 수 없다고 인정한 때에도 같다. ○│×

[14 국가9급, 13 국가9급] [Essential ★]

해설

제297조 제1항 [○]

0964 동석한 자는 법원·소송관계인의 신문 또는 증인의 진술을 방해하거나 그 진술의 내용에 부당한 영향을 미칠 수 있는 행위를 하여서는 아니 되며, 재판장은 동석한 자가 부당하게 재판의 진행을 방해하는 때에는 그 행위의 중지를 명할 수 있으나, 동석 자체를 중지시킬 수는 없다. ○│×

[21 경찰승진] [Essential ★]

해설

재판장은 동석한 자가 부당하게 재판의 진행을 방해하는 때에는 동석을 중지시킬 수 있다.(규칙 제84조의3 제3항)
[×]

0965 주신문과 반대신문에 있어서는 원칙적으로 유도신문을 하여서는 아니된!다. ○│×

[14 경찰승진, 14 국가9급, 13 경찰채용, 12 국가7급] [Core ★★]

해설

주신문에 있어서는 원칙적으로 유도신문을 하여서는 아니된다.(규칙 제75조 제2항) 그러나 반대신문에 있어서 필요할 때에는 유도신문을 할 수 있다. 재판장은 유도신문의 방법이 상당하지 아니하다고 인정할 때에는 이를 제한할 수 있다.(규칙 제75조 제2항·제3항) [×]

0966 주신문을 함에 있어 언제든지 유도신문이 허용된다. ○│×

[17 법원9급] [Superlative ★★★]

해설

주신문에 있어서는 유도신문을 하여서는 아니된다. 다만, ㉠ 증인과 피고인과의 관계, 증인의 경력, 교우관계등 실질적인 신문에 앞서 미리 밝혀둘 필요가 있는 준비적인 사항에 관한 신문의 경우 ㉡ 검사, 피고인 및 변호인 사이에 다툼이 없는 명백한 사항에 관한 신문의 경우 ㉢ 증인이 주신문을 하는 자에 대하여 적의 또는 반감을 보일 경우 ㉣ 증인이 종전의 진술과 상반되는 진술을 하는 때에 그 종전진술에 관한 신문의 경우 ㉤ 기타 유도신문을 필요로 하는 특별한 사정이 있는 경우에는 예외적으로 유도신문을 할 수 있다.(규칙 제75조 제2항) [×]

0967 검사가 주신문을 하면서 유도신문을 하였다고 볼 여지가 있었는데, 그 다음 공판기일에 재판장이 증인신문 결과 등을 각 공판조서(증인신문조서)에 의하여 고지하였음에도 피고인과 변호인이 "변경할 점과 이의할 점이 없다"고 진술한 경우, 피고인이 책문권 포기 의사를 명시함으로써 유도신문에 의하여 이루어진 주신문의 하자는 치유된다. O|X

[22 국가9급, 15 국가9급] [Essential ★]

해설

대법원 2012.7.26. 2012도2937 지원장 출신 원로변호사 사기사건 [O]

0968 특별한 사정이 존재하지 아니하는 이상 피고인에게 실질적 반대신문권의 기회가 부여되지 아니한 채 이루어진 증인의 법정진술은 위법한 증거로서 증거능력을 인정하기 어렵지만, 피고인의 책문권 포기로 그 하자가 치유될 수 있고, 이 경우 피고인의 책문권 포기의 의사는 명시적인 것이어야 한다. O|X

[23 경찰채용, 23 법원9급]

해설

대법원 2022. 3.17. 2016도17054 상해 피해자 불출석 사건 [O]

0969 반대신문의 기회에 주신문에 나타나지 아니한 새로운 사항에 관하여 신문하고자 할 때에는 반대 당사자의 동의를 받아야 한다. O|X

[13 경찰채용, 12 국가7급] [Core ★★]

해설

반대신문의 기회에 주신문에 나타나지 아니한 새로운 사항에 관하여 신문하고자 할 때에는 재판장의 허가를 받아야 한다.(규칙 제76조 제4항) [X]

0970 반대신문의 경우에는 증언의 증명력을 다투기 위하여 필요한 사항에 관한 신문을 할 수 있지만, 주신문에서는 이를 하지 못한다. O|X

[14 경간부, 14 국가9급, 13 경찰채용] [Essential ★]

해설

주신문 또는 반대신문의 경우에는 증언의 증명력을 다투기 위하여 필요한 사항에 관한 신문을 할 수 있다.(규칙 제77조 제1항) [X]

0971 재판과정에서 증인소환장을 송달받은 적이 없고 법원에 출석하지도 아니한 공소외인을 구인하여 달라는 검사의 신청을 기각한 법원의 조치는 정당하다. O|X

[21 경찰채용] [Core ★★]

해설

형사공판절차에서 증인의 구인은 증인이 정당한 사유 없이 소환에 불응하거나 법원에 출석해 있는 증인이 정당한 사유 없이 동행명령에 따른 동행을 거부하는 때에 한하여 허용되므로 원심 재판과정에서 증인소환장을 송달받은 적이 없고 법원에 출석하지도 아니한 증인을 구인하여 달라는 검사의 신청을 기각한 원심의 조치는 정당하다. (대법원 2008.9.25. 2008도6985 **서울합정동강간사건**) [O]

0972 법원은 특정범죄신고자 등 보호법이 직접 적용되거나 준용되는 사건의 증인에 대하여 증인 소환장이 송달되지 아니한 경우에는 공무소 등에 대한 조회의 방법으로 직권 또는 검사, 피고인, 변호인의 신청에 따라 소재탐지를 할 수도 있다. O|X

[21 법원9급] [Essential ★]

해설

정당한 사유 없이 소환에 응하지 아니하는 경우에는 구인할 수 있다 (형사소송법 제152조). 또한 법원은 증인 소환장이 송달되지 아니한 경우에는 공무소 등에 대한 조회의 방법으로 직권 또는 검사, 피고인, 변호인의 신청에 따라 소재탐지를 할 수도 있다 (형사소송법 제272조 제1항 참조). 이는 '특정범죄신고자 등 보호법'이 직접 적용되거나 준용되는 사건에 대해서도 마찬가지이다.(대법원 2020.12.10. 2020도2623) [O]

0973 다른 증거나 증인의 진술에 비추어 굳이 추가 증거조사를 할 필요가 없다는 등 특별한 사정이 없고, 소재탐지나 구인장 발부가 불가능한 것이 아님에도 불구하고, 불출석한 핵심 증인에 대하여 소재탐지나 구인장 발부 없이 증인채택 결정을 취소하는 것은 법원의 재량을 벗어나는 것으로서 위법하다. O|X

[21 경찰채용] [Core ★★]

해설

형사소송법이 증인의 법정 출석을 강제할 수 있는 권한을 법원에 부여한 취지는, 다른 증거나 증인의 진술에 비추어 굳이 추가 증인신문을 할 필요가 없다는 등 특별한 사정이 없는 한 사건의 실체를 규명하는 데 가장 직접적이고 핵심적인 증인으로 하여금 공개된 법정에 출석하여 선서 후 증언하도록 하고, 법원은 출석한 증인의 진술을 토대로 형성된 유죄·무죄의 심증에 따라 사건의 실체를 규명하도록 하기 위함이다. 따라서 다른 증거나 증인의 진술에 비추어 굳이 추가 증거조사를 할 필요가 없다는 등 특별한 사정이 없고, 소재탐지나 구인장 발부가 불가능한 것이 아님에도 불구하고 불출석한 핵심 증인에 대하여 소재탐지나 구인장 발부 없이 증인채택 결정을 취소하는 것은 법원의 재량을 벗어나는 것으로서 위법하다.(대법원 2020.12.10. 2020도2623 **핵심증인 채택취소사건**) [O]

0974 공판기일에 증인은 출석하였으나 피고인이 정당한 사유 없이 출석하지 아니하여 형사소송법 제276조의 규정에 의하여 공판기일을 연기할 수밖에 없는 경우 법원이 이미 출석하여 있는 증인에 대하여 공판기일 외의 신문으로서 증인신문을 하고 다음 공판기일에 그 증인신문조서에 대한 서증조사를 하는 것은 증거조사절차로서 위법하다. O|X

[22 변호사, 18 국가7급] [Core ★★]

해설

법원이 공판기일에 증인을 채택하여 다음 공판기일에 증인신문을 하기로 피고인에게 고지하였는데 그 다음 공판기일에 증인은 출석하였으나 피고인이 정당한 사유 없이 출석하지 아니한 경우 이미 출석하여 있는 증인에 대하여 공판기일 외의 신문으로서 증인신문을 하고 다음 공판기일에 그 증인신문조서에 대한 서증조사를 하는 것은 증거조사절차로서 적법하다.(대법원 2000.10.13. 2000도 3265 공판기일 외 증인신문 사건) [×]

0975 법원은 범죄로 인한 피해자 또는 그 법정대리인(피해자가 사망한 경우 배우자·직계친족·형제자매 포함)의 신청이 있는 때에는 그 피해자 등을 증인으로 신문하여야 한다. O|X

[16 법원9급, 15 경찰채용. 15 법원9급, 14 경찰채용, 14 국가7급, 12 경찰승진, 12 국가7급, 11 법원9급] [Essential ★]

해설

제294조의2 제1항 본문 [O]

0976 피해자 등이 이미 당해 사건에 관하여 공판절차에서 충분히 진술하여 다시 진술할 필요가 없다고 인정되는 경우 또는 피해자 등의 진술로 인하여 공판절차가 현저하게 지연될 우려가 있는 경우에는 증인으로 신문하지 않을 수 있다. O|X

[15 경찰채용, 14 국가9급] [Core ★★]

해설

제294조의2 제1항 단서 [O]

0977 범죄피해자를 증인으로 신문하는 경우 피고인의 처벌에 관한 의견을 진술할 기회까지 주어야 하는 것은 아니다. O|X

[15 국가9급, 14 경찰채용, 14 국가7급, 12 변호사] [Essential ★]

해설

법원은 피해자 등을 신문하는 경우 피해의 정도 및 결과, 피고인의 처벌에 관한 의견, 그밖에 당해 사건에 관한 의견을 진술할 기회를 주어야 한다.(제294조의2 제2항) [×]

0978 증인신문의 신청인이 출석통지를 받고도 정당한 이유 없이 출석하지 아니한 때에는 그 신청을 철회한 것으로 본다. O|X

[14 경찰채용] [Core ★★]

해설

증인신문의 신청인이 출석통지를 받고도 정당한 이유 없이 출석하지 아니한 때에는 그 신청을 철회한 것으로 본다.(제294조의2 제4항) [O]

0979 법원은 범죄피해자를 증인으로 신문하는 경우 당해 피해자·법정대리인 또는 검사의 신청에 따라 피해자의 사생활의 비밀이나 신변보호를 위하여 필요하다고 인정하는 때에는 결정으로 심리를 공개하지 아니할 수 있다. O|X

[17 경간부, 14 경찰승진, 14 경찰채용, 14 국가9급] [Core ★★]

해설

제294조의3 제1항 [O]

0980 특별한 지식에 의하여 알게 된 과거의 사실을 신문하는 경우에는 감정인에 관한 규정에 의한다. O|X

[15 경찰승진, 15 경간부, 14 경찰채용, 13 국가7급] [Core ★★]

해설

특별한 지식에 의하여 알게 된 과거의 사실을 신문하는 경우에는 증인에 관한 규정에 의한다.(제 179조) [×]

제5절 공판절차의 특칙

0981 피고인이 공판정에서 공소사실에 대하여 자백한 때에는 법원은 그 공소사실에 한하여 간이 공판절차에 의하여 심판할 것을 결정하여야 한다. O|X

[17 경찰승진, 15 법원9급, 14 경찰채용, 13 경찰승진, 13 법원9급, 12 경찰채용, 12 국가9급, 12 법원9급, 11 경찰승진] [Essential ★]

해설

피고인이 공판정에서 공소사실에 대하여 자백한 때에는 법원은 그 공소사실에 한하여 간이공판절차에 의하여 심판할 것을 결정할 수 있다.(제286조의2) [×]

0982 간이공판절차 결정의 요건인 '공소사실의 자백'이라 함은 공소장 기재사실을 인정하고 나아가 위법성이나 책임의 조각사유가 되는 사실을 진술하지 않는 것으로 충분하지 않고, 명시적으로 유죄를 자인하는 진술까지 하여야 한다. ○|×

[21 해경채용, 16 경찰채용, 13 변호사, 13 경찰승진, 13 경찰채용, 12 법원9급] [Essential ★]

해설

간이공판절차 결정의 요건인 '공소사실의 자백'이라 함은 공소장 기재사실을 인정하고 나아가 위법성이나 책임조각 사유가 되는 사실을 진술하지 아니하는 것으로 충분하고 명시적으로 유죄를 자인하는 진술이 있어야 하는 것은 아니다.(대법원 1987.8.18. 87도1269) [×]

0983 피고인이 공소사실에 대하여 검사가 신문을 할 때에는 "공소사실을 모두 사실과 다름없다"고 진술하였다면, 비록 변호인이 신문을 할 때에 범의나 공소사실을 부인하였더라도 간이 공판절차에 의하여 심판할 수 있다. ○|×

[14 법원9급] [Core ★★]

해설

피고인이 공소사실에 대하여 검사가 신문을 할 때에는 "공소사실을 모두 사실과 다름없다"고 진술하였으나, 변호인이 신문을 할 때에는 범의나 공소사실을 부인하였다면 그 공소사실은 간이공판 절차에 의하여 심판할 대상이 아니다. (대법원 1998.2.27. 97도3421) [×]

0984 피고인이 법정에서 "공소사실은 모두 사실과 다름없다"고 하면서 술에 만취되어 기억이 없다는 취지의 진술을 하였다면 이 경우에는 간이공판절차를 개시할 수 없다. ○|×

[16 경찰채용] [Essential ★]

해설

대법원 2004.7.9. 2004도2116 그랜져 음주뺑소니 사건 [○]

0985 단독판사 관할사건만 간이공판절차에 의하여 심판할 수 있으므로 합의부 관할사건에 대하여는 간이공판절차에 의하여 심판할 수 없다. ○|×

[16 경찰채용, 15 법원9급, 14 경찰채용, 13 경찰채용, 13 법원9급, 12 법원9급] [Core ★★]

해설

제1심인 이상 단독판사 관할사건은 물론 합의부 관할사건도 간이공판절차에 의하여 심판할 수 있다.(제286조의2) [×]

0986 간이공판절차에서는 전문증거에 대하여 당사자의 증거동의가 있는 것으로 간주한다. O|X

[16 변호사, 16 경찰채용, 15 법원9급, 14 변호사, 14 경찰채용, 13 변호사] [Core ★★]

해설

제318조의3 [O]

0987 간이공판절차에서의 증인신문은 증거조사의 간이화라는 취지에 따라 교호신문 방식으로 진행해야 한다. O|X

[21 해경채용] [Core ★★]

해설

간이공판절차에서의 증인신문은 교호신문방식에 의하지 않고 진행할 수 있다.(제161조의2, 제297조의2) [X]

0988 간이공판절차의 증거조사에서 증거방법을 표시하고 증거조사 내용을 '증거조사함'이라고 표시하는 방법으로 하였다면, 이는 법원이 채택한 상당한 증거조사방법이라고 인정할 수 있다. O|X

[22 경찰승진] [Core ★★]

해설

간이공판절차의 증거조사에서 증거방법을 표시하고 증거조사 내용을 '증거조사함'이라고 표시하는 방법으로 하였다면 이는 법원이 채택한 상당한 증거조사방법이라고 인정할 수 있다.(대법원 1980.4.22. 80도333) [O]

0989 피고인이 제1심법원에서 공소사실을 자백하여 간이공판절차에 의하여 심리가 된 이상, 항소심에서 범행을 부인하였다고 하더라도 제1심법원에서 형사소송법 제318조의3 규정에 따라 이미 증거능력 있는 증거는 항소심에서도 그대로 증거능력이 유지된다. O|X

[13 변호사, 13 경찰채용, 11 경찰승진] [Core ★★]

해설

대법원 2005.3.11. 2004도8313 [O]

0990 법원은 간이공판절차의 결정을 한 사건에 대하여 피고인의 자백이 신빙할 수 없다고 인정되거나 간이공판절차로 심판하는 것이 현저히 부당하다고 인정할 때에는 검사의 의견을 들어 그 결정을 취소하여야 한다. O|X

[14 국가9급, 13 법원9급] [Core ★★]

해설

제286조의3 [O]

0991 법원의 간이공판결정에 대하여 즉시항고는 할 수 없으나, 보통항고는 가능하다. ○|×

[21 해경채용] [Core ★★]

해설

간이공판절차 개시결정은 판결전 소송절차에 관한 결정이므로 항고하지 못한다.(제403조 제1항) [×]

0992 다음 중 원칙적으로 공판절차 정지사유와 공판절차 갱신사유는 각각 4개다. ○|×

[16 국가9급, 16 법원9급, 15 법원9급, 14 경찰채용, 14 국가7급, 11 국가9급] [Superlative ★★★]

㉠ 기피신청	㉡ 공소장변경
㉢ 판사의 경질	㉣ 피고인의 불출석
㉤ 간이공판절차의 취소	㉥ 증거조사에 대한 이의신청
㉦ 피고인의 심신상실 또는 질병	㉧ 국민참여재판에 있어 배심원의 교체
㉨ 질병으로 인한 공판절차의 정지 후 재개	㉩ 심신상실로 인한 공판절차의 정지 후 재개
㉪ 법원의 헌법재판소에 대한 위헌법률심판 제청	

해설

공판절차 정지사유는 ㉠㉡㉦㉪ 4개이고, 갱신사유는 ㉢㉤㉧㉩ 4개이다.
㉠ 기피신청이 있는 때에는 원칙적으로 소송진행을 정지하여야 한다. (제22조)
㉡ 공소장변경이 피고인의 불이익을 증가할 염려가 있다고 인정한 때에는 법원은 결정으로 필요한 기간 공판절차를 정지할 수 있다. (제298조 제4항)
㉢ 공판개정 후 판사의 경질이 있는 때에는 공판절차를 갱신하여야 한다. (제301조 본문)
㉤ 간이공판절차 결정이 취소된 때에는 공판절차를 갱신하여야 한다. (제301조의2)
㉦ 피고인이 사물의 변별 또는 의사의 결정을 할 능력이 없는 상태에 있는 때에는 법원은 결정으로 그 상태가 계속되는 기간 공판절차를 정지하여야 한다. (제306조 제1항) 피고인이 질병으로 인 하여 출정할 수 없는 때에도 법원은 공판절차를 정지하여야 한다. (동조 제2항)
㉧ 공판절차가 개시된 후 새로 재판에 참여하는 배심원 또는 예비배심원이 있는 때에는 공판절차를 갱신하여야 한다. (국참법 제45조 제1항)
㉩ 공판개정 후 피고인이 심신상실로 공판절차가 정지된 경우에는 그 정지사유가 소멸한 후의 공 판기일에 공판절차를 갱신하여야 한다. (규칙 제143조, 제306조 제1항)
㉪ 법원이 법률의 위헌여부의 심판을 헌법재판소에 제청한 때에는 당해 소송사건의 재판은 원칙적으로 헌법재판소의 위헌여부의 결정이 있을 때까지 정지된다.(헌법재판소 제42조 제1항)
㉣㉥㉨ 이는 공판절차 정지사유 또는 갱신사유가 될 수 없다. [○]

0993 법원은 공소장변경이 피고인의 불이익을 증가할 염려가 있다고 인정한 때에는 피고인으로 하여금 필요한 방어의 준비를 하게 하기 위하여 결정으로 필요한 기간 공판절차를 정지하여야 한다. ○|×

[15 법원9급, 11 국가7급, 11 국가9급] [Essential ★]

해설

법원은 공소장변경이 피고인의 불이익을 증가할 염려가 있다고 인정한 때에는 직권 또는 피고인이나 변호인의 청구에 의하여 피고인으로 하여금 필요한 방어의 준비를 하게 하기 위하여 결정으로 필요한 기간 공판절차를 정지할 수 있다.(제298조 제4항) [×]

0994 공판개정 후 판사의 경질이 있는 때에는 공판절차를 갱신하여야 한다. 이는 판결의 선고만을 하는 경우에도 동일하다. O|X

[14 경찰채용, 12 법원9급] [Core ★★]

해설

공판개정 후 판사의 경질이 있는 때에는 공판절차를 갱신하여야 한다. 단, 판결의 선고만을 하는 경우에는 예외로 한다.(제301조) [X]

0995 공판개정 후 공소유지를 담당하는 검사가 교체된 때에는 공판절차를 갱신하여야 한다. O|X

[22 해경간부] [Core ★★]

해설

판사와는 달리 공소유지 담당 검사가 교체되더라도 공판절차를 갱신할 필요가 없다. [X]

0996 간이공판절차결정이 결정이 취소된 때에는 법원은 반드시 공판절차를 갱신하여야 한다. O|X

[14 경찰채용, 14 법원9급, 12 경찰채용, 12 법원9급] [Core ★★]

해설

간이공판절차결정이 결정이 취소된 때에는 공판절차를 갱신하여야 한다. 단, 검사, 피고인 또는 변호인이 이의가 없는 때에는 그러하지 아니한다.(제301조의2) [X]

0997 공판개정후 피고인의 심신상실 또는 질병에 의하여 공판절차가 정지된 경우에는 그 정지사유가 소멸한 후의 공판기일에 공판절차를 갱신하여야 한다. O|X

[15 법원9급, 14 경찰채용, 12 법원9급] [Core ★★]

해설

피고인의 심신상실에 의하여 공판절차가 정지된 경우에는 그 정지사유가 소멸한 후의 공판기일에 공판절차를 갱신하여야 한다.(규칙 제143조) [X]

0998 법원은 필요하다고 인정한 때에는 직권 또는 검사, 피고인이나 변호인의 신청에 의하여 결정으로 변론을 분리 또는 병합하거나 종결한 변론을 재개할 수 있다. O|X

[13 경찰승진, 12 경간부] [Essential ★]

해설

제300조, 제305조 [O]

0999 법원이 적법하게 공판의 심리를 종결한 뒤에 피고인이 증인신청을 하였다 하여 반드시 공판의 심리를 재개하여 증인신문을 하여야 하는 것은 아니다. O|X

[19 국가7급, 19 국가9급] [Core ★★]

해설

대법원 2011.1.27. 2010도7947 강원지사 사건 [O]

제6절 국민참여재판

1000 국민참여재판의 대상사건은 ㉠ 법원조직법 제32조 제1항에 따른 합의부 관할 사건, ㉡ ㉠ 사건의 미수죄·교사죄·방조죄·예비죄·음모죄에 해당하는 사건, ㉢ ㉠㉡ 사건과 형사소송법 제11조에 따른 관련사건으로서 병합하여 심리하는 사건으로 한다. O|X

[14 경간부, 14 법원9급] [Core ★★]

해설

국참법 제5조 제1항 [O]

1001 우리 헌법상 헌법과 법률이 정한 법관에 의한 재판을 받을 권리는 직업법관에 의한 재판을 주된 내용으로 하는 것이므로 국민참여재판을 받을 권리가 헌법 제27조 제1항에서 규정한 재판을 받을 권리의 보호범위에 속한다고 볼 수 없다. O|X

[16 국가9급, 13 경찰승진, 12 경찰승진] [Core ★★]

해설

헌법재판소 2015.7.30. 2014헌바447 [O]

1002 피고인이 국민참여재판을 원하지 아니하거나 법원의 배제결정이 있는 경우에는 국민참여재판을 하지 아니한다. O|X

[16 경간부, 14 경간부, 14 법원9급] [Essential ★]

해설

국참법 제5조 제2항 [O]

1003 국민의 형사재판 참여에 관한 법률 제42조 제2항은 재판장의 공판기일에서의 최초 설명의무를 규정하고 있는데, 원칙적으로 설명의 대상에 검사가 아직 공소장에 의하여 낭독하지 아니한 공소사실 등은 포함된다고 볼 수 없다. O|X

[16 국가9급] [Core ★★]

해설

대법원 2014.11.13. 2014도8377 **미흡했던 설명 사건** [O]

1004 국민참여재판에 관하여 변호인이 없는 때에는 법원은 직권으로 변호인을 선정하여야 한다. O|X

[16 경간부, 16 법원9급, 15 경찰승진, 15 법원9급, 13 경찰채용, 11 경찰채용, 11 국가9급] [Essential ★]

해설

국참법 제7조 [O]

1005 법원은 피고인에 대하여 국민참여재판을 원하는지 여부에 관한 의사를 서면 등의 방법으로 반드시 확인하여야 한다. O|X

[15 법원9급, 14 법원9급, 13 경찰승진, 13 경찰채용, 13 국가7급, 12 변호사, 11 경찰채용] [Essential ★]

해설

국참법 제8조 제1항 [O]

1006 국민참여재판 대상사건에 관하여 제1심 법원이 피고인이 국민참여재판을 원하는지에 관한 의사의 확인절차를 거치지 아니한 채 통상의 공판절차로 재판을 진행하였다면, 이는 피고인의 국민참여재판을 받을 권리에 대한 중대한 침해로서 그 절차는 위법하고 이러한 위법한 공판절차에서 이루어진 소송행위도 무효라고 보아야 한다. O|X

[16 법원9급, 15 국가9급, 13 경찰채용] [Core ★★]

해설

대법원 2013.1.31. 2012도13896 [O]

1007 피고인이 항소심에서 국민참여재판을 원하지 아니한다고 하면서 (국민참여재판의 대상사건임을 간과하여 피고인의 의사를 확인하지 아니한 채 통상의 공판절차로 재판을 진행한) 제1심의 절차적 위법을 문제삼지 아니할 의사를 명백히 표시하는 경우에는, 비록 피고인에게 국민참여재판절차 등에 관한 충분한 안내 또는 그 희망 여부에 관하여 숙고할 수 있는 상당한 시간이 사전에 부여되지 않았더라도 하자가 치유된다고 할 것이다. O|X

[16 국가7급, 16 법원9급, 15 경간부, 14 법원9급, 13 경찰채용, 13 국가7급] [Core ★★]

해설

피고인이 항소심에서 국민참여재판을 원하지 아니한다고 하면서 제1심의 절차적 위법을 문제삼지 아니할 의사를 명백히 표시하는 경우에는 그 하자가 치유되어 제1심 공판절차는 전체로서 적법하게 된다고 봄이 상당하지만, 제1심 공판절차의 하자가 치유된다고 보기 위해서는 피고인에게 국민참여재판절차 등에 관한 충분한 안내가 이루어지고 그 희망 여부에 관하여 숙고할 수 있는 상당한 시간이 사전에 부여되어야 한다.(대법원 2013.1.31. 2012도13896 중국집배달원 내연녀 추행사건) [×]

1008 피고인은 공소장부본을 송달받은 날부터 7일 이내에 국민참여재판을 원하는지 여부에 관한 의사가 기재된 서면을 제출하여야 한다. O|X

[13 경찰채용, 11 경찰승진, 11 경찰채용, 11 국가7급, 11 법원9급] [Core ★★]

해설

국참법 제8조 제2항 [O]

1009 공소장부본을 송달받은 날부터 7일 이내에 의사확인서를 제출하지 아니한 피고인은 더 이상 국민참여재판 신청을 할 수 없다. O|X

[16 국가9급, 16 법원9급, 15 경간부, 14 변호사, 13 경찰승진, 13 경찰채용, 13 국가7급, 11 국가9급] [Essential ★]

해설

공소장부본을 송달받은 날부터 7일 이내에 의사확인서를 제출하지 아니한 피고인도 제1회 공판기일이 열리기 전까지는 국민참여재판 신청을 할 수 있고 법원은 그 의사를 확인하여 국민참여재판으로 진행할 수 있다고 봄이 상당하다.(대법원 2009.10.23. 2009모1032 유흥주점 종업원 강도상해 사건) [×]

1010 제1심 법원이 피고인의 의사에 따라 국민참여재판으로 진행함에 있어 별도의 국민참여재판 개시결정을 하여야 하고, 그에 관한 이의가 있어 제1심 법원이 국민참여재판으로 진행하기로 하는 결정에 이른 경우 이는 판결전의 소송절차에 관한 결정이므로 그에 대하여 불복할 수 없다. O|X

[14 국가9급, 13 경찰승진, 12 국가7급, 11 국가9급] [Core ★★]

해설

제1심 법원이 피고인의 의사에 따라 국민참여재판으로 진행함에 있어 별도의 국민참여재판 개시결정을 할 필요는 없고, 그에 관한 이의가 있어 제1심 법원이 국민참여재판으로 진행하기로 하는 결정에 이른 경우 이는 판결전의 소송절차에 관한 결정이므로 그에 대하여 불복할 수 없다.(대법원 2009.10.23. 2009모1032 유흥주점 종업원 강도상해 사건) [×]

1011 법원은 공소제기 후부터 공판준비기일이 종결된 날까지 국민참여재판을 하지 아니하기로 하는 결정(배제결정)을 할 수 있다. O|X

[17 경찰승진, 11 경찰승진, 11 경찰채용] [Essential ★]

해설

법원은 공소제기 후부터 공판준비기일이 종결된 다음날까지 국민참여재판을 하지 아니하기로 하는 결정(배제결정)을 할 수 있다.(국참법 제9조 제1항) [×]

1012 법원의 국민참여재판 배제결정에 대하여는 즉시항고를 할 수 있다. O|X

[11 경찰채용, 11 국가7급] [Essential ★]

해설

국참법 제9조 제3항 [O]

1013 피고인이 국민참여재판을 원하는 의사를 표시한 경우 지방법원 지원 합의부가 배제결정을 하지 아니하는 경우에는 국민참여재판절차 회부결정을 하여 사건을 지방법원 본원 합의부로 이송하여야 한다. O|X

[14 변호사, 14 법원9급] [Core ★★]

해설

국참법 제10조 제1항 [O]

1014 법원은 공소사실의 일부 철회 또는 변경으로 인하여 국민참여재판의 대상사건에 해당하지 아니하게 된 경우 국민참여재판에 의하지 아니하고 심판하여야 한다. O|X

[경간부, 16 법원9급, 14 경간부, 13 경찰승진, 13 경찰채용, 12 변호사, 12 경찰승진, 12 경찰채용, 12 국가7급, 11 국가9급] [Core ★★]

해설

법원은 공소사실의 일부 철회 또는 변경으로 인하여 대상사건에 해당하지 아니하게 된 경우에도 국민참여재판을 계속 진행한다. 다만, 법원은 심리의 상황이나 그 밖의 사정을 고려하여 국민참여재판으로 진행하는 것이 적당하지 아니하다고 인정하는 때에는 결정으로 당해 사건을 지방법원본원 합의부가 국민참여재판에 의하지 아니하고 심판하게 할 수 있다.(국참법 제6조 제1항) [×]

1015 법원은 피고인의 질병 등으로 공판절차가 장기간 정지되거나 피고인에 대한 구속기간의 만료, 성폭력범죄 피해자의 보호 그 밖에 심리의 제반 사정에 비추어 국민참여재판을 계속 진행하는 것이 부적절하다고 인정하는 경우에는 직권 또는 신청에 따라 결정으로 사건을 지방법원 본원 합의부가 국민참여재판에 의하지 아니하고 심판하게 할 수 있다. O|X

[13 경찰승진, 12 변호사] [Core ★★]

해설

국참법 제11조 제1항 [O]

1016 법정형이 사형·무기징역 또는 무기금고에 해당하는 대상사건에 대한 국민참여재판에는 9인의 배심원이 참여하고, 그 외의 대상사건에 대한 국민참여재판에는 7인의 배심원이 참여한다. 다만, 법원은 피고인 또는 변호인이 공판준비절차에서 공소사실의 주요내용을 인정한 때에는 3인의 배심원이 참여하게 할 수 있다. O|X

[16 경찰채용, 11 국가9급, 11 법원9급] [Core ★★]

해설

다만, 법원은 피고인 또는 변호인이 공판준비절차에서 공소사실의 주요내용을 인정한 때에는 5인의 배심원이 참여하게 할 수 있다.(국참법 제13조 제1항) [×]

1017 배심원은 만 19세 이상의 대한민국 국민 중에서 선정된다. O|X

[22 국가9급, 16 경찰채용, 15 법원9급, 12 변호사] [Essential ★]

해설

배심원은 만 20세 이상의 대한민국 국민 중에서 선정된다.(국참법 제16조) [×]

1018 다음 중 배심원 결격사유는 7개이고, 면제사유는 5개이다. O|X

[17 경찰승진, 16 경찰채용, 15 법원9급, 14 경찰승진, 12 경찰채용, 11 경찰승진] [Superlative ★★★]

㉠ 만 70세 이상인 사람
㉡ 피성년후견인 또는 피한정후견인
㉢ 파산자로서 복권되지 아니한 사람
㉣ 법령에 따라 체포 또는 구금되어 있는 사람
㉤ 법원의 판결에 의하여 자격이 상실 또는 정지된 사람
㉥ 과거 5년 이내에 배심원후보자로서 선정기일에 출석한 사람
㉦ 중병·상해 또는 장애로 인하여 법원에 출석하기 곤란한 사람
㉧ 금고 이상의 형의 선고유예를 받고 그 선고유예기간 중에 있는 사람
㉨ 금고 이상의 형에 해당하는 죄로 기소되어 사건이 종결되지 아니한 사람
㉩ 금고 이상의 형의 집행유예를 선고받고 그 기간이 완료된 날부터 2년을 경과하지 아니한 사람
㉪ 금고 이상의 실형을 선고받고 그 집행이 종료되거나 집행이 면제된 후 5년을 경과하지 아니한 사람
㉫ 배심원 직무의 수행이 자신이나 제3자에게 위해를 초래하거나 직업상 회복할 수 없는 손해를 입게 될 우려가 있는 사람

해설

결격사유는 ㉡㉢㉤㉦㉧㉩ 6개이고, 면제사유는 ㉠㉣㉥㉤㉨㉪ 6개이다.(국참법 제17조, 제20조) [×]

1019 징역 10년의 실형을 선고받고 그 집행이 종료된 후 5년이 경과한 자는 국민참여재판의 배심원으로 선정될 수 없다. O|×

[21 경찰채용] [Core ★★]

해설

금고 이상의 실형을 선고받고 그 집행이 종료(종료된 것으로 보는 경우를 포함한다)되거나 집행이 면제된 후 5년을 경과하지 아니한 사람이 결격사유이다. (국참법 제17조 제3호) 징역 10년의 실형을 선고받고 그 집행이 종료된 후 5년이 경과하였으므로 이는 배심원 결격사유가 아니다. [×]

1020 무이유부기피신청이 있는 때에는 법원은 당해 배심원후보자를 배심원으로 선정할 수 없다. O|×

[17 경찰승진, 16 경찰채용, 11 경찰승진] [Essential ★]

해설

국참법 제30조 제2항 [O]

1021 재판장은 피고인이 국민참여재판을 원하는 의사를 표시한 경우에 사건을 공판준비절차에 부칠 수 있다. 다만, 공판준비절차에 부치기 전에 배제결정이 있는 때에는 그러하지 아니하다. O|×

[14 국가7급, 13 경찰승진, 12 경찰승진, 12 경간부, 11 경찰승진, 11 법원9급] [Core ★★]

해설

재판장은 피고인이 국민참여재판을 원하는 의사를 표시한 경우에 사건을 공판준비절차에 부쳐야 한다.(국참법 제36조 제1항) [×]

1022 국민참여재판에 있어서도 피고인이 공소사실을 자백한 때에는 간이공판절차에 의하여 심판할 수 있다. O|×

[14 국가9급, 13 경찰채용, 11 경찰승진, 11 경찰채용, 11 국가7급] [Core ★★]

해설

국민참여재판에는 형사소송법 제286조의2(간이공판절차)를 적용하지 아니한다.(국참법 제43조) [×]

1023 배심원은 법원의 증거능력에 관한 심리에 관여하여 그 증거능력 유무를 결정할 수 있다. O|X

[17 경찰승진, 14 국가9급, 11 경찰채용, 11 국가9급] [Essential ★]

해설

배심원 또는 예비배심원은 법원의 증거능력에 관한 심리에 관여할 수 없다.(국참법 제44조) [X]

1024 공판절차가 개시된 후 새로 재판에 참여하는 배심원 또는 예비배심원이 있는 때에는 공판절차를 갱신하여야 한다. O|X

[14 경찰채용, 11 국가9급, 11 법원9급] [Essential ★]

해설

국참법 제45조 제1항 [O]

1025 심리에 관여한 배심원은 설명을 들은 후 유·무죄에 관하여 평의하고, 전원의 의견이 일치하면 그에 따라 평결한다. 다만, 배심원 과반수의 요청이 있으면 심리에 관여한 판사의 의견을 들어야 한다. O|X

[11 경찰채용] [Core ★★]

해설

심리에 관여한 배심원은 설명을 들은 후 유·무죄에 관하여 평의하고, 전원의 의견이 일치하면 그에 따라 평결한다. 다만, 배심원 과반수의 요청이 있으면 심리에 관여한 판사의 의견을 들을 수 있다.(국참법 제46조 제2항) [X]

1026 배심원은 유·무죄에 관하여 전원의 의견이 일치하지 아니하는 때에는 평결을 하기 전에 심리에 관여한 판사의 의견을 들어야 한다. 이 경우 유·무죄의 평결은 다수결의 방법으로 한다. O|X

[15 법원9급, 11 경찰채용] [Core ★★]

해설

국참법 제46조 제3항 [O]

1027 재판장은 판결선고시 피고인에게 배심원의 평결결과를 고지하여야 하며, 배심원의 평결결과와 다른 판결을 선고하는 때에는 피고인에게 그 이유를 설명하여야 한다. O|X

[12 경찰승진, 11 경찰채용, 11 국가7급] [Essential ★]

해설

국참법 제48조 제4항 [O]

1028 배심원의 평결결과와 다른 판결을 선고하는 때에는 판결서에 그 이유를 기재하여야 한다. O|X

[12 경찰승진, 11 경찰채용, 11 국가7급] [Essential ★]

해설

국참법 제49조 제2항 [O]

1029 배심원이 만장일치의 의견으로 내린 무죄의 평결이 제1심 재판부의 심증에 부합하여 그대로 채택된 경우라도, 항소심은 새로운 증거조사를 하지 않고도 제1심 법원의 판단을 뒤집을 수 있다고 보는 것이 형사소송법이 취하고 있는 자유심증주의에 부합한다. O|X

[15 경간부, 12 국가9급] [Core ★★]

해설

배심원이 증인신문 등 사실심리의 전 과정에 함께 참여한 후 증인이 한 진술의 신빙성 등 증거의 취사와 사실의 인정에 관하여 만장일치의 의견으로 내린 무죄의 평결이 재판부의 심증에 부합하여 그대로 채택된 경우라면, 이러한 절차를 거쳐 이루어진 증거의 취사 및 사실의 인정에 관한 제1심의 판단은 실질적 직접심리주의 및 공판중심주의의 취지와 정신에 비추어 항소심에서의 새로운 증거조사를 통해 그에 명백히 반대되는 충분하고도 납득할 만한 현저한 사정이 나타나지 않는 한 한층 더 존중될 필요가 있다.(대법원 2010.3.25. 2009도14065 원조교제 빌미 금목걸이 강취사건) [X]

Chapter 02 | 재판

제1절 종국재판

1030 판결은 법률에 다른 규정이 없으면 구두변론에 의거하여야 한다. 결정 또는 명령은 구두변론에 의거하지 아니할 수 있다. O|X

[15 경간부, 14 국가9급, 12 경간부] [Core ★★]

해설

제37조 제1항·제2항 [O]

1031 (일반사건에서) 판결의 선고는 제1심에서는 공소가 제기된 날부터 6개월 이내에, 항소심 및 상고심에서는 항소·상고가 제기된 날부터 4개월 이내에 하여야 한다. O|X

[17 경간부, 13 경찰승진, 11 경찰채용] [Core ★★]

해설

판결의 선고는 제1심에서는 공소가 제기된 날부터 6개월 이내에, 항소심 및 상고심에서는 기록을 송부받은 날부터 4개월 이내에 하여야 한다.(소촉법 제21조) [X]

1032 판결의 선고는 변론종결 익일에 하여야 한다. 다만, 특별한 사정이 있는 때에는 따로 선고기일을 지정할 수 있다. O|X

[15 경간부, 12 국가9급, 12 경간부] [Core ★★]

해설

판결의 선고는 변론을 종결한 기일에 하여야 한다. 다만, 특별한 사정이 있는 때에는 따로 선고기일을 지정할 수 있다.(제318조의4 제1항) [X]

1033 유죄판결의 판결이유에는 범죄사실, 증거의 요지와 법령의 적용을 명시하여야 하는 것인바, 유죄판결을 선고하면서 판결이유에 이 중 어느 하나를 전부 누락한 경우라도 판결에 영향을 미친 법률위반으로서 파기사유가 된다고 할 수는 없다. O|X

[16 경간부, 15 국가9급, 11 경찰승진] [Essential ★]

해설

형사소송법 제323조 제1항에 따르면 유죄판결의 판결이유에는 범죄사실, 증거의 요지와 법령의 적용을 명시하여야 하는 것인바, 유죄판결을 선고하면서 판결이유에 이 중 어느 하나를 전부 누락한 경우에는 판결에 영향을 미친 법률위반으로서 파기사유가 된다.(대법원 2010.10.14. 2010도9151) [X]

1034 정범의 범죄구성요건이 되는 사실 전부를 적시하지 않은 교사범, 방조범의 사실 적시도 죄가 되는 사실의 적시라고 할 수 있다. O|X

[14 경찰채용, 12 경찰승진] [Essential ★]

해설

교사범, 방조범의 범죄사실 적시에 있어서는 그 전제요건이 되는 정범의 범죄구성 요건이 되는 사실 전부를 적시하여야 하고, 이 기재가 없는 교사범, 방조범의 사실 적시는 죄가 되는 사실의 적시라고 할 수 없다.(대법원 1981.11.24. 81도2422 딸의 부탁으로 사건) [×]

1035 공모공동정범에 있어서의 공모나 모의는'범죄될 사실'에 해당하므로 법원은 상세하게 판시할 것까지는 없더라도 적어도 공모나 모의가 성립되었다는 정도는 판결이유에서 밝혀야 한다. O|X

[14 국가7급, 13 경찰승진] [Essential ★]

해설

대법원 1986.8.19. 86도1073 내연녀 남편 살해사건 [O]

1036 '증거의 요지'는 어느 증거의 어느 부분에 의하여 범죄사실을 인정하였느냐 하는 이유 설명까지 할 필요는 없지만 적어도 어떤 증거에 의하여 어떤 범죄사실을 인정하였는가를 알아볼 정도로 증거의 중요 부분을 표시하여야 한다. O|X

[17 경찰승진, 16 경간부, 14 국가7급] [Core ★★]

해설

대법원 2010.2.11. 2009도2338 겉보리색소 사건 [O]

1037 유죄판결의 증거는 범죄될 사실을 증명할 적극적 증거는 물론 범죄사실에 배치되는 증거들에 관하여도 그것을 배척한다는 취지의 판단이나 이유를 설시하여야 한다. O|X

[21 구각7급, 17 경찰승진, 12 경찰승진] [Core ★★]

해설

유죄판결의 증거는 범죄될 사실을 증명할 적극적 증거를 거시하면 되므로 범죄사실에 배치되는 증거들에 관하여 배척한다는 취지의 판단이나 이유를 설시하지 아니하여도 잘못이라 할 수 없다.(대법원 1986.10.14. 86도1606) [×]

1038 피고인이 자수를 하였음에도 법원이 자수감경 주장에 대하여 판단을 하지 아니한 것은 판단 유탈의 위법이 있다. O|X

[14 국가7급, 11 경찰승진] [Essential ★]

해설

피고인이 자수하였다 하더라도 자수한 자에 대하여는 법원이 임의로 형을 감경할 수 있음에 불과한 것으로서 원심이 자수감경을 하지 아니하였다거나 자수감경 주장에 대하여 판단을 하지 아니하였다 하여 위법하다고 할 수 없다.(대법원 2011.12.22. 2011도12041) [X]

1039 공정증서원본부실기재죄 및 그 행사죄로 공소제기된 피고인이 당해 등기가 실체적 권리관계에 부합하는 유효한 등기라고 주장하는 경우 그 주장이 받아들여지지 아니하는 때에는 유죄의 선고를 하는 것으로 부족하고 그에 대한 판단을 판결이유에 명시하여야 한다. O|X

[17 경찰승진, 16 경간부] [Core ★★]

해설

공증증서원본부실기재죄 및 그 행사죄로 공소가 제기된 경우 피고인이 당해 등기가 실체적 권리관계에 부합하는 유효한 등기라고 주장하는 것은 공소사실에 대한 적극부인에 해당할 뿐, 범죄의 성립을 조각하는 사유에 관한 주장이라고는 볼 수 없으므로 그 주장이 받아들여지지 아니한다면 그대로 유죄의 선고를 함으로써 족하고 반드시 그에 대한 판단을 판결이유에 명시하여야만 하는 것은 아니다.(대법원 1997.7.11. 97도1180) [X]

1040 위헌결정으로 인하여 형벌에 관한 법률 또는 법률조항이 소급하여 그 효력을 상실한 경우 법원은 그 피고사건에 대하여 면소를 선고하여야 한다. O|X

[16 변호사, 16 법원9급, 14 변호사, 13 경찰승진, 12 법원9급] [Core ★★]

해설

위헌결정으로 인하여 형벌에 관한 법률 또는 법률조항이 소급하여 그 효력을 상실한 경우 법원은 그 피고사건에 대하여 무죄를 선고하여야 한다.(대법원 2011.9.29. 2009도12515) [X]

1041 비용보상의 청구는 무죄판결이 확정된 날부터 6월 이내에 하여야 한다. O|X

[13 경찰채용] [Essential ★]

해설

비용보상의 청구는 무죄판결이 확정된 사실을 안 날부터 3년, 확정된 때부터 5년 이내에 하여야 한다.(제194조의3 제2항) [X]

1042 다음 중 면소판결의 사유는 3개이고, 공소기각판결의 사유는 3개다. O | X

[17 경간부, 15 경간부, 15 법원9급, 14 경찰승진, 14 경간부, 14 국가9급, 13 경찰승진, 13 경간부, 13 경찰채용, 13 국가7급, 12 경간부, 11 국가9급] [Superlative ★★★]

㉠ 일반사면이 있은 때	㉡ 공소가 취소되었을 때
㉢ 확정판결이 있은 때	㉣ 공소의 시효가 완성되었을 때
㉤ 피고인에 대하여 재판권이 없는 때	㉥ 친고죄에 있어 고소의 취소가 있은 때
㉦ 범죄후의 법령개폐로 형이 폐지되었을 때	

해설

㉠㉢㉣㉦ 면소판결의 사유이고(제326조) ㉤㉥ 공소기각판결의 사유이고(제327조) ㉡ 공소기각결정의 사유이다. (제328조 제1항) [X]

1043 다음의 경우 모두 법원은 공소기각판결을 선고하여야 한다. O | X

[Superlative ★★★]

㉠ 특허권에 기한 고소를 기초로 공소를 제기하였으나 이후 특허무효의 심결이 확정된 경우
㉡ 검사가 공소장변경허가신청서를 공소장에 갈음하는 것으로 구두진술하였고 또한 피고인과 변호인이 이에 대하여 이의를 제기하지 않은 경우
㉢ 경찰서장의 즉결심판청구를 법원이 기각하여 경찰서장이 사건기록을 관할 지방검찰청 의장에게 송부하였는데, 검사가 피고인으로부터 정식재판청구가 있다고 오인하여 그대로 사건기록을 1심 법원에 송부한 경우 [17 경찰채용]

해설

㉠㉡ 2 항목의 경우 법원은 형사소송법 제327조 제2호에 의하여 공소기각판결을 선고하여야 한다. ㉢ 항목의 경우 (공소제기가 무효가 아니라) 공소제기가 처음부터 성립한 것이 아니므로 법원은 공소기각판결을 선고할 수 없다. [X]

㉠ 대법원 2008.4.10. 2007도6325
㉡ 대법원 2009.2.26. 2008도11813 공소장을 갈음한다 사건
㉢ 대법원 2003.11.14. 2003도2735 정신없는 검사 사건

1044 국회의원의 면책특권에 속하는 행위에 대한 공소제기가 있는 경우 피고인에 대한 재판권이 없는 경우에 해당하므로 공소기각판결을 하여야 한다. O | X

[21 국가7급] [Superlative ★★★]

해설

국회의원의 면책특권에 속하는 행위에 대하여는 공소를 제기할 수 없으며 이에 반하여 공소가 제기된 것은 결국 공소권이 없음에도 공소가 제기된 것이 되어 형사소송법 제327조 제2호의 공소 제기의 절차가 법률의 규정에 위반하여 무효인 때에 해당되므로 공소를 기각하여야 한다.(대법원 1992.9.22. 91도3317 유성환 의원 사건) [X]

1045 형사소송법 제326조 제2호 소정의 면소판결의 '사유인 사면이 있을 때'란 일반사면 또는 특별사면이 있을 때를 말한다. O|X

[12 경간부, 11 국가7급] [Essential ★]

해설

면소판결 사유인 형사소송법 제326조 제2호의 '사면이 있는 때'에서 말하는 '사면'이란 일반사면을 의미할 뿐 형을 선고받아 확정된 자를 상대로 이루어지는 특별사면은 여기에 해당하지 않으므로, 재심대상판결 확정 후에 형 선고의 효력을 상실케 하는 특별사면이 있었다고 하더라도 재심심판절차를 진행하는 법원은 실체에 관한 유·무죄 등의 판단을 해야지 특별사면이 있음을 들어 면소 판결을 하여서는 아니 된다.(대법원 2015.5.21. 2011도1932 全合 윤필용 연루 사건) [×]

1046 종전 합헌결정일 이전의 범죄행위에 대하여 재심개시결정이 확정되었는데 그 범죄행위에 적용될 법률 또는 법률의 조항이 위헌결정으로 헌법재판소법 제47조 제3항 단서에 의하여 종전 합헌결정일의 다음 날로 소급하여 효력을 상실하였다면 무죄판결을 선고하여야 한다. O|X

[Superlative ★★★]

해설

범죄행위 당시 유효한 법률 또는 법률의 조항이 그 이후 폐지된 경우와 마찬가지이므로 법원은 형사소송법 제326조 제4호에 해당하는 것으로 보아 면소판결을 선고하여야 한다.(대판 2019.12.24. 2019도15167 간통재심사건Ⅱ) [×]

1047 가정폭력범죄의 처벌 등에 관한 특례법 제37조 제1항 제호의 불처분결정이 확정된 후에 검사가 동일한 범죄사실에 대하여 다시 공소를 제기하였다거나 법원이 이에 대하여 유죄판결을 선고하였더라도 이중처벌금지의 원칙 내지 일사부재리의 원칙에 위배된다고 할 수 없다. O|X

[20 법원9급] [Core ★★]

해설

대법원 2017.8.23. 2016도5423 [O]

1048 다음 중 공소기각판결의 사유는 4개이고, 공소기각결정의 사유는 3개다. O|X

[16 경찰채용, 15 경간부, 15 경찰채용, 13 경찰승진, 13 경간부, 13 법원9급, 11 국가9급] [Core ★★]

㉠ 공소제기의 절차가 법률의 규정에 위반하여 무효인 때
㉡ 공소가 제기된 사건에 대하여 다시 공소가 제기되 었을 때
㉢ 형사소송법 제329조의 규정 에 위반하여 공소가 제기되 었을 때
㉣ 형사소송법 제12조 또는 제13조의 규정에 의하여 재판할 수 없는 때
㉤ 피고인이 사망하거나 피고인인 법인이 존속하지 아니하게 되었을 때
㉥ 공소장에 기재된 사실이 진실하다 하더라도 범죄가 될만한 사실이 포함되지 아니하는 때
㉦ 반의사불벌죄에 있어 처벌을 희망하지 아니하는 의사표시가 있거나 처벌을 희망하는 의사표시가 철회되었을 때

해설

㉠㉡㉢㉦ 공소기각판결의 사유이고(제327조) ㉣㉤㉥ 공소기각결정의 사유이다.(제328조 제1항) [O]

1049 수표부도로 인한「부정수표 단속법」위반 사건에서 수표가 그 제시기일에 제시되지 아니한 사실이 공소사실 자체에 의하여 명백한 경우 법원은 공소기각판결을 한다. O|X

[22 경찰간부] [Superlative ★★★]

해설

부정수표단속법위반 사건에 있어서 수표가 그 제시기 일에 제시되지 아니한 사실이 공소사실 자체에 의하여 명백하다면 공소사실에는 범죄가 될 만한 사실이 포함되지 아니하는 때에 해당하므로 형사소송법 제328조 제1항 제4호에 의하여 공소기각의 재판을 하여야 한다.(대법원 1973.12.11. 73도2173) 공소기각결정을 고지하여야 한다. [X]

1050 불법구금, 구금장소의 임의적 변경 등의 위법사유가 있다고 하더라도 그 위법한 절차에 의하여 수집된 증거를 배제할 이유는 될지언정 공소제기의 절차 자체가 위법하여 무효인 경우에 해당한다고 볼 수 없다. O|X

[16 경간부] [Essential ★]

해설

대법원 1996.5.14. 96도561 계급투쟁동맹 사건 [O]

공판 Part 05

제2절 재판의 확정과 효력

1051 다음 재판 또는 처분이 확정되었을 때 기판력(일사부재리효력)이 발생하는 것은 모두 6개다.

O|X

[Superlative ★★★]

㉠ 유무죄판결 ㉡ 면소판결 ㉢ 약식명령·즉결심판 [13 국가9급] ㉣ 확정 된 외국의 유죄판결 [16 경간부, 16 경찰채용, 15 국가9급, 13 경간부] ㉤ 소년법상 보호처분 [16 변호사, 16 국가7급, 16 법원9급, 15 국가9급, 12 경간부, 12 법원9급] ㉥ 검사의 불기소처분 [14 경찰채용, 13 경간부, 12 경간부] ㉦ 행정질서벌인 과태료 [12 경간부, 12 경찰채용] ㉧ 관세법상 통고처분의 이행 ㉨ 경범죄 처벌법 및 도로교통법상 통고처분에 의한 범칙금의 납부 [13 법원9급] ㉩ 행형법상 징벌(懲罰) [16 경찰채용, 13 경간부, 12 경간부] ㉪ 행정법상 징계처분

해설

㉠㉡㉢㉧㉨ 5 항목이 기판력이 발생한다.

㉠㉡㉢ 형사소송법 제326조 제1호의 '확정판결'에는 정식재판에서 선고된 유죄판결과 무죄의 판결 및 면소의 판결뿐만 아니라, 확정판결과 동일한 효력이 있는 약식명령이나 즉결심판 등이 모두 포함되는 것이다.(대법원 1992.2.11. 91도2536)

㉣ 피고인이 동일한 행위에 관하여 외국에서 형사처벌을 과하는 확정판결을 받았다 하더라도 이런 외국판결은 우리나라에서는 기판력이 없으므로 여기에 일사부재리의 원칙이 적용될 수 없다.(대법원 1983.10.25. 83도2366)

㉤ 소년법 제30조[24년 현재 제32조] 보호처분을 받은 사건과 동일한 사건에 대하여 다시 공소제기가 되었다면 동조의 보호처분은 확정판결이 아니고 따라서 기판력도 없으므로 이에 대하여 면소판 결을 할 것이 아니라 공소제기 절차가 무효인 때에 해당한 경우이므로 공소기각의 판결을 하여야 한다.(대법원 1985.5.28. 85도21)

㉥ 검사의 불기소처분에는 확정재판에 있어서의 확정력과 같은 효력이 없어 일단 불기소처분을 한 후에도 공소시효가 완성되기 전이면 언제라도 공소를 제기할 수 있다.(대법원 2009.10.29. 2009도6614)

㉦ 행정법상의 질서벌인 과태료의 부과처분과 형사처벌은 그 성질이나 목적을 달리하는 별개의 것이므로 행정법상의 질서벌인 과태료를 납부한 후에 형사처벌을 한다고 하여 이를 일사부재리의 원칙에 반하는 것이라고 할 수는 없다.(대법원 1996.4.12. 96도158)

㉧ 관세범인이 (벌금에 상당하거나 몰수·추징금에 해당하는 금액을 납부할 것을 명령하는) 통고의 요지를 이행하였을 때에는 동일사건에 대하여 다시 처벌을 받지 아니한다.(관세법 제317조)

㉨ 경범죄처벌법 제7조 제3항, 제8조 제3항에 의하면 '범칙금납부의 통고처분을 받고 범칙금을 납부한 사람은 그 범칙행위에 대하여 다시 벌받지 아니한다'고 규정하고 있는 바, 이는 통고처분에 의한 범칙금의 납부에 확정판결에 준하는 효력을 인정한 것이다.(대법원 2011.1.27. 2010도11987) (同旨 대법원 2002.11.22. 2001도849)

㉩ 징벌을 받은 뒤에 형사처벌을 한다고 하여 일사부재리의 원칙에 반하는 것은 아니다.(대법원 2000.10.27. 2000도3874)

㉪ 징계처분(근신 7일)을 받은 사실이 있다고 하더라도 본건 공소가 동일한 사건에 관하여 재차 공소를 제기한 것이라고 할 수 없으므로 일사부재리원칙에 위배하였다고 할 수 없다.(대법원 1966.12.6. 66도1412) [×]

1052 즉결심판으로 확정된 경범죄처벌법위반의 범죄사실과 상해치사의 공소사실이 기본적 사실 관계에 있어서 동일한 경우, 법원은 상해치사의 공소사실에 대하여 면소판결을 선고하여야 한다. O|X

[15 국가9급, 11 국가7급] [Core ★★]

해설

대법원 1990.3.9. 89도1046 송림동 포장마차 사건 [O]

1053 경범죄처벌법위반죄로 범칙금 통고처분을 받아 범칙금을 납부한 범칙행위인 소란행위와 상해죄의 공소사실이 그 기본적 사실관계가 동일하다고 하더라도 경범죄처벌법위반죄에 대한 범칙금납부로 인한 확정재판에 준하는 효력은 상해죄의 공소사실에는 효력이 미치지 아니한다. O|X

[12 국가7급] [Essential ★]

해설

범칙금을 납부한 범칙행위인 소란행위와 상해죄의 공소사실은 범행장소가 동일하고 범행일시도 거의 같으며, 모두 피고인과 피해자의 시비에서 발단한 일련의 행위임이 분명한 경우, 양 사실은 그 기본적 사실관계가 동일한 것이라고 할 것이어서 범칙금납부로 인한 확정재판에 준하는 효력이 상해의 공소사실에도 미친다.(대법원 2003.7.11. 2002도2642 니나기계 사건) [×]

1054 피고인이 '1997. 4. 3. 21:50경 서울 용산구 이태원동에 있는 햄버거 가게 화장실에서 피해자 甲을 칼로 찔러 乙과 공모하여 甲을 살해하였다'는 내용으로 기소되었는데, 선행사건에서 '1997. 2. 초순부터 1997. 4. 3. 22:00경까지 정당한 이유 없이 범죄에 공용될 우려가 있는 위험한 물건인 휴대용 칼을 소지하였고, 1997. 4. 3. 23:00경 乙이 범행 후 햄버거 가게 화장실에 버린 칼을 집어들고 나와 용산 미8군영 내 하수구에 버려 타인의 형사사건에 관한 증거를 인멸하였다'는 내용의 범죄사실로 유죄판결을 받아 확정된 사안에서, 살인죄의 공소사실과 선행사건에서 유죄로 확정된 폭력행위 등 처벌에 관한 법률 위반(우범자)죄와 증거인멸죄 의 범죄사실 사이에는 기본적 사실관계의 동일성이 있다. O|X

[18 경간부, 17 경찰채용] [Core ★★]

해설

살인죄와 선행사건에서 유죄로 확정된 증거인멸죄 등은 범행의 일시, 장소와 행위 태양이 서로 다르고, 살인죄는 폭처 법위반(우범자)죄나 증거인멸죄와는 보호법익이 서로 다르며 죄질에 서도 현저한 차이가 있다. 따라서 살인죄의 공소사실과 증거인멸죄 등의 범죄사실 사이에 기본적 사실 관계의 동일성을 인정할 수 없다.(대법원 2017.1.25. 2016도15526 패터슨 이태원 살인사건) [×]

1055 (1) "피고인은 2001. 3. 8. 11:30경 니나기계 내에서 소란행위를 하였다"라는 범칙행위와 (2) "피고인은 2001. 3. 8. 11:40경 니나기계 사무실에서 A의 얼굴과 가슴 등을 수회 구타하고 A를 넘어뜨린 다음 발로 복부와 가슴을 수회 차 약 2주간의 치료를 요하는 타박상 등을 가하였다"라는 공소사실에서 (1)의 유죄판결이 (2)에 대한 공소제기에 기판력이 미친다. O|X

[12 국가7급] [Essential ★]

해설

대법원 2003.7.11. 2002도2642 니나기계 사건 [O]

1056 (1) "피고인은 2010. 9.26. 18:00경 광주 남구 봉선동 소재 쌍용사거리 노상에서 음주소란 등의 범칙행위를 하였다"라는 범칙행위와 (2) "피고인은 2010. 9.26. 18:00경 광주 남구 봉선동 소재 할리스 커피숍 주차장에서 A가 바닥에 넘어져 '사람 살려라'고 고함을 치자, 이에 격분하여 자신의 처가 운영하는 가게에서 과도를 들고 나와 A를 쫓아가며 '죽여 버린다'고 협박하였다"라는 공소사실에서 (1)의 유죄판결이 (2)에 대한 공소제기에 기판력이 미친다. O|X

[21 해경간부, 15 국가9급, 13 국가7급] [Essential ★]

해설

범칙행위인 '음주소란'과 공소사실인 '흉기휴대협박행위'는 기본적 사실관계가 동일하다고 볼 수 없어 범칙금 납부의 효력이 공소사실에 미치지 않는다.(대법원 2012.9.13. 2012도6612 광주 봉선동 협박사건) [×]

1057 (1) "피고인은 2008. 6.11. 12:30경 충남 당진군 소재 합덕재래시장 화장실 내에서 인근소란 등의 범칙행위를 하였다"라는 범칙행위와 (2) "피고인이 2008. 6.11. 11:50경 충남 당진군 소재 합덕재래시장 앞길에서 손으로 A를 밀어 넘어뜨린 후 야채 손질용 칼 2자루를 들고 A의 다리 부위를 찔러 약 4주간의 치료를 요하는 상해를 가하였다"라는 공소사실에서 (1)의 유죄판결이 (2)에 대한 공소제기에 기판력이 미친다. O|X

[Essential ★]

해설

경범죄처벌법상 통고처분에 의하여 범칙금을 납부한 '인근소란'의 범칙행위와 '흉기휴대상해'의 폭처법위반의 공소사실은 기본적 사실관계가 동일하지 않아 범칙금 납부의 효력이 공소사실에는 미치지 않는다.(대법원 2011.4.28. 2009도12249 합덕재래시장사건) [×]

1058 (1) "피고인은 과실로 교통사고를 발생시켰다"라는 공소사실과 (2) "피고인은 고의로 교통사고를 낸 뒤 보험금을 청구하여 수령하거나 미수에 그쳤다"라는 공소사실에서 (1)의 유죄판결이 (2)에 대한 공소제기에 기판력이 미친다. O|X

[13 변호사] [Essential ★]

해설

과실로 교통사고를 발생시켰다는 교통사고처리 특례법 위반죄와 고의로 교통사고를 낸 뒤 보험금을 청구하여 수령하거나 미수에 그쳤다는 사기 및 사기미수죄는 그 기본적 사실관계가 동일하다고 볼 수 없으므로 전자에 관한 확정판결의 기판력이 후자에 미친다고 할 수 없다.(대법원 2010.2.25. 2009도14263) [×]

1059 (1)"피고인 甲은 乙, 丙과 공모하여 1992. 9.24. 02:00경 방배동에 있는 공중전화박스 옆에서 丁 등이 9.23. 23:40경 구로동 노상에서 A로부터 강취한 국민카드 1매를 교부받아 취득하였다"라는 공소사실과 (2) "피고인 甲은 乙·丙·丁·戊·己와 합동하여 1992. 9.23. 23:40 경 구로동 앞길에서 甲·丙·戊는 망을 보고 乙·丁·己는 술에 취하여 졸고 있던 A의 반항을 억압한 후 A 소유의 국민카드 2매 등이 들어 있는 지갑 2개를 꺼내어 가 이를 강취하고, A에게 안면부타박상 등을 입혔다"라는 공소사실에서 (1)의 유죄판결이 (2)에 대한 공소제기에 기판력이 미친다. O|X

[15 국가9급] [Core ★★]

해설

장물취득죄와 강도상해죄 사이에는 동일성이 있다고 보기 어렵고 따라서 피고인이 장물취득죄로 받은 판결이 확정되었다고 하여 강도상해죄의 공소사실에 대하여 면소를 선고하여야 한다거나 피고인을 강도상해죄로 처벌하는 것이 일사부재리의 원칙에 어긋난다고는 할 수 없다.(대법원 1994.3.22. 93도2080 全合 구로동 퍽치기 사건) [×]

1060 하나의 행위가 부작위 범인 직무유기죄와 작위범인 허위공문서작성행사죄의 구성요건을 동시에 충족하는 경우, 공소제기권자는 재량에 의하여 작위범인 허위공문서작성·행사죄로 공소를 제기하지 않고 부작위범인 직무유기죄로만 공소를 제기할 수 있다. O|X

[14 법원9급] [Essential ★]

해설

대법원 2008.2.14. 2005도4202 [O]

1061 피고인이 주택에 무단 침입한 범죄사실로 유죄판결을 받고 그 판결이 확정되었음에도 퇴거하지 아니한 채 계속해서 주택에 거주하는 경우, 종전 재판 후의 무단 거주행위를 다시 처벌할 수 있다. O|X

[14 경찰승진, 13 국가9급] [Core ★★]

해설

대법원 2008.5.8. 2007도11322 주택 무단입주 사건 [O]

1062 감금행위가 단순히 강도상해 범행의 수단이 되는 데 그치지 아니하고 강도상해의 범행이 끝난 뒤에도 계속된 경우에는 감금죄와 강도상해죄는 상상적 경합범의 관계에 있다. O|X

[14 변호사, 14 경찰승진, 11 경찰승진] [Core ★★]

해설

감금행위가 단순히 강도상해 범행의 수단이 되는 데 그치지 아니하고 강도상해의 범행이 끝 난 뒤에도 계속된 경우에는 1개의 행위가 감금죄와 강도상해죄에 해당하는 경우라고 볼 수 없고, 이 경우 감금죄와 강도상해죄는 형법 제37조의 경합범 관계에 있다.(대법원 2003.1.10. 2002도4380 월드컵경기장까지 사건) [×]

1063 피고인이 같은 일시, 장소에서 '피해자의 기념전시회에 참석한 손님들에게 피해자가 공사대금을 주지 않는다는 취지로 소리를 치며 소란을 피웠다'는 업무방해죄와 명예훼손죄는 실체적 경합의 관계에 있다. O|X

[14 국가7급, 11 국가7급] [Core ★★]

해설

이 사건 확정판결의 범죄사실 중 업무방해죄와 이 사건 공소사실 중 명예훼손죄는 모두 피고인이 같은 일시, 장소에서 피해자의 기념전시회에 참석한 손님들에게 피해자가 공사대금을 주지 않는다는 취지로 소리를 치며 소란을 피웠다는 1개의 행위에 의하여 실현된 경우로서 상상적 경합 관계에 있다고 보아, 이 사건 확정판결의 기판력이 이 사건 공소사실 2에 대해서도 미친다고 할 것이어서, 이 사건 공소사실 2에 대하여 이미 확정판결이 있다는 이유로 면소의 판결을 선고한 제1심판결을 정당하다.(대법원 2007.2.23. 2005도10233) [×]

1064 피고인이 여관에서 종업원을 칼로 찔러 상해를 가하고 객실로 끌고 들어가는 등 폭행·협박을 하고 있던 중, 마침 다른 방에서 나오던 여관의 주인도 같은 방에 밀어 넣은 후 주인으로부터 금품을 강취하고, 1층 안내실에서 종업원 소유의 현금을 꺼내 갔다면 위 2죄는 실체적 경합범의 관계에 있다. O|X

[13 경찰승진, 12 법원9급] [Essential ★]

해설

피고인이 여관에서 종업원을 칼로 찔러 상해를 가하고 객실로 끌고 들어가는 등 폭행·협박을 하고 있던 중, 마침 다른 방에서 나오던 여관의 주인도 같은 방에 밀어 넣은 후 주인으로부터 금품을 강취하고, 1층 안내실에서 종업원 소유의 현금을 꺼내 갔다면 위 2죄는 상상적 경합범의 관계에 있다.(대법원 1991.6.25. 91도643 서대문 화성장 강도사건) [×]

1065 하나의 사건에 관하여 한 번 선서한 증인이 같은 기일에 여러 가지 사실에 관하여 기억에 반하는 허위의 진술을 한 경우 포괄하여 1개의 위증죄를 구성하는 것이고 각 진술마다 수 개의 위증죄를 구성하는 것이 아니다. O|X

[13 변호사, 13 경찰승진, 13 법원9급, 11 경간부] [Essential ★]

해설

대법원 2007.3.15. 2006도9463 [O]

1066 회사의 대표이사가 업무상 보관하던 회사 자금을 빼돌려 횡령한 다음 그 중 일부를 더 많은 장비 납품 등의 계약을 체결할 수 있도록 해달라는 취지의 묵시적 청탁과 함께 배임증재에 공여한 경우 횡령의 점에 대하여 약식명령이 확정되었다고 하더라도 그 기판력이 배임증재의 점에는 미치지 아니한다. O|X

[22 경찰승진] [Core ★★]

해설

회사의 대표이사가 업무상 보관하던 회사 자금을 빼돌려 횡령한 다음 그 중 일부를 더 많은 장비 납품 등의 계약을 체결할 수 있도록 해달라는 취지의 묵시적 청탁과 함께 배임증재에 공여한 경우 횡령의 점에 대하여 약식명령이 확정되었다고 하더라도 그 기판력이 배임증재의 점에는 미치지 아니한다.(대법원 2010.5.13. 2009도13463 **교통량 조사장비 납품사건**) [O]

1067 혈중알콜농도 0.05% 이상의 음주상태로 동일한 차량을 일정기간 계속하여 운전하다가 1회 음주측정을 받았다면 이러한 음주운전행위는 포괄일죄에 해당한다. O|X

[14 경간부, 11 경찰승진] [Essential ★]

해설

대법원 2007.7.26. 2007도4404 **목포 음주운전 사건** [O]

1068 무면허운전으로 인한 도로교통법위반죄에 있어서 피고인이 계속적으로 무면허운전을 할 의사를 가지고 여러 날에 걸쳐 무면허운전행위를 반복하였다면 이는 포괄하여 일죄를 구성한다. O|X

[11 경찰승진, 11 경간부] [Essential ★]

해설

무면허운전으로 인한 도로교통법위반죄에 있어서는 운전한 날마다 무면허운전으로 인한 도로교통법위반의 1죄가 성립한다고 보아야 할 것이고, 비록 계속적으로 무면허운전을 할 의사를 가지고 여러 날에 걸쳐 무면허운전행위를 반복하였다 하더라도 이를 포괄하여 일죄로 볼 수는 없다.(대법원 2002.7.23. 2001도6281 **이틀 무면허운전 사건**) [×]

1069 상습범으로서 포괄일죄 관계에 있는 죄 중 일부에 대하여 유죄의 확정판결이 있고, 그 나머지 부분 즉 확정판결의 사실심 선고 전에 저질러진 범행이 나중에 기소된 경우에 그 확정 판결의 죄명이 상습범이었는지 여부를 불문하고 확정판결의 기판력은 새로 기소된 죄에 미친다. O|X

[17 경간부, 15 국가9급, 14 변호사, 14 국가9급, 14 법원9급, 13 경간부, 13 국가9급, 12 변호사, 12 국가9급, 11 국가9급, 11 법원9급] [Core ★★]

해설

상습범 아닌 기본 구성요건의 범죄로 처단되는 데 그친 경우에는 가사 뒤에 기소된 사건에서 비로소 드러났거나 새로 저질러진 범죄사실과 전의 판결에서 이미 유죄로 확정된 범죄사실 등을 종합하여 비로소 그 모두가 상습범으로서의 포괄적 일죄에 해당하는 것으로 판단된다 하더라도 뒤늦게 앞서의 확정판결을 상습범의 일부에 대한 확정판결이라고 보아 그 기판력이 그 사실심 판결 선고 전의 나머지 범죄에 미친다고 보아서는 아니된다.(대법원 2004.9.16. 2001도3206 全合 **신공항 구조물공사 관련 편취사건**) [×]

1070 포괄일죄의 관계에 있는 범행 일부에 대하여 판결이 확정된 경우에는 사실심 판결선고시를 기준으로 그 이전에 이루어진 범행에 대하여는 확정판결의 기판력이 미쳐 면소의 판결을 선고하여야 할 것이다. O|X

[16 변호사, 14 법원9급, 13 국가7급] [Core ★★]

해설

대법원 2014.1.16. 2013도11649 [O]

1071 항소이유서 미제출을 이유로 항소법원이 항소기각결정을 하여 피고인이 상고하였으나 대법원이 상고를 기각한 경우, 기판력의 기준시점은 항소기각 결정시이다. O|X

[18 경간부] [Core ★★]

해설

대법원 1993.5.25. 93도836 [O]

1072 판결절차 아닌 약식명령은 그 기판력의 시적 범위를 판결절차와 달리 하여야 할 이유가 없으므로 그 발령시를 기준으로 하여야 한다. O|X

[16 경찰채용, 16 법원9급, 15 법원9급, 14 국가7급, 14 법원9급, 12 경찰승진] [Essential ★]

해설

대법원 2013.6.13. 2013도4737 크릴새우 판매대금 횡령사건 [O]

1073 포괄일죄로 되는 개개의 범죄행위가 다른 종류의 죄의 확정판결의 전후에 걸쳐서 행하여진 경우에는 그 죄는 2죄로 분리되지 않고 확정판결 후인 최종의 범죄행위시에 완성되는 것이다. O|X

[13 경찰채용] [Core ★★]

해설

대법원 2003.8.22. 2002도5341 [O]

1074 상습사기의 범행이 단순사기죄의 확정판결의 전후에 걸쳐서 행하여진 경우 그 확정판결에 의하여 원래 일죄로 포괄될 수 있었던 일련의 범행은 그 확정판결의 전후로 분리된다. O|X

[16 변호사] [Core ★★]

해설

상습사기의 범행이 단순사기죄의 확정판결의 전후에 걸쳐서 행하여진 경우에는 그 죄는 두 죄로 분리되지 않고 확정판결 후인 최종의 범죄행위 시에 완성되는 것이다.(대법원 2010.7.8. 2010도1939) 상습사기죄가 아닌 단순사기죄로 유죄판결이 확정된 경우 그 기판력은 나머지 범죄에 미치지 아니한다.(대법원 2004.9.16. 2001도3206 全合) [X]

1075 상습범으로 유죄의 확정판결('선행범죄'라 한다)을 받은 사람이 그 후 동일한 습벽에 의해 범행을 저질렀는데('후행범죄'라 한다) 유죄의 확정판결에 대하여 재심이 개시된 경우, 동일한 습벽에 의한 후행범죄가 재심대상판결에 대한 재심판결 선고 전에 저지른 범죄라고 한다면 재심판결의 기판력이 후행범죄에 미친다. O|X

[22 법원9급] [*Core* ★★]

해설

재심심판절차에서 선행범죄, 즉 재심대상판결의 공소사실에 후행범죄를 추가하는 내용으로 공소장을 변경하거나 추가로 공소를 제기한 후 이를 재심대상사건에 병합하여 심리하는 것이 허용되지 않으므로 동일한 습벽에 의한 후행범죄가 재심대상판결에 대한 재심판결 선고 전에 저지른 범죄라 하더라도 재심판결의 기판력이 후행범죄에 미치지 않는다.(대법원 2019.6.20. 2018도20698 全合 재심판결의 확정력 사건) [×]

1076 확정판결 전의 공소사실과 확정판결 후의 공소사실에 대하여 따로 유죄를 선고하여 두 개의 형을 정한 제1심판결에 대하여 피고인만이 확정판결 전의 유죄판결 부분에 대하여 항소한 경우, 항소심은 확정판결 전의 유죄판결 부분은 물론 확정판결 후의 유죄판결 부분에 대하여도 심리·판단하여야 한다. O|X

[18 국가7급] [*Core* ★★]

해설

확정판결 전의 공소사실과 확정판결 후의 공소사실에 대하여 따로 유죄를 선고하여 두 개의 형을 정한 제1심판결에 대하여 피고인만이 확정판결 전의 유죄판결 부분에 대하여 항소한 경우, 피고인과 검사가 항소하지 아니한 확정판결 후의 유죄판결 부분은 항소 기간이 지남으로써 확정되어 항소심에 계속된 사건은 확정판결 전의 유죄판결 부분뿐이고, 그에 따라 항소심이 심리·판단하여야 할 범위는 확정판결 전의 유죄판결 부분에 한정된다.(대법원 2018.3.29. 2016도18553) [×]

1077 소송비용의 재판에 대한 불복은 본안의 재판에 대한 상소의 전부 또는 일부가 이유 있는 경우에 한하여 허용되고, 본안의 상소가 이유 없는 경우에는 허용되지 아니하며, 이러한 법리는 형사소송절차에서 소송비용의 재판에 대한 불복이 있는 경우에도 마찬가지로 적용된다. O|X

[19 경찰채용] [*Core* ★★]

해설

대법원 2016.5.24. 2014도6428 [O]

해커스경찰
police.Hackers.com

Part 06

상소 및 기타절차

제1절 상소 통칙

1078 변호인은 피고인의 상소권이 소멸된 후에도 자기 고유의 상소권에 기하여 상소를 제기할 수 있다. O|X

[15 경간부, 14 경간부, 13 국가9급, 11 국가7급, 11 국가9급] [Core ★★]

해설

형사소송법 제341조 제1항에 '원심의 변호인은 피고인을 위하여 상소할 수 있다'함은 변호인에게 고유의 상소권을 인정한 것이 아니고 피고인의 상소권을 대리하여 행사하게 한 것에 불과하므로 변호인은 피고인의 상소권이 소멸된 후에는 상소를 제기할 수 없다.(대법원 1998.3.27. 98도253) [×]

1079 교도소장이 결정정본을 송달받고 1주일이 지난 뒤에 그 사실을 피고인에게 알렸기 때문에 피고인이나 그 배우자가 소정 기간 내에 (즉시)항고장을 제출할 수 없게 된 경우 상소권회복 청구의 사유에 해당한다. O|X

[15 국가9급] [Core ★★]

해설

대법원 1991.5.6. 91모32 [O]

1080 형사소송법 제345조의 대리인이란 피고인을 대신하여 상소에 필요한 행위를 할 수 있는지 위에 있는 자를 말하는 것이고, 교도소장은 피고인을 대리하여 결정정본을 수령할 수 있을 뿐이고 상소권 행사를 돕거나 대신할 수 있는 자가 아니므로 이에 포함되지 않는다. O|X

[21 법원9급] [Core ★★]

해설

형사소송법 제345조의 대리인이란 피고인을 대신하여 상소에 필요한 행위를 할 수 있는 지위에 있는 자를 말하는 것이고, 교도소장은 피고인을 대리하여 결정정본을 수령할 수 있을 뿐이고 상소권 행사를 돕거나 대신할 수 있는 자가 아니므로 이에 포함되지 않는다.(대법원 1991.5.6. 91모32) [O]

1081 상고를 포기한 후 그 포기가 무효라고 주장하는 경우 상고제기기간이 경과하기 전에는 상고포기의 효력을 다투면서 상고를 제기하여 그 상고의 적법 여부에 대한 판단을 받으면 되고, 별도로 상소권회복청구를 할 여지는 없다. O|X

[17 경찰채용] [Core ★★]

해설

대법원 2004.1.13. 2003모451 [O]

1082 재판계속중인 형사피고인이 자기의 새로운 주소지에 대한 신고 등의 조치를 취하지 않음으로써 소송서류 등이 송달되지 않아 공판기일에 출석하지 못하거나 판결선고 사실을 알지 못한 경우 상소권회복청구의 사유에 해당한다. O|X

[15 국가9급, 14 법원9급] [Core ★★]

해설

재판계속중인 피고인이 자기의 새로운 주소지에 대한 신고 등의 조치를 취하지 않음으로써 소송서류 등이 송달되지 않아 공판기일에 출석하지 못하거나 판결선고 사실을 알지 못한 것이, 형사소송법 제345조에 정한 '자기 또는 대리인이 책임질 수 없는 사유로 인하여 상소의 제기기간 내에 상소를 하지 못한 때'에 해당하지 않는다.(대법원 2008.3.10. 2007모795) [X]

1083 피고인이 소송이 계속 중인사실을 알면서도 법원에 거주지 변경 신고를 하지 않았다 하더라도, 잘못된 공시송달에 터잡아 피고인의 진술없이 공판이 진행되고 피고인이 출석하지 않은 기일에 판결이 선고된 이상, 피고인은 자기 또는 대리인이 책임질 수 없는 사유로 상소제기 기간 내에 상소를 하지 못한 것으로 봄이 타당하다. O|X

[17 경찰채용] [Core ★★]

해설

대법원 2014.10.16. 2014모1557 [O]

1084 상소권회복의 청구는 사유가 종지(終止)한 날로부터 상소의 제기기간에 상당한 기간 내에 서면으로 원심법원에 제출하여야 한다. O|X

[Essential ★]

해설

상소권회복의 청구는 사유가 종지한 날로부터 상소의 제기기간에 상당한 기간 내에 서면으로 원심법원에 제출하여야 한다.(제346조 제1항) [O]

1085 상소권의 회복을 정구한 자는 그 정구와 동시에 상소를 제기하여야 한다. ○│×

[Essential ★]

해설

제346조 제3항 [○]

1086 상소권회복청구가 있는 때에는 법원은 그에 대한 결정을 할 때까지 재판의 집행을 정지하는 결정을 하여야 한다. ○│×

[11 경찰승진, 11 국가9급] [Essential ★]

해설

상소권회복청구가 있는 때에는 법원은 그에 대한 결정을 할 때까지 재판의 집행을 정지하는 결정을 할 수 있다.(제348조 제1항) [×]

1087 피고인이 무죄판결과 면소판결과 공소기각판결에 대하여 상소의 이익이 없는 것이 원칙이다. ○│×

[17 경간부, 14 국가9급, 13 경간부, 11 국가9급] [Essential ★]

해설

대법원 2012.12.27. 2012도11200 보해저축은행 대표사건, 대법원 1984.11.27. 84도2106, 대법원 2008.5.15. 2007도6793) [○]

1088 피고인이 벌금형의 실형에 대하여 징역형의 집행유예를 해달라는 상소는 허용되지 않는다. ○│×

[22 소방간부] [Core ★★]

해설

벌금의 실형보다 징역형의 집행유예가 중(重)한 형이고, 피고인에게 불이익한 결과를 초래하는 주장은 피고인측에서 상고이유로 삼을 수 없으므로 상소의 이익이 부정된다.(대법원 1990.9.25. 90도1534, 대법원 2016.10.13. 2016도8347) [○]

1089 피고인은 자신에게 누범에 해당하는 전과가 있음에도 불구하고 누범가중을 하지 아니한 것은 위법하다고 주장하면서 상소할 수 없다. ○│×

[22 소방간부] [Core ★★]

해설

피고인은 자신에게 누범에 해당하는 전과가 있음에도 불구하고 누범가중을 하지 아니한 것은 위법하다고 주장하면서 상소할 수 없다.(대법원 1994.8.12. 94도1591) [○]

1090 형벌에 관한 법령이 헌법재판소의 위헌결정으로 인하여 소급하여 그 효력을 상실하였거나 법원에서 위헌·무효로 선언된 경우 법원이 면소판결을 선고하였더라도 피고인은 무죄를 주장하며 상소하지 못한다. O|X

[15 변호사, 12 경찰채용, 12 법원9급] [Core ★★]

해설

면소판결에 대하여 무죄판결인 실체판결이 선고되어야 한다고 주장하면서 상고할 수 없는 것이 원칙이지만, (형벌에 관한 법령이 헌법재판소의 위헌결정으로 인하여 소급하여 그 효력을 상실하였거나 법원에서 위헌·무효로 선언된 경우) 피고인에게 무죄의 선고를 하여야 하므로 면소를 선고한 판결에 대하여 상고가 가능하다.(대법원 2010.12.16. 2010도5986 全合 긴급조치 제1호 위반사건) [×]

1091 다음의 서류에 대하여는 모두 재소자의 특칙이 적용된다. O|X

[16 경간부, 14 법원9급, 12 법원9급, 11 국가7급] [Essential ★]

㉠ 상소장
㉡ 상소이유서
㉢ 재정신청서
㉣ (약식명령에 대한) 정식재판청구서
㉤ 상소권회복청구서
㉥ 상소포기서 및 취하서
㉦ 재심청구서 및 그 취하서
㉧ 소송비용집행면제신청서 및 그 취하서
㉨ 재판해석의의신청서 및 그 취하서
㉩ 재판집행이의신청서 및 그 취하서
㉪ 국민참여재판을 원하는지의 여부에 대한 서면

해설

㉢ 서류에 대하여는 재소자의 특칙이 적용되지 아니한다.(㉠ 제344조 ㉡ 제361조의3, 제379조 ㉢ 대법원 1998.12.14. 98모127 ㉣ 대법원 2006.10.13. 2005모552 ㉤ 제355조 ㉥ 제355조 ㉦ 제430조 ㉧ 제490조, 제487조 ㉨ 제490조, 제488조 ㉩ 제490조, 제489조 ㉪ 국참법 제8조) [×]

1092 검사나 피고인 또는 그 상소대리권자는 상소의 포기 또는 취하를 할 수 있다. 단, 피고인 또는 그 상소대리권자는 사형 또는 무기형이 선고된 판결에 대하여는 상소의 포기 또는 취하를 할 수 없다. O|X

[16 경간부, 15 경간부, 14 경간부, 12 경찰채용] [Core ★★]

해설

피고인 또는 그 상소대리권자는 사형 또는 무기징역이나 무기금고가 선고된 판결에 대하여는 상소의 포기를 할 수 없다.(제349조) 사형 또는 무기형이 선고된 판결에 대하여도 상소의 취하는 할 수 있다. [×]

1093 법정대리인이 있는 피고인이 상소의 포기 또는 취하를 함에는 법정대리인의 동의를 얻어야 한다. 단, 법정대리인의 사망 기타 사유로 인하여 그 동의를 얻을 수 없는 때에는 예외로 한다. O|X

[12 경찰채용] [Essential ★]

해설

제350조 [O]

1094 피고인의 법정대리인 또는 그 상소대리권자는 피고인의 동의를 얻어 상소를 포기 또는 취하할 수 있다.

O|X

[12 경찰채용, 11 국가7급, 11 국가9급] [Core ★★]

해설

피고인의 법정대리인 또는 그 상소대리권자는 피고인의 동의를 얻어 상소를 취하할 수 있다. (제351조) 피고인의 법정대리인 또는 그 상소대리권자는 피고인의 동의를 얻더라도 상소를 포기할 수 없다. [×]

1095 피고인의 배우자, 직계친족, 형제자매 또는 원심의 대리인이나 변호인은 피고인을 위하여 상소할 수 있지만, 피고인의 명시한 의사에 반하여 하지 못하고, 피고인의 동의를 얻어 상소를 취하할 수 있다.

O|X

[22 법원9급] [Core ★★]

해설

피고인의 배우자, 직계친족, 형제자매 또는 원심의 대리인이나 변호인은 피고인을 위하여 상소할 수 있지만, 피고인의 명시한 의사에 반하여 하지 못하고, 피고인의 동의를 얻어 상소를 취하할 수 있다.(제341조 제1항·제2항, 제351조) [O]

1096 상소의 포기 또는 취하는 서면으로 하여야 한다. 단, 공판정에서는 구술로써 할 수 있다. O|X

[15 경간부] [Core ★★]

해설

제352조 제1항 [O]

1097 변호인의 상소취하에 대한 피고인의 동의는 공판정에서는 구술로써 할 수 있지만, 피고인의 구술 동의는 명시적으로 이루어져야만 한다.

O|X

[16 법원9급] [Core ★★]

해설

대법원 2015.9.10. 2015도7821 [O]

1098 상소의 포기 또는 취하는 상소법원에 하여야 한다. O|X

[16 경간부, 15 경간부, 12 경찰채용] [Essential ★]

해설

상소의 포기는 원심법원에, 상소의 취하는 상소법원에 하여야 한다. 단, 소송기록이 상소법원에 송부되지 아니한 때에는 상소의 취하를 원심법원에 제출할 수 있다.(제353조) [×]

1099 상소를 취하한 자 또는 상소의 포기나 취하에 동의한 자는 그 사건에 대하여 다시 상소를 하지 못한다. O|X

[15 경간부, 14 경간부] [Essential ★]

해설

제354조 [O]

1100 상소의 포기 또는 취하가 부존재 또는 무효임을 주장하는 자는 그 포기 또는 취하당시 소송 기록이 있었던 법원에 상소권회복의 청구를 할 수 있다. O|X

[11 경찰승진] [Core ★★]

해설

상소의 포기 또는 취하가 부존재 또는 무효임을 주장하는 자는 그 포기 또는 취하당시 소송기록이 있었던 법원에 절차속행의 신청을 할 수 있다.(규칙 제154조 제1항) [X]

1101 일부에 대한 상소는 그 일부와 불가분의 관계에 있는 부분에 대하여도 효력이 미친다. O|X

[11 경찰승진, 11 국가7급, 11 국가9급] [Essential ★]

해설

제342조 제2항 [O]

1102 항소심이 두개의 죄를 경합범으로 보고한 죄는 유죄, 다른 한 죄는 무죄를 각 선고하자 검사가 무죄부분만에 대하여 불복상고하였다면 비록 위 두 죄가 상상적 경합관계에 있다고 하더라도 무죄부분만이 상고심의 심판대상이 된다. O|X

[17 경간부, 16 변호사, 16 법원9급, 13 변호사, 13 국가9급, 12 변호사, 11 경찰승진] [Core ★★]

해설

항소심이 두개의 죄를 경합범으로 보고 한 죄는 유죄, 다른 한 죄는 무죄를 각 선고하자 검사가 무죄부분만에 대하여 불복상고 하였다고 하더라도 위 두 죄가 상상적 경합관계에 있다면 유죄 부분도 상고심의 심판대상이 된다.(대법원 1980.12.9. 80도384 全合 고양주유소 가짜휘발유 사건) [X]

1103 상상적 경합 관계에 있는 수죄에 대하여 모두 무죄가 선고된 재판에 대하여 검사가 무죄 부분 전부에 대하여 상고하였으나 그 중 일부 무죄 부분에 대하여는 이를 상고이유로 삼지 아니한 경우 [상고이유로 삼지 않은 무죄부분]은 상소심의 심판의 대상이 된다. O|X

[15 국가9급, 12 변호사] [Core ★★]

해설

환송 전 원심에서 상상적 경합 관계에 있는 수죄에 대하여 모두 무죄가 선고되었고, 이에 검사가 무죄 부분 전부에 대하여 상고하였으나 그 중 일부 무죄 부분에 대하여는 이를 상고이유로 삼지 아니하였다면, 비록 상고이유로 삼지 아니한 무죄 부분도 상고심에 이심된다고는 하나 그 부분은 이미 당사자간의 공격방어의 대상으로부터 벗어나 사실상 심판대상에서부터도 이탈하게 되는 것이므로 상고심으로서도 그 무죄 부분에까지 나아가 판단할 수 없다. (대법원 2008.12.11. 2008도 8922) [×]

1104 환송 전 항소심에서 포괄일죄의 일부만이 유죄로 인정된 경우 그 유죄부분에 대하여 피고인만이 상고하였을 뿐 무죄부분에 대하여 검사가 상고를 하지 않았더라도 상소불가분의 원칙에 의하여 무죄부분도 상고심에 이심되므로 상고심으로부터 위 유죄부분에 대한 항소심판결이 잘못되었다는 이유로 사건을 파기환송받은 항소심은 그 무죄부분에 대하여 다시 심리판단하여 유죄를 선고할 수 있다. O|X

[21 국가7급] [Superlative ★★★]

해설

포괄일죄의 일부만이 유죄로 인정된 경우 그 유죄부분에 대하여 피고인만이 상고하였을 뿐 무죄나 공소기각으로 판단된 부분에 대하여 검사가 상고를 하지 않았다면 상소불가분의 원칙에 의하여 유죄 이외의 부분도 상고심에 이심되기는 하나 그 부분은 이미 당사자간의 공격·방어의 대상으로부터 벗어나 사실상 심판대상에서 이탈하게 되므로 상고심으로서도 그 부분에까지 나아가 판단할 수 없다.(대법원 2004.10.28. 2004도5014 위사감지기 사건) 파기환송을 받은 항소심도 무죄부분에 대하여 다시 심리판단하여 유죄를 선고할 수 없다. [×]

1105 수개의 범죄사실에 대하여 항소심이 일부는 유죄, 일부는 무죄의 판결을 하고, 그 판결에 대하여 피고인 및 검사 쌍방이 상고를 제기하였으나 유죄 부분에 대한 피고인의 상고는 이유 없고, 무죄 부분에 대한 검사의 상고만 이유 있는 경우 항소심이 유죄로 인정한 죄와 무죄로 인정한 죄가 형법 제37조 전단의 경합범 관계에 있다면 항소심판결의 유죄 부분도 무죄 부분과 함께 파기되어야 한다. O|X

[16 국가9급, 14 국가7급, 13 변호사, 12 국가9급] [Core ★★]

해설

대법원 2010.12.23. 2010도9110 [O]

1106 경합범 중 일부에 대하여 무죄, 일부에 대하여 유죄를 선고한 항소심 판결에 대하여 검사만이 무죄부분에 대하여 상고를 한 경우 피고인과 검사가 상고하지 아니한 유죄판결 부분은 상고기간이 지남으로써 확정되어 상고심에 계속된 사건은 무죄판결 부분에 대한 공소뿐이라 할 것이므로 상고심에서 이를 파기할 때에는 무죄부분만을 파기할 수밖에 없다. ○|×

<div style="text-align:right">[16 변호사, 16 국가9급, 13 변호사, 13 법원9급, 12 국가9급, 12 법원9급, 11 국가9급] [Core ★★]</div>

해설

> 대법원 1992.1.21. 91도1402 全合 군산 대명동포주 사건 [○]

1107 검사가 피고인의 이익을 위하여 상소한 경우는 불이익변경금지 원칙이 적용되지 않는다. ○|×

<div style="text-align:right">[15 경간부, 11 경찰채용] [Essential ★]</div>

해설

> 검사의 항소가 특히 피고인의 이익을 위하여 한 취지라고 볼 수 없다면 항소심에서 제1심 판결의 형보다 중한 형을 선고할 수 있다.(대법원 1971.5.24. 71도574) 이 판례를 반대해석하면 검사가 '피고인의 이익을 위하여' 상소한 경우에는 불이익변경금지의 원칙이 적용됨을 알 수 있다. [×]

1108 피고인과 검사 쌍방이 상소한 결과 검사의 상소가 받아들여져 원심판결 전부가 파기됨으로써 피고인에 대한 형량 전체를 다시 정해야 하는 경우에는 불이익변경금지의 원칙은 적용되지 아니하는 것이다. ○|×

<div style="text-align:right">[16 경찰채용, 13 경찰채용, 12 국가7급, 11 국가7급] [Core ★★]</div>

해설

> 대법원 2008.11.13. 2008도7647 [○]

1109 피고인만의 상고에 의하여 상고심에서 원심판결을 파기하고 사건을 항소심에 환송한 경우 파기환송 전후의 관계에서 불이익변경금지원칙이 적용되지 않는다. ○|×

<div style="text-align:right">[16 경간부, 15 법원9급, 14 법원9급, 11 국가7급] [Core ★★]</div>

해설

> 피고인의 상고에 의하여 상고심에서 원심판결을 파기하고 사건을 항소심에 환송한 경우에는 환송 전 원심판결과의 관계에서도 불이익변경금지의 원칙이 적용되어 그 파기된 항소심판결보다 중한 형을 선고할 수 없다.(대법원 2006.5.26. 2005도8607) [×]

1110 즉결심판에 대하여 피고인만이 정식재판을 청구한 경우 불이익변경금지원칙이 적용되지 않는다'. O|X

[15 법원9급, 13 변호사, 13 경찰승진, 12 경찰채용, 12 국가9급] [Essential ★]

해설

즉결심판에 대하여 피고인만이 정식재판을 청구한 사건에 대하여도 즉결심판에관한절차법 제19조의 규정에 따라 형사소송법 제457조의2 규정을 준용하여 즉결심판의 형보다 무거운 형을 선고하지 못한다.(대법원 1999.1.15. 98도2550) [×]

1111 판결을 선고한 법원에서 당해 판결서의 명백한 오류에 대하여 판결서의 경정을 통하여 그 오류를 시정하는 것은 피고인에게 유리 또는 불리한 결과를 발생시키거나 피고인의 상소권 행사에 영향을 미치는 것이 아니므로 여기에 불이익변경금지원칙이 적용될 여지는 없다. O|X

[17 경간부, 13 국가7급, 12 국가9급, 12 법원9급] [Core ★★]

해설

대법원 2007.7.13. 2007도3448 74일 미결구금일수 산입 삭제사건 [O]

1112 약식명령에 대해 피고인만 정식재판을 청구한 경우, 법원은 약식명령의 형종보다 상향의 형을 선고하지 못하기 때문에 검사는 공소사실의 동일성이 인정된다고 하더라도 법정형에 유기징역형만 있는 죄의 공소사실을 예비적으로 추가하는 공소장변경을 할 수 없다. O|X

[16 국가7급] [Core ★★]

해설

약식명령에 대하여 피고인만이 정식재판을 청구한 사건에서 피고인에 대하여 사서명위조와 위조사서명 행사의 범죄사실이 인정되는 경우에는 비록 사서명 위조죄와 위조사서명 행사죄의 법정형에 유기징역형만 있다 하더라도 불이익변경금지의 원칙이 적용되어 벌금형을 선고할 수 있는 것이므로 (공소사실의 동일성이 인정됨에도) 불이익변경금지의 원칙 등을 이유로 공소장변경허가신청을 불허할 것은 아니다.(대법원 2013.2.28. 2011도14986 타인 명의 LG파워콤 가입 사건) [×]

1113 A죄에 대하여 징역 1년에 집행유예 2년과 추징금 1,000만원, B죄에 대하여 징역 1년 6월과 추징금 100만원에서 A·B 모든 죄에 대하여 징역 2년과 추징금 1,100만원을 선고한 경우 불이익 변경에 해당한다. O|X

[14 경찰채용] [Superlative ★★★]

해설

불이익변경금지의 원칙에 위반되지 아니한다.(대법원 2001.9.18. 2001도3448) [×]

1114 A·B죄에 대하여 벌금 700만원, C·D죄에 대하여 벌금 200만원에서 A·B·C·D 모든 죄에 대하여 징역 1년에 집행유예 2년 및 사회봉사명령 80시간을 선고한 경우 불이익변경에 해당한다. O|X

[12 국가7급] [Core ★★]

해설

대법원 2006.5.26. 2005도8607 [O]

1115 A죄에 대하여 벌금 350만원에서 A·B 모든 죄에 대하여 징역 6월을 선고한 경우 불이익 변경에 해당한다. O|X

[13 국가7급] [Core ★★]

해설

대법원 2004.11.11. 2004도6784 [O]

1116 피고인만 항소한 사건에서 항소심이 제1심과 동일한 형을 선고하면서 제1심에서 정한 취업 제한기간보다 더 긴 취업제한명령을 부가한 것은, 취업제한명령이 범죄인에 대한 사회내 처우의 한 유형으로서 형벌 그 자체가 아니라 보안처분의 성격을 가진다는 점에서 불이익변경 금지원칙에 반하지 아니한다. O|X

[21 해경승진] [Superlative ★★★]

해설

취업제한명령은 범죄인에 대한 사회내 처우의 한 유형으로서 형벌 그 자체가 아니라 보안처분의 성격을 가지는 것이지만, 실질적으로 직업선택의 자유를 제한하는 것이다. 따라서 원심이 제1심판결에서 정한 형과 동일한 형을 선고하면서 제1심에서 정한 취업제한기간보다 더 긴 취업제한 명령을 부가하는 것은 전체적·실질적으로 피고인에게 불리하게 변경한 것이므로 피고인만이 항소한 경우에는 허용되지 않는다.(대법원 2019.10.17. 2019도11540) [X]

1117 제1심법원이 소송비용의 부담을 명하는 재판을 하지 않았음에도 항소심에서 제1심의 소송비용에 관하여 피고인에게 부담하도록 재판을 한 경우에는 불이익변경금지원칙에 위배된다. O|X

[22 경찰간부] [Superlative ★★★]

해설

소송비용의 부담은 형이 아니고 실질적인 의미에서 형에 준하여 평가되어야 할 것도 아니므로 불이익변경금지원칙이 적용되지 않는다.(대법원 2018.4.10. 2018도1736) [X]

1118 부정기형을 파기하고 정기형을 선고함에 있어 불이익변경금지 원칙 위반 여부를 판단하는 기준은 부정기형의 장기와 단기의 중간형이 되어야 한다. O|X

[21 국가9급] [Essential ★]

해설

대법원 2020.10.22. 2020도4140 全合 불이익변경금지 원칙을 적용하여 부정기형과 정기형 사이의 경중을 가리는 경우에 부정기형 중 단기형과 정기형을 비교하여야 한다는 취지로 판시한 대판 1953.11.10. 53도14, 대판 1969.3.18. 69도114, 대판 2006.4.14. 20006도734 판례는 폐기되었다. [O]

1119 피고인에 대한 벌금형이 감경되었다면 그 벌금형에 대한 환형유치기간이 더 길어졌다 하더라도 형이 불이익하게 변경되었다고 할 수는 없다. O|X

[14 경간부, 14 국가9급, 13 변호사, 12 법원9급] [Essential ★]

해설

대법원 1981.10.24. 80도2325 [O]

1120 벌금에서 구류로 변경한 것은 불이익 변경에 해당한다. O|X

[12 경찰승진] [Core ★★]

해설

구류형은 벌금형보다 경한 형이라고 할 것이어서 벌금형을 선고한 즉결심판에 대하여 벌금형의 환형유치기간보다 더 긴 구류형을 선고하더라도 불이익변경금지 원칙에 위배된다고 할 수 없다.(대법원 2002.5.28. 2001도5131) [X]

1121 추징도 몰수에 대신하는 처분으로서 몰수와 마찬가지로 형에 준하여 평가하여야 할 것이므로 그에 관하여도 불이익변경금지의 원칙이 적용된다. O|X

[16 경간부, 16 국가9급] [Core ★★]

해설

대법원 2006.11.9. 2006도4888 [O]

1122 추징에서 몰수로 변경한 것은 불이익 변경에 해당한다. O|X

[13 변호사,. 11 경찰승진] [Essential ★]

해설

항소심이 몰수의 가능성에 관하여 제1심과 견해를 달리하여 추징을 몰수로 변경하더라도 그것만으로 피고인의 이해관계에 실질적 변동이 생겼다고 볼 수는 없으며, 따라서 이를 두고 형이 불이익하게 변경되는 것이라고 보아서는 안 된다.(대법원 2005.10.28. 2005도5822 최성규총경 수뢰 사건) [X]

1123 금고 6월에서 징역 6월에 집행유예 1년으로 변경한 것은 불이익 변경에 해당한다. ○|×

[11 경찰채용] [*Core* ★★]

해설

형기의 변경 없이 금고형을 징역형으로 바꾸어 집행유예를 선고하는 것은 불이익변경금지의 원칙에 위반되지 아니한다.(대법원 2013.12.12. 2013도6608) 이 경우 불이익변경금지의 원칙에 위반된다고 판시한 과거 판례(대법원 1976.1.27. 75도1543)는 대법원 1998.3.26. 97도1716 全合, 대법원 2013.12.12. 2013도6608 판결에 의하여 폐기되었음을 주의하여야 한다. [×]

1124 징역 1년에 집행유예 3년에서 징역 10월로 변경한 것은 불이익 변경에 해당한다. ○|×

[11 법원9급] [Essential ★]

해설

대법원 1965.12.10. 65도826 [○]

1125 징역 6월에서 징역 8월에 집행유예 2년으로 변경한 것은 불이익 변경에 해당한다. ○|×

[11 법원9급] [Essential ★]

해설

대법원 1977.10.11. 77도2731 [○]

1126 징역 6월에 선고유예에서 벌금 2,000,000원으로 변경한 것은 불이익 변경에 해당한다. ○|×

[13 법원9급, 12 경간부, 11 경찰채용] [Essential ★]

해설

대법원 1999.11.26. 99도3776 [○]

1127 징역 2년을 집행유예 3년에 및 추징 536,240,000원에서 징역 1년에 집행유예 2년을 선고하면서 추징 657,275,000원으로 변경한 것은 불이익 변경에 해당한다. O|X

[12 법원9급] [Core ★★]

해설

항소심에서 주형을 감형하면서 추징액을 증액한 경우(제1심의 형량인 징역 2년에 집행유예 3년 및 금 5억여 원 추징을 항소심에서 징역 1년에 집행유예 2년 및 금 6억여 원 추징으로 변경), 불이익변경금지원칙에 반하지 않는다.(대법원 1998.5.12. 96도2850) [×]

1128 징역 15년 및 전자장치부착 5년에서 징역 9년, 정보공개 5년 및 전자장치부착 6년을 선고한 것은 불이익 변경에 해당한다. O|X

[21 해경승진, 14 경간부, 13 경찰채용, 13 국가7급, 12 경간부, 12 경찰채용, 12 국가7급] [Core ★★]

해설

'징역 15년 및 5년 동안의 위치추적 전자장치 부착명령'을 선고한 제1심판결을 파기한 후 '징역 9년, 5년 동안의 공개명령 및 6년 동안의 위치추적 전자장치 부착명령'을 선고한 원심의 조치는 불이익변경금지원칙에 위배되지 않는다.(대법원 2011.4.14. 2010도16939) [×]

1129 다음 중 불이익변경금지의 원칙에 위반되는 것은 모두 2개다. O|X

[Superlative ★★★]

㉠ 벌금 300만원 → 벌금 300만원 및 성폭력치료프로그램이수 24시간 [22 경찰간부, 17 변호사]
㉡ 징역 2년 6월, 정보공개 5년, 정보고지 5년 및 전자장치부착 5년 → 징역 2년 6월, 정보 공개 5년, 정보고지 5년 및 전자장치부착 10년 [19 경찰승진, 17 국가9급]
㉢ 징역 2년(집행유예 3년) → 징역 1년(집행유예 2년)과 징역 1년(집행유예 2년) 및 성폭력치료 강의수강 40시간 [21 법원9급]

해설

㉠㉡㉢ 3 항목이 불이익변경금지의 원칙에 위반된다. [×]
㉠ 대법원 2015.9.15. 2015도11362
㉡ 대법원 2014.3.27. 2013도9666, 2013전도199
㉢ 대법원 2018.10.4. 2016도15961 전역한대위 사건

1130 환송판결의 하급심에 대한 구속력은 파기의 이유가 된 원판결의 사실상 및 법률상의 판단이 정당하지 않다는 소극적인 면에서뿐만 아니라 어떤 판단이 정당하다는 적극적인 면에서도 발생한다. O|X

[12 경찰채용] [Core ★★]

해설

환송판결의 하급심에 대한 구속력은 파기의 이유가 된 원판결의 사실상 및 법률상의 판단이 정당하지 않다는 소극적인 면에서만 발생하는 것이다. (대법원 2004.4.9. 2004도340) [×]

1131 파기환송을 받은 법원은 그 파기이유로 한 사실상 및 법률상의 판단에 기속되는 것이지만, 그에 따라 판단한 판결에 대하여 다시 상고를 한 경우에 그 상고사건을 재판하는 상고법원은 앞서의 파기이유로 한 판단을 다시 변경할 수 있다. O|X

[15 국가9급, 13 법원9급, 12 경찰채용] [Core ★★]

해설

파기환송을 받은 법원은 그 파기이유로 한 사실상 및 법률상의 판단에 기속되는 것이고 그에 따라 판단한 판결에 대하여 다시 상고를 한 경우에 그 상고사건을 재판하는 상고법원도 앞서의 파기 이유로 한 판단에 기속되므로 이를 변경하지 못한다.(대법원 2008.2.28. 2007도5987 신한 회장 배임사건) [X]

제2절 상소 각칙

1132 항소의 제기기간은 7일로 한다. O|X

[15 법원9급, 14 경간부, 13 경찰채용, 12 경찰채용, 12 법원9급, 11 경찰승진, 11 경찰채용, 11 법원9급] [Essential ★]

해설

제358조 [O]

1133 항소를 함에는 항소장을 항소법원에 제출하여야 한다. O|X

[15 법원9급, 14 법원9급, 12 변호사, 12 경찰채용, 12 법원9급, 11 경찰승진] [Essential ★]

해설

항소를 함에는 항소장을 원심법원에 제출하여야 한다.(제359조) [X]

1134 항소의 제기가 법률상의 방식에 위반하거나 항소권 소멸 후인 것이 명백한 때에는 원심(제1심) 법원은 판결로써 항소를 기각하여야 한다. O|X

[12 경찰채용, 11 경찰승진, 11 법원9급] [Essential ★]

해설

항소의 제기가 법률상의 방식에 위반하거나 항소권 소멸 후인 것이 명백한 때에는 원심법원은 결정으로 항소를 기각하여야 한다.(제360조 제1항) [X]

1135 원심(제1심)법원은 항소장을 받은 날로부터 14일 이내에 소송기록과 증거물을 항소법원에 송부하여야 한다. O|X

[14 경간부, 12 법원9급, 11 경찰채용, 11 국가7급] [Essential ★]

해설

제361조 [O]

1136 항소법원이 기록의 송부를 받은 때에는 즉시 항소인과 상대방에게 그 사유를 통지하여야 한다. O|X

[12 경찰채용, 11 경찰승진] [Essential ★]

해설

제361조의2 제1항 [O]

1137 상고법원이 소송기록의 송부를 받은 때에는 즉시 상고인과 상대방에 대하여 그 사유를 통지하여야 하고, 통지 전에 변호인의 선임이 있는 때에는 변호인에 대하여도 전항의 통지를 하여야 한다. O|X

[21 법원9급] [Core ★★]

해설

상고법원이 소송기록의 송부를 받은 때에는 즉시 상고인과 상대방에 대하여 그 사유를 통지하여야 한다. 전항의 통지 전에 변호인의 선임이 있는 때에는 변호인에 대하여도 전항의 통지를 하여야 한다.(제378조 제1항·제2항) [O]

1138 항소인 또는 변호인은 소송기록접수의 통지를 받은 날로부터 30일 이내에 항소이유서를 항소법원에 제출하여야 한다. O|X

[15 법원9급, 11 경찰승진, 11 경찰채용, 11 법원9급] [Core ★★]

해설

항소인 또는 변호인은 소송기록접수의 통지를 받은 날로부터 20일 이내에 항소이유서를 항소 법원에 제출하여야 한다.(제361조의3 제1항) [X]

1139 항소이유서는 적법한 기간 내에 항소법원의 지배권 안에 들어가 사회통념상 일반적으로 알 수 있는 상태에 있으면 도달한 것이고, 항소법원의 내부적인 업무처리에 따른 문서의 접수, 결재과정 등까지 이루어져야 하는 것은 아니다. O|X

[22 법원9급] [Core ★★]

해설

항소이유서는 적법한 기간 내에 항소법원의 지배권 안에 들어가 사회통념상 일반적으로 알 수 있는 상태에 있으면 도달한 것이고, 항소법원의 내부적인 업무처리에 따른 문서의 접수, 결재과정 등까지 이루어져야 하는 것은 아니다.(대법원 1997.4.25. 96도3325) [O]

1140 항소인이나 변호인이 항소이유서에 항소이유를 특정하여 구체적으로 명시하지 아니하였다고 하더라도 항소이유서가 법정기간 내에 적법하게 제출된 경우에는 결정으로 항소를 기각할 수 없다. O|X

[22 법원9급] [Superlative ★★★]

해설

항소인이나 변호인이 항소이유서에 항소이유를 특정하여 구체적으로 명시하지 아니하였다고 하더라도 항소이유서가 법정기간 내에 적법하게 제출된 경우에는 결정으로 항소를 기각할 수 없다.(대법원 2006.3.30, 2005모564) [O]

1141 피고인에게 소송기록접수통지 전에 또는 통지 후에 변호인의 선임이 있는 경우에는 변호인에게도 소송기록접수통지를 하여야 하고, 변호인의 항소이유서 제출기간은 변호인이 이 통지를 받은 날로부터 계산하여야 한다. O|X

[Core ★★]

해설

(1) 피고인에게 소송기록접수통지를 한 후에 변호인의 선임이 있는 경우에는 변호인에게 다시 같은 통지를 할 필요가 없고 항소이유서의 제출기간도 피고인이 그 통지를 받은 날로부터 계산하면 되나, (2) 피고인에게 소송기록접수통지가 되기 전에 변호인의 선임이 있는 때에는 변호인에게도 소송기록접수통지를 하여야 하고 변호인의 항소이유서 제출기간은 변호인이 이 통지를 받은 날로부터 계산하여야 한다.(대법원 2011.5.13. 2010모1741)

1142 국선변호인 선정 이후 변호인이 없는 다른 사건이 병합된 경우 병합된 사건에 관하여는 그 국선변호인에게 소송기록접수통지를 하지 아니한다. O|X

[17 법원9급] [Core ★★]

해설

항소심에서 국선변호인이 선정된 이후 변호인이 없는 다른 사건이 병합된 경우에는 형사소송법 제361조의2, 형사소송규칙 제156조의2의 규정에 따라 항소법원은 지체 없이 국선변호인에게 병합된 사건에 관한 소송기록 접수통지를 함으로써 병합된 다른 사건에도 마찬가지로 국선변호인으로 하여 금 피고인을 위하여 항소이유서를 작성·제출할 수 있도록 하여야 한다.(대법원 2015.4.23. 2015 도2046) [X]

1143 항소법원이 피고인에게 소송기록 접수통지를 함에 있어 2회에 걸쳐 그 통지서를 송달하였다면 항소이유서 제출기간의 기산일은 두 번째 송달의 효력이 발생한 날의 다음 날부터 라고 보아야 안다. O|X

[14·국가7급] [Essential ★]

해설

항소법원이 피고인에게 소송기록 접수통지를 함에 있어 2회에 걸쳐 그 통지서를 송달하였다고 하더라도 항소이유서 제출기간의 기산일은 최초 송달의 효력이 발생한 날의 다음 날부터라고 보아야 한다.(대법원 2010.5.27. 2010도3377) [×]

1144 필요적 변호사건에서 항소법원이 국선변호인을 선정하고 피고인과 국선변호인에게 소송기록접수통지를 한 다음 피고인이 사선변호인을 선임함에 따라 국선변호인의 선정을 취소한 경우, 항소법원은 사선변호인에게 다시 소송기록접수통지를 할 의무가 있다. O|X

[22 국가7급, 20 경간부, 19 국가7급] [Core ★★]

해설

형사소송법은 항소법원이 피고인에게 소송기록접수통지를 하기 전에 변호인의 선임이 있는 때에는 변호인에게도 소송기록접수통지를 하도록 정하고 있으므로 피고인에게 소송기록접수통지를 한 다음에 변호인이 선임된 경우에는 변호인에게 다시 같은 통지를 할 필요가 없고, 이는 필요적 변호사 건에서 항소법원이 국선변호인을 선정하고 피고인과 그 변호인에게 소송기록접수통지를 한 다음 피고인이 사선변호인을 선임함에 따라 항소법원이 국선변호인의 선정을 취소한 경우에도 마찬가지이다. 이러한 경우 항소이유서 제출기간은 국선변호인 또는 피고인이 소송기록접수통지를 받은 날부터 계산하여야 한다.(대법원 2018.11.22. 2015도10651 全合 불성실한 사선변호인 사건) [×]

1145 필요적 변호사건에서 항소법원이 정당한 이유 없이 국선변호인을 선정하지 않고 있는 사이에 피고인 스스로 사선변호인을 선임하였으나 그 때는 이미 항소이유서 제출기간이 도과해 버린 경우, 법원은 항소를 기각하여야 한다. O|X

[12 경찰채용, 12 법원9급] [Core ★★]

해설

필요적 변호사건에서 법원이 정당한 이유 없이 국선변호인을 선정하지 않고 있는 사이에 피고인 스스로 사선변호인을 선임하였으나 이미 항소이유서 제출기간이 도과해 버린 경우, 법원은 사선변호인에게도 형사소송규칙 제156조의2를 유추적용하여 소송기록접수통지를 함으로써 그 사선변호인이 통지를 받은 날로부터 기산하여 20일 이내에 피고인을 위하여 항소이유서를 작성·제출할 수 있는 기회를 주어야 한다.(대법원 2009.2.12. 2008도11486) [×]

1146 필요적 변호사건에서 피고인의 귀책사유에 의하지 아니한 사정으로 국선변호인이 항소이유서를 제출하지 않은 경우, 항소법원은 종전 국선변호인의 선정을 취소하고 새로운 국선변호인을 선정하여 다시 소송기록접수통지를 함으로써 새로운 국선변호인으로 하여금 그 통지를 받은 때로부터 20일 이내에 피고인을 위하여 항소이유서를 제출하도록 하여야 한다. O|X

[14 경간부, 12 국가9급] [Core ★★]

해설

대법원 2000.11.28. 2000모66 [O]

1147 미성년자인 피고인과 국선변호인 모두 법정기간 내에 항소이유서를 제출하지 아니하였는데, 국선변호인이 항소이유서를 제출하지 아니한 데 대하여 피고인에게 귀책사유가 없는 경우 항소법원은 종전 국선변호인의 선정을 취소하고 새로운 국선변호인을 선정하여 다시 소송기록접수통지를 하여야 한다. 또한 새로운 국선변호인을 선정하여 소송기록 통지를 하기 이전에 피고인 스스로 사선변호인을 선임한 경우 항소법원은 종전 국선변호인의 선정을 취소하고 사선변호인에게 다시 소송기록접수통지를 하여야 한다. O|X

[22 경찰간부] [Superlative ★★★]

해설

피고인과 국선변호인이 모두 법정기간 내에 항소이유서를 제출하지 아니하였다고 하더라도, 국선변호인이 항소이유서를 제출하지 아니한 데 대하여 피고인에게 귀책사유가 있음이 특별히 밝혀지지 않는 한, 항소법원은 종전 국선변호인의 선정을 취소하고 새로운 국선변호인을 선정하여 다시 소송기록접수통지를 함으로써 새로운 변호인으로 하여금 그 통지를 받은 때로부터 형사소송법 제361조의3 제1항의 기간 내에 피고인을 위하여 항소이유서를 제출하도록 하여야 한다. 이러한 법리는 항소법원이 종전 국선변호인의 선정을 취소하고 새로운 국선변호인을 선정하여 소송기록접수통지를 하기 이전에 피고인 스스로 변호인을 선임한 경우 그 사선변호인에 대하여도 마찬가지로 적용되어야 한다. (대법원 2019.7.10. 2019도4221 **항소취하 혼동 국선변호인 사건**) [O]

1148 상대방은 항소이유서의 부본 또는 등본을 송달을 받은 날로부터 7일 이내에 답변서를 항소 법원에 제출하여야 한다. O|X

[15 법원9급, 12 경찰채용, 11 경찰승진, 11 경찰채용] [Essential ★]

해설

상대방은 항소이유서의 부본 또는 등본을 송달을 받은 날로부터 10일 이내에 답변서를 항소법원에 제출하여야 한다.(제361조의3 제3항) [X]

1149 피고인이 공판기일에 출정하지 아니한 때에는 다시 기일을 정하여야 하고 피고인이 정당한 사유 없이 다시 정한 기일에 출정하지 아니한 때에는 항소를 취하한 것으로 간주한다. O|X

[15 국가9급, 11 법원9급] [Core ★★]

해설

피고인이 공판기일에 출정하지 아니한 때에는 다시 기일을 정하여야 하고 피고인이 정당한 사유 없이 다시 정한 기일에 출정하지 아니한 때에는 피고인의 진술없이 판결을 할 수 있다.(제365조) [×]

1150 반의사불벌죄에 있어서 처벌불원의 의사표시의 부존재는 소극적 소송조건으로서 직권조사 사항이라 할 것이므로 당사자가 항소이유로 주장하지 아니하였다고 하더라도 원심은 이를 직권으로 조사·판단하여야 한다. O|X

[13 국가7급, 11 경찰승진, 11 국가7급] [Essential ★]

해설

대법원 2009.12.10. 2009도9939 [O]

1151 형량이 너무 가벼워서 부당하다는 검사의 항소이유에 대한 판단에 앞서 항소심이 직권으로 제1심판결을 파기하고 제1심의 양형보다 가벼운 형을 선고하는 것은 위법하다. O|X

[12 경찰승진, 12 국가7급, 11 국가9급, 11 법원9급] [Core ★★]

해설

항소법원은 제1심의 형량이 너무 가벼워서 부당하다는 검사의 항소이유에 대한 판단에 앞서 직권으로 제1심판결에 양형이 부당하다고 인정할 사유가 있는지 여부를 심판할 수 있고, 그러한 사유가 있는 때에는 제1심판결을 파기하고 제심의 양형보다 가벼운 형을 정하여 선고할 수 있다. (대법원 2010.12.9. 2008도1092 뜻밖의 가벼운 형선고사건) [×]

1152 항소심이 자신의 양형판단과 일치하지 아니한다고 하여 양형부당을 이유로 제1심판결을 파기하는 것이 바람직하지 아니한 점이 있다고 하더라도 이를 두고 양형심리 및 양형판단 방법이 위법하다고까지 할 수는 없다. O|X

[22 경찰간부] [Superlative ★★★]

해설

항소심은 제1심에 대한 사후심적 성격이 가미된 속심으로서 제1심과 구분되는 고유의 양형재량을 가지고 있다고 보아야 하므로 항소심이 자신의 양형판단과 일치하지 아니한다고 하여 양형부당을 이유로 제1심판결을 파기하는 것이 바람직하지 아니한 점이 있다고 하더라도 이를 두고 양형심리 및 양형판단 방법이 위법하다고까지 할 수는 없다. 그리고 위와 같은 항소심의 판단에 근거가 된 양형자료와 그에 관한 판단 내용이 모순 없이 설시되어 있는 경우에는 양형의 조건이 되는 사유에 관하여 일일이 명시하지 아니하여도 위법하다고 할 수 없다.(대법원 2015.7.23. 2015도3260 全合 징역 10월 → 징역 4, 사건) [O]

1153 공소기각 또는 관할위반의 재판이 법률에 위반됨을 이유로 원심판결을 파기하는 때에는 항소법원은 판결로써 사건을 원심(제1심)법원에 환송하여야 한다. O|X

[15 국가9급, 13 경찰승진] [Core ★★]

해설

제366조 [O]

1154 항소심이 제1심의 공소기각판결이 잘못이라고 하여 파기하면서도 사건을 제1심법원에 환송하지 아니하고 본안에 들어가 심리한 후 피고인에게 유죄를 선고한 것은 형사소송법 제366조를 위반한 것이다. O|X

[20 경찰채용] [Essential ★]

해설

대법원 2020.1.30. 2019도15987 함정수사 인정 파기 사건 [O]

1155 검사와 변호인은 상고이유서에 의하여 변론하여야 한다. 상고심의 공판기일에는 피고인의 소환을 요하지 아니한다. O|X

[15 경찰승진, 14 법원9급] [Core ★★]

해설

제388조, 제389조의2 [O]

1156 상고심에서 직권조사 기타 법령에 특정한 경우를 제외하고는 새로운 증거조사를 할 수 없을 뿐더러 원심판결 후에 나타난 사실이나 증거의 경우 비록 그것이 상고이유서 등에 첨부되어 있다 하더라도 사용할 수 없음이 원칙이다. O|X

[22 경찰간부] [Superlative ★★★]

해설

상고심은 사후심으로서, 원심까지의 소송자료만을 기초로 삼아 원심판결의 당부를 판단하여야 하므로, 직권조사 기타 법령에 특정한 경우를 제외하고는 새로운 증거조사를 할 수 없을뿐더러, 원심판결 후에 나타난 사실이나 증거의 경우 비록 그것이 상고이유서 등에 첨부되어 있다 하더라도 사용할 수 없음이 원칙이다.(대법원 2010.10.14. 2009도4894) [O]

1157 제1심판결에 대한 상고는 그 사건에 대한 항소가 제기된 때에는 그 효력을 잃는다. O|X

[21 법원9급] [Core ★★]

해설

제1심판결에 대한 상고는 그 사건에 대한 항소가 제기된 때에는 그 효력을 잃는다. 단, 항소의 취하 또는 항소기각의 결정이 있는 때에는 예외로 한다.(제373조) [O]

1158 제심판결에 대하여 피고인은 비약적 상고를, 검사는 항소를 각각 제기하여 이들이 경합한 경우 피고인의 비약적 상고에 상고의 효력이 인정되지는 않더라도, 피고인의 비약적 상고가 항소기간 준수 등 항소로서의 적법요건을 모두 갖추었고, 피고인이 자신의 비약적 상고에 상고의 효력이 인정되지 않는 때에는 피고인의 비약적 상고에 항소로서의 효력이 인정되지 않는다. O|X

[Superlative ★★★]

해설

피고인이 자신의 비약적 상고에 상고의 효력이 인정되지 않는 때에도 항소심에서는 제1심판결을 다툴 의사가 없었다고 볼 만한 특별한 사정이 없다면, 피고인의 비약적 상고에 항소로서의 효력이 인정된다고 보아야 한다 (.대법원 2022.5.19. 2021도17131, 2021전도170 전합) [X]

1159 판결정정의 신청은 판결의 선고가 있은 날로부터 7일 이내에 하여야 한다. O|X

[15 경간부, 15 경찰채용, 12 국가9급] [Essential ★]

해설

판결정정의 신청은 판결의 선고가 있은 날로부터 10일 이내에 하여야 한다.(제400조 제2항) [X]

1160 법원의 관할 또는 판결전의 소송절차에 관한 결정에 대하여는 특히 즉시항고를 할 수 있는 경우 외에는 항고하지 못한다. O|X

[Core ★★]

해설

제403조 제1항 [O]

1161 항고는 즉시항고 외에는 재판의 집행을 정지하는 효력이 없으므로 원심법원 또는 항고법원이 결정으로 항고에 대한 결정이 있을 때까지 집행을 정지할 수 없다. O|X

[21 국가9급] [Essential ★]

해설

항고는 즉시항고 외에는 재판의 집행을 정지하는 효력이 없다. 단, 원심법원 또는 항고법원은 결정으로 항고에 대한 결정이 있을 때까지 집행을 정지할 수 있다.(제409조) [X]

1162 법원의 구금, 보석, 압수나 압수물의 환부에 관한 결정 또는 감정하기 위한 피고인의 유치에 관한 결정에 대하여는 보통항고할 수 있다. O|X

[Core ★★]

해설

제403조 제2항 [O]

1163 보증금납입 조건부 구속피의자석방결정에 보통항고로 불복할 수 있다. O|X

[13 경찰승진, 12 경찰채용] [Essential ★]

해설

대법원 1997.8.27. 97모21 [O]

1164 공소장변경허가결정은 보통항고가 허용된다. O|X

[14 국가9급, 13 국가7급] [Essential ★]

해설

공소사실 또는 적용법조의 추가, 철회 또는 변경의 허가에 관한 결정은 판결전의 소송절차에 관한 결정이라 할 것이므로 그 결정을 함에 있어서 저지른 위법이 판결에 영향을 미친 경우에 한하여 그 판결에 대하여 상소를 하여 다툼으로써 불복하는 외에는 당사자가 이에 대하여 독립하여 상소할 수 없다.(대법원 1987.3.28. 87모17) [X]

1165 즉시항고의 제기기간은 3일로 한다. O|X

[18 경찰채용] [Essential ★]

해설

즉시항고의 제기기간은 7일로 한다.(제405조) [X]

1166 (재판장 또는 수명법관의 재판에 대한) 준항고는 재판의 고지가 있는 날로부터 3일 이내에 하여야 한다. O|X

[19 국가9급] [Essential ★]

해설

준항고는 재판의 고지있는 날로부터 7일 이내에 하여야 한다.(제416조 제3항) [X]

1167 준항고는 그 대상이 되는 재판의 고지나 수사기관의 처분이 있는 날로부터 7일 이내에 하도록 형사소송법에 명기하고 있다. O|X

[21 국가7급] [Core ★★]

해설

재판장 또는 수명법관의 재판에 대한 준항고는 그 재판의 고지있는 날로부터 7일 이내에 하여야 한다고 형사소송법에 명문으로 규정되어 있으나, 수사기관의 처분에 대한 준항고는 그 제기기간에 관하여는 형사소송법에 명문의 규정이 없다.(제416조 제3항, 제417조) [×]

1168 수사기관의 압수물 환부 처분의 취소를 구하는 준항고는 소송계속 중 준항고로써 달성하고자 하는 목적이 이미 이루어졌거나 시일의 경과 등으로 그 이익이 상실된 경우에는 부적법하게 된다. O|X

[17 국가7급] [Essential ★]

해설

대법원 2015.10.15. 자 2013모1970 [O]

1169 형사소송법 제332조 (몰수의 선고와 압수물)에 의하여 압수가 해제된 것으로 되었음에도 불구하고 검사가 그 해제된 압수물의 인도를 거부하는 조치에 대해서는 형사소송법 제417조가 규정하는 준항고로 불복할 대상이 될 수 없다. O|X

[22 경찰간부] [Core ★★]

해설

형사소송법 제417조의 규정은 검사 또는 사법경찰관이 '수사단계에서' 압수물의 환부에 관하여 처분을 할 권한을 가지고 있을 경우에 그 처분에 불복이 있으면 준항고를 허용하는 취지라고 보는 것이 상당하므로 형사소송법 제332조의 규정에 의하여 압수가 해제된 것으로 되었음에도 불구하고 검사가 그 해제된 압수물의 인도를 거부하는 조치에 대해서는 형사소송법 제417조가 규정하는 준항고로 불복할 대상이 될 수 없다.(대법원 1984.2.6. 84모3) [O]

1170 검사의 체포·구속영장 청구에 대한 지방법원판사의 재판은 항고는 할 수 없으나 준항고는 할 수 있다. O|X

[17 경간부, 15 경간부, 14 국가9급, 13 변호사, 13 국가7급, 12 경간부] [Essential ★]

해설

검사의 체포 또는 구속영장청구에 대한 지방법원판사의 재판은 항고의 대상이 되는 '법원의 결정'에 해당되지 아니하고 준항고의 대상이 되는 '재판장 또는 수명법관의 구금 등에 관한 재판'에도 해당되지 아니한다.(대법원 2006.12.18. 2006모646 론스타 대표 구속영장청구 기각사건) [×]

1171 지방법원판사가 한 압수영장발부의 재판에 대하여는 준항고로 불복할 수 없고 나아가 항고의 방법으로도 불복할 수 없다. O|X

[16 변호사] [Core ★★]

해설

대법원 1997.9.29. 97모66 [O]

1172 구속기간의 연장을 허가하지 아니하는 지방법원판사의 재판은 항고나 준항고로 불복할 수 없다. O|X

[14 경찰채용] [Core ★★]

해설

대법원 1997.6.16. 97모1 [O]

1173 검사가 압수·수색영장청구 등 강제처분을 위한 조치를 취하지 아니한 것은 준항고로 불복할 수 있다. O|X

[22 경찰간부, 14 국가9급] [Core ★★]

해설

검사가 압수·수색영장의 청구 등 강제처분을 위한 조치를 취하지 아니한 것 그 자체를 형사소송법 제417조 소정의 '압수에 관한 처분'으로 보아 이에 대해 준항고로써 불복할 수는 없다. (대법원 2007.5.25. 2007모82 영장불청구 사건) [X]

Chapter 02 | 비상구제절차

제1절 I 재 심

1174 다음은 모두 재심의 대상이 되지 아니한다. O|X

[Superlative ★★★]

㉠ 무죄의 확정판결
㉡ 확정된 재항고기각결정
㉢ 상고심에 계속중인 미확정판결
㉣ 확정된 대법원의 파기환송판결
㉤ 항소심에서 파기·확정된 '제1심의 유죄판결' [16 경간부]
㉥ 정식재판절차에서 유죄판결이 선고·확정되어 그 효력이 상실된 '약식명령' [16 국가9급, 14 법원9급]
㉦ 피고인 사망으로 공소기각결정이 확정되어 그 효력이 상실된 '항소심의 유죄판결' [14 법원9급]
㉧ 특별사면에 의하여 그 선고의 효력이 상실된 '유죄의 확정판결' [16 경찰채용]

해설

㉠㉡㉢㉣㉤㉥㉦ 7 항목은 재심의 대상이 되지 않지만, ㉧ 항목은 재심의 대상이 된다. [X]
㉠ 대법원 1983.3.24. 83모5
㉡ 대법원 1991.10.29. 91재도2
㉢ 대법원 1983.6.8. 83모28
㉣ 대법원 2006.6.27. 2005재도18
㉤ 대법원 2004.2.13. 2003모464
㉥ 대법원 2013.4.11. 2011도10626
㉦ 대법원 2013.6.27. 2011도7931
㉧ 유죄판결 확정 후에 형 선고의 효력을 상실케 하는 특별사면이 있었다고 하더라도 형선고의 법률적 효과만 장래를 향하여 소멸될 뿐이고 확정된 유죄판결에서 이루어진 사실인정과 그에 따른 유죄 판단까지 없어지는 것은 아니므로 유죄판결은 형선고의 효력만 상실된 채로 여전히 존재하는 것으로 보아야 하고, 따라서 특별사면으로 형선고의 효력이 상실된 유죄의 확정판결도 형사소송법 제420조의 '유죄의 확정판결'에 해당하여 재심청구의 대상이 될 수 있다.(대법원 2015.5.21. 2011도1932 全合 윤필용 연루 사건)

1175 유죄의 확정판결과 달리 항소 또는 상고의 기각판결은 재심의 대상이 될 수 없다. O|X

[21 법원9급] [Core ★★]

해설

항소 또는 상고의 기각판결에 대하여는 형사소송법 제420조 제1호, 제2호, 제7호의 사유있는 경우에 한하여 그 선고를 받은 자의 이익을 위하여 재심을 청구할 수 있다.(제421조 제1항) [X]

1176 군사법원의 판결이 확정된 후 피고인에 대한 재판권이 더 이상 군사법원에 없게 된 경우 군사법원의 판결에 대한 재심사건의 관할은 원판결을 한 군사법원과 같은 심급의 일반법원에 있다. ○|×

[21 국가7급] [Core ★★]

해설

> 대법원 2020.6.26. 2019모3197 [○]

1177 당사자가 재심청구의 이유에 관한 사실조사 신청을 한 경우 법원은 이 신청에 대해서 판단을 하여야 하고, 신청을 배척하는 경우에는 당사자에게 이를 고지하여야 한다. ○|×

[21 국가7급] [Core ★★]

해설

> 재심의 청구를 받은 법원은 필요하다고 인정한 때에는 형사소송법 제431조에 의하여 직권으로 재심청구의 이유에 대한 사실조사를 할 수 있으나, 소송당사자에게 사실조사신 청권이 있는 것이 아니다. 그러므로 당사자가 재심청구의 이유에 관한 사실조사신청을 한 경우에도 이는 단지 법원의 직권발동을 촉구하는 의미밖에 없는 것이므로 법원은 이 신청에 대하여는 재판을 할 필요가 없고 설령 법원이 이 신청을 배척하였다고 하여도 당사자에게 이를 고지할 필요가 없다.(대법원 2021.3.12. 2019모3554) [×]

1178 '원판결의 증거된 증언'이 나중에 확정판결에 의하여 허위인 것이 증명되더라도 그 허위증언 부분을 제외하고서도 다른 증거에 의하여 그 '죄로 되는 사실'이 유죄로 인정된다면 재심사유가 있다고 볼 수 없다. ○|×

[14 변호사, 12 경찰채용] [Core ★★]

해설

> '원판결의 증거된 증언'이 나중에 확정판결에 의하여 허위인 것이 증명된 이상 그 허위증언 부분을 제외하고서도 다른 증거에 의하여 그 '죄로 되는 사실'이 유죄로 인정될 것인지 여부에 관계없이 형사소송법 제420조 제2호 소정의 재심사유가 있다고 보아야 한다.(대법원 2012.4.13. 2011도8529) [×]

1179 원판결의 증거된 증언을 한 자가 그 재판 과정에서 자신의 증언과 반대되는 취지의 증언을 한 다른 증인을 위증죄로 고소하였다가 그 고소가 허위임이 밝혀져 무고죄로 유죄의 확정 판결을 받았다면 이는 재심사유에 해당한다. ○|×

[17 경찰승진, 13 경찰채용] [Core ★★]

해설

> 원판결의 증거된 증언을 한 자가 그 재판 과정에서 자신의 증언과 반대되는 취지의 증언을 한 다른 증인을 위증죄로 고소하였다가 그 고소가 허위임이 밝혀져 무고죄로 유죄의 확정판결을 받은 경우는 형사소송법 제420조 제2호의 재심사유에 포함되지 아니한다.(대법원 2005.4.14. 2003도1080) [×]

1180 대상사건에 적용된 형벌에 관한 법령이 당초부터 헌법에 위배되어 법원에서 위헌·무효라고 선언한 경우는 형사소송법상의 재심사유인 무죄 등을 인정할 '증거가 새로 발견된 때'에 해당하지 않는다.

O|X

[16 경간부] [Essential ★]

해설

형벌에 관한 법령(긴급조치 제9호)이 당초부터 헌법에 위반되어 법원에서 위헌·무효라고 선언한 때에도 형사소송법 제420조 제5호 소정의 무죄 등을 인정할 '증거가 새로 발견된 때'에 해당한다.(대법원 2013.4.18. 2010모363 긴급조치 제9호 위반사건) [×]

1181 형사소송법 제420조 제5호는 형의 선고를 받은 자에 대하여 형의 면제를 인정할 명백한 증거가 새로 발견된 때를 재심사유로 들고 있는바, 여기서 형의 면제라 함은 형의 필요적 면제의 경우만을 말하고 임의적 면제는 해당하지 않는다. O|X

[15 경찰채용, 14 변호사] [Essential ★]

해설

대법원 1984.5.30. 84모32 [O]

1182 형사소송법 제420조 제5호에서 정한 재심사유에서 무죄 등을 인정할 '증거가 새로 발견된 때'라 함은 재심대상이 되는 확정판결의 소송절차에서 발견되지 못하였거나 또는 발견되었다 하더라도 제출할 수 없었던 증거로서 이를 새로 발견하였거나 비로소 제출할 수 있게 된 때를 말하므로, 피고인이 확정판결의 소송절차 중에 그러한 증거를 제출하지 못한 데에 과실이 있는 경우에는 그 증거는 '증거가 새로 발견된 때'에서 제외된다. O|X

[16 경간부, 16 국가7급, 15 변호사, 15 경찰채용, 14 변호사, 13 경찰채용, 12 경찰채용, 12 국가7급] [Essential ★]

해설

대법원 2009.7.16. 2005모472 全合 무정자증 사건 [O]

1183 형사소송법 제420조 제5호에서 정한 재심사유에서 '무죄 등을 인정할 명백한 증거'에 해당하는지 여부를 판단할 때에는 새로 발견된 증거만을 독립적·고립적으로 고찰하여 그 증거가치만으로 재심의 개시 여부를 판단할 것이고, 재심대상이 되는 확정판결을 선고한 법원이 사실인정의 기초로 삼은 증거들을 함께 고려하여 평가해서는 아니된다. O|X

[16 국가7급, 16 국가9급, 14 변호사, 13 경찰승진, 13 경찰채용, 12 국가7급] [Core ★★]

해설

'무죄 등을 인정할 명백한 증거'에 해당하는지 여부를 판단할 때에는 법원으로서는 새로 발견된 증거만을 독립적·고립적으로 고찰하여 그 증거가치만으로 재심의 개시 여부를 판단할 것이 아니라, 재심대상이 되는 확정판결을 선고한 법원이 사실인정의 기초로 삼은 증거들 가운데 새로 발견된 증거와 유기적으로 밀접하게 관련되고 모순되는 것들은 함께 고려하여 평가하여야 하고, 그 결과 단순히 재심대상이 되는 유죄의 확정판결에 대하여 그 정당성이 의심되는 수준을 넘어 그 판결을 그대로 유지할 수 없을 정도로 고도의 개연성이 인정되는 경우라면 그 새로운 증거는 '명백한 증거'에 해당한다.(대법원 2009.7.16. 2005모472 全合 무정자증 사건) [×]

1184 친고죄에서 담당공무원이 고소취소장을 접수받은 후 기록에 첨부하지 않는 바람에 유죄의 판결이 선고되고 그 판결이 확정되었다는 사실이 뒤늦게 확인되었다면, 공소기각을 인정할 명백한 증거가 새로 발견된 것으로서 재심사유가 된다. O|X

[21 경찰채용] [Core ★★]

해설

(1) 형사소송법 제420조 제5호에서 '원판결이 인정한 죄보다 경한 죄'라 함은 원판결이 인정한 죄와는 별개의 죄로서 그 법정형이 가벼운 죄를 말하는 것이므로 동일한 죄에 대하여 공소기각을 선고받을 수 있는 경우는 여기에서의 경한 죄에 해당하지 않는다. (2) 재항고인에 대한 간통죄의 고소가 취소되었다 하더라도 이는 법원으로부터 공소기각을 선고받을 수 있는 사유에 지나지 아니하므로 담당공무원이 고소취소장을 접수받아 기록에 첨부하지 아니하는 바람에 재항고인에 대하여 유죄의 판결이 선고되고 그 판결이 확정되었다고 하더라도 그와 같은 사유는 형사소송법 제420조 제5호 소정의 재심사유에 해당하지 않는다.(대법원 1997.1.13. 96모51) [×]

1185 당해 사건의 증거가 아니고 공범자 중 인에 대하여 무죄, 다른 인에 대하여 유죄의 확정판결이 있는 경우에 무죄확정판결 자체만으로는 무죄확정판결의 증거자료를 자기의 증거로 하지 못하였고 또 새로 발견된 것이 아닌 한 유죄확정판결에 대한 새로운 증거로서의 재심사유에 해당한다고 할 수 없다. O|X

[21 경찰채용] [Core ★★]

해설

당해 사건의 증거가 아니고 공범자 중 1인에 대하여 무죄, 다른 1인에 대하여 유죄의 확정판결 이 있는 경우에 무죄 확정판결 자체만으로는 무죄 확정판결의 증거자료를 자기의 증거로 하지 못하였고 또 새로 발견된 것이 아닌 한 유죄확정판결에 대한 새로운 증거로서의 재심사유에 해당한다고 할 수 없다.(대법원 1984.4.13. 84모14) [O]

1186 조세의 부과처분을 취소하는 행정판결이 확정된 경우, 부과처분의 효력은 처분 시에 소급하여 효력을 잃게 되어 그에 따른 납세의무가 없으므로 확정된 행정판결은 조세포탈에 대한 무죄 내지 원심판결이 인정한 죄보다 경한 죄를 인정할 명백한 증거에 해당한다. O|X

[21 경찰채용] [Core ★★]

해설

조세의 부과처분을 취소하는 행정판결이 확정된 경우 그 부과처분의 효력은 처분시에 소급하여 효력을 잃게 되어 그에 따른 납세의무가 없으므로 확정된 행정판결은 조세포탈에 대한 무죄 내지 원심판결이 인정한 죄보다 경한 죄를 인정할 명백한 증거에 해당한다.(대법원 2019.9.26. 2017도11812) [O]

1187 '원판결의 증거된 증언이 확정판결에 의하여 허위인 것이 증명된 때'라 함은 그 증인이 위증을 하여 그 죄에 의하여 처벌되어 그 판결이 확정된 경우를 말하는 것이고, 원판결의 증거된 증언을 한 자가 그 재판 과정에서 자신의 증언과 반대되는 취지의 증언을 한 다른 증인을 위증죄로 고소하였다가 그 고소가 허위임이 밝혀져 무고죄로 유죄의 확정판결을 받은 경우는 이 재심사유에 포함되지 아니한다. O|X

[21 국가7급] [Core ★★]

해설

'원판결의 증거된 증언이 확정판결에 의하여 허위인 것이 증명된 때'라 함은 그 증인이 위증을 하여 그 죄에 의하여 처벌되어 그 판결이 확정된 경우를 말하는 것이고, 원판결의 증거된 증언을 한 자가 그 재판 과정에서 자신의 증언과 반대되는 취지의 증언을 한 다른 증인을 위증죄로 고소하였다가 그 고소가 허위임이 밝혀져 무고죄로 유죄의 확정판결을 받은 경우는 이 재심사유에 포함되지 아니한다.(대법원 2005.4.14. 2003도1080) [O]

1188 형사소송법 제420조 제7호의 재심사유 해당 여부를 판단함에 있어 사법경찰관 등이 범한 직무에 관한 죄가 사건의 실체관계에 관계된 것인지 여부나 당해 사법경찰관이 직접 피의자에 대한 조사를 담당하였는지 여부는 고려할 사정이 아니다. O|X

[16 경찰채용, 15 경찰채용, 14 변호사] [Essential ★]

해설

대법원 2008.4.24. 2008모77 정보과 형사 협박사건 [O]

1189 수사기관이 영장주의를 배제하는 위헌적 법령에 따라 영장 없는 체포·구금을 한 경우는 '공소의 기초된 수사에 관여한 검사나 사법경찰관이 그 직무에 관한 죄를 범한 것이 확정판 결에 의하여 증명된 때'라는 재심사유에 해당하지 아니한다. O|X

[20 변호사, 19 경찰승진] [Core ★★]

해설

수사기관이 영장주의를 배제하는 위헌적 법령(유신헌법 당시 긴급조치 제9호 제8항)에 따라 영장 없는 체포·구금을 한 경우에도 불법체포·감금의 직무범죄가 인정되는 경우에 준하는 것으로 보아 형사소송법 제420조 제7호의 재심사유가 있다고 보아야 한다.(대법원 2018.5.2. 2015모3243 긴급조치 불법체포·감금 사건) [X]

1190 위헌으로 결정된 법률 또는 법률의 조항이 헌법재판소법 제47조 제3항 단서에 의하여 종전의 합헌결정이 있는 날의 다음 날로 소급하여 효력을 상실하는 경우, 그 합헌결정이 있는 날의 다음 날 이후에 유죄판결이 선고되어 확정되었더라도 범죄행위가 그 이전에 행하여진 경우에는 그 판결에 대해 재심을 청구할 수 없다. ○ | ×

[Superlative ★★★]

해설

(1) 헌법재판소법 제47조 제4항에 따라 재심을 청구할 수 있는 '위헌으로 결정된 법률 또는 법률의 조항에 근거한 유죄의 확정판결'이란 헌법재판소의 위헌결정으로 인하여 같은 조 제3항의 규정에 의하여 소급하여 효력을 상실하는 법률 또는 법률의 조항을 적용한 유죄의 확정판결을 의미한다. (2) 따라서 위헌으로 결정된 법률 또는 법률의 조항이 같은 조 제3항 단서에 의하여 종전의 합헌결정이 있는 날의 다음 날로 소급하여 효력을 상실하는 경우 그 합헌결정이 있는 날의 다음 날 이후에 유죄 판결이 선고되어 확정되었다면, 비록 범죄행위가 그 이전에 행하여 졌다 하더라도 그 판결은 위헌결정으로 인하여 소급하여 효력을 상실한 법률 또는 법률의 조항을 적용한 것으로서 '위헌으로 결정된 법률 또는 법률의 조항에 근거한 유죄의 확정판결'에 해당하므로 이에 대하여 재심을 청구할 수 있다. (대법원 2016.11.10. 2015모1475 간통 재심사건) 피고인이 2004. 8. 및 11. 경 간통하였다는 공소사실로 기소되었더라도 간통죄에 대한 합헌결정을 한 2008.10.30. 이후인 2009. 8.20. 유죄판결이 확정되었다면, 2015.2.26. 간통죄에 대한 헌법재판소의 위헌결정을 이유로 하여 피고인은 재심을 청구할 수 있다는 취지의 판례이다. [×]

1191 재심의 청구는 대법원이 관할한다. ○ | ×

[15 법원9급, 11 경찰승진] [Essential ★]

해설

재심의 청구는 원판결의 법원이 관할한다.(제423조) '원판결'이란 재심청구인이 재심사유가 있다고 하여 재심청구의 대상으로 삼은 판결을 말한다. [×]

1192 재심의 청구는 형의 집행이 종료되거나 형의 집행을 받지 아니하게 된 때에는 이를 할 수 없다. ○ | ×

[15 법원9급, 14 법원9급, 11 경찰승진] [Core ★★]

해설

재심의 청구는 형의 집행을 종료하거나 형의 집행을 받지 아니하게 된 때에도 할 수 있다. (제427조) 재심청구의 시기에는 제한이 없다. [×]

1193 재심의 청구가 있으면 관할법원에 대응한 검찰청 검사는 재심청구에 대한 재판이 있을 때까지 형의 집행을 정지할 수 있다. ○ | ×

[14 경찰채용, 14 법원9급] [Core ★★]

해설

재심의 청구는 형의 집행을 정지하는 효력이 없다. 단 관할법원에 대응한 검찰청 검사는 재심 청구에 대한 재판이 있을 때까지 형의 집행을 정지할 수 있다.(제428조) [○]

1194 재심청구인이 재심의 청구를 한 후 청구에 대한 결정이 확정되기 전에 사망한 경우라도 재심 청구절차는 재심청구인의 사망으로 당연히 종료하게 되는 것은 아니다. O|X

[16 경찰채용] [Core ★★]

해설

형사소송법이나 형사소송규칙에는 재심청구인이 재심의 청구를 한 후 그 청구에 대한 결정이 확정되기 전에 사망한 경우에 재심청구인의 배우자나 친족 등에 의한 재심청구인 지위의 승계를 인정하거나 형사소송법 제438조와 같이 재심청구인이 사망한 경우에도 절차를 속행할 수 있는 규정이 없으므로 재심청구절차는 재심청구인의 사망으로 당연히 종료하게 된다.(대법원 2014.5.30. 2014모739) [×]

1195 재심의 청구에 대하여 결정을 함에는 청구한 자와 상대방의 의견을 들어야 한다. 단, 유죄의 선고를 받은 자의 법정대리인이 청구한 경우에는 유죄의 선고를 받은 자의 의견을 들어야 한다. O|X

[14 경찰채용, 13 경찰채용, 12 경찰승진] [Core ★★]

해설

제432조 [O]

1196 경합범 관계에 있는 수개의 범죄사실을 유죄로 인정하여 한 개의 형을 선고한 확정판결에서 그 중 일부의 범죄사실에 대하여만 재심청구의 이유가 있는 경우 형식적으로는 1개의 형이 선고된 판결에 대한 것이어서 그 판결 전부에 대하여 재심개시의 결정을 할 수밖에 없다. O|X

[14 법원9급, 12 경찰채용, 12 법원9급] [Core ★★]

해설

대법원 1996.6.14. 96도477 면허증 부정발급 알선사건 [O]

1197 재심청구를 받은 군사법원은 먼저 재판권 유무를 심사하여 군사법원에 재판권이 없다고 판단되면 재심개시절차로 나아가지 말고 곧바로 사건을 군사법원법 제2조 제3항에 따라 같은 심급의 일반법원으로 이송하여야 한다. O|X

[17 법원9급] [Core ★★]

해설

대법원 2015.5.21. 2011도1932 全合 윤필용 연루사건 [O]

1198 재심이 개시된 사건에서 범죄사실에 대하여 적용하여야 할 법령은 재심대상판결 당시의 법령이고, 법령을 해석할 때에도 재심대상판결 당시를 기준으로 하여야 한다. O|X

[16 경찰채용, 12 경찰채용, 12 국가7급] [Core ★★]

해설

재심이 개시된 사건에서 범죄사실에 대하여 적용하여야 할 법령은 재심판결 당시의 법령이고, 재심대상판결 당시의 법령이 변경된 경우 법원은 범죄사실에 대하여 재심판결 당시의 법령을 적용하여야 하며, 법령을 해석할 때에도 재심판결 당시를 기준으로 하여야 한다.(대법원 2011.10.27. 2009도1603 춘천 역전파출소장 딸 강간·살인사건) [×]

1199 재심이 개시된 사건에서 범죄사실에 대하여 적용하여야 할 법령은 재심판결 당시의 법령이다. 따라서 법원은 재심대상판결 당시의 법령이 변경된 경우에는 그 범죄사실에 대하여 재심 판결 당시의 법령을 적용하여야 하고, 폐지된 경우에는 그 범죄사실에 대하여 무죄를 선고하는 것이 원칙이다. O|X

[15 변호사] [Core ★★]

해설

법원은 재심대상판결 당시의 법령이 변경된 경우에는 그 범죄사실에 대하여 재심판결 당시의 법령을 적용하여야 하고, 폐지된 경우에는 형사소송법 제326조 제4호를 적용하여 그 범죄사실에 대하여 면소를 선고하는 것이 원칙이다.(대법원 2010.12.16. 2010도5986 全合 긴급조치 제1호 위반사건) [×]

1200 재심에는 원판결의 형보다 중한 형을 선고하지 못한다. O|X

[15 법원9급, 14 법원9급, 12 법원9급] [Essential ★]

해설

제439조 [O]

1201 재심심판절차에서는 특별한 사정이 없는 한 검사가 재심대상사건과 별개의 공소사실을 추가하는 내용으로 공소장을 변경하는 것도 허용되고, 재심대상사건에 일반 절차로 진행 중인 별개의 형사사건을 병합하여 심리하는 것도 허용된다. O|X

[22. 법원9급] [Core ★★]

해설

재심심판절차에서는 특별한 사정이 없는 한 검사가 재심대상사건과 별개의 공소사실을 추가하는 내용으로 공소장을 변경하는 것은 허용되지 않고, 재심대상사건에 일반 절차로 진행 중인 별개의 형사사건을 병합하여 심리하는 것도 허용되지 않는다.(대법원 2019.6.20. 2018도20698 全合 재심판결의 확정력 사건) [×]

1202 원판결이 선고한 징역형의 집행유예가 실효 또는 취소됨이 없이 유예기간이 지난 후에 벌금형을 정한 재심판결을 선고하는 것은 불이익변경금지의 원칙이나 이익재심의 원칙에 반한다. O|X

[21 경찰채용, 20 경간부] [Core ★★]

해설

원판결이 선고한 집행유예가 실효 또는 취소됨이 없이 유예기간이 지난 후에 새로운 형을 정한 재심판결이 선고되는 경우에도, 그 유예기간 경과로 인하여 원판결의 형선고 효력이 상실되는 것은 원판결이 선고한 집행유예 자체의 법률적 효과로서 재심판결이 확정되면 당연히 실효될 원판결 본래의 효력일 뿐이므로 이를 형의 집행과 같이 볼 수는 없고, 재심판결의 확정에 따라 원판결이 효력을 잃게 되는 결과 그 집행유예의 법률적 효과까지 없어진다 하더라도 재심판결의 형이 원판결의 형보다 중하지 않다면 불이익변경금지의 원칙이나 이익재심의 원칙에 반한다고 볼 수 없다.(대법원 2018.10.25. 2018도13150) (同旨 대법원 2018.2.28. 2015도15782 상해 · 간통재심사건) [×]

1203 특별사면으로 형 선고의 효력이 상실된 유죄의 확정판결에 대하여 재심개시결정이 이루어져 재심심판법원이 심급에 따라 다시 심판한 결과 무죄로 인정되는 경우라면 무죄를 선고하여야 하겠지만, 그와 달리 유죄로 인정되는 경우에는, 재심심판법원으로서는 '피고인에 대하여 다시 형을 선고한다'는 주문을 선고할 수밖에 없다. O|X

[16 경찰채용] [Core ★★]

해설

특별사면으로 형선고의 효력이 상실된 유죄의 확정판결에 대하여 재심개시결정이 이루어져 재심심판법원이 그 심급에 따라 다시 심판한 결과 무죄로 인정되는 경우라면 무죄를 선고하여야 하겠지만, 그와 달리 유죄로 인정되는 경우에는, 피고인에 대하여 다시 형을 선고하거나 피고인의 항소를 기각하여 제1심판결을 유지시키는 것은 이미 형선고의 효력을 상실하게 하는 특별사면을 받은 피고인의 법적 지위를 해치는 결과가 되어 이익재심과 불이익변경금지의 원칙에 반하게 되므로 재심심판법원으로서는 '피고인에 대하여 형을 선고하지 아니한다'는 주문을 선고할 수밖에 없다.(대법원 2015.10.29. 2012도2938) [×]

1204 재심심판절차는 원판결의 당부를 심사하는 종전 소송절차의 후속절차가 아니라 사건 자체를 처음부터 다시 심판하는 완전히 새로운 소송절차로서 재심판결이 확정되면 원판결은 당연히 효력을 잃는다. O|X

[20 변호사] [Core ★★]

해설

대법원 2018.2.28. 2015도15782 상해 · 간통재심사건 [O]

제2절 비상상고

1205 검찰총장은 판결이 확정된 후 그 사건의 심판이 법령에 위반한 것을 발견한 때에는 대법원에 비상상고를 할 수 있다. O|X

[15 법원9급, 11 경찰승진] [Essential ★]

해설

제441조 [O]

1206 비상상고 제도는 법령 해석·적용의 통일성을 도모하려는 제도로서 상급심의 파기판결에 의해 효력을 상실한 재판도 형사소송법 제441조에 따른 비상상고의 대상이 될 수 있다. O|X

[22 국가7급] [Core ★★]

해설

상급심의 파기판결에 의해 효력을 상실한 재판의 법령위반 여부를 다시 심사하는 것은 무익할 뿐만 아니라, 법령의 해석·적용의 통일을 도모하려는 비상상고 제도의 주된 목적과도 부합하지 않는다. 따라서 상급심의 파기판결에 의해 효력을 상실한 재판은 형사소송법 제441조에 따른 비상상고의 대상이 될 수 없다.(대법원 2021.3.11. 2019오1 **형제복지원 비상상고 사건Ⅱ**) [×]

Chapter 03 | 특별절차

제1절 약식절차

1207 지방법원은 검사의 청구가 있는 때에는 공판절차 없이 약식명령으로 피고인을 벌금, 구류, 과료 또는 몰수에 처할 수 있다. O|X

[16 법원9급, 15 변호사, 12 경찰승진, 12 경찰채용] [Essential ★]

해설

지방법원은 약식명령으로 피고인을 벌금, 과료 또는 몰수에 처할 수 있다.(제448조 제1항) 약식 명령으로 자유형인 구류는 과할 수 없다. [×]

1208 약식명령의 청구는 공소의 제기와 동시에 서면으로 하여야 한다. O|X

[13 법원9급, 12 경찰승진, 12 경간부, 11 경찰승진] [Core ★★]

해설

제449조 [O]

1209 약식명령에는 범죄사실, 증거의 요지, 적용법령, 주형, 부수처분과 약식명령의 고지를 받은 날로부터 7일 이내에 정식재판의 청구를 할 수 있음을 명시하여야 한다. O|X

[13 법원9급, 11 경찰승진] [Core ★★]

해설

약식명령에는 범죄사실, 적용법령, 주형, 부수처분과 약식명령의 고지를 받은 날로부터 7일 이내에 정식재판의 청구를 할 수 있음을 명시하여야 한다.(제451조) 증거의 요지는 약식명령에 기재할 사항이 아니다. [×]

1210 약식명령의 청구가 있는 경우에 그 사건이 약식명령으로 할 수 없거나 약식명령으로 하는 것이 적당하지 아니하다고 인정한 때에는 청구를 기각하여야 한다. O|X

[16 국가7급] [Core ★★]

해설

약식명령의 청구가 있는 경우에 그 사건이 약식명령으로 할 수 없거나 약식명령으로 하는 것이 적당하지 아니하다고 인정한 때에는 공판절차에 의하여 심판하여야 한다.(제450조) [×]

1211 검사 또는 피고인은 약식명령의 고지를 받은 날로부터 7일 이내에 정식재판의 청구를 할 수 있다. O|X

[17 경간부, 16 국가7급, 13 법원9급, 11 경찰승진, 11 법원9급] [Core ★★]

해설

제453조 제1항 본문 [O]

1212 약식명령의 고지는 검사와 피고인에 대한 재판서의 송달에 의하도록 규정하고 있으므로 그 재판서를 피고인에게 송달함으로써 효력이 발생하고 변호인이 있는 경우라도 반드시 변호인에게 약식 명령 등본을 송달해야 하는 것은 아니다. O|X

[22 소방간부] [Core ★★]

해설

약식명령의 고지는 검사와 피고인에 대한 재판서의 송달에 의하도록 규정하고 있으므로 그 재판서를 피고인에게 송달함으로써 효력이 발생하고 변호인이 있는 경우라도 반드시 변호인에게 약식명령 등본을 송달해야 하는 것은 아니다.(대법원 2017.7.27. 2017모1557) [O]

1213 검사는 약식명령의 청구와 동시에 약식명령을 하는데 필요한 증거서류 및 증거물을 법원에 제출하여야 하고, 법원은 그 청구가 있은 날로부터 14일 이내에 약식명령을 하여야 한다. O|X

[16 국가7급] [Essential ★]

해설

규칙 제170조, 제1기조 [O]

1214 검사 또는 피고인은 약식명령에 대한 정식재판의 청구를 포기할 수 없다. O|X

[16 국가7급, 13 법원9급, 12 경찰채용, 11 경찰승진, 11 법원9급] [Core ★★]

해설

피고인은 정식재판의 청구를 포기할 수 없으나, 검사는 포기할 수 있다.(제453조 제1항 단서) [X]

1215 정식재판의 청구는 약식명령을 한 법원에 서면으로 제출하여야 한다. O|X

[17 경간부] [Core ★★]

해설

제453조 제2항 [O]

1216 약식명령에 대한 정식재판청구가 법령상의 방식에 위반하거나 정식재판청구권의 소멸후인 것이 명백한 때에는 법원은 결정으로 이를 기각하여야 한다. 이 결정에 대하여는 불복하지 못한다. O|X

[17 경간부, 12 경찰승진, 12 경찰채용] [Core ★★]

해설

정식재판청구기각결정에 대하여는 즉시항고를 할 수 있다.(제455조) [X]

1217 약식명령은 정식재판의 청구에 의한 판결이 있는 때에는 그 효력을 잃는다. O|X

[17 경간부, 11 법원9급] [Essential ★]

해설

제456조 [O]

1218 약식명령은 정식재판의 청구기간이 경과하거나 그 청구의 취하 또는 청구기각의 결정이 확정한 때에는 확정판결과 동일한 효력이 있다. O|X

[14 법원9급, 12 경찰채용] [Essential ★]

해설

제457조 [O]

1219 벌금형이 고지된 약식명령에 대해 피고인만이 정식재판을 청구한 경우 법원은 벌금액을 상향하여 선고할 수 있다. O|X

[18 국가9급] [Core ★★]

해설

피고인이 정식재판을 청구한 사건에 대하여는 약식명령의 형보다 중한 종류의 형을 선고하지 못한다. 피고인이 정식재판을 청구한 사건에 대하여 약식명령의 형보다 중한 형을 선고하는 경우에는 판결서에 양형의 이유를 적어야 한다.(제457조의2) [O]

1220 피고인이 절도죄 등으로 벌금 300만원의 약식명령을 발령받은 후 정식재판을 청구하자, 제1심 법원이 정식재판청구 사건을 통상절차에 의해 공소가 제기된 다른 점유이탈물횡령 등 사건들과 병합한 후 각 죄에 대해 모두 징역형을 선택한 다음 경합범 가중하여 징역 1년 2월을 선고한 것은 형종상향금지의 원칙에 위반되지 아니한다. O|X

[Core ★★]

해설

제1심 법원이 정식재판청구 사건을 통상절차에 의해 공소가 제기된 다른 점유이탈물횡령 등 사건들과 병합한 후 각 죄에 대해 모두 징역형을 선택한 다음 경합범 가중하여 징역 1년 2월을 선고한 것은 형사소송법 제457조의2 제1항에서 정한 형종상향금지의 원칙을 위반한 잘못이 있다. (대법원 2020.1.9. 2019도15700 형종상향금지 위반 사건) [X]

1221 형사소송법 제457조의2 제1항에서 정한 형종상향의 금지 원칙은 피고인만이 정식재판을 청구한 사건과 다른 사건이 병합·심리된 다음 경합범으로 처단되는 경우에도 정식재판을 청구한 사건에 대하여는 그대로 적용된다. O|X

[22 국가7급] [Core ★★]

해설

대법원 2020.3.26. 2020도355 형종상향금지 위반사건Ⅱ [O]

1222 (약식명령에 대한 정식재판절차에서) 피고인이 공판기일에 출석하지 아니한 때에는 다시 기일을 정하여야 하고 피고인이 정당한 사유 없이 다시 정한 기일에 출석하지 아니한 때에는 피고인의 진술없이 판결을 할 수 있다. O|X

[Core ★★]

해설

제458조 제2항, 제365조 [O]

제2절 즉결심판절차

1223 지방법원, 지원 또는 시·군법원의 판사는 즉결심판절차에 의하여 피고인에게 20만원 이하의 벌금, 구류 또는 과료에 처할 수 있다. O|X

[17 경찰승진, 17 경간부, 14 경간부, 14 경찰채용, 13 경찰채용] [Essential ★]

해설

판사는 즉결심판절차에 의하여 피고인에게 20만원 이하의 벌금, 구류 또는 과료에 처할 수 있다.(즉심법 제2조) [O]

1224 지방법원 또는 그 지원의 판사는 소속 지방법원장의 명령을 받아 소속법원의 관할사무와 관계없이 즉결심판청구사건을 심판할 수 있다. O|X

[18 경찰승진, 17 경찰채용] [Core ★★]

해설

즉심법 제3조의2 [O]

1225 즉결심판의 경우와 달리 약식명령에 의하여는 무죄, 면소, 공소기각을 할 수 없다. O|X

[21 국가7급] [Core ★★]

해설

제448조 제1항 [O]

1226 즉결심판청구서에는 피고인의 성명 기타 피고인을 특정할 수 있는 사항, 죄명, 범죄사실과 적용법조를 기재하여야 한다. 이 경우 서류 또는 증거물을 판사에게 제출하여서는 아니된다. O|X

[12 경찰승진] [Core ★★]

해설

경찰서장은 즉결심판의 청구와 동시에 즉결심판을 함에 필요한 서류 또는 증거물을 판사에게 제출하여야 한다.(즉심법 제4조) [×]

1227 즉결심판청구를 기각하는 결정이 있는 때에는 경찰서장은 관할지방검찰청 또는 지청의 검사의 승인을 얻어 정식재판을 청구할 수 있다. O|X

[15 경찰승진, 14 경찰승진, 13 경찰채용] [Core ★★]

해설

즉결심판청구를 기각하는 결정이 있는 때에는 경찰서장은 지체 없이 사건을 관할지방검찰청 또는 지청의 장에게 송치하여야 한다.(즉심법 제5조 제2항) [×]

1228 판사는 상당한 이유가 있는 경우에는 개정없이 피고인의 진술서와 서류 또는 증거물에 의하여 심판할 수 있다. 이는 구류에 처하는 경우에도 동일하다. O|X

[14 경찰승진, 13 경찰채용] [Core ★★]

해설

판사는 상당한 이유가 있는 경우에는 개정 없이 피고인의 진술서와 서류 또는 증거물에 의하여 심판할 수 있다. 다만, 구류에 처하는 경우에는 그러하지 아니하다.(즉심법 제7조 제3항) [×]

1229 벌금, 구류 또는 과료를 선고하는 경우에는 피고인이 출석하지 아니하더라도 심판할 수 있다. O|X

[17 경간부, 16 경찰채용, 14 경찰승진, 13 경찰승진, 13 경찰채용, 13 국가9급, 11 경찰채용] [Essential ★]

해설

벌금 또는 과료를 선고하는 경우에는 피고인이 출석하지 아니하더라도 심판할 수 있다.(즉심법 제8조의2 제1항) [×]

1230 다음 중 즉결심판절차에서 적용되지 않는 증거법칙은 모두 3개다. O|X

[17 경간부, 16 경찰승진, 16 경간부, 16 국가9급, 15 변호사, 14 경찰승진, 13 변호사, 13 경찰채용, 12 법원9급, 11 경찰승진, 11 경찰채용] [Superlative ★★★]

㉠ 증거재판주의	㉡자유심증주의
㉢ 자백배제법칙	㉣위법수집증거배제법칙
㉤ 전문법칙	㉥자백의 보강법칙

해설

㉤㉥ 2 항목의 증거법칙은 즉결심판절차에서는 적용되지 아니한다.(즉심법 제10조, 형사소송법 제310조, 제312조 제3항, 제313조) 그러나 자백배제법칙이나 위법수집증거배제법칙은 즉결심판 절차에서도 여전히 적용된다. 증거재판주의나 자유심증주의 등은 당연히 즉결 심판절차에서도 적용된다. [X]

1231 판사는 필요하다고 인정할 때에는 적당한 방법에 의하여 재정하는 증거에 한하여 조사할 수 있고, 사법경찰관이 작성한 피의자신문조서에 대하여 피고인이 내용을 인정하지 않더라도 증거로 사용할 수 있다. O|X

[16 경간부] [Core ★★]

해설

즉심법 제9조 제2항, 제10조 [O]

1232 법원은 즉결심판절차에 의하여 심판하는 경우에도 양형기준을 벗어난 판결을 할 때에는 당해 양형을 하게 된 사유를 합리적이고 설득력 있게 표현하는 방식으로 이유를 기재하여야 한다. O|X

[22 국가7급] [Superlative ★★★]

해설

법원이 양형기준을 벗어난 판결을 하는 경우에는 판결서에 양형의 이유를 적어야 한다. 다만, 약식절차 또는 즉결심판절차에 따라 심판하는 경우에는 그러하지 아니하다.(법원조직법 제81조의7 제2항) [X]

1233 판사는 즉결심판이 청구된 사건이 무죄·면소 또는 공소기각을 함이 명백하다고 인정할 때에는 이를 선고할 수 있다. O|X

[16 경간부] [Essential ★]

해설

즉심법 제11조 제5항 [O]

1234 (무죄·면소 또는 공소기각의 즉결심판에 대하여) 경찰서장은 그 선고·고지를 한 날부터 7일 이내에 정식재판을 청구할 수 있다. 이 경우 경찰서장은 관할지방검찰청 또는 지청의 검사의 승인을 얻어 정식재판청구서를 판사에게 제출하여야 한다.

O|X

[13 경간부, 11 경찰채용] [Core ★★]

해설

즉심법 제14조 제2항 [O]

1235 피고인이 즉결심판에 대하여 제출한 정식재판청구서에 피고인의 자필로 보이는 이름이 기재되어 있고 그 옆에 서명이 되어 있어 위 서류가 작성자 본인인 피고인의 진정한 의사에 따라 작성되었다는 것을 명백하게 확인할 수 있다면, 피고인의 인장이나 지장이 찍혀 있지 않다고 하더라도 해당 정식재판청구는 적법하다고 보아야 한다.

O|X

[22 국가7급] [Superlative ★★★]

해설

대법원 2019.11.29. 2017모3458 정식재판청구서 자필 · 서명 사건 [O]

1236 즉결심판에 대하여 경찰서장과 피고인 모두 정식재판을 청구할 수 있고, 피고인은 정식재판의 청구를 포기할 수 없다.

O|X

[16 경간부] [Core ★★]

해설

피고인은 유죄의 즉결심판에 대하여, 경찰서장은 무죄·면소 또는 공소기각의 즉결심판에 대하여 정식재판을 청구할 수 있다.(즉심법 제14조 제1항·제2항) 피고인은 정식재판의 청구를 포기할 수 있다.(즉심법 제12조 제2항 참고) [X]

1237 즉결심판은 정식재판의 청구기간의 경과, 정식재판청구권의 포기 또는 그 청구의 취하에 의하여 확정판결과 동일한 효력이 생기지만, 정식재판청구를 기각하는 재판이 확정된 때에는 그러하지 아니하다.

O|X

[22 경찰승진] [Essential ★]

해설

즉결심판은 정식재판의 청구기간의 경과, 정식재판청구권의 포기 또는 그 청구의 취하에 의하여 확정판결과 동일한 효력이 생긴다. 정식재판청구를 기각하는 재판이 확정된 때에도 같다.(즉심법 제16조) [X]

1238 피고인이 경찰서장의 청구에 따라 즉결심판을 받고 적법한 정식재판청구를 한 경우 경찰서장의 즉결심판청구는 공소제기와 동일한 소송행위이므로 관할 법원은 공판절차에 따라 심판하여야 한다. O|X

[Core ★★]

해설

대법원 2019.11.29. 2017모3458 정식재판청구서 자필 · 서명 사건 [O]

1239 검사가 정식재판을 청구한 즉결심판사건에 대하여 법원에 사건기록과 증거물을 그대로 송부하지 아니하고 즉결심판이 청구된 위반 내용과 동일성 있는 범죄사실에 대하여 약식명령을 청구한 경우, 이는 위법하다고 할 수 없어 법원은 약식명령에 대하여 유무죄의 실체심리를 하여야 한다. O|X

[21 경찰채용, 19 경찰채용, 19 국가9급] [Core ★★]

해설

피고인이 즉결심판에 대하여 정식재판청구를 한 경우 검사가 법원에 사건기록과 증거물을 그대로 송부하지 않고 즉결심판이 청구된 위반 내용과 동일성 있는 범죄사실에 대하여 약식명령을 청구하면 법원은 공소가 제기된 사건에 대하여 다시 공소가 제기되었을 때에 해당한다는 이유로 공소기각판결을 선고하여야 한다.(대법원 2019.11.29. 2017모3458 정식재판청구서 자필 · 서명 사건) [X]

1240 경찰서장이 범칙행위에 대하여 통고처분을 한 후 납부기간 내에 동일한 사실에 대하여 검사가 공소를 제기한 경우 면소판결을 선고하여야 한다. O|X

[22 경찰승진] [Core ★★]

해설

경찰서장이 범칙행위에 대하여 통고처분을 한 이상, 범칙자의 위와 같은 절차적 지위를 보장하기 위하여 통고처분에서 정한 범칙금 납부기간까지는 원칙적으로 경찰서장은 즉결심판을 청구할 수 없고, 검사도 동일한 범칙행위에 대하여 공소를 제기할 수 없다고 보아야 한다(대판 2020.4.29. 2017도13409). 이 때 검사가 공소를 제기하면 법원은 법률의 규정에 위반되어 무효이므로 공소기각판결을 선고하여야 한다. [X]

제3절 소년보호사건 및 소년형사사건

1241 검사는 소년에 대한 피의사건을 수사한 결과 벌금 이하의 형에 해당하는 사유가 있다고 인정한 경우에는 사건을 관할 소년부에 송치하여야 한다. O|X

[14 경간부, 12 경찰채용, 11 경찰승진] [Core ★★]

해설

검사는 소년에 대한 피의사건을 수사한 결과 보호처분에 해당하는 사유가 있다고 인정한 경우에는 사건을 관할 소년부에 송치하여야 한다.(소년법 제49조 제1항) [X]

1242 법원은 소년에 대한 피고사건을 심리한 결과 보호처분에 해당할 사유가 있다고 인정하면 결정으로써 사건을 관할 소년부에 송치하여야 한다. O|X

[14 변호사, 14 경간부, 11 경찰승진] [Core ★★]

해설

소년법 제50조 [O]

1243 소년보호사건의 심리는 공개한다. 다만, 특별한 사정이 있으면 공개하지 아니할 수 있다. O|X

[14 국가9급] [Core ★★]

해설

심리는 공개하지 아니한다. 다만, 소년부 판사는 적당하다고 인정하는 자에게 참석을 허가할 수 있다.(소년법 제24조 제2항) [X]

1244 죄를 범할 당시에 18세 미만인 소년에 대하여 사형 또는 무기형으로 처할 경우에는 15년의 유기징역으로 한다. O|X

[13 법원9급] [Core ★★]

해설

소년법 제59조 [O]

1245 검사는 피의자에 대하여 선도(범죄예방자원봉사위원의 선도 또는 소년의 선도·교육과 관련된 단체·시설에서의 상담·교육·활동 등) 등을 받게 하고, 피의사건에 대한 공소를 제기하지 아니할 수 있다. 이 경우 소년과 소년의 친권자·후견인 등 법정대리인의 동의를 받아야 한다. O|X

[20 경찰채용] [Core ★★]

해설

소년법 제49조의3 [O]

1246 소년이 법정형으로 장기 2년 이상의 유기형에 해당하는 죄를 범한 경우에는 그 형의 범위에서 장기와 단기를 정하여 선고한다. 다만, 장기는 10년, 단기는 3년을 초과하지 못한다. O|X

[15 경간부, 13 법원9급, 11 경찰승진] [Superlative ★★★]

해설

소년이 법정형으로 장기 2년 이상의 유기형에 해당하는 죄를 범한 경우에는 그 형의 범위에서 장기와 단기를 정하여 선고한다. 다만, 장기는 10년, 단기는 5년을 초과하지 못한다.(소년법 제60조 제1항) [X]

1247 소년에 대하여 형의 집행유예나 선고유예를 선고할 경우에는 부정기형을 선고한다. O|X

[11 경찰승진] [Essential ★]

해설

소년에 대하여 형의 집행유예나 선고유예를 선고할 경우에는 정기형을 선고한다. (소년법 제60조 제3항) [X]

1248 항소심 판결선고 당시 미성년자로서 부정기형을 선고받은 피고인이 상고심 계속 중에 성년이 되었다고 한다면 상고심은 항소심 판결을 파기하고 정기형을 선고하여야 한다. O|X

[16 국가7급, 16 법원9급, 13 법원9급] [Essential ★]

해설

항소심 판결선고 당시 미성년자로서 부정기형을 선고받은 피고인이 상고심 계속 중에 성년이 되었다 하더라도 항소심의 부정기형 선고를 정기형으로 고칠 수는 없다.(대법원 1990.11.27. 90도2225) [X]

1249 소년법 제60조 제2항(소년에 대한 작량감경)의 적용대상인 '소년'인지의 여부는 심판시, 즉 사실심 판결 선고시를 기준으로 판단되어야 한다. O|X

[14 경찰승진] [Core ★★]

해설

대법원 2009.5.28. 2009도2682 [O]

1250 19세 미만인 소년에 대하여는 벌금형의 환형으로 노역장유치의 선고를 하지 못한다. O|X

[14 경간부, 11 경찰승진] [Core ★★]

해설

18세 미만인 소년에 대하여는 벌금형의 환형으로 노역장유치의 선고를 하지 못한다.(소년법 제62조) [X]

1251 징역 또는 금고를 선고받은 소년에 대하여는 특별히 설치된 교도소 또는 일반 교도소 안에 특별히 분리된 장소에서 그 형을 집행한다. 다만, 소년이 형의 집행 중에 19세가 되면 일반 교도소에서 집행할 수 있다.

O|X

[20 경찰채요 [Essential ★]

해설

소년이 형의 집행 중에 23세가 되면 일반 교도소에서 집행할 수 있다.(소년법 제63조) [×]

1252 소년법 제18조 제1항 제3호에 따른 소년분류심사원에 위탁하는 임시조치에 따른 위탁기간은 형법 제57조 제1항의 판결 선고 전 구금일수에 포함되지 않는다.

O|X

[20 경찰채용] [Core ★★]

해설

소년법 제18조 제1항 제3호에 따른 소년분류심사원에 위탁하는 임시조치에 따른 위탁기간은 형법 제57조 제1항의 판결 선고 전 구금일수로 본다.(소년법 제61조) [×]

1253 보호처분이 계속 중일 때에 징역, 금고 또는 구류를 선고받은 소년에 대하여는 먼저 보호처분을 집행한다.

O|X

[22 경간부, 19 경간부] [Core ★★]

해설

보호처분이 계속 중일 때에 징역, 금고 또는 구류를 선고받은 소년에 대하여는 먼저 그 형을 집행한다.(소년법 제64조) [×]

1254 징역 또는 금고를 선고받은 소년에 대하여 무기형의 경우에는 5년, 15년의 유기형의 경우에는 3년, 부정기형의 경우에는 장기의 3분의 1이 경과하면 가석방을 허가할 수 있다.

O|X

[22 해경간부, 15 경간부, 11 경찰승진] [Superlative ★★★]

해설

(중략) 부정기형의 경우에는 단기의 3분의 1이 경과하면 가석방을 허가할 수 있다.(소년법 제65조) [×]

제4절 배상명령과 범죄피해자구조제도

1255 배상명령은 제1심 또는 제2심의 형사공판절차에서 할 수 있다. O|X

[M3 경찰채용] [Essential ★]

해설

소촉법 제25조 제1항 [O]

1256 배상명령은 피해자나 그 상속인의 신청에 의해서만 할 수 있을 뿐, 법원이 직권으로는 이를 하지 못한다. O|X

[15 법원9급, 13 경찰채용, 12 경찰채용, 12 법원9급, 11 경찰승진, 11 법원9급] [Core ★★]

해설

배상명령은 법원은 직권에 의하여 또는 피해자나 그 상속인의 신청에 의하여 할 수 있다.(소촉법 제25조 제1항) [X]

1257 배상명령의 범위는 피고사건의 범죄행위로 인하여 발생한 직접적인 물적 피해 및 치료비 손해에 한정이 되고 위자료는 이에 포함되지 아니한다. O|X

[13 경찰채용, 13 법원9급, 12 경찰승진, 12 법원9급] [Essential ★]

해설

법원은 피고사건의 범죄행위로 인하여 발생한 직접적인 물적 피해, 치료비손해 및 위자료의 배상을 명할 수 있다.(소촉법 제25조 제1항) [X]

1258 피해자는 제심 또는 제2심 공판의 변론이 종결될 때까지 사건이 계속된 법원에 배상신청을 할 수 있다. 이 경우 신청서에 인지(印紙)를 첩부(財付)하여야 한다. O|X

[13 경찰채용, 13 법원9급, 12 법원9급] [Superlative ★★★]

해설

배상명령신청서에 인지를 붙이지 아니한다.(소촉법 제26조 제1항) [X]

1259 신청인이 공판기일을 통지받고도 출석하지 아니하였을 때에는 신청을 취하한 것으로 본다. O|X

[16 경간부, 13 경찰채용, 13 법원9급, 12 경찰채용, 12 법원9급, 11 법원9급] [Core ★★]

해설

신청인이 공판기일을 통지받고도 출석하지 아니하였을 때에는 신청인의 진술 없이 재판할 수 있다.(소촉법 제29조) [X]

1260 배상명령은 유죄판결의 선고와 동시에 하여야 한다. ○│×

[13 경찰채용, 13 법원9급, 12 경찰승진, 12 경찰채용] [Core ★★]

해설

소촉법 제31조 제1항 [○]

1261 법원은 피고인의 배상책임의 유무 또는 그 범위가 명백하지 아니한 경우에는 배상신청을 각하하여야 안다. ○│×

[16 경간부] [Core ★★]

해설

소촉법 제25조 제3항, 제32조 제1항 [○]

1262 배상신청을 각하하거나 그 일부를 인용한 재판에 대하여 신청인은 즉시항고를 할 수 있다. ○│×

[16 경간부, 13 법원9급, 12 경찰승진, 12 경찰채용] [Essential ★]

해설

배상신청을 각하하거나 그 일부를 인용한 재판에 대하여 신청인은 불복을 신청하지 못하며, 다시 동일한 배상신청을 할 수 없다.(소촉법 제32조 제3항) [×]

Chapter 04 | 재판의 집행과 형사보상

1263 판결은 그 선고에 의하여 효력을 발생하는 것이 아니고 판결원본의 기재에 의하여 효력을 발생하므로 양자의 형이 다른 경우에는 검사는 판결원본에 기재된 형을 집행하여야 한다. O|X

[16 경간부] [Core ★★]

해설

판결은 그 선고에 의하여 효력을 발생하고 판결원본의 기재에 의하여 효력을 발생하는 것이 아니므로 양자의 형이 다른 경우에는 검사는 선고된 형을 집행하여야 한다.(대법원 1981.5.14. 81모8) [X]

1264 판결선고 후 판결확정 전 구금일수(판결선고 당일의 구금일수를 포함한다)는 전부를 본형에 산입한다. O|X

[17 경찰채용] [Core ★★]

해설

제482조 제1항 [O]

1265 형집행을 위한 소환에 응하지 아니한 때에는 검사는 지방법원판사에게 청구하여 형집행장을 발부받아 형집행 대상자를 구인하여야 한다. O|X

[14 법원9급] [Essential ★]

해설

소환에 응하지 아니한 때에는 검사는 형집행장을 발부하여 구인하여야 한다.(제473조 제2항) [X]

1266 사법경찰관리도 검사의 지휘를 받아 벌금미납자에 대한 노역장유치의 집행을 위하여 형집행장의 집행 등을 할 권한이 있으므로, 이 경우 벌금미납자에 대한 검거는 사법경찰관리의 직무범위에 속한다. O|X

[14 경찰·승진, 12 경찰채용] [Core ★★]

해설

대법원 2011.9.8. 2009도13371 지명수배자 미검거 사건 [O]

1267 형집행장의 집행에 관하여는 형사소송법 제1편 제9장에서 정하는 피고인의 구속에 관한 규정이 준용되므로 사법경찰관리가 벌금형을 받은 이를 그에 따르는 노역장 유치의 집행을 위하여 구인하려면, 검사로부터 발부받은 형집행장을 그 상대방에게 제시하여야 한다. O|X

[16 경간부, 15 경간부, 13 경찰승진, 11 경찰승진] [Essential ★]

해설

대법원 2010.10.14. 2010도8591 울산형집행장 불제시 사건 [O]

1268 형사보상은 무죄판결을 받거나 기소유예처분을 포함한 불기소처분을 받은 자가 구금 또는 형의 집행을 받았을 것을 요건으로 한다. O|X

[18 경간부] [Core ★★]

해설

형사보상은 무죄판결을 받거나 기소유예나 기소중지를 제외한 협의의 불기소처분을 받은 자가 구금 또는 형의 집행을 받았을 것을 요건으로 한다.(형사보상법 제2조, 제27조 제1항) [X]

1269 수사기관의 추궁과 수사 상황 등에 비추어 볼 때 본인이 범행을 부인하여도 형사처벌을 면하기 어려울 것이라는 생각으로 피고인이 부득이 자백에 이르게 된 경우라도 피고인에게 '수사 또는 심판을 그르칠 목적'이 있었다고 볼 수 있다. O|X

[14 경찰승진, 11 경찰승진] [Core ★★]

해설

(1) 형사보상법 제3조[24년 현재 제4조] 제2호에 의하여 법원이 보상청구의 전부 또는 일부를 기각하기 위해서는 본인이 단순히 허위의 자백을 하거나 또는 다른 유죄의 증거를 만드는 것만으로는 부족하고 본인에게 '수사 또는 심판을 그르칠 목적'이 있어야 한다. (2) 수사기관의 추궁과 수사 상황 등에 비추어 볼 때 본인이 범행을 부인하여도 형사처벌을 면하기 어려울 것이라는 생각으로 부득이 자백에 이르게 된 것이라면 '수사 또는 심판을 그르칠 목적'이 있었다고 섣불리 단정할 수 없다.(대법원 2008.10.28. 2008모577) [X]

1270 피고인보상의 청구는 무죄재판이 확정된 때부터 3년 이내에 하여야 한다. O|X

[17 경찰승진, 15 경간부, 14 경찰승진, 12 경찰채용] [Essential ★]

해설

보상청구는 무죄재판이 확정된 사실을 안 날부터 3년, 무죄재판이 확정된 때부터 5년 이내에 하여야 한다. (형사보상법 제8조) [X]

1271 형사보상을 받을 자가 다른 법률에 따라 손해배상을 청구하는 것은 금지된다. O|X

[21 국가9급] [Core ★★]

해설

형사보상법은 보상을 받을 자가 다른 법률에 따라 손해배상을 청구하는 것을 금지하지 아니한다.(형사보상법 제6조 제1항) [X]

1272 형사보상금 지급을 청구하려는 자는 보상을 결정한 법원에 보상금 지급청구서를 제출하여야 한다. O|X

[17 경찰승진] [Essential ★]

해설

보상금 지급을 청구하려는 자는 보상을 결정한 법원에 대응하는 검찰청에 보상금 지급청구서를 제출하여야 한다.(형사보상법 제21조 제1항) [X]

형사소송법 중요 판례

해커스경찰
police.Hackers.com

중요 판례

2021 중요 형사소송법 판례 정리
2022 중요 형사소송법 판례 정리
2023 중요 형사소송법 판례 정리

2021 중요 형사소송법 판례 정리

[1] 위법한 함정수사에 해당하는 경우

★ 게임장 운영자인 피고인이 게임장에 잠복근무 중인 경찰관으로부터 게임점수를 환전해 줄 것을 요구받고 거절하였음에도 경찰관의 지속적인 요구에 어쩔 수 없이 게임점수를 현금으로 환전해 준 것은 본래 범의를 가지지 않은 자에 대하여 수사기관이 계략으로 범의를 유발하게 한 위법한 함정수사에 해당한다.(대법원 2021.7.29. 2017도16810 불법게임장 잠복수사 사건)

[2] 위법한 수사에 해당하지 않는 경우

★ 경찰관은 게임장 운영자인 피고인의 게임 결과물 환전행위를 적발하기 위해 게임장에 여러 차례에 걸쳐 잠입수사를 하였는데, 그 과정에서 게임장 종업원의 제안에 따라 회원카드를 발급받아 게임점수를 적립하였을 뿐 피고인 등에게 회원카드 발급 및 게임점수 적립을 적극적으로 요구하거나 다른 손님들과 게임점수의 거래를 시도한 적은 없고, 그 후에도 피고인에게 회원카드 발급 및 게임점수 적립 등을 통한 사행행위의 조장 을 요구하거나 종용한 사실이 없으므로 피고인의 범행(사행행위 조장으로 인한 게임산업진흥에 관한 법률 위반)은 수사기관이 사술이나 계략 등을 써서 피고인의 범의를 유발한 것이 아니라 이미 이루어지고 있던 범행을 적발한 것에 불과하므로 이에 관한 공소제기가 함정수사에 기한 것으로 볼 수 없다.(대법원 2021.7.29. 2017도16810 불법게임장잠복수사사건)

[3] 구속영장 발부 후 영장집행이 정당한 사유 없이 지체된 경우 그 기간 동안의 체포 내지 구금이 위법한지의 여부(적극)

★ 법관이 검사의 청구에 의하여 체포된 피의자의 구금을 위한 구속영장을 발부하면 검사와 사법경찰관리는 지체 없이 신속하게 구속영장을 집행하여야 한다. 피의자에 대한 구속영장의 제시와 집행이 그 발부 시로부터 정당한 사유 없이 시간이 지체되어 이루어졌다면 구속영장이 그 유효기간 내에 집행되었다고 하더라도 위 기간 동안의 체포 내지 구금상태는 위법하다.(대법원 2021.4.29. 2020도16438 구속영장집행 지체 사건) [22 경찰채용]

[4] 구속영장 발부 후 영장집행이 정당한 사유 없이 지체되어 체포 내지 구금이 위법한 경우

★ 피고인에 대한 구속영장이 2020.2.8. 발부되고 구속영장 청구 사건의 수사관계 서류와 증거물이 같은 날 17:00경 검찰청에 반환되어 그 무렵 검사의 집행지휘가 있었는데도 사법경찰리가 그로부터 만 3일 가까이 경과한 2020.2.11. 14:10경 구속영장을 집행한 경우 사법경찰리의 피고인에 대한 구속영장 집행은 지체 없이 이루어졌다고 볼 수 없고, 위 '구속영장 집행에 관한 수사보고'상의 사정은 구속영장 집행절차 지연에 대한 정당한 사유에 해당한다고 보기도 어려우므로 정당한 사유 없이 지체된 기간 동안의 피고인에 대한 체포 내지 구금 상태는 위법하다.(대법원 2021.4.29. 2020도16438 구속영장집행 지체 사건)

'구속영장 집행에 관한 수사 보고'에는 "구속영장이 주말인 2020.2.8. (토) 발부되어 경찰서 송치담당자가 2020.2.10. (월) 인천지방검 찰청 부천지청 사건과에서 이를 찾아 왔는데, 사건 담당자가 외근 수사 중이었기 때문에 부득이 2020.2.11. (화) 구속영장을 집행하였다"라는 취지의 기재가 있었다. 이 사건을 정리하면 "사법경찰관 2020.2.6. 17:10 피의자 甲을 업무방해 및 공연음란죄의 현행범으로 체포 → 검사 2020.2.7. 18:15 법원 판사에 구속영장 청구 → 법원 판사 2020.2.8. 16:00 영장실질심사를 진행하고 유효기간을 2020.2.14.까지로 기재한 구속영장 발부 → 검사 사법경찰관에 대한 구속영장 집행 지휘 → 사법경찰관 2020.2.11. 14:10 구속 영장 집행"이다. 사법경찰관이 '공휴일이었다 그리고 담당자가 외근 중이었다'라는 이유로 영장발부 후 거의 3일 뒤에 구속영장을 집행한 것이다. 체포기간도 구속기간에 산입되므로 (구속기간 10일은 체포한 때부터 기산하므로) 피의자 甲의 입장에서는 큰 불이익이 없어 보이지만, 甲은 체포된 때부터 거의 5일 동안 아무런 영장 없이 체포·구금된 것이므로 대법원은 체포·구속의 관련 조문의 '즉시' 또는 '지체 없이' 등을 원용하여 위와 같이 구속영장의 집행이 지체된 경우 그 상태에서의 체포·구금은 위법하다고 판시하였다.

[5] 전자정보의 압수·수색과 비례의 원칙 관련 판례

★ 오늘날 개인 또는 기업의 업무는 컴퓨터나 서버, 저장매체가 탑재된 정보처리장치 없이 유지되기 어려운데, 전자정보가 저장된 각종 저장매체 (이하 '정보저장매체'라 한다)는 대부분 대용량이어서 수사의 대상이 된 범죄혐의와 관련이 없는 개인의 일상생활이나 기업경영에 관한 정보가 광범위하게 포함되어 있다. 이러한 전자정보에 대한 수사기관의 압수·수색은 사생활의 비밀과 자유, 정보에 대한 자기결정권, 재산권 등을 침해할 우려가 크므로 포괄적으로 이루어져서는 안 되고, 비례의 원칙에 따라 수사의 목적상 필요한 최소한의 범 위 내에서 이루어져야 한다.(대법원 2021.11.18. 2016도348 숫습 몰카피해자 휴대폰 2대 임의제출 사건)

[6] 전자정보매체에 대한 임의제출 압수 등의 적법성 인정요건

1. ★ 수사기관의 전자정보에 대한 압수·수색은 원칙적으로 영장 발부의 사유로 된 범죄혐의사실과 관련된 부분만을 문서 출력물로 수집하거나 수사기관이 휴대한 정보저장매체에 해당 파일을 복제하는 방식으로 이루어져야 하고, 정보저장매체 자체를 직접 반출하거나 저장매체에 들어 있는 전자파일 전부를 하드카 피나 이미징 등 형태 (이하 '복제본'이라 한다)로 수사기관 사무실 등 외부로 반출하는 방식으로 압수·수색하는 것은 현장의 사정이나 전자정보의 대량성으로 인하여 관련 정보 획득에 긴 시간이 소요되거나 전문인력에 의한 기술적 조치가 필요한 경우 등 범위를 정하여 출력 또는 복제하는 방법이 불가능하거나 압수의 목적을 달성하기에 현저히 곤란하다고 인정되는 때에 한하여 예외적으로 허용될 수 있을 뿐이다. 위와 같은 법리는 정보저장매체에 해당하는 임의제출물의 압수에도 마찬가지로 적용된다. 임의제출물의 압수는 압수물에 대한 수사기관의 점유 취득이 제출자의 의사에 따라 이루어진다는 점에서 차이가 있을 뿐 범죄혐의를 전제로 한 수사 목적이나 압수의 효력은 영장에 의한 경우와 동일하기 때문이다. 따라서 수사기관은 특정 범죄혐의와 관련하여 전자정보가 수록된 정보저장매체를 임의제출받아 그 안에 저장된 전자정보를 압수하는 경우 그 동기가 된 범죄혐의 사실과 관련된 전자정보의 출력물 등을 임의제출받아 압수하는 것이 원칙이다. 다만 현장의 사정이나 전자정보의 대량성과 탐색의 어려움 등의 이유로 범위를 정하여 출력 또는 복제하는 방법이

불가능하거나 압수의 목적을 달성하기에 현저히 곤란하다고 인정되는 때에 한하여 예외적으로 정보저장매체 자체나 복제본을 임의제출받아 압수할 수 있다.(대법원 2021.11.18. 2016도348 순습 몰카피해자 휴대폰 2대 임의제출 사건) [22 경찰채용]

2. ★ 정보저장매체와 그 안에 저장된 전자정보는 개념적으로나 기능적으로나 별도의 독자적 가치와 효용을 지닌 것으로 상호 구별될 뿐만 아니라 임의제출된 전자정보의 압수가 적법한 것은 어디까지나 제출자의 자유로운 제출 의사에 근거한 것인 이상, 범죄혐의사실과 관련된 전자정보와 그렇지 않은 전자정보가 혼 재되어 있는 정보저장매체나 복제본을 수사기관에 임의제출하는 경우 제출자는 제출 및 압수의 대상이 되는 전자정보를 개별적으로 지정하거나 그 범위를 한정할 수 있다. 이처럼 정보저장매체 내 전자정보의 임의제출 범위는 제출자의 의사에 따라 달라질 수 있는 만큼 이러한 정보저장 매체를 임의제출받는 수사 기관은 제출자로부터 임의제출의 대상이 되는 전자정보의 범위를 확인함으로써 압수의 범위를 명확히 특정하여야 한다. 나아가 정보저장매체를 임의제출하는 사람이 거기에 담긴 전자정보를 지정하거나 제출 범위를 한정하는 취지로 한 의사표시는 엄격하게 해석하여야 하고, 확인되지 않은 제출자의 의사를 수사기관이 함부로 추단하는 것은 허용될 수 없다. 따라서 수사기관이 제출자의 의사를 쉽게 확인할 수 있음에도 이를 확인하지 않은 채 특정 범죄혐의사실과 관련된 전자정보와 그렇지 않은 전자정보가 혼재된 정보저 장 매체를 임의제출받은 경우 그 정보저장매체에 저장된 전자정보 전부가 임의제출되어 압수된 것으로 취급할 수는 없다. 이 경우 제출자의 임의제출 의사에 따라 압수의 대상이 되는 전자정보의 범위를 어떻게 특정할 것인지가 문제된다.(대법원 2021.11.18. 2016도348 순습 몰카피해자휴대폰 2대 임의제출사건) [22 경찰채용]

3. ★ 수사기관은 피의사실과 관계가 있다고 인정할 수 있는 것에 한정하여 증거물 또는 몰수할 것으로 사료하는 물건을 압수할 수 있다(형사소송법 제219조, 제106조). 따라서 전자정보를 압수하고자 하는 수사기관이 정보저장매체와 거기에 저장된 전자정보를 임의제출의 방식으로 압수할 때, 제출자의 구체적인 제출범위에 관한 의사를 제대로 확인하지 않는 등의 사유로 인해 임의제출자의 의사에 따른 전자정보 압수의 대상과 범위가 명확하지 않거나 이를 알 수 없는 경우에는 임의제출에 따른 압수의 동기가 된 범죄혐의 사실과 관련되고 이를 증명할 수 있는 최소한의 가치가 있는 전자정보에 한하여 압수의 대상이 된다. 이때 범죄혐의사실과 관련된 전자정보에는 범죄혐의 사실 그 자체 또는 그와 기본적 사실관계가 동일한 범행과 직접 관련되어 있는 것은 물론 범행 동기와 경위, 범행 수단과 방법, 범행 시간과 장소 등을 증명하기 위한 간접증거나 정황증거 등으로 사용될 수 있는 것도 포함될 수 있다. 다만 그 관련성은 임의 제출에 따른 압수의 동기가 된 범죄혐의사실의 내용과 수사의 대상, 수사의 경위, 임의제출의 과정 등을 종합하여 구체적·개별적 연관관계가 있는 경우에만 인정되고, 범죄 혐의사실과 단순히 동종 또는 유사 범행이라는 사유만으로 관련성이 있다고 할 것은 아니다.(대법원 2021.11.18. 2016도348 순습 몰카피해자 휴대폰 2대 임의제출 사건)

[7] 불법촬영 범죄 등의 경우 임의제출된 전자정보 압수의 범위

★ 범죄혐의사실과 관련된 전자정보인지를 판단할 때는 범죄혐의사실의 내용과 성격, 임의제출의 과정 등을 토대로 구체적·개별적 연관관계를 살펴볼 필요가 있다. 특히 카메라의 기능과 정보저장매체의 기능을 함께 갖춘 휴대전화인 스마트폰을 이용한 불법촬영 범죄와 같이 범죄의 속성상 해당 범행의 상습성이 의심되거나 성적 기호 내지 경향성의 발현에 따른 일련의 범행의 일환으로 이루어진 것으로 의심되고, 범행의 직접 증거가 스마트폰 안에 이미지 파일이나 동영상 파일의 형태로 남아 있을 개연

성이 있는 경우에는 그 안에 저장되 어 있는 같은 유형의 전자정보에서 그와 관련한 유력한 간접증거나 정황증거가 발견될 가능성이 높다는 점에서 이러한 간접증거나 정황증거는 범죄혐의사실과 구체적·개별적 연관관계를 인정할 수 있다. 이처럼 범죄의 대상이 된 피해자의 인격권을 현저히 침해하는 성격의 전자정보를 담고 있는 불법촬영물은 범죄행위로 인해 생성된 것으로서 몰수의 대상이기도 하므로 임의제출된 휴대전화에서 해당 전자정보를 신속히 압수·수색하여 불법촬영물의 유통 가능성을 적시에 차단함으로써 피해자를 보호할 필요성이 크다. 나아가 이와 같은 경우에는 간접증거나 정황증거이면서 몰수의 대상이자 압수·수색의 대상인 전자정보의 유형이 이미지 파일 내지 동영상 파일 등으로 비교적 명확하게 특정되어 그와 무관한 사적 전자정보 전반의 압수·수색으로 이어질 가능성이 적어 상대적으로 폭넓게 관련성을 인정할 여지가 많다는 점에서도 그러하다.(대법원 2021.11.18. 2016도348 全合 몰카피해자 휴대폰 2대 임의제출 사건)

[8] 피의자 아닌 사람이 피의자가 소유·관리하는 정보저장매체를 임의제출한 경우 전자정보 압수의 범위

★ 피의자가 소유·관리하는 정보저장매체를 피의자 아닌 피해자 등 제3자가 임의제출하는 경우에는 그 임의제출 및 그에 따른 수사기관의 압수가 적법하더라도 임의제출의 동기가 된 범죄혐의사실과 구체적·개별적 연관관계가 있는 전자정보에 한하여 압수의 대상이 되는 것으로 더욱 제한적으로 해석하여야 한다. 임의 제출의 주체가 소유자 아닌 소지자·보관자이고 그 제출행위로 소유자의 사생활의 비밀 기타 인격적 법익이 현저히 침해될 우려가 있는 경우에는 임의제출에 따른 압수·수색의 필요성과 함께 임의제출에 동의하지 않은 소유자의 법익에 대한 특별한 배려도 필요한 바, 피의자 개인이 소유·관리하는 정보저장매체에는 그의 사생활의 비밀과 자유, 정보에 대한 자기결정권 등 인격적 법익에 관한 모든 것이 저장되어 있어 제한 없이 압수·수색이 허용될 경우 피의자의 인격적 법익이 현저히 침해될 우려가 있기 때문이다. 그러므로 임의제출 자인 제3자가 제출의 동기가 된 범죄혐의사실과 구체적·개별적 연관관계가 인정되는 범위를 넘는 전자정보까지 일괄하여 임의제출한다는 의사를 밝혔더라도 그 정보저장매체 내 전자정보 전반에 관한 처분권이 그 제3자에게 있거나 그에 관한 피의자의 동의의사를 추단할 수 있는 등의 특별한 사정이 없는 한 그 임의제출을 통해 수사기관이 영장 없이 적법하게 압수할 수 있는 전자정보의 범위는 범죄혐의사실과 관련된 전자정보에 한정된다.(대법원 2021.11.18. 2016도348 全合 몰카피해자 휴대폰 2대 임의제출 사건) [22 국가9급]

[9] 제3자에 의하여 임의제출된 전자정보를 탐색하는 과정에서도 피압수자 측에게 참여의 기회를 보장해 주어야 하는지의 여부(적극)

★ 압수의 대상이 되는 전자정보와 그렇지 않은 전자정보가 혼재된 정보저장매체나 그 복제본을 임의제출받은 수사기관이 그 정보저장매체 등을 수사기관 사무실 등으로 옮겨 이를 탐색·복제·출력하는 경우 그와 같은 일련의 과정에서 형사소송법 제219조, 제121조에서 규정하는 피압수·수색 당사자(이하 '피압수자'라 한다)나 그 변호인에게 참여의 기회를 보장하고 압수된 전자정보의 파일 명세가 특정된 압수목록을 작성·교부 하여야 하며 범죄혐의사실과 무관한 전자정보의 임의적인 복제 등을 막기 위한 적절한 조치를 취하는 등 영장 주의 원칙과 적법절차를 준수하여야 한다. 만약 그러한 조치가 취해지지 않았다면 피압수자 측이 참여하지 아니한다는 의사를 명시적으로 표시하였거나 임의제출의 취지와 경과 또는 그 절차 위반행위가 이루어진 과정의 성질과 내용 등에 비추어 피압수자 측에 절차 참여를 보장한 취

지가 실질적으로 침해되었다고 볼 수 없을 정도에 해당한다는 등의 특별한 사정이 없는 이상 압수·수색이 적법하다고 평가할 수 없고, 비록 수사기관이 정보저장매체 또는 복제본에서 범죄혐의사실과 관련된 전자정보만을 복제·출력하였다 하더라 도 달리 볼 것은 아니다. 나아가 피해자 등 제3자가 피의자의 소유·관리에 속하는 정보저장매체를 영장에 의하지 않고 임의제출한 경우에는 실질적 피압수자인 피의자가 수사기관으로 하여금 그 전자정보 전부를 무제한 탐색하는 데 동의한 것으로 보기 어려울 뿐만 아니라 피의자 스스로 임의제출한 경우 피의자의 참여권 등이 보장되어야 하는 것과 견주어 보더라도 특별한 사정이 없는 한 형사소송법 제219조, 제121조, 제129조에 따라 피의자에게 참여권을 보장하고 압수한 전자정보목록을 교부하는 등 피의자의 절차적 권리를 보장하기 위한 적절한 조치가 이루어져야 한다.(대법원 2021.11.18. 2016도348 전합 몰카피해자 휴대폰 2대 임의제출 사건)

[10] 임의제출된 정보저장매체 탐색 과정에서 무관정보 발견 시 필요한 조치·절차

★ 임의제출된 정보저장매체에서 압수의 대상이 되는 전자정보의 범위를 초과하여 수사기관 임의로 전자정보 를 탐색·복제·출력하는 것은 원칙적으로 위법한 압수·수색에 해당하므로 허용될 수 없다. 만약 전자정보에 대한 압수·수색이 종료되기 전에 범죄혐의사실과 관련된 전자정보를 적법하게 탐색하는 과정에서 별도의 범죄혐의와 관련된 전자정보를 우연히 발견한 경우라면 수사기관은 더 이상의 추가탐색을 중단하고 법원으로부터 별도의 범죄혐의에 대한 압수·수색영장을 발부받은 경우에 한하여 그러한 정보에 대하여도 적법하게 압수·수색을 할 수 있다. 따라서 임의제출된 정보저장매체에서 압수의 대상이 되는 전자정보의 범위를 넘어서는 전자정보에 대해 수사기관이 영장 없이 압수·수색하여 취득한 증거는 위법수집증거에 해당하고, 사후에 법원으로부터 영장이 발부되었다거나 피고인이나 변호인이 이를 증거로 함에 동의하였다고 하여 그 위법성이 치유되는 것도 아니다.(대법원 2021.11.18. 2016도348 전합 몰카피해자 휴대폰 2대 임의제출 사건) [22 경찰채용, 22. 국가9급, 22 법원9급, 22 국가7급]

[11] 임의제출된 전자정보를 탐색하는 과정에서 피압수자 측에게 별도로 참여의 기회를 보장해 줄 필요가 없는 경우

★ (1) 수사기관이 임의제출받은 정보저장매체가 그 기능과 속성상 임의제출에 따른 적법한 압수의 대상이 되는 전자정보와 그렇지 않은 전자정보가 혼재될 여지가 거의 없어 사실상 대부분 압수의 대상이 되는 전자 정보만이 저장되어 있는 경우에는 소지·보관자의 임의제출에 따른 통상의 압수절차 외에 피압수자에게 참여의 기회를 보장하지 않고 전자정보 압수목록을 작성·교부하지 않았다는 점만으로 곧바로 증거능력을 부정할 것은 아니다. (2) 임의제출된 위장형 카메라 및 그 메모리카드에 저장된 전자정보처럼 오직 불법촬영을 목적으로 방실 내 나체나 성행위 모습을 촬영할 수 있는 벽 등에 은밀히 설치되고, 촬영대상 목표물의 동작이 감지될 때에만 카메라가 작동하여 촬영이 이루어지는 등 그 설치 목적과 장소, 방법, 기능, 작동원리상 소유자의 사생활의 비밀 기타 인격적 법익의 관점에서 그 소지·보관자의 임의제출에 따른 적법한 압수의 대상이 되는 전자정보와 구별되는 별도의 보호 가치 있는 전자정보의 혼재 가능성을 상정하기 어려운 경우에는 소지·보관자의 임의제출에 따른 통상의 압수절차 외에 별도의 조치가 따로 요구된다고 보기는 어렵다. 따라서 피고인 내지 변호인에게 참여의 기회를 보장하지 않고 전자정보 압수목록을 작성·교부하지 않았다는 점만으로 곧바로 증거능력을 부정할 것은 아니다.(대법원 2021.11.25. 2019도7342 모텔 몰카 압수사건)

[12] 압수·수색영장에 기재된 '압수할 물건'을 엄격하게 해석한 경우

★ 경찰은 범행의 피의자로 乙을 특정하여 乙이 소유·소지하는 물건을 압수하기 위해 영장을 신청하였고, 판사는 그 신청취지에 따라 乙이 소유·소지하는 물건의 압수를 허가하는 취지의 영장을 발부하였으므로 영장의 문언상 압수·수색의 상대방은 乙이고, 압수할 물건은 乙이 소유·소지·보관·관리·사용하는 물건에 한정된다. 비록 경찰이 압수·수색 현장에서 다른 사람으로부터 범행의 진범이 甲이라는 이야기를 들었다고 하더라도 영장에 기재된 문언에 반하여 甲 소유의 물건을 압수할 수는 없다. 대물적 강제처분은 대인적 강제처분과 비교하여 범죄사실 소명의 정도 등에서 그 차이를 인정할 수 있다고 하더라도 일단 피의자와 피압수자를 특정하여 영장이 발부된 이상 다른 사람을 피압수자로 선해하여 영장을 집행하는 것이 적법·유효하다고 볼 수 는 없기 때문이다.(대법원 2021. 7.29. 2020도14654 음란물저장휴대폰압수사건) 乙은 피고인 甲의 동생이었다.

[13] 적법한 임의제출물의 압수에 해당하는 경우

★ 피의자가 휴대전화를 임의제출하면서 휴대전화에 저장된 전자정보가 아닌 클라우드 등 제3자가 관리하는 원격지에 저장되어 있는 전자정보를 수사기관에 제출한다는 의사로 수사기관에게 클라우드 등에 접속하기 위한 아이디와 비밀번호를 임의로 제공하였다면 위 클라우드 등에 저장된 전자정보를 임의제출하는 것으로 볼 수 있다.(대법원 2021. 7.29. 2020도14654 음란물 저장 휴대폰 압수사건) [22 국가7급]

[14] 예비군법 정당한 사유 증명방법

예비군법 제15조 제9항 제1호에서 정한 정당한 사유가 없다는 사실은 범죄구성요건이므로 검사가 증명하여야 하지만, 양심적 예비군훈련거부를 주장하는 피고인은 자신의 예비군훈련 거부가 그에 따라 행동하지 않고서는 인격적 존재가치가 파멸되고 말 것이라는 절박하고 구체적인 양심에 따른 것이며 그 양심이 깊고 확고하며 진실한 것이라는 사실의 존재를 수긍할 만한 소명자료를 제시하고, 검사는 제시된 자료의 신빙성을 탄핵하는 방법으로 진정한 양심의 부존재를 증명할 수 있다.(대법원 2021.2.25. 2019도18442 양심적 예비 군훈련거부 사건) [22 경찰채용]

[15] 검사가 증인이 될 사람을 미리 소환하여 면담하는 절차를 거친 후 그 증인이 법정에서 피고인에게 불리한 내용의 증언을 한 경우 그 증언의 증명력

★ 검사가 공판기일에 증인으로 신청하여 신문할 사람을 특별한 사정 없이 미리 수사기관에 소환하여 면담하는 절차를 거친 후 증인이 법정에서 피고인에게 불리한 내용의 진술을 한 경우 검사가 증인신문 전 면담과정에서 증인에 대한 회유나 압박, 답변 유도나 암시 등으로 증인의 법정진술에 영향을 미치지 않았다는 점이 담보되어야 증인의 법정진술을 신빙할 수 있다. 검사가 증인신문 준비 등 필요에 따라 증인을 사전 면담할 수 있다고 하더라도 법원이나 피고인의 관여 없이 일방적으로 사전 면담하는 과정에서 증인이 훈련되거나 유도되어 법정에서 왜곡된 진술을 할 가능성도 배제할 수 없기 때문이다. 증인에 대한 회유나 압박 등이 없었다는 사정은 검사가 증인의 법정진술이나 면담과정을 기록한 자료 등으로 사전면담 시점, 이유와 방법, 구체적 내용 등을 밝힘으로써 증명하여야 한다.(대법원 2021.6.10. 2020도15891)

[16] 증거능력이 없어 증거로 채택되지 아니한 증거서류 또는 증거물에 대하여 법원이 취해야 할 조치 (= 제출자에게 반환)

★ 형사소송규칙 제134조 제4항은 "법원은 증거신청을 기각·각하하거나 증거신청에 대한 결정을 보류하는 경우 증거신청인으로부터 당해 증거서류 또는 증거물을 제출받아서는 아니 된다."라고 규정하고 있으므로 법원은 증거능력이 없어 증거로 채택되지 아니한 증거서류 또는 증거물을 제출받아서는 안 되고, 일단 제출받은 경우에는 이를 증거신청인에게 반환하여야 한다.(대법원 2021.7.21. 2018도3226 피신조서 증거기록편철 사건)

[17] 변론종결 후 피고인에게 불리한 새로운 양형조건에 관한 자료가 제출된 경우 법원이 취해야 할 조치

★ 사실심 변론종결 후 검사나 피해자 등에 의해 피고인에게 불리한 새로운 양형조건에 관한 자료가 법원에 제출되었다면 사실심 법원으로서는 변론을 재개하여 그 양형자료에 대하여 피고인에게 의견진술 기회를 주는 등 필요한 양형심리절차를 거침으로써 피고인의 방어권을 실질적으로 보장해야 한다.(대법원 2021.9.30. 2021도5777 강간치상 피해자 사망사건)

[18] 자유로운 증명의 대상이 되는 경우

★ 출입국사범 사건에서 지방출입국·외국인관서의 장의 적법한 고발이 있었는지 여부가 문제되는 경우에 법원은 증거조사의 방법이나 증거능력의 제한을 받지 아니하고 제반사정을 종합하여 적당하다고 인정되는 방법에 의하여 자유로운 증명으로 그 고발 유무를 판단하면 된다.(대법원 2021.10.28. 2021도404 적법한고발 간과사건)

[19] 성폭력범죄의 처벌 등에 관한 특례법 제30조 제6항 중 '제1항에 따라 촬영한 영상물에 수록된 피해자의 진술은 공판준비기일 또는 공판기일에 조사 과정에 동석하였던 신뢰관계에 있는 사람 또는 진술조력인의 진술에 의하여 그 성립의 진정함이 인정된 경우에 증거로 할 수 있다' 부분이 헌법에 위반되는지의 여부(적극)

★ (1) 심판대상조항의 목적은 '19세 미만 성폭력범죄 피해자' (이하 '미성년 피해자'라 한다)가 증언과정에서 받을 수 있는 2차 피해를 막기 위한 것으로 그 정당성이 인정된다. 그리고 심판대상조항이 조사 과정에 동석 하였던 신뢰관계인 등의 성립인정 진술이 있는 경우에도 영상물에 수록된 미성년 피해자 진술의 증거능력이 인정될 수 있도록 하여 위 피해자에 대한 법정에서의 조사와 신문을 최소화할 수 있도록 한 것은, 일응 이러한 목적 달성에 기여할 수 있다 할 것이므로 수단의 적합성도 인정된다. (2) 미성년 피해자가 받을 수 있는 2차 피해를 방지하는 것은, 성폭력범죄에 관한 형사절차를 형성함에 있어 결코 포기할 수 없는 중요한 가치라 할 것이나 그 과정에서 피고인의 공정한 재판을 받을 권리 역시 보장되어야 한다. 따라서 형사절차에서 미성년 피해자 보호를 위한 규정을 마련함에 있어서는, 피고인에게 공격·방어 방법을 적절히 보장하면서도 미성년 피해자의 2차 피해를 방지할 수 있는 조화적인 방법을 강구할 때에만 비로소 기본권 제한입법에 요구되는 피해의 최소성 요건에 부합할 수 있을 것이다. 그런데 성폭력범죄의 특성상 영상물에 수록된 미성년 피해자 진술이 사건의 핵심 증거인 경우가 적지 않고, 이러한 진술증거에 대한 탄핵의 필요성이 인정됨에도 심판대상조항은 그러한 주요 진술

증거의 왜곡이나 오류를 탄핵할 수 있는 효과적인 방법인 피고인의 반대신 문권을 보장하지 않고 있으며, 이를 대체할 만한 수단도 마련하고 있지 못하다. 즉, 영상물에 수록된 미성년 피해자의 진술은, 범행 과정 등을 촬영한 영상증거가 아니라, 수사과정에서 피고인의 참여 없이 이루어진 미성년 피해자의 답변을 녹화한 진술증거이다. 그러므로 영상물이 제공할 수 있는 제한적인 정보 및 그 형성 과정 등을 고려할 때, 영상물이 미성년 피해자의 진술 장면을 그대로 재현할 수 있다 하더라도, 그러한 사정만으로 위 증거가 반대신문을 통한 검증의 필요성이 적은 증거방법이라 할 수 없고, 위 영상물의 내용을 바탕으로 한 탄핵만으로 피고인의 반대신문권의 역할을 대체하기에도 일정한 한계가 존재할 수밖에 없다. 또한, 조사 과정에 동석하였던 신뢰관계인 등은 범행 과정 등을 직접 경험하거나 목격한 사람이 아니므로 그에 대한 반대신문은 원진술자에 대한 반대신문을 대체하는 수단으로는 제대로 기능할 수 없다. 나아가 심판대상조항에도 불구하고, 법원이 제반 사정을 고려하여 피고인 등의 신청이나 직권으로 미성년 피해자를 증인으로 소환할 여지가 있기는 하다. 그러나 이러한 증인신청이 반드시 받아들여진다거나 이미 자신의 진술에 증거능력을 부여받은 미성년 피해자가 법정에 출석하리라는 보장이 없으므로, 피고인은 여전히 자신이 탄핵하지 못한 진술증거에 의하여 유죄를 인정받을 위험에 놓이게 된다. 따라서 위와 같은 사정을 근거로 피고인의 반대신문권이 보장되고 있다고 볼 수는 없다. 위에서 본 사정을 종합할 때, 심판대상조항에 의하여 피고인은 사건의 핵심적인 진술증거에 관하여 충분히 탄핵할 기회를 갖지 못한 채 유죄 판결을 받을 수 있게 되므로, 그로 인한 피고인의 방어권 제한의 정도는 매우 중대하다. 그에 비하여, 다음에서 살피는 바와 같이 미성년 피해자에 대한 피고인의 반대신문권을 보장하면서도 증언과정에서 발생할 수 있는 미성년 피해자의 2차 피해를 방지할 수 있는 조화적인 방법을 적극적으로 활용함으로써 심판대상조항의 목적을 충분히 달성할 수 있다. 우선, 미성년 피해자는 증언과정에서 고통스러운 범죄 경험에 대한 반복적 회상과 진술로 인하여 2차 피해를 받을 수 있는데, 성폭력범죄 사건 수사의 초기단계에서부터 증거보전절차를 적극적으로 실시함으로써 피고인에게 반대신문 기회를 부여하면서도 미성년 피해자의 반복진술로 인한 2차 피해를 적절히 방지할 수 있다. 즉, 미성년 피해자는 자신의 피해사실과 피의자 (피고인) 측의 반대신문 등에 관하여 사건 초기에 '증언'함으로써 법원의 판단에 필요한 증거를 충분히 제공할 수 있다. 이를 통해 미성년 피해자는 공판단계에서 증거능력이나 피고인의 탄핵에 대한 답변 등을 위해 갑작스레 증인으로 소환되어 반복진술해야 하는 불필요한 위험을 피할 수 있고, 수사단계에서도 피의자 (피고인)의 주장을 확인하기 위하여 자칫 반복적인 조사를 받게 되는 어려움을 최소화할 수 있다. 또한, 입법자는 증언과정에서 미성년 피해자에게 발생할 수 있는 다양한 2차 피해를 고려하여, 피고인의 반대신문권을 보장하면서도 이를 방지할 수 있는 여러 증인지원제도들을 마련하고 있다. 즉, 신상정보나 사생활 노출 위험 방지를 위해 심리의 비공개, 피해자의 신상정보의 누설 방지 등을 위한 제도를 두고 있고, 법정 환경 및 피고인과의 대면 등으로 인한 충격 등을 방지하기 위하여 피고인의 퇴정, 비디오 등 중계장치에 의한 증인신문제도 등을 마련하고 있다. 특히, 비디오 등 중계장치에 의한 증인신문제도의 경우, 피해자가 법정 외에 마련된 증언실에 출석하여 중계장치를 통해 증언하게 되므로, 나이 어린 피해자가 법정에 출석하거나 피고인을 직접 대면할 필요도 없게 된다. 나아가, 피해자가 반대신문 과정에서 받을 수 있는 고통을 방지하기 위하여, 신뢰관계인 동석제도, 진술조력인제도, 피해자 변호사제도 등도 마련하고 있다. 피고인측이 정당한 방어권의 범위를 넘어 피해자를 위협하고 괴롭히거나 인격적으로 모욕하는 등의 반대신문은 금지되며, 재판장은 구체적 신문 과정에서 증인을 보호하기 위해 소송지휘권을 행사할 수 있다. 심판대상조항처럼 피고인의 원진술자에 대한 반대신문권 행사 자체를 배제하는 방식으로 미성년 피해자를 보호하는 것은 그 재판결과를 피고인에게 설득할 수 없을 뿐만 아니라, 실체적 진실의 발견도 위협할 수 있다. 이러한 점을 고려할 때, 피고인의 반대신문권 배제로 인한 문제에서 자유로울 수 없는 심판대상조항에 안주하기 보다는 앞서 살핀 제도들을 적극 활용하고 그 역량을 강화해 나가는 것이 미성년 피해자에 대한 공백 없는 보호를 위해서도 더 나은 대안이 될 수 있다. 위와 같은 사정들을 종합할 때, 피고인의 반대신문권을 보장하면서도 미성년 피해자를 보호할 수 있는 조화적인 방법을 상정할 수 있음에도, 영상물의 원진술자인 미성년 피해자에 대한 피고인의 반대신문권을 실질적으로 배제하여 피고인의 방어권을 과도하게 제한하는 심판대상조항은 피해의 최소성 요건을 갖추지 못하였다. (3) 우리 사회에서 성폭력범죄의 피해자가 겪게 되는 심각한 피해를 고려할 때 신체적·정신적으로 성인에 비하여 취약할 수 있는 미성년 피해자의 2차 피해를 방지하는 것이 중요한 공익에 해당함에는 의문의 여지 가 없다. 그러나 심판대상조항으로 인하여 피고인의 방어권이 제한되는 정도가 중대하고, 미성년 피해자의 2차 피해를 방지할 수 있는 여러 조화적인 대안들이 존재함은 앞서 살핀 바와 같다. 이러한 점들을 고려할 때, 심판대상조항이 달성하려는 공익이 제한되는 피고인의 사익보다 우월하다고 쉽게 단정하기는 어렵다. 따라서 심판대상조항은 법익의 균형성 요건도 갖추지 못하였다.(헌법재판소 2021.12.23. 2018헌바524 영상녹화 물로 징역 6년 사건) 이번에 위헌판결이 나온 것은 성폭법 조문 중 빨간색 밑줄 부분이다. 같은 취지에서 위헌법 률심판을 제청 또는 청구하면 아청법 제26조 제1항·제6항 밑줄 부분도 위헌판결이 나올 것이다. 성폭법 제30조 제1항과 아청법 제26조 제1항 자체는 위헌이 아니지만, 원진술자인 피해자가 아닌 '조사 과정에 동석하였던 신뢰관계에 있는 사람 또는 진술조력인의 진술에 의하여' 성립의 진정이 인정되더라도 영상녹화물을 증거로 할 수 있다는 점이 위헌이라는 점을 주의하여야 한다.

성폭력범죄의 처벌 등에 관한 특례법(2020.10.20. 법률 제17507호로 일부개정된 것)
제30조【영상물의 촬영·보존 등】① 성폭력범죄의 피해자가 19세 미만이거나 신체적인 또는 정신적인 장애로 사물을 변별하거나 의사를 결정할 능력이 미약한 경우에는 피해자의 진술 내용과 조사 과정을 비디오녹화기 등 영상물 녹화장치로 촬영·보존하여야 한다. ②~⑤〈생략〉 ⑥ 제1항에 따라 촬영한 영상물에 수록된 피해자의 진술은 공판준비기일 또는 공판기일에 피해자나 조사 과정에 동석하였던 신뢰관계에 있는 사람 또는 진술조력인의 진술에 의하여 그 성립의 진정함이 인정된 경우에 증거로 할 수 있다.

아동·청소년의 성보호에 관한 법률(2021.1.12. 법률 제17893호로 일부개정된 것)
제26조【영상물의 촬영·보존 등】① 아동·청소년대상 성범죄 피해자의 진술내용과 조사과정은 비디오녹화기 등 영상물 녹화장치로 촬영·보존하여야 한다. ②~⑤〈생략〉 ⑥ 제항부터 제4항까지의 절차에 따라 촬영한 영상물에 수록된 피해자의 진술은 공판준비기일 또는 공판기일에 피해자 또는 조사과정에 동석하였던 신뢰관계에 있는 자의 진술에 의하여 그 성립의 진정함이 인정된 때에는 증거 로 할 수 있다.

[20] 관할이전신청 기각결정에 대하여 불복할 수 있는지의 여부(소극)

★ 법원의 관할 또는 판결 전의 소송절차에 관한 결정에 대하여는 특히 즉시항고를 할 수 있는 경우 외에는 항고를 하지 못한다(형사소송법 제403조 제1항). 그런데 관할이전의 신청을 기각한 결정에 대하여 즉시항고를 할 수 있다는 규정이 없으므로 이 결정에 대하여 불복할 수 없다.(대법원 2021.4.2. 2020모2561 관할이전신청 기각결정 사건)

[21] 군판사가 재판서에 다른 군판사의 인영(印影)을 날인한 경우 파기사유에 해당하는지 여부(적극)

재판관의 서명·날인이 없는 재판서에 의한 판결은 군사법원법 제442조 제1호가 정한 판결에 영향을 미친 법률의 위반이 있는 때에 해당하여 파기되어야 한다. 이는 서명한 재판관의 인영이 아닌 다른 재판관의 인영이 날인되어 있는 경우에도 마찬가지이다.(대법원 2021.4.29. 2021도2650 군판사 엉뚱한 날인사건)

[22] 청산종결의 등기가 되었으나 청산사무가 종료되지 않은 경우 법인의 당사자능력이 상실되는지의 여부(소극)

★ 법인에 대한 청산종결 등기가 되었더라도 청산사무가 종결되지 않는 한 그 범위 내에서는 청산법인으로 존속한다. 법인의 해산 또는 청산종결 등기 이전에 업무나 재산에 관한 위반행위가 있는 경우에는 청산종결 등기가 된 이후 위반행위에 대한 수사가 개시되거나 공소가 제기되더라도 그에 따른 수사나 재판을 받는 일은 법인의 청산사무에 포함되므로 그 사건이 종결될 때까지 법인의 청산사무는 종료되지 않고 형사소송법상 당사자능력도 그대로 존속한다.(대법원 2021.6.30. 2018도14261 무등록투자일임업 사건) 회사의 대표자 甲이 회사 존속 중에 그 업무에 관하여 범죄행위(무등록 투자일임업)을 하였고, 이후 회사에 대한 청산종결 등기가 되었음에도 검사가 '회사를 피고인으로 하여' 약식명령을 청구한 사건이다. 대표자의 범죄행위로 양벌규정에 따라 법인이 수사나 재판을 받는 일도 법인의 청산사무에 포함되므로 청산종결 등기 여부와 상관없이 형사사건이 종결되기 전까지 회사의 청산사무는 종결되지 않은 것이므로, 즉 여전히 '청산법인'으로 존속하는 것이므로 회사의 당사자능력이 상실되지 않는다는 취지의 판례이다. [22 국가7급, 21 경찰채용]

[23] 임시공휴일도 형사소송법 제66조 제3항의 4공휴일'에 해당하는지의 여부(적극)

★ 형사소송법 제66조 제3항에서 기간의 말일이 공휴일인지 여부는 '공휴일'에 관하여 규정하고 있는 '관공서의 공휴일에 관한 규정' 제2조 각호에 해당하는지 여부에 따라 결정되고, 같은 조 제11호가 정한 '기타 정부에서 수시 지정하는 날'인 임시공휴일 역시 공휴일에 해당한다.(대법원 2021.1.14. 2020모3694 임시공 휴일 사건) [22 법원9급]

[24] 검사가 증인이 될 사람을 미리 소환하여 면담하는 절차를 거친 후 그 증인이 법정에서 피고인에게 불리한 내용의 증언을 한 경우 그 증언의 증명력

★ 검사가 공판기 일에 증인으로 신청하여 신문할 사람을 특별한 사정 없이 미리 수사기관에 소환하여 면담하는 절차를 거친 후 증인이 법정에서 피고인에게 불리한 내용의 진술을 한 경우 검사가 증인신문 전 면담 과정에서 증인에 대한 회유나 압박, 답변 유도나 암시 등으로 증인의 법정진술에 영향을 미치지 않았다는 점이 담보되어야 증인의 법정진술을 신빙할 수 있다. 검사가 증인신문 준비 등 필요에 따라 증인을 사전 면담할 수 있다고 하더라도 법원이나 피고인의 관여 없이 일방적으로 사전 면담하는 과정에서 증인이 훈련되거나 유도되어 법정에서 왜곡된 진술을 할 가능성도 배제할 수 없기 때문이다. 증인에 대한 회유나 압박 등이 없었다는 사정은 검사가 증인의 법정진술이나 면담과정을 기록한 자료 등으로 사전면담 시점, 이유와 방법, 구체적 내용 등을 밝힘으로써 증명하여야 한다.(대법원 2021. 6.10. 2020도15891 김학의 차관사건) 수원지검 담당 검사는 제1심과 항소심에서 두 차례에 걸쳐 증인신문 전에 '증인

이 될 甲'을 소환하여 면담하였다. 면담 과정에서 甲은 자신의 검찰 진술조서와 제1심 법정진술 내용을 확인하였을 뿐만 아니라 검사에게 법정에서 증언할 사항을 물어보기까지 하였다. 그리고 그 직후 이루어진 증인신문에서 종전 증언을 번복하였고, 피고인에게 불리한 진술을 점점 구체적으로 하였는바, 이러한 경우 甲의 증언은 신빙성을 인정하기 어렵다는 취지의 판례이다.

[25] 간인이 일부 누락된 공소장의 효력

★ 공소를 제기하려면 공소장을 관할법원에 제출하여야 한다(형사소송법 제254조 제1항). 공무원이 작성하 는 서류에는 간인하거나이에 준하는 조치를 하여야 한다(형사소송법 제57조 제2항). 여기서 '공무원이 작 성하는 서류'에는 검사가 작성하는 공소장이 포함된다. '간인'은 서류 작성자의 간인으로서 1개의 서류가 여러 장으로 되어 있는 경우 그 서류의 각 장 사이에 겹쳐서 날인하는 것이다. 이는 서류 작성 후 그 서류의 일부가 누락되거나 교체되지 않았다는 사실을 담보하기 위한 것이다. 따라서 공소장에 검사의 간인이 없더라도 그 공소장의 형식과 내용이 연속된 것으로 일체성이 인정되고 동일한 검사가 작성하였다고 인정되는 한 그 공소장을 형사소송법 제57조 제2항에 위반되어 효력이 없는 서류라고 할 수 없다. 이러한 공소장 제출에 의한 공소제기는 그 절차가 법률의 규정에 위반하여 무효인 때에 해당한다고 할 수 없다.(대법원 2021.12.30. 2019도16259 간인누락 공소장 사건) [22 법원9급]

[26] 공소권남용에 해당하는 경우

★ 피고인이 중국에 거주하는 甲과 공모하여, 탈북자들의 북한 거주 가족에 대한 송금의뢰 등 중국으로 송금 을 원하는 사람들로부터 피고인 등 명의의 계좌로 입금받은 돈을 甲이 지정·관리·사용하는 계좌로 재송금 하는 방법으로 무등록 외국환업무를 영위하여 외국환거래법 위반으로 기소된 사안에서, 검사는 종전에 기소 유예 처분을 하였다가 4년여가 지난 시점에 다시 기소하였고, 종전 피의사실과 공소사실 사이에 이를 번복할 만한 사정변경이 없는 점 등 여러 사정을 종합하면, 위 공소제기는 검사가 공소권을 자의적으로 행사한 것으로서 소추재량권을 현저히 일탈하였다고 보아 공소를 기각한 원심판결이 정당하다.(대법원 2021.10.14. 2016 도14772) [22 국가7급]

[27] 공소장변경을 요하는 경우

(1) "피고인 甲은 乙로부터 매매대금 명목으로 695,150,000원을 지급받고 乙에게 양구 토지의 소유권을 이 전하여 실거래금액으로 신고한 540,000,000원과의 차액인 155,150,000원을 뇌물로 수수하였다"라는 공소 사실에 대하여 (2) "피고인 甲은 乙로부터 매매대금 명목으로 695,150,000원을 지급받고 乙에게 양구 토지 의 소유권을 이전하여 액수 미상 시가와의 차액 상당의 재산상 이익 및 농지취득자격증명을 필요로 하여 본등기를 경료할 수 없는 토지를 처분하여 현금화하는 재산상 이익을 취득하여 뇌물로 수수하였다"라는 범죄 사실을 인정하는 경우 [수뢰죄] (대법원 2021. 6.24. 2021도3791 양구 토지 고가 매도사건)

[28] 법원이 피고인 또는 변호인에게 공소장변경허가신청서 부본을 송달·교부하지 않은 채 공소장변경을 허가하고 공소장변경허가신청서에 기재된 공소사실에 대하여 유죄판결을 선고한 것이 위법한지의 여부(적극)

★ 검사의 서면에 의한 공소장변경허가신청이 있는데도 법원이 피고인 또는 변호인에게 공소장변경허가신청서 부본을 송달·교부하지 않은 채 공소장변경을 허가하고 공소장변경허가신청서에 기재된 공소사실에 관하여 유죄판결을 하였다면, 공소장변경허가신청서 부본을 송달·교부하지 않은 법원의 잘못은 판결에 영향을 미친 법령위반에 해당한다. 다만 공소장변경 내용이 피고인의 방어권과 변호인의 변호권 행사에 지장이 없는 것이거나 피고인과 변호인이 공판기일에서 변경된 공소사실에 대하여 충분히 변론할 기회를 부여받는 등 피고 인의 방어권이나 변호인의 변호권이 본질적으로 침해되지 않았다고 볼 만한 특별한 사정이 있다면 판결에 영향을 미친 법령 위반이라고 할 수 없다.(대법원 2021.6.30. 2019도7217 공연음란죄 추가 공소장변경 사건)

[29] 재심의 청구를 받은 법원은 당사자가 재심청구의 이유에 관하여 한 사실조사신청에 대하여 재판을 하여야 하는지 여부(소극) 및 이 신청을 배척한 경우에는 당사자에게 이를 고지하여야 하는지 여부(소극)

★ 재심의 청구를 받은 법원은 필요하다고 인정한 때에는 형사소송법 제431조에 의하여 직권으로 재심청구의 이유에 대한 사실조사를 할 수 있으나, 소송당사자에게 사실조사신청권이 있는 것이 아니다. 그러므로 당사자가 재심청구의 이유에 관한 사실조사신청을 한 경우에도 이는 단지 법원의 직권발동을 촉구하는 의미 밖에 없는 것이므로, 법원은 이 신청에 대하여는 재판을 할 필요가 없고, 설령 법원이 이 신청을 배척하였다 고 하여도 당사자에게 이를 고지할 필요가 없다.(대법원 2021.3.12. 2019모3554) [21 국가7급]

[30] 상급심의 파기판결에 의해 효력을 상실한 재판이 형사소송법 제441조에 따른 비상상고의 대상이 될 수 있는지 여부(소극)

★ 상급심의 파기판결에 의해 효력을 상실한 재판의 법령위반 여부를 다시 심사하는 것은 무익할 뿐만 아니라, 법령의 해석·적용의 통일을 도모하려는 비상상고 제도의 주된 목적과도 부합하지 않는다. 따라서 상급심의 파기판결에 의해 효력을 상실한 재판은 형사소송법 제441조에 따른 비상상고의 대상이 될 수 없다.(대법원 2021.3.11. 2019오1 형제복지원 비상상고 사건) [22 국가7급]

2022 중요 형사소송법 판례 정리

[1] 조세범범칙조사 담당 세무공무원이 수사기관에 해당하는지 여부(소극)

★ (1) 사법경찰관리 또는 특별사법경찰관리에 대하여는 헌법과 형사소송법 등 법령에 따라 국민이 생명·신체·재산 등을 보호하기 위하여 광범위한 기본권 제한조치를 할 수 있는 권한이 부여되어 있으므로 소관 업무의 성질이 수사업무와 유사하거나 이에 준하는 경우에도 명문의 규정이 없는 한 함부로 그 업무를 담당 하는 공무원을 사법경찰관리 또는 특별사법경찰관리에 해당한다고 해석할 수 없다. (2) 구 형사소송법(2020.2.4. 법률 제16924호로 개정되기 전의 것)은 특별사법경찰관리를 구체적으로 열거하면서 '관세법에 따라 관세범의 조사업무에 종사하는 세관공무원'만 명시하였을 뿐 '조세범칙조사를 담당하는 세무공무원'을 포함시키지 않았다. 뿐만 아니라 현행 법령상 조세범칙조사의 법적 성질은 기본적으로 행정절차에 해당하므 로 조세범 처벌절차법 등 관련 법령에 조세범칙조사를 담당하는 세무공무원에게 압수·수색 및 혐의자 또는 참고인에 대한 심문권한이 부여되어 있어 그 업무의 내용과 실질이 수사절차와 유사한 점이 있고, 이를 기초로 수사기관에 고발하는 경우에는 형사절차로 이행 행되는 측면이 있다 하여도, 달리 특별한 사정이 없는 한 이를 형사절차의 일환으로 볼 수 없다.(대법원 2022.12.15. 2022도8824 범칙혐의자심문조서 사건)

[2] 부재자 재산관리인이 형사소송법 제225조 제1항에 정한 고소권자로서 법정대리인에 해당하는지의 여부(적극)

★ 법원이 선임한 부재자 재산관리인이 그 관리대상인 부재자의 재산에 대한 범죄행위에 관하여 법원으로부터 고소권 행사에 관한 허가를 얻은 경우 부재자 재산관리인은 형사소송법 제225조 제1항에 정한 법정대리 인으로서 적법한 고소권자에 해당한다.(대법원 2022. 5.26. 2021도2488 부재자 재산관리인 형사고소 사건)

참고판례 2021도2488 판결의 논거

1. 법원이 선임한 부재자 재산관리인은 법률에 규정된 사람의 청구에 따라 선임된 부재자의 법정대리인에 해당한다. 부재자 재산관리인의 권한은 원칙적으로 부재자의 재산에 대한 관리행위에 한정되나, 부재자 재산관리인은 재산관리를 위하여 필요한 경우 법원의 허가를 받아 관리행위의 범위를 넘는 행위를 하는 것도 가능하고, 여기에는 관리대상 재산에 관한 범죄행위에 대한 형사고소도 포함된다. 따라서 부재자 재산관리인은 관리대상이 아닌 사항에 관해서는 고소권이 없겠지만, 관리대상 재산에 관한 범죄행위에 대하여 법원으로부터 고소권 행사 허가를 받은 경우에는 독립하여 고소권을 가지는 법정대리인에 해당한다.
2. 고소권은 일신전속적인 권리로서 피해자가 이를 행사하는 것이 원칙이나 형사소송법이 예외적으로 법정대리인으로 하여금 독립하여 고소권을 행사할 수 있도록 한 이유는 피해자가 고소권을 행사할 것을 기대하기 어려운 경우 피해자와 독립하여 고소권을 행사할 사람을 정하여 피해자를 보호하려는 데 있다. 부재자 재산관리제도의 취지는 부재자 재산관리인으로 하여금 부재자의 잔류재산을 본인의 이익과 더불어 사회경제적 이익을 기하고 나아가 잔존배우자와 상속인의 이익을 위하여 관리하게 하고 돌아올 부재자 본인 또는 그 상속인에게 관리해 온 재산 전부를 인계하도록 하는 데 있다. 부재자는 자신의 재산을 침해하는 범죄에 대하여 처벌을 구하는 의사표시를 하기 어려운 상태에 있다. 따라서 부재자 재산관리인에게 법정대리인으로서 관리대상 재산에 관한 범죄행위에 대하여 고소권을 행사할 수 있도록 하는 것이 형사소송법 제225조 제1항과 부재자 재산관리제도의 취지에 부합한다.

[3] 영사통보권 등이 있음을 고지하지 않고 외국인을 체포한 것이 위법한지의 여부(적극)

★ 영사관계에 관한 비엔나협약(Vienna Convention on Consular Relations, 이하 '협약'이라 한다) 제36조 제1항은 "파견국의 국민에 관련되는 영사기능의 수행을 용이하게 할 목적으로 다음의 규정이 적용된다."라고 하면서 (b)호에서 "파견국의 영사관할구역 내에서 파견국의 국민이 체포되는 경우, 재판에 회부되기 전에 구금되거나 유치되는 경우 또는 그 밖의 방법으로 구속되는 경우에 그 국민이 파견국의 영사기관에 통보할 것을 요청하면 접수국의 권한 있는 당국은 지체 없이 통보하여야 한다. 체포, 구금, 유치되거나 구속되어 있는 자가 영사기관에 보내는 어떠한 통신도 위 당국에 의하여 지체 없이 전달되어야 한다. 위 당국은 관계자에게 (b)호에 따른 그의 권리를 지체 없이 통보하여야 한다."라고 정하고 있다. 이에 따라 경찰수사규칙 제91조 제2항, 제3항은 "사법경찰관리는 외국인을 체포·구속하는 경우 국내 법령을 위반하지 않는 범위에서 영사관원과 자유롭게 접견·교통할 수 있고, 체포·구속된 사실을 영사기관에 통보해 줄 것을 요청할 수 있다는 사실을 알려야 한다. 사법경찰관리는 체포·구속된 외국인이 제2항에 따른 통보를 요청하는 경우에는 영사기관 체포·구속 통보서를 작성하여 지체 없이 해당 영사기관에 체포·구속 사실을 통보해야 한다."라고 정하고 있다. 위와 같이 협약 제36조 제1항 (b)호, 경찰수사규칙 제91조 제2항, 제3항이 외국인을 체포·구속하는 경우 지체 없이 외국인에게 영사통보권 등이 있음을 고지하고, 외국인의 요청이 있는 경우 영사 기관에 체포·구금 사실을 통보하도록 정한 것은 외국인의 본국이 자국민의 보호를 위한 조치를 취할 수 있도록 협조하기 위한 것이다. 따라서 수사기관이 외국인을 체포하거나 구속하면서 지체 없이 영사통보권 등이 있음을 고지하지 않았다면 체포나 구속 절차는 국내법과 같은 효력을 가지는 협약 제36조 제1항 (b)호를 위반한 것으로 위법하다. 그러나 체포나 구속 절차에 협약 제36조 제1항 (b)호를 위반한 위법이 있더라도 절차 위반의 내용과 정도가 중대하거나 절차 조항이 보호하고자 하는 외국인 피고인의 권리나 법익을 본질적으로 침해하였다고 볼 수 없다면 체포나 구속 이후 수집된 증거와 이에 기초한 증거들은 유죄 인정의 증거로 사용할 수 있다.(대법원 2022. 4.28. 2021도17103 불법체류 인도네시아인 체포사건)

[4] 압수·수색영장에 적힌 '압수할 물건'에 컴퓨터 등 정보처리장치 저장 전자정보만 기재되어 있는 경우 컴퓨터 등 정보처리장치를 이용하여 원격지 서버 저장 전자정보를 압수할 수는 있는지의 여부(소극)

★ 압수할 전자정보가 저장된 저장매체로서 압수·수색영장에 기재된 수색장소에 있는 컴퓨터, 하드디스크, 휴대전화와 같은 컴퓨터 등 정보처리장치와 수색장소에 있지는 않으나 컴퓨터 등 정보처리장치와 정보통신망으로 연결된 원격지의 서버 등 저장매체(이하 '원격지 서버'라 한다)는 소재지, 관리자, 저장 공간의 용량 측면에서 서로 구별된다. 원격지 서버에 저장된 전자정보를 압수·수색하기 위해서는 컴퓨터 등 정보처리장치를 이용하여 정보통신망을 통해 원격지 서버에 접속하고 그곳에 저장되어 있는 전자정보를 컴퓨터 등 정보처리장치로 내려 받거나 화면에 현출시키는 절차가 필요하므로 컴퓨터 등 정보처리장치 자체에 저장된 전자정보와 비교하여 압수·수색의 방식에 차이가 있다. 원격지 서버에 저장되어 있는 전자정보와 컴퓨터 등 정보처리장치에 저장되어 있는 전자정보는 그 내용이나 질이 다르므로 압수·수색으로 얻을 수 있는 전자 정보의 범위와 그로 인한 기본권 침해 정도도 다르다. 따라서 수사기관이 압수·수색영장에 적힌 '수색할 장소'에 있는 컴퓨터 등 정보처리장치에 저장된 전자정보 외에 원격지 서버에 저장된 전자정보를 압수·수색하기 위해서는 압수·수색영장에 적힌 '압수할 물건'에 별도로 원격지 서버 저장 전자정보가 특정되어 있어야 한다. 압수·수색영장에 적힌 '압수할 물건'에 컴퓨터 등 정보처리장치 저장 전자정보만 기재되어 있다면 컴퓨터 등 정보처리장치를 이용하여 원격지 서버저장 전자정보를 압수할 수는 없다.(대법원 2022. 6.22. 2022도1452 사기피의자 몰카 발견사건)

참고판례 2022도1452 판결의 사실관계

압수·수색영장에 적힌 '**압수할 물건**'에는 '**여성의 신체를 몰래 촬영한 것으로 판단되는 사진, 동영상 파일이 저장된 컴퓨터 하드디스크 및 외부저장매체**'가, '수색할 장소'에는 피고인의 주거지가 기재되어 있다. 압수·수색영장에 적힌 '압수할 물건'에 원격지 서버 저장 전자정보가 기재되어 있지 않은 이상 압수·수색영장에 적힌 '압수할 물건'은 피고인의 주거지에 있는 컴퓨터 하드디스크 및 외부저장매체에 저장된 전자정보에 한정된다. 그럼에도 경찰은 휴대전화가 구글계정에 로그인되어 있는 상태를 이용하여 **원격지 서버에 해당하는 구글클라우드에 접속하여 구글클라우드에서 발견한 불법촬영물을 압수하였다.** 경찰의 압수는 압수·수색영장에서 허용한 압수의 범위를 넘어선 것으로 적법절차 및 영장주의의 원칙에 반하여 위법하다.

[5] 전자정보에 대한 압수 수색영장 집행의 적법성 인정요건

★ 수사기관은 압수의 목적물이 전자정보가 저장된 저장매체인 경우에는 압수·수색영장 발부의 사유로 된 범죄 혐의사실과 관련 있는 정보의 범위를 정하여 출력하거나 복제하여 이를 제출받아야 하고, 이러한 과정에서 혐의사실과 무관한 전자정보의 임의적인 복제 등을 막기 위한 적절한 조치를 취하는 등 영장주의 원칙과 적법절차를 준수하여야 한다. 따라서 저장매체의 소재지에서 압수·수색이 이루어지는 경우는 물론 예외적으로 저장매체에 들어 있는 전자파일 전부를 하드카피나 이미징(imaging) 등의 형태(이하 '복제본'이라 한다)로 수사기관 사무실 등으로 반출한 경우에도 반출한 저장매체 또는 복제본에서 혐의사실 관련성에 대한 구분 없이 임의로 저장된 전자정보를 문서로 출력하거나 파일로 복제하는 행위는 원칙적으로 영장주의 원칙에 반하는 위법한 압수가 된다.(대법원 2022.1.14. 2021모1586 휴대전화 3번 압수·수색 사건)

[6] 법원이 압수·수색영장을 발부하면서 범죄 혐의사실과 관련 있는 전자정보의 탐색·복제·출력이 완료된 때 지체 없이 영장 기재 범죄 혐의사실과 관련이 없는 나머지 전자정보에 대해 삭제·폐기 또는 피압수자 등에게 반환할 것을 정하였음에도 수사기관이 이에 따르지 아니한 채 나머지 전자정보를 보유한 경우 그 압수의 적법 여부(소극)

★ 법원은 압수·수색영장의 집행에 관하여 범죄 혐의사실과 관련 있는 전자정보의 탐색·복제·출력이 완료된 때에는 지체 없이 영장 기재 범죄 혐의사실과 관련이 없는 나머지 전자정보에 대해 삭제·폐기 또는 피압 수자 등에게 반환할 것을 정할 수 있다. 수사기관이 범죄 혐의사실과 관련 있는 정보를 선별하여 압수한 후에도 그와 관련이 없는 나머지 정보를 삭제·폐기·반환하지 아니한 채 그대로 보관하고 있다면 범죄 혐의사실과 관련이 없는 부분에 대하여는 압수의 대상이 되는 전자정보의 범위를 넘어서는 전자정보를 영장 없이 압수·수색하여 취득한 것이어서 위법하고, 사후에 법원으로부터 압수·수색영장이 발부되었다거나 피고인이나 변호인이 이를 증거로 함에 동의하였다고 하여 그 위법성이 치유된다고 볼 수 없다.(대법원 2022.1.14. 2021모1586 휴대전화 3번 압수·수색 사건) [22. 경찰채용]

[7] 압수목록 작성·교부 방법 및 시기

★ 법원은 압수·수색영장의 집행에 관하여 범죄 혐의사실과 관련 있는 정보의 탐색·복제·출력이 완료된 때에는 지체 없이 압수된 정보의 상세목록을 피의자 등에게 교부할 것을 정할 수 있다. 압수물 목록은 피압수자 등이 압수처분에 대한 준항고를 하는 등 권리행사절차를 밟는 가장 기초적인 자료가 되므로 수사

기관은 이러한 권리행사에 지장이 없도록 압수 직후 현장에서 압수물 목록을 바로 작성하여 교부해야 하는 것이 원칙이다. 이러한 압수물 목록 교부 취지에 비추어 볼 때 압수된 정보의 상세목록에는 정보의 파일 명세가 특정되어 있어야 한다.(대법원 2022.1.14. 2021모1586 휴대전화 3번 압수·수색 사건)

[8] 압수수색에서 당사자 참여권 보장

1. 수사기관이 준항고인을 피의자로 하여 발부받은 압수·수색영장에 기하여 인터넷서비스업체인 갑 주식회사를 상대로 갑 회사의 본사 서버에 저장되어 있는 준항고인의 전자정보인 카카오톡 대화내용 등에 대하여 압수·수색을 실시하였는데, 준항고인은 수사기관이 압수·수색 과정에서 참여권을 보장하지 않는 등의 위법이 있다.(대법원 2022.5.31. 2016모587) 수사기관이 甲을 피의자로 하여 발부받은 압수·수색영장에 기하여 인터넷서비스업체인 A주식회사를 상대로 A주식회사의 본사 서버에 저장되어 있는 甲의 전자정보인 SNS 대화내용 등에 대하여 압수·수색을 실시한 경우 수사기관은 압수·수색 과정에서 甲에게 참여권을 보장하여야 한다. [22. 국가7급]
2. 압수의 대상이 되는 전자정보와 그렇지 않은 전자정보가 혼재된 정보저장매체나 그 복제본을 압수·수색한 수사기관이 정보저장매체 등을 수사기관 사무실 등으로 옮겨 이를 탐색·복제·출력하는 경우 그와 같은 일련의 과정에서 형사소송법 제219조, 제121조에서 규정하는 피압수·수색 당사자(이하 '피압수자'라 한다)나 변호인에게 참여의 기회를 보장하고 압수된 전자정보의 파일 명세가 특정된 압수목록을 작성·교부하여야 하며 범죄혐의사실과 무관한 전자정보의 임의적인 복제 등을 막기 위한 적절한 조치를 취하는 등 영장주의 원칙과 적법절차를 준수하여야 한다. 만약 그러한 조치가 취해지지 않았다면 피압수자 측이 참여하지 아니한다는 의사를 명시적으로 표시하였거나 절차 위반행위가 이루어진 과정의 성질과 내용 등에 비추어 피압수자 측에 절차 참여를 보장한 취지가 실질적으로 침해되었다고 볼 수 없을 정도에 해당한다는 등의 특별한 사정이 없는 이상 압수·수색이 적법하다고 평가할 수 없고, 비록 수사기관이 정보저장매체 또는 복제본에서 범죄혐의사실과 관련된 전자정보만을 복제·출력하였다 하더라도 달리 볼 것은 아니다. 따라서 수사기관이 피압수자 측에게 참여의 기회를 보장하거나 압수한 전자정보 목록을 교부하지 않는등 영장주의 원칙과 적법절차를 준수하지 않은 위법한 압수·수색 과정을 통하여 취득한 증거는 위법 수집증거에 해당하고, 사후에 법원으로부터 영장이 발부되었다거나 피고인이나 변호인이 이를 증거로 함에 동의하였다고 하여 위법성이 치유되는 것도 아니다.(대법원 2022.7.28. 2022도2960 성매매알선 피의자 휴대전화압수사건) 성매매알선 피의자를 체포하여 입감한 후 참여권을 보장하지 않고 휴대전화를 탐색하던 중 성매매영업 매출액이 기재된 엑셀파일을 별도의 저장매체에 복제하여 출력하여 편철한 경우 증거로 사용할 수 없다. [22. 경찰채용]

[9] 정경심 교수 판례

★ [1] 피해자 등 제3자가 피의자의 소유·관리에 속하는 정보저장매체를 영장에 의하지 않고 임의제출한 경우에는 실질적 피압수·수색 당사자(이하 '피압수자'라 한다)인 피의자가 수사기관으로 하여금 그 전자정보 전부를 무제한 탐색하는 데 동의한 것으로 보기 어려울 뿐만 아니라 피의자 스스로 임의제출한 경우 피의자의 참여권 등이 보장되어야 하는 것과 견주어 보더라도 특별한 사정이 없는 한 형사소송법 제219조, 제121조, 제129조에 따라 피의자에게 참여권을 보장하고 압수한 전자정보 목록을 교부하는 등

피의자의 절차적 권리를 보장하기 위한 적절한 조치가 이루어져야 한다. [2] 이와 같이 정보저장매체를 임의제출한 피압수자에 더하여 임의제출자 아닌 피의자에게도 참여권이 보장되어야 하는 '피의자의 소유·관리에 속하는 정보저장매체'란, 피의자가 압수·수색 당시 또는 이와 시간적으로 근접한 시기까지 해당 정보저장매체를 현실적으로 지배·관리하면서 그 정보저장매체 내 전자정보 전반에 관한 전속적인 관리처분권을 보유·행사하고, 달리 이를 자신의 의사에 따라 제3자에게 양도하거나 포기하지 아니한 경우로써, 피의자를 그 정보저장매체에 저장된 전자정보에 대하여 실질적인 피압수자로 평가할 수 있는 경우를 말하는 것이다. 이에 해당하는지 여부는 민사법상 권리의 귀속에 따른 법률적·사후적 판단이 아니라 압수·수색 당시 외형적·객관적으로 인식 가능한 사실상의 상태를 기준으로 판단하여야 한다. 이러한 정보저장매체의 외형적·객관적 지배·관리 등 상태와 별도로 단지 피의자나 그 밖의 제3자가 과거 그 정보저장매체의 이용 내지 개별 전자정보의 생성·이용 등에 관여한 사실이 있다거나 그 과정에서 생성된 전자정보에 의해 식별되는 정보주체에 해당한다는 사정만으로 그들을 실질적으로 압수·수색을 받는 당사자로 취급하여야 하는 것은 아니다. [3] 수사기관의 압수·수색은 법관이 발부한 압수·수색영장에 의하여야 하는 것이 원칙이고, 영장의 원본은 처분을 받는 자에게 반드시 제시되어야 하므로, 금융계좌추적용 압수·수색영장의 집행에 있어서도 수사기관이 금융기관으로부터 금융거래자료를 수신하기에 앞서 금융기관에 영장 원본을 사전에 제시하지 않았다면 원칙적으로 적법한 집행 방법이라고 볼 수는 없다. 다만 수사기관이 금융기관에 금융실명거래 및 비밀보장에 관한 법률(이하 '금융실명법'이라 한다) 제4조 제2항에 따라서 금융거래정보에 대하여 영장 사본을 첨부하여 그 제공을 요구한 결과 금융기관으로부터 회신받은 금융거래자료가 해당 영장의 집행 대상과 범위에 포함되어 있고, 이러한 모사전송 내지 전자적 송수신 방식의 금융거래정보 제공요구 및 자료 회신의 전 과정이 해당 금융기관의 자발적 협조의사에 따른 것이며, 그 자료 중 범죄혐의사실과 관련된 금융거래를 선별하는 절차를 거친 후 최종적으로 영장 원본을 제시하고 위와 같이 선별된 금융거래자료에 대한 압수절차가 집행된 경우로서, 그 과정이 금융실명 법에서 정한 방식에 따라 이루어지고 달리 적법절차와 영장주의 원칙을 잠탈하기 위한 의도에서 이루어진 것이라고 볼 만한 사정이 없어, 이러한 일련의 과정을 전체적으로 '하나의 영장에 기하여 적시에 원본을 제시하고 이를 토대로 압수·수색하는 것'으로 평가할 수 있는 경우에 한하여, 예외적으로 영장의 적법한 집행 방법에 해당한다고 볼 수 있다.(대법원 2022.1.27. 선고 2021도11170 정경심 교수 사건) 정보저장매체를 임의 제출받아 이를 탐색·복제·출력하는 경우 압수·수색 당시 또는 이와 시간적으로 근접한 시기까지 해당 정보저장매체를 현실적으로 지배·관리하지는 아니하였더라도 그곳에 저장되어 있는 개별 전자정보의 생성·이용 등에 관여한 자에 대하여서는 압수·수색절차에 대한 참여권을 보장해 주어야 한다.(×) [22. 국가9급]

[10] 범죄 혐의사실과의 관련성에 대한 구분 없이 임의로 전체의 전자정보를 복제·출력하여 이를 하나의 압축파일로 보관하여 두고, 그와 같이 선별되지 않은 전자정보에 대해 구체적인 개별 파일 명세를 특정하여 상세목록을 작성하지 않고 그 압축파일 이름만을 기재하여 이를 상세목록이라고 하면서 피압수자에게 교부한 경우 그 압축파일 전체에 대한 압수의 적법 여부(소극)

★ 수사기관이 압수·수색영장에 기재된 범죄 혐의사실과의 관련성에 대한 구분 없이 임의로 전체의 전자정보를 복제·출력하여 이를 보관하여 두고, 그와 같이 선별되지 않은 전자정보에 대해 구체적인 개별 파일 명세를 특정하여 상세목록을 작성하지 않고 '….zip'과 같이 그 내용을 파악할 수 없도록 되어 있는 포괄적인 압축파일만을 기재한 후 이를 전자정보 상세목록이라고 하면서 피압수자 등에게 교부함으로써 범죄 혐

의사실과 관련성 없는 정보에 대한 삭제·폐기·반환 등의 조치도 취하지 아니하였다면, 이는 결국 수사기관이 압수·수색영장에 기재된 범죄혐의 사실과 관련된 정보 외에 범죄혐의 사실과 관련이 없어 압수의 대상이 아닌 정보까지 영장 없이 취득하는 것일 뿐만 아니라 범죄혐의와 관련 있는 압수 정보에 대한 상세목록 작성·교부 의무와 범죄혐의와 관련 없는 정보에 대한 삭제·폐기·반환 의무를 사실상 형해화하는 결과가 되는 것이어서 영장주의와 적법절차의 원칙을 중대하게 위반한 것으로 봄이 상당하다(만약 수사기관이 혐의사실과 관련 있는 정보만을 선별하였으나 기술적인 문제로 정보 전체를 1개의 파일 등으로 복제하여 저장할 수밖에 없다고 하더라도 적어도 압수목록이나 전자정보 상세목록에 압수의 대상이 되는 전자정보 부분을 구체적으로 특정하고, 위와 같이 파일 전체를 보관할 수밖에 없는 사정을 부기하는 등의 방법을 취할 수 있을 것으로 보인다). 따라서 이와 같은 경우에는 영장 기재 범죄혐의 사실과의 관련성 유무와 상관없이 수사기관이 임의로 전자정보를 복제·출력하여 취득한 정보 전체에 대해 그 압수는 위법한 것으로 취소되어야 한다고 봄이 상당하고, 사후에 법원으로부터 그와 같이 수사기관이 취득하여 보관하고 있는 전자정보 자체에 대해 다시 압수·수색영장이 발부되었다고 하여 달리 볼 수 없다.(대법원 2022.1.14. 2021모1586 휴대전화3번 압수·수색 사건) 사건의 전개와 대법원의 판단은 아래 박스와 같다.

1. 사건의 전개

㉠ 수사기관은 '乙기 의뢰인으로부터 사건무마를 위해 경찰에 전달한다는 명목으로 2018.11.경부터 2019.3. 하순경까지 3회에 걸쳐 합계 5,500만 원을 교부받고 1억 원을 약속받은 후, 이를 甲에게 전달하여 뇌물공여를 하였다.'는 내용의 변호사법위반, 뇌물공여의 범죄 혐의사실에 대해 수사를 하면서, 2019.5.17. 법원으로부 터 甲의 휴대전화 등에 대한 압수·수색영장(이하 '제1 압수·수색영장'이라 한다)을 발부받았다.

㉡ 제1 압수·수색영장은 휴대전화 등에 있는 전자정보의 압수대상 및 방법에 대해 '저장매체 자체를 반출하거나 복제본으로 반출하는 경우에도 혐의사실과 관련된 전자정보만을 출력 또는 복제하여야 하고, 완료된 후에는 지체 없이 피압수자 등에게 압수 대상 전자정보의 상세목록을 교부하여야 하고, 그 목록에서 제외된 전자정보는 삭제·폐기 또는 반환하고 그 취지를 통지하여야 한다.'고 제한하였다. 한편, 甲은 수사기관에 제 1 압수·수색영장에 따른 휴대전화기의 전자정보에 관한 탐색·복제·출력 과정에 대한 절차 참여를 포기한다는 의사를 밝혔다.

㉢ 수사기관은 제1 압수·수색영장에 따라 甲이 소지하던 휴대전화를 압수하여 경찰청 디지털포렌식계에 분석의뢰하였는데, 담당분석관은 별도의 선별작업 없이 휴대전화에 저장된 파일 대부분을 그대로 한 개의 파일(19-266호TF증1.zip, 이하 '이 사건 파일'이라 한다)로 압축해 저장매체에 복제하여 담당경찰관에게 건네주었다. 한편 담당경찰관이 작성한 압수조서 및 담당경찰관이 작성하여 甲에게 제시한 전자정보 상세목록에도 압수한 전자정보가 "19-266호TF증1.zip"이라고 기재되어 있다.

㉣ 乙은 앞서 본 의뢰인으로부터 사건청탁 명목으로 금원을 전달받았다는 내용의 변호사법위반죄로만 기소되어 유죄판결이 선고·확정되었는데, 그 이후에도 이 사건 파일은 경찰청 내의 이미징 자료 등을 보관하는 서버에 그대로 저장된 채로 삭제되지 않고 있었다.

㉤ 한편, 수사기관은 '甲이 2016.12.경부터 2017.5.경까지 丙으로부터 합계 5,000만 원을, 2018.8.경 4,000만 원을 받았다'는 내용의 범죄 혐의사실을 수사하면서, 위와 같이 제1 압수·수색영장에 의하여 압수하여 취득한 이 사건 파일이 수사기관에 보관 중인 것을 확인한 후 이 사건 파일에 대한 압수·수색영장을 청구하였고, 법원은 2020.4.16. 위 범죄 혐의사실에 대해 수사기관에서 보관 중인 이 사건 파일 등에 대한 압수·수색영장 (이하 '제2 압수·수색영장'이라 한다)을 발부하였다.

㉥ 그런데 수사기관은 제2 압수·수색영장을 집행하면서 甲이나 그 변호인의 참여 기회를 보장하지 않았다. 이 때문에 수사기관은 다시 압수·수색영장을 청구하여 2021.4.7. 甲에 대한 일부 범죄 혐의사실이 추가된 것 외에는 제2 압수·수색영장과 거의 동일한 내용의 압수·수색영장을 발부받아(이하 '제3 압수·수색영장'이라 한다) 甲과 변호인의 참여 기회를 보장하여 이 사건 파일의 압수를 집행하였다.

2. 대법원의 판단
수사기관이 제1 압수·수색영장을 집행하면서 기술적인 문제를 이유로 혐의사실 관련성에 대한 구분 없이 임의로 휴대전화 내의 전자정보 전부를 1개의 압축 파일인 이 사건 파일로 생성·복제하고, 이후 이 사건 파일에서 혐의사실과 관련된 전자정보만을 탐색·선별하여 출력 또는 복제하는 절차를 밟지 아니한 채 이 사건 파일 1개 그대로에 대해 압수조서를 작성하고, 그 1개의 파일만을 기재한 것을 상세목록이라는 이름으로 甲에게 교부하였으며, 범죄혐의와 관련 없는 정보를 삭제·폐기·반환하는 등의 조치 역시 취하지 아니하고 오히려 이 사건 파일을 경찰청 내의 저장매체에 복제된 상태 그대로 보관하여 둔 이상, 결국 수사기관은 영장주의와 적법절차의 원칙, 제1 영장에 기재된 압수의 대상과 방법의 제한을 중대하게 위반하여 이 사건 파일을 압수·취득한 것이므로, 결국 이 사건 파일 전체에 대한 압수는 취소되어야 한다. 나아가 수사기관이 위와 같이 위법하게 압수하여 취득한 이 사건 파일에 대해 별도의 범죄 혐의사실로 제2 압수·수색영장, 제3 압수·수색영장이 발부되었다고 하더라도 그 위법성은 치유된다고 보기 어렵고, 따라서 제2 압수·수색영장, 제3 압수·수색영장에 의하여 이루어진 압수 역시 취소되어야 한다.

[11] 부패의 염려가 있거나 보관하기 어려운 압수물이라 하더라도 이를 임의로 폐기한 행위가 위법한지의 여부(적극)

★ 압수물은 검사의 이익을 위해서 뿐만 아니라 이에 대한 증거신청을 통하여 무죄를 입증하고자 하는 피고인의 이익을 위해서도 존재하므로 사건종결 시까지 이를 그대로 보존할 필요성이 있다. 다만 형사소송법은 '몰수하여야 할 압수물로서 멸실, 파손, 부패 또는 현저한 가치 감소의 염려가 있거나 보관하기 어려운 압수 물은 매각하여 대가를 보관할 수 있다.'고 규정하면서(제132조 제1항), '법령상 생산·제조·소지·소유 또는 유통이 금지된 압수물로서 부패의 염려가 있거나 보관하기 어려운 압수물은 소유자 등 권한 있는 자의 동의 를 받아 폐기할 수 있다.'고 규정하고 있다(제130조 제3항). 따라서 부패의 염려가 있거나 보관하기 어려운 압수물이라 하더라도 법령상 생산·제조·소지·소유 또는 유통이 금지되어 있고, 권한 있는 자의 동의를 받지 못하는 한 이를 폐기할 수 없고, 만약 그러한 요건이 갖추어지지 않았음에도 폐기하였다면 이는 위법하다.(대법원 2022. 1.14. 2019다282197 오징어채 가공·판매업자 사건)

[12] 인터넷개인방송을 비정상적인 방법으로 시청·녹화하는 것이 통신비밀보호법상의 '감청'에 해당하는지의 여부

인터넷개인방송의 방송자가 비밀번호를 설정하는 등 그 수신 범위를 한정하는 비공개 조치를 취하지 않고 방송을 송출하는 경우 누구든지 시청하는 것을 포괄적으로 허용하는 의사라고 볼 수 있으므로 그 시청자는 인터넷개인방송의 당사자인 수신인에 해당하고, 이러한 시청자가 방송 내용을 지득·채록하는 것은 통신비밀보호법에서 정한 감청에 해당하지 않는다. 그러나 인터넷개인방송의 방송자가 비밀번호를 설정하는 등으로 비공개 조치를 취한 후 방송을 송출하는 경우에는 방송자로부터 허가를 받지 못한 사람은 당해 인터넷개인방송의 당사자가 아닌 '제3자'에 해당하고, 이러한 제3자가 비공개 조치가 된 인터넷개인방송을 비정상적인 방법으로 시청·녹화하는 것은 통신비밀보호법상의 감청에 해당할 수 있다. 다만, 방송자가 이와 같은 제3자의 시청·녹화 사실을 알거나 알 수 있었음에도 방송을 중단하거나 그 제3자를 배제하지 않은 채 방송을 계속 진행하는 등 허가받지 아니한 제3자의 시청·녹화를 사실상 승낙·용인한 것으로 볼 수 있는 경우에는 불특정인 혹은 다수인을 직·간접적인 대상으로 하는 인터넷개인방송의 일반적 특성상 그 제3자 역시 인터넷개인방송의 당사자에 포함될 수 있으므로 이러한 제3자가 방송 내용을 지득·채록하는 것은 통신비밀보호법에서 정한 감청에 해당하지 않는다.(대법원 2022.10.27. 2022도9877 인터넷개인방송사건)

[13] 통신비밀보호법 제3조 제1항의 '공개되지 않은'의 의미

★ 통신비밀보호법 제3조 제1항에서 '공개되지 않았다'는 것은 반드시 비밀과 동일한 의미는 아니고 구체적으로 공개된 것인지는 발언자의 의사와 기대, 대화의 내용과 목적, 상대방의 수, 장소의 성격과 규모, 출입의 통제 정도, 청중의 자격 제한 등 객관적인 상황을 종합적으로 고려하여 판단해야 한다. (대법원 2022.8.31. 2020도1007 대화내용 녹음 교회 장로 전송사건)

[14] 피해자 증언의 증명력(=법관의 자유판단)

사실인정의 전제로 이루어지는 증거의 취사선택과 증명력에 대한 판단은 자유심증주의의 한계를 벗어나지 않는 한 사실심 법원의 재량에 속한다 (형사소송법 제308조). 인접한 시기에 같은 피해자를 상대로 저질러진 동종 범죄라도 각각의 범죄에 따라 범행의 구체적인 경위, 피해자와 피고인 사이의 관계, 피해자를 비롯한 관련 당사자의 진술 등이 다를 수 있다. 따라서 사실심 법원은 인접한 시기에 같은 피해자를 상대로 저질러진 동종 범죄에 대해서도 각각의 범죄에 따라 피해자 진술의 신빙성이나 그 신빙성 유무를 기초로 한 범죄 성립 여부를 달리 판단할 수 있고, 이것이 실체적 진실발견과 인권보장이라는 형사소송의 이념에 부합한다.(대법원 2022.3.31. 2018도19472)

[15] 형사소송법 제312조 제4항에 규정된 '영상녹화물'의 의미

★ 형사소송법 제312조 제4항이 실질적 진정성립을 증명할 수 있는 방법으로 규정하는 영상녹화물에 대하여는 형사소송법 및 형사소송규칙에서 영상녹화의 과정, 방식 및 절차 등을 엄격하게 규정하고 있으므로 수사 기관이 작성한 피고인 아닌 자의 진술을 기재한 조서에 대한 실질적 진정성립을 증명할 수 있는 수단으로서 형사소송법 제312조 제4항에 규정된 '영상녹화물'이라 함은 형사소송법 및 형사소송규칙에 규정된 방식과 절차에 따라 제작되어 조사·신청된 영상녹화물을 의미한다.(대법원 2022.6.16. 2022도364 유흥업소 상납금 강요사건)

[16] 형사소송규칙 제134조의3 제2항·제3항에 위반하여 작성한 영상녹화물에 의하여 진술조서의 실질적 진정성립을 인정할 수 있는지의 여부(소극)

★ 수사기관이 작성한 피고인이 아닌 자의 진술을 기재한 조서에 대하여 실질적 진정성립을 증명하기 위해 영상녹화물의 조사를 신청하려면 영상녹화를 시작하기 전에 피고인 아닌 자의 동의를 받고 그에 관해서 피고인 아닌 자가 기명날인 또는 서명한 영상녹화 동의서를 첨부하여야 하고, 조사가 개시된 시점부터 조사가 종료되어 참고인이 조서에 기명날인 또는 서명을 마치는 시점까지 조사 전 과정이 영상녹화되어야 하므로 이를 위반한 영상녹화물에 의하여는 특별한 사정이 없는 한 피고인 아닌 자의 진술을 기재한 조서의 실질적 진정성립을 증명할 수 없다.(대법원 2022.6.16. 2022도364 유흥업소상납금 강요사건) 참고인진술조서의 원진술자인 피해자들이 공판기일에서 자신들에 대한 진술조서에 대하여 실질적 진정성립을 인정하지 않자, 검사가 경찰이 작성한 피해자들에 대한 영상녹화물을 진술조서의 실질적 진정성립을 증명하기 위하여 법원에 제출하였다. 그런데 경찰은 피해자들로부터 기명날인 또는 서명한 영상녹화 동의서를 받지 않았고(당연히 검사는 이러한 동의서를 법원에 제출할 수 없었다) 또한 피해자들이 조서를 열람하는 도중 영상녹화가 중단되어 피해자들의 조서 열람과정 중 일부와 조서에 기명날

인 또는 서명을 마치는 과정이 영상녹화되지 않았다. 이것은 아래 형사소송규칙 제134조의3 제2항·제3항에 위반된 것이므로 이 영상녹화물은 진술조서의 실질적 진정성립의 위한 증명자료가 될 수 없다는 취지의 판례이다.

형사소송규칙(2021.12.31. 대법원규칙 제3016호로 일부개정된 것)
제134조의2【영상녹화물의 조사 신청】① 검사는 피고인이 아닌 피의자의 진술을 영상녹화한 사건에서 피고인이 아닌 피의자가 그 조서에 기재된 내용이 자신이 진술한 내용과 동일하게 기재되어 있음을 인정하지 아니하는 경우 그 부분 의 성립의 진정을 증명하기 위하여 영상녹화물의 조사를 신청할 수 있다. ③ 제1항의 영상녹화물은 조사가 개시된 시점부터 조사가 종료되어 피의자가 조서에 기명날인 또는 서명을 마치는 시점까지 전과정이 영상녹화된 것으로 다음 각 호의 내용을 포함하는 것이어야 한다. 〈각호 내용 생략〉 제134조의3【제3자의 진술과 영상녹화물】① 검사는 피의자가 아닌 자가 공판준비 또는 공판기일에서 조서가 자신이 검사 또는 사법경찰관 앞에서 진술한 내용과 동일하게 기재되어 있음을 인정하지 아니하는 경우 그 부분의 성립의 진정을 증명하기 위하여 영상녹화물의 조사를 신청할 수 있다. ② 검사는 제1항에 따라 영상녹화물의 조사를 신청하는 때에는 피의자가 아닌 자가 영상녹화에 동의하였다는 취지로 기재하고 기명날인 또는 서명한 서면을 첨부하여야 한다. ③ 제134조의2 제3항 제1호부터 제3호, 제5호, 제6호, 제4항, 제5항은 검사가 피의자가 아닌 자에 대한 영상녹화물의 조사를 신청하는 경우에 준용한다.

[17] 형사소송법 및 형사소송규칙에서 영상녹화물에 대한 봉인절차를 둔 취지 / 검사가 작성한 피고인이 된 피의자의 진술을 기재한 조서의 실질적 진정성립을 증명하려면 봉인되어 피의자가 기명날인 또는 서명한 영상녹화물을 조사하는 방법으로 하여야 하는지 여부 (원칙적 적극) 및 예외적으로 영상녹화물을 법정 등에서 재생·시청하는 방법으로 조사하여 영상녹화물의 조작 여부를 확인함과 동시에 위 조서에 대한 실질적 진정성립 의 인정 여부를 판단할 수 있는 경우

형사소송법은 제244조의2 제2항에서 "영상녹화가 완료된 때에는 피의자 또는 변호인 앞에서 지체 없이 그 원본을 봉인하고 피의자로 하여금 기명날인 또는 서명하게 하여야 한다."라고 규정한다. 형사소송규칙은 제134조의4에서 "법원은 검사가 영상녹화물의 조사를 신청한 경우 이에 관한 결정을 함에 있어 피고인 또는 변호인으로 하여금 그 영상녹화물이 적법한 절차와 방식에 따라 작성되어 봉인된 것인지에 관한 의견을 진술하게 하여야 하고(제1항)", "공판준비 또는 공판기일에서 봉인을 해체하고 영상녹화물의 전부 또는 일부를 재생하는 방법으로 조사하여야 하며(제3항 전문)", "재판장은 조사를 마친 후 지체 없이 법원사무관 등으로 하여금 다시 원본을 봉인하도록 하고, 원진술자와 함께 피고인 또는 변호인에게 기명날인 또는 서명하도록 하여 검사에게 반환한다(제4항 본문)."라고 규정한다. 형사소송법 및 형사소송규칙에서 영상녹화물에 대한 봉인절차를 둔 취지는 영상녹화물의 조작가능성을 원천적으로 봉쇄하여 영상녹화물 원본과의 동일성과 무결성을 담보하기 위한 것이다. 이러한 형사소송법 등의 규정 내용과 취지에 비추어 보면, 검사가 작성한 피고인이 된 피의자의 진술을 기재한 조서의 실질적 진정성립을 증명하려면 원칙적으로 봉인되어 피의자가 기명날인 또는 서명한 영상녹화물을 조사하는 방법으로 하여야 하고 특별한 사정이 없는 한 봉인절차를 위반한 영상녹화물로는 이를 증명할 수 없다. 다만 형사소송법 등이 정한 봉인절차를 제대로 지키지 못했더라도 영상녹화물 자체에 원본으로서 동일성과 무결성을 담보할 수 있는 수단이나 장치가 있어 조작가능성에 대한 합리적 의심을 배제할 수 있는 경우에는 그 영상녹화물을 법정 등에서 재생·시청하는 방법으로 조사하여 영상녹화물의 조작 여부를 확인함과 동시에 위 조서에 대한 실질적 진정성립의 인정 여부를 판단할 수 있다고 보아야 한다. 그와 같은 예외적인 경우라면 형사소송법 등이 봉인절차를 마련하여 둔 취지와 구 형사소송법 (2020.2.4. 법률 제16924호로 개정되기 전의 것) 제312조 제2항에서 '영상녹화물이나 그 밖의 객관적인 방법'에 의하여 실질적 진정성립을 증명할 수 있도록 한 취지에 부합하기 때문이다.(대판 2022.7.14. 2020도13957)

[18] 피의자의 진술을 영상녹화하는 경우, 형사소송법 및 형사소송규칙에서 조사 전 과정이 영상녹화되는 것을 요구하는 취지 / 수회의 조사가 이루어진 경우, 최초의 조사부터 모든 조사 과정을 빠짐없이 영상녹화하여야 하는지 여부(소극) 및 같은 날 수회의 조사가 이루어진 경우, 조사 과정 전부를 영상녹화하여야 하는지 여부(원칙적 소극)

형사소송법은 제244조의2 제1항에서 피의자의 진술을 영상녹화하는 경우 조사의 개시부터 종료까지의 전 과정 및 객관적 정황을 영상녹화하여야 한다고 규정하고 있고, 형사소송규칙은 제134조의2 제3항에서 영상 녹화물은 조사가 개시된 시점부터 조사가 종료되어 피의자가 조서에 기명날인 또는 서명을 마치는 시점까지 전 과정이 영상녹화된 것으로서 피의자의 신문이 영상녹화되고 있다는 취지의 고지, 영상녹화를 시작하고 마친 시각 및 장소의 고지, 신문하는 검사와 참여한 자의 성명과 직급의 고지, 진술거부권·변호인의 참여를 요청할 수 있다는 점 등의 고지, 조사를 중단·재개하는 경우 중단 이유와 중단 시각, 중단 후 재개하는 시각, 조사를 종료하는 시각의 내용을 포함하는 것이어야 한다고 규정한다. 형사소송법 등에서 조사가 개시된 시점부터 조사가 종료되어 조서에 기명날인 또는 서명을 마치는 시점까지 조사 전 과정이 영상녹화되는 것을 요구하는 취지는 진술 과정에서 연출이나 조작을 방지하고자 하는 데 있다. 여기서 조사가 개시된 시점부터 조사가 종료되어 조서에 기명날인 또는 서명을 마치는 시점까지라 함은 기명날인 또는 서명의 대상인 조서가 작성된 개별 조사에서의 시점을 의미하므로 수회의 조사가 이루어진 경우에도 최초의 조사부터 모든 조사 과정을 빠짐없이 영상녹화하여야 한다고 볼 수 없고, 같은 날 이루어진 수회의 조사라 하더라도 특별한 사정이 없는 한 조사 과정 전부를 영상녹화하여야 하는 것도 아니다.(대판 2022.7.14. 2020도13957)

[19] 형사소송법 제312조 제5항의 적용대상인 '수사과정에서 작성한 진술서'의 의미

★ 형사소송법 제312조 제5항의 적용대상인 '수사과정에서 작성한 진술서'란 수사가 시작된 이후에 수사기관의 관여 아래 작성된 것이거나 개시된 수사와 관련하여 수사과정에 제출할 목적으로 작성한 것으로 작성 시기와 경위 등 여러 사정에 비추어 그 실질이 이에 해당하는 이상 명칭이나 작성된 장소 여부를 불문한다.(대법원 2022.10.27. 2022도9510 입당원서 사건)

[20] 형사소송법 제312조 제5항의 적용대상인 '수사과정에서 작성한 진술서'에 해당하는 경우

★ 원심은, 경찰관이 입당원서 작성자의 주거지·근무지를 방문하여 입당원서 작성 경위 등을 질문한 후 진술서 작성을 요구하여 이를 제출받은 이상 형사소송법 제312조 제5항이 적용되어야 한다는 이유로 형사소송법 제244조의4에서 정한 절차를 준수하지 않은 각 증거의 증거능력이 인정되지 않는다고 판단하고 이와 달리 위 진술서는 경찰서에서 작성한 것이 아니라 작성자가 원하는 장소를 방문하여 받은 것이므로 각 절차에 관한 규정이 적용되지 아니한다는 검사의 주장을 배척하였는 바, 이러한 원심의 판단에는 판결에 영향을 미친 잘못이 없다.(대법원 2022.10.27. 2022도9510 입당원서 사건)

[21] 사인 작성 진술녹취서 관련 판례

피고인이 피고인의 진술을 기재한 서류를 증거로 할 수 있음에 동의하지 않은 이상 그 서류에 기재된 피고인의 진술 내용을 증거로 사용하려면 형사소송법 제313조 제1항 단서에 따라 공판준비 또는 공판기일에서 작성자의 진술에 의하여 그 서류에 기재된 피고인의 진술 내용이 피고인이 진술한 대로 기재된 것임이 증명되고 나아가 진술이 특히 신빙할 수 있는 상태하에서 행하여진 것임이 인정되어야 한다. 여기서 '특히 신빙할 수 있는 상태'라 함은 진술 내용이나 서류의 작성에 허위개입의 여지가 거의 없고, 진술 내용의 신빙성이나 임의성을 담보할 구체적이고 외부적인 정황이 있는 것을 말한다.(대법원 2022. 4.28. 2018도3914 점검단원작성 확인서 사건)

[22] 조세범칙조사 담당 세무공무원 작성 심문조서의 증거능력에 관하여 형사소송법 제312조의 적용 여부(소극)

★ 조세범칙조사를 담당하는 세무공무원이 피고인이 된 혐의자 또는 참고인에 대하여 심문한 내용을 기재한 조서는 검사·사법경찰관 등 수사기관이 작성한 조서와 동일하게 볼 수 없으므로 형사소송법 제312조에 따라 증거능력의 존부를 판단할 수는 없고, 피고인 또는 피고인이 아닌 자가 작성한 진술서나 그 진술을 기재한 서류에 해당하므로 형사소송법 제313조에 따라 공판준비 또는 공판기 일에서 작성자·진술자의 진술에 따라 성립의 진정함이 증명되고 나아가 그 진술이 특히 신빙할 수 있는 상태 아래에서 행하여진 때에 한하여 증거능력이 인정된다.(대법원 2022.12.15. 2022도8824 범칙혐의자심문조서 사건)

[23] 조세범칙조사를 담당하는 세무공무원 작성 심문조서의 증거능력에 관하여 형사소송법 제313조의 '특히 신빙할 수 있는 상태·판단 시 고려사항

★ 형사소송법 제313조에서 '특히 신빙할 수 있는 상태'란 조서 작성 당시 그 진술내용이나 조서 또는 서류의 작성에 허위 개입의 여지가 거의 없고, 그 진술내용의 신빙성과 임의성을 담보할 구체적이고 외부적인 정황이 있는 경우를 의미하는데, 조세범 처벌절차법 및 이에 근거한 시행령·시행규칙·훈령(조사사무처리규정) 등의 조세범칙조사 관련 법령에서 구체적으로 명시한 진술거부권 고지, 변호사 등의 조력을 받을 권리 보장, 열람이의제기 및 의견진술권 등 심문 조서의 작성에 관한 절차규정의 본질적인 내용의 침해위반 등도 '특히 신빙할 수 있는 상태' 여부의 판단에 있어 고려되어야 한다.(대법원 2022.12.15. 2022도8824 범칙혐의자심문조서 사건)

[24] 형사소송법 제314조 적용의 엄격성

형사소송법 제312조, 제313조는 진술조서 등에 대하여 피고인 또는 변호인의 반대신문권이 보장되는 등 엄격한 요건이 충족될 경우에 한하여 증거능력을 인정할 수 있도록 함으로써 직접심리주의 등 기본원칙에 대한 예외를 정하고 있는데, 형사소송법 제314조는 원진술자 또는 작성자가 사망·질병·외국거주·소재불명 등의 사유로 공판준비 또는 공판기일에 출석하여 진술할 수 없는 경우에 그 진술이 특히 신빙할 수 있는 상태 하에서 행하여졌다는 점이 증명되면 원진술자 등에 대한 반대신문의 기회조차도 없이 증거능력을 부여할 수 있도록 함으로써 보다 중대한 예외를 인정한 것이므로 그 요건을 더욱 엄격하게 해석·적용하여야 한다.(대법원 2022.3.17. 2016도17054 상해 피해자 불출석 사건)

[25] 법관이 서명날인을 하지 않은 재판서에 따른 판결이 상고이유인 판결에 영향을 미친 법률의 위반이 있는 때'에 해당하는지의 여부(적극)

1. 형사소송법 제38조에 따르면 재판은 법관이 작성한 재판서에 의하여야 하고, 제41조에 따르면 재판서에는 재판한 법관이 서명·날인하여야 하며, 재판장이 서명·날인할 수 없는 때에는 다른 법관이 그 사유를 부기하고 서명·날인하여야 한다. 이러한 법관의 서명·날인이 없는 재판서에 의한 판결은 형사소송법 제383조 제1호가 정한 '판결에 영향을 미친 법률의 위반이 있는 때'에 해당하여 파기되어야 한다.(대법원 2022.7.14. 2022도5129 공인중개사법위반 벌금형 분리선고 사건)
2. 형사소송법 제38조에 따르면 재판은 법관이 작성한 재판서에 의하여야 하고, 제41조에 따르면 재판서에는 재판한 법관이 서명·날인하여야 하며, 재판장 외의 법관이 서명·날인할 수 없는 때에는 재판장이 그 사유를 부기하고 서명·날인하여야 한다. 법관이 서명·날인을 하지 않은 재판서에 따른 판결은 형사소송법 제383조 제1호가 정한 '판결에 영향을 미친 법률의 위반이 있는 때'에 해당하여 파기되어야 한다.(대법원 2022.3.17. 2021도17427 합의부원 날인 누락사건)

[26] 형사소송법 제59조의2에서 정한 '재판이 확정된 사건의 소송기록'의 의미

형사소송법 제59조의2의 '재판이 확정된 사건의 소송기록'이란 특정 형사사건에 관하여 법원이 작성하거나 검사, 피고인 등 소송관계인이 작성하여 법원에 제출한 서류들로서 재판확정 후 담당 기관이 소정의 방식에 따라 보관하고 있는 서면의 총체라 할 수 있고, 위와 같은 방식과 절차에 따라 보관되고 있는 이상 해당 형사사건에서 증거로 채택되지 아니하였거나 그 범죄사실과 직접 관련되지 아니한 서류라고 하여 재판확정기록 에 포함되지 않는다고 볼 것은 아니다.(대법원 2022.2.11. 2021모3175 약식명령 수사기록사건)

[27] 형사재판확정기록의 열람·등사신청 거부나 제한 등에 대한 불복방법(=준항고) 및 불기소처분으로 종결된 기록의 정보공개청구 거부나 제한 등에 대한 불복방법(=항고소송)

형사재판확정기록에 관해서는 형사소송법 제59조의2에 따른 열람·등사신청이 허용되고 그 거부나 제한 등 에 대한 불복은 준항고에 의하며, 형사재판확정기록이 아닌 불기소처분으로 종결된 기록(이하 '불기소기록'이라 한다)에 관해서는 정보공개법에 따른 정보공개청구가 허용되고 그 거부나 제한 등에 대한 불복은 항고 소송절차에 의한다.(대법원 2022.2.11. 2021모3175 약식명령 수사기록 사건)

[28] 형사소송법 부칙(2007.12.21.) 제3조에서 말하는 '종전의 규정'에 구 형사소송법(2007.12.21. 법률 제8730호로 개정되기 전의 것) 제249조 제1항'뿐만 아니라 '같은 조 제2항'도 포함되는지의 여부(적극)

★ 2007.12.21. 개정된 형사소송법(이하 '개정 형사소송법'이라 한다) 부칙 제3조(이하 '이 사건 부칙조항'이 라 한다)는 '공소시효에 관한 경과조치'라는 표제 아래 "이 법 시행 전에 범한 죄에 대하여는 종전의 규정을 적용한다."라고 규정하고 있다. 이 사건 부칙조항은, 시효의 기간을 연장하는 형사소송법 개정이 피의자 또는 피고인에게 불리한 조치인 점 등을 고려하여 개정 형사소송법 시행 전에 이미 저지른 범죄에 대하여는 개정 전 규정을 그대로 적용하고자 함에 그 취지가 있다. 위와 같은 법 문언과 취지

등을 종합하면, 이 사건 부칙조항에서 말하는 '종전의 규정'에는 '구 형사소송법 제249조 제1항' 뿐만 아니라 '같은 조 제2항'도 포함된다고 봄이 타당하다. 따라서 개정 형사소송법 시행 전에 범한 죄에 대해서는 이 사건 부칙조항에 따라 구 형사소송법 제249조 제2항이 적용되어 판결의 확정 없이 공소를 제기한 때로부터 15년이 경과하면 공소시효가 완성한 것으로 간주된다.(대법원 2022.8.19. 2020도1153 구 형사소송법 제249조 제2항 적용사건)

형사소송법(2007.12.21. 법률 제8730호로 일부개정되기 전의 것)
제249조【공소시효의 기간】② 공소가 제기된 범죄는 판결의 확정이 없이 공소를 제기한 때로부터 15년을 경과하면 공소시효가 완성한 것으로 간주한다.

형사소송법(2007.12.21. 법률 제8730호로 일부개정된 것)
제249조【공소시효의 기간】② 공소가 제기된 범죄는 판결의 확정이 없이 공소를 제기한 때로부터 25년을 경과하면 공소시효가 완성한 것으로 간주한다. 부 칙 제3조【공소시효에 관한 경과조치】이 법 시행 전에 범한 죄에 대하여는 종전의 규정을 적용한다.

[29] 국외도피로 인한 공소시효 정지를 규정한 형사소송법 제253조 제3항이 공소시효 완성 간주를 규정한 형사소송법 제249조 제2항에도 적용되는지의 여부(소극)

★ 형사소송법 제253조 제3항에서 정지의 대상으로 규정한 '공소시효'는 범죄행위가 종료한 때로부터 진행하고 공소의 제기로 정지되는 형사소송법 제249조 제1항의 시효를 뜻하고, 그 시효와 별개로 공소를 제기한 때로부터 일정 기간이 경과하면 공소시효가 완성된 것으로 간주된다고 규정한 형사소송법 제249조 제2항에서 말하는 '공소시효'는 여기에 포함되지 않는다. 따라서 공소제기 후 피고인이 처벌을 면할 목적으로 국외에 있는 경우에도 그 기간 동안 형사소송법 제249조 제2항에서 정한 기간의 진행이 정지되지는 않는다.(대법원 2022. 9.29. 2020도13547 기소후미국도피사건) 피고인은 1997.8.21. 특가법위반(사기)죄로 기소된 후 1심 재판이 계속 중이던 1998.4.28.경 미국으로 출국하여 항소심에 이르기까지 입국하지 않았는데, 기소시부터 항소심판결 선고시까지 15년 이상이 경과하였다. 이 경우 항소심은 형사소송법 제249조 제2항(의제공소시효)에 의하여 면소판결을 선고하여야 한다. 위 사건에 적용되는 의제공소시효기간은 15년이었으나 현재의 의제공소시효기간은 25년임을 주의하여야 한다.

[30] 각종 범죄의 공소시효 기산점

1. 병역법 제70조 제3항, 제94조에서 규정하고 있는 국외여행허가의무 위반으로 인한 병역법위반죄는 국외여행의 허가를 받은 병역의무자가 기간만료 15일 전까지 기간연장허가를 받지 않고 정당한 사유 없이 허가된 기간 내에 귀국하지 않은 때에 성립함과 동시에 완성되는 이른바 즉시범으로서 그 이후에 귀국하지 않은 상태가 계속되고 있더라도 위 규정이 정한 범행을 계속하고 있다고 볼 수 없다. 따라서 이 범죄의 공소시효는 범행종료일인 국외여행허가기간 만료일부터 진행한다.(대법원 2022.12.1. 2019도5925 병역 회피 목적 미국체류 사건)
2. 변호사법 제113조 제5호, 제31조 제1항 제3호 위반죄의 공소시효는 그 범죄행위인 '수임'행위가 종료한 때로부터 진행된다고 봄이 타당하고, 수임에 따른 '수임사무의 수행'이 종료될 때까지 공소시효

가 진행되지 않는다고 해석할 수는 없다.(대법원 2022.1.14. 2017도18693 수임행위 공소시효 기산점 사건)
변호사인 피고인들이 진실 화해를 위한과거사정리위원회 등에서 공무원으로 재직하면서 조사를 담당한 사건과 관련된 소송사건을 공무원 퇴직 후 수임하여 소송수행을 한 사건이다.

변호사법(2021.1.5. 법률 제17828호로 일부개정된 것)
제31조 【수임제한】 ① 변호사는 다음 각 호의 어느 하나에 해당하는 사건에 관하여는 그 직무를 수행할 수 없다. 다만, 제2호 사건의 경우 수임하고 있는 사건의 위임인이 동의한 경우에는 그러하지 아니하다. 1. 당사자 한쪽으로부터 상의 (相議)를 받아 그 수임을 승낙한 사건의 상대방이 위임하는 사건 2. 수임하고 있는 사건의 상대방이 위임하는 다른 사건 3. 공무원·조정위원 또는 중재인으로서 직무상 취급하거나 취급하게 된 사건 제113조 【벌칙】 다음 각 호의 어느 하나에 해당하는 자는 1년 이하의 징역 또는 1천만원 이하의 벌금에 처한다. 1.부터 5. 〈생략〉 5. 제31조 제1항 제3호에 따른 사건을 수임한 변호사

[31] 공소사실이 특정되지 않은 경우

★ "피고인은 2018.11.4.경부터 11.15.경까지 사이에 불상의 장소에서 피고인 명의의 새마을금고 계좌에 연결된 체크카드 1장 및 비밀번호를 불상의 자에게 불상의 방법으로 건네주어 접근매체를 양도하였다"라는 공소사실 [전자금융거래법위반] (대법원 2022.12.29. 2020도14662 11.4.경부터 11.15.경까지 불상 불상 불상 사건)

[32] 공소사실의 동일성이 인정되는 경우

★ (1) "피고인은 건축물에 해당하는 컨테이너를 허가 없이 건축하였다"라는 공소사실과 (2) "피고인은 가설건축물에 해당하는 컨테이너를 신고 없이 축조하였다"라는 공소사실 [건축법위반] (대법원 2022.12.29. 2022도9845 컨테이너 무신고 축조사건)

[33] 공소사실에 대한 검사의 의견을 기재한 서면을 공소장변경허가신청서로 볼 수 있는지의 여부(소극)

검사가 공소장변경허가신청서를 제출하지 않고 공소사실에 대한 검사의 의견을 기재한 서면을 제출하였다고 하더라도 이를 곧바로 공소장변경허가신청서를 제출한 것이라고 볼 수는 없다.(대법원 2022.1.13. 2021도 13108 유치원비 · 지원금 편취사건)

[34] 실질적 반대신문권의 기회가 부여되지 아니한 채 이루어진 증인의 법정진술의 증거능력(부정)

피고인에게 불리한 증거인 증인이 주신문의 경우와 달리 반대신문에 대하여는 답변을 하지 아니하는 등 진술 내용의 모순이나 불합리를 그 증인신문 과정에서 드러내어 이를 탄핵하는 것이 사실상 곤란하였고, 그것이 피고인 또는 변호인에게 책임있는 사유에 기인한 것이 아닌 경우라면 관계 법령의 규정 혹은 증인의 특성 기타 공판절차의 특수성에 비추어 이를 정당화할 수 있는 특별한 사정이 존재하지 아니하는 이상, 이와 같이 실질적 반대신문권의 기회가 부여되지 아니한 채 이루어진 증인의 법정진술은 위법한 증거로서 증거능력을 인정하기 어렵다. 이 경우 피고인의 책문권 포기로 그 하자가 치유될 수 있으나, 책문권 포기의 의사는 명시적인 것이어야 한다.(대법원 2022. 3.17. 2016도17054 상해 피해자 불출석 사건)

[35] 판결선고의 종료시점과 변경 선고가 가능한 한계

★ 판결 선고는 전체적으로 하나의 절차로서 재판장이 판결의 주문을 낭독하고 이유의 요지를 설명한 다음 피고인에게 상소기간 등을 고지하고, 필요한 경우 훈계, 보호관찰 등 관련 서면의 교부까지 마치는 등 선고 절차를 마쳤을 때에 비로소 종료된다. 재판장이 주문을 낭독한 이후라도 선고가 종료되기 전까지는 일단 낭독한 주문의 내용을 정정하여 다시 선고할 수 있다. 그러나 판결 선고절차가 종료되기 전이라도 변경 선고가 무제한 허용된다고 할 수는 없다. 재판장이 일단 주문을 낭독하여 선고 내용이 외부적으로 표시된 이상 재판서에 기재된 주문과 이유를 잘못 낭독하거나 설명하는 등 실수가 있거나 판결 내용에 잘못이 있음이 발견된 경우와 같이 특별한 사정이 있는 경우에 변경 선고가 허용된다.(대법원 2022.5.13. 2017도3884 징역 3년으로 정정한다 사건)

[36] 판결의 변경 선고가 위법한 경우

★ 제1심 재판장은 '피고인을 징역 1년에 처한다'는 주문을 낭독하여 선고 내용을 외부적으로 표시하였다. 제1심 재판장은 징역 1년이 피고인의 죄책에 부합하는 적정한 형이라고 판단하여 징역 1년을 선고하였다고 볼 수 있고, 피고인이 난동을 부린 것은 그 이후의 사정이다. 제1심 재판장은 선고절차 중 피고인의 행동을 양형에 반영해야 한다는 이유로 이미 주문으로 낭독한 형의 3배에 해당하는 징역 3년으로 선고형을 변경하였다. 위 선고기일에는 피고인의 변호인이 출석하지 않았고, 피고인은 자신의 행동이 위와 같이 양형에 불리하게 반영되는 과정에서 어떠한 방어권도 행사하지 못하였다. 그런데도 원심은 제1심 선고절차에 아무런 위법이 없다고 판단하였다. 원심판결에는 판결 선고절차와 변경 선고의 한계에 관한 법리를 오해하여 판결에 영향을 미친 잘못이 있다. (대법원 2022.5.13. 2017도3884 징역 3년으로 정정한다사건) 제1심 재판장이 "피고인을 징역 1년에 처한다"는 주문을 낭독한 뒤 상소기간 등에 관한 고지를 하던 중 피고인이 "재판이 개판이야, 재판이 뭐 이 따위야" 등의 말과 욕설을 하면서 난동을 부리기 시작하였고, 당시 그곳에 있던 교도관이 피고인을 제압하여 구치감으로 끌고 갔다. 재판장은 피고인에게 원래 선고를 듣던 자리로 돌아올 것을 명하였고, 결국 법정경위가 구치감으로 따라 들어가 피고인을 다시 법정으로 데리고 나왔다. 이후 재판장은 "선고가 아직 끝난 것이 아니고 선고가 최종적으로 마무리되기까지 법정에서 나타난 사정 등을 종합하여 선고형을 정정한다"는 취지로 말하고 피고인에게 '징역 3년'을 선고하였다.

[37] 형사소송법 제344조 제1항 재소자에 대한 특칙 규정이 집행유예취소결정에 대한 즉시항고권회복청구서의 제출에 적용되는지의 여부(적극)

형사소송법은 "교도소 또는 구치소에 있는 피고인이 상소의 제기기간 내에 상소장을 교도소장 또는 구치소장 또는 그 직무를 대리하는 자에게 제출한 때에는 상소의 제기기간 내에 상소한 것으로 간주한다."라는 이른바 재소자에 대한 특칙(제344조 제1항)을 두고 이를 상소권회복의 청구에 준용하도록 하고 있다(제355조). 즉시항고도 상소의 일종이므로 위와 같은 특칙은 집행유예취소결정에 대한 즉시항고권회복청구서의 제출에도 마찬가지로 적용된다.(대법원 2022.10.27. 2022모1004 즉시항고권회복청구 사건)

[38] 경합범 중 일부 공소기각, 일부 무죄를 선고한 판결에 대하여 검사가 전부에 상소를 제기하였고 그 중 공소 기각 부분에 대한 상소가 이유가 있어 이를 파기하는 경우 무죄부분도 파기할 수 있는지의 여부(소극)

(1) 경합범 관계에 있는 공소사실 중 일부 유죄, 일부 무죄를 선고하여 판결주문이 수개일 때 검사가 판결 전부에 대하여 상소하였는데 상소심에서 이를 파기할 때에는 유죄 부분과 파기되는 무죄 부분이 형법 제37조 전단의 경합범 관계에 있어 하나의 형이 선고되어야 하므로 유죄 부분과 파기되는 무죄 부분을 함께 파기하여야 한다. 그러나 위와 같이 하나의 형을 선고하기 위해서 파기하는 경우를 제외하고는 경합범의 관계에 있는 공소사실이라고 하더라도 개별적으로 파기되는 부분과 불가분의 관계에 있는 부분만을 파기하여야 한다. (2) 제1심은 경합범 관계에 있는 공소사실 중 피해자 대한민국에 대한 사기 부분을 주문 무죄로, 피해자 학부모들에 대한 사기 부분을 주문 공소기각으로 각 판단하였으므로 검사가 제1심판결 전부에 대하여 항소하였다고 하더라도 그 판결 전체가 불가분의 관계에 있다고 볼 수 없고, 원심으로서는 각 부분에 관한 항소이유를 개별적으로 판단하였어야 한다. 그런데도 원심은 공소사실 전체가 경합범 관계에 있어 불가분의 관계에 있다는 이유로 제1심판결 중 공소기각 부분을 파기하는 이상 제1심판결 중 무죄 부분도 함께 파기하여야 한다고 판단하였다. 이러한 원심의 판단에는 상소심의 심판대상과 파기의 범위에 관한 법리를 오해함으로써 제1심판결 중 무죄 부분에 대한 판단을 누락한 잘못이 있다.(대법원 2022.1.13. 2021도13108 유치원비 · 지원금 편취사건) 위 판례 사건의 경우 경합범 중 '일부 공소기각, 일부 무죄'이고 이들은 형법 제38조 제1항 따라 1개의 주문으로 형벌을 선고할 수 없는 경우이므로 불가분이라고 할 수 없다. 일부 공소기각, 일부 무죄가 선고된 원심판결에 대하여 전부 상소가 제기되었고 그 중 공소기각 부분에 대한 상소가 이유가 있어 그것을 파기할 때에 그것과 아무런 상관이 없는 무죄부분은 파기할 수 없는 것이다.

[39] 공동피고인을 위하여 원심판결을 파기한 경우

★ 형사소송법 제364조의2에서 정한 '항소한 공동피고인'은 제1심의 공동피고인으로서 자신이 항소한 경우는 물론 그에 대하여 검사만 항소한 경우까지도 포함한다.(대법원 2022. 7.28. 2021도10579 검사의 항소로무죄 사건) 제1심에서 공동피고인들인 피고인 1, 피고인 2, 피고인 3이 모두 유죄판결을 선고받았다. 이후 피고인 1과 피고인 2가 항소를 제기하였고, 피고인 3 자신은 항소하지 않았는데 검사가 피고인 3을 상대로 항소를 제기하였다. 항소심이 제1심판결을 파기하고 피고인 1과 피고인 2에게 무죄를 선고하는 경우 그 파기의 이유가 피고인 3에게도 공통된다면 피고인 3에게도 제1심판결을 파기하고 무죄를 선고하여야 한다.

[40] 확정판결에 대하여 이와 취지가 다른 확정판결이 있다는 이유만으로 상고할 수 있는지의 여부(소극)

확정판결에 대하여는 법적 안정성을 위하여 확정력과 기판력을 부여함이 원칙이고 다만 예외적으로 재심 등을 허용하는 것이 상당한 경우에 재심청구 등 특별한 불복방법을 허용하는 것이 형사소송법과 민사소송법의 기본 취지이다. 만일 확정판결에 대하여 이와 취지가 다른 확정판결이 있다는 이유만으로 다툴 수 있다면 분쟁의 종국적 해결이 지연되거나 불가능하게 되어 소송경제에 반하거나 심급제도 자체가 무의미하게 되는 결과가 초래되고, 재판을 통한 법질서의 형성과 유지도 어렵게 될 것이기 때문이다.(대법원 2022.12.29. 2018도7575 2번의 희망버스 시위 사건)

[41] 제1심판결에 대한 피고인의 비약적 상고와 검사의 항소가 경합하여 피고인의 비약적 상고에 상고의 효력이 상실되고 검사의 항소에 기한 항소심이 진행되는 경우 피고인의 비약적 상고에 항소로서의 효력을 인정할 수 있는지의 여부(한정 적극)

★ 형사소송법 제372조, 제373조 및 관련 규정의 내용과 취지, 비약적 상고와 항소가 제1심판결에 대한 상소권 행사로서 갖는 공통성, 이와 관련된 피고인의 불복의사, 피고인의 상소권 보장의 취지 및 그에 대한 제한의 범위와 정도, 피고인의 재판청구권을 보장하는 헌법합치적 해석의 필요성 등을 종합하여 보면, **제1심 판결에 대하여 피고인은 비약적 상고를, 검사는 항소를 각각 제기하여 이들이 경합한 경우 피고인의 비약적 상고에 상고의 효력이 인정되지는 않더라도** 피고인의 비약적 상고가 항소기간 준수 등 항소로서의 적법요건을 모두 갖추었고, 피고인이 자신의 비약적 상고에 상고의 효력이 인정되지 않는 때에도 항소심에서는 제1심판결을 다툴 의사가 없었다고 볼 만한 특별한 사정이 없다면 **피고인의 비약적 상고에 항소로서의 효력이 인정 된다.**(대법원 2022.5.19. 2021도17131 全合 피고인의 비약적 상고 항소의제 사건) "피고인의 비약적 상고와 검사의 항소가 경합한 경우 피고인의 비약적 상고에 항소로서의 효력을 인정할 수 없다"라고 판시한 판례(대법원 2005.7.8. 2005도2967, 대법원 2015.9.11. 2015도10826, 대법원 2016.9.30. 2016도11358, 대법원 2017.7.6. 2017도6216)는 폐기되었다.

[42] 항소기각 또는 상고기각판결로 제1심판결이 유죄로 확정된 경우 위헌결정에 따른 재심의 대상 (= 제1심판결)

★ 형벌에 관한 법률조항에 대하여 헌법재판소의 위헌결정이 선고되어 헌법재판소법 제47조에 따라 재심을 청구하는 경우 그 재심사유는 **형사소송법 제420조 제1호, 제2호, 제7호 어느 것에도 해당하지 않는다.** 즉 형벌조항에 대하여 헌법재판소의 위헌결정이 있는 경우 헌법재판소법 제47조에 의한 재심은 원칙적인 재심 대상판결인 **제1심 유죄판결 또는 파기자판한 상급심판결에 대하여 청구하여야 한다. 제1심이 유죄판결을 선고하고, 그에 대하여 불복하였으나 항소 또는 상고기각판결이 있었던 경우에 헌법재판소법 제47조를 이유로 재심을 청구하려면 재심대상판결은 제1심판결이 되어야 하고,** 항소 또는 상고기각판결을 재심대상으로 삼은 재심청구는 법률상의 방식을 위반한 것으로 부적법하다.(대법원 2022. 6.16. 2022모509 윤창호법 위헌 재심대상사건)

[43] 배상명령신청이 각하된 경우 피해자가 배상명령 제도를 통하여 구제받을 수 있는지의 여부(소극)

제1심 법원으로서는 공판절차의 진행이나 배상신청에 대한 결정을 함에 있어 피해자의 배상신청이 소촉법이 정한 나머지 요건을 갖추었으나 **변론종결 후에 접수되었다는 이유로 이를 각하하는 경우 피해자가 더 이상 배상명령 제도를 통해서는 구제받을 수 없다.**(대법원 2022. 1.14. 2021도13768)

[44] 구금되었다가 면소 또는 공소기각의 재판을 받아 확정된 경우 형사보상법 제8조 보상청구 기간의 기산점

면소 또는 공소기각의 재판을 받아 확정되었으나 그 면소 또는 공소기각의 사유가 없었더라면 무죄재판을 받을 만한 현저한 사유가 있음을 이유로 구금에 대한 보상을 청구하는 경우 보상청구는 면소 또는 공소기각의 재판이 확정된 사실을 안 날부터 3년, 면소 또는 공소기각의 재판이 확정된 때부터 5년 이내에 하는 것이 원칙이다. 다만 면소 또는 공소기각의 재판이 확정된 이후에 비로소 해당 형벌법령에 대하여 위헌·무효 판단이 있는 경우 등과 같이 면소 또는 공소기각의 재판이 확정된 이후에 무죄재판을 받을 만한 현저한 사유가 생겼다고 볼 수 있는 경우에는 해당 사유가 발생한 사실을 안 날부터 3년, 해당 사유가 발생한 때부터 5년 이내에 보상청구를 할 수 있다.(대법원 2022.12.20. 2020모627 공소기각확정 피고인 형사보상청구 사건)

2023 중요 형사소송법 판례 정리

[1] 성년후견인이 의사무능력인 피해자를 대리하여 반의사불벌죄의 처벌불원의사를 표시하거나 처벌희망의사를 철회할 수 있는지의 여부(소극)

★ 반의사불벌죄에서 성년후견인은 명문의 규정이 없는 한 의사무능력자인 피해자를 대리하여 피고인 또는 피의자에 대하여 처벌을 희망하지 않는다는 의사를 결정하거나 처벌을 희망하는 의사표시를 철회하는 행위를 할 수 없다. 이는 성년후견인의 법정대리권 범위에 통상적인 소송행위가 포함되어 있거나 성년후견개시심판에서 정하는 바에 따라 성년후견인이 소송행위를 할 때 가정법원의 허가를 얻었더라도 마찬가지이다.(대법원 2023.7.17. 2021도11126 全合 성년후견인 합의서 제출사건)

민법(2022.12.27. 법률 제19098호로 일부개정된 것)
제9조 【성년후견개시의 심판】 ① 가정법원은 질병, 장애, 노령, 그 밖의 사유로 인한 정신적 제약으로 사무를 처리할 능력이 지속적으로 결여된 사람에 대하여 본인, 배우자, 4촌 이내의 친족, 미성년후견인, 미성년후견감독인, 한정후견인, 한정후견감독인, 특정후견인, 특정후견감독인, 검사 또는 지방자치단체의 장의 청구에 의하여 성년후견개시의 심판을 한다. 제929조 【성년후견심판에 의한 후견의 개시】 가정법원의 성년후견개시심판이 있는 경우에는 그 심판을 받은 사람의 성년후견인을 두어야 한다. 제938조 【후견인의 대리권 등】 ① 후견인은 피후견인의 법정대리인이 된다. ② 가정법원은 성년후견인이 제1항에 따라 가지는 법정대리권의 범위를 정할 수 있다.

2021도11126 판결 다수의견의 논거

「교통사고처리 특례법」과 형사소송법의 문언상 처벌을 원하지 아니하는 의사결정 자체는 피해자가 하여야 하고 대리될 수 없다. 반의사불벌죄에서 피고인 또는 피의자에 대하여 처벌을 원하지 않거나 처벌희망의 의사표시를 철회하는 의사결정 그 자체는 특별한 규정이 없는 한 피해자 본인이 하여야 한다. 형사소송법은 친고죄의 고소 및 고소취소와 반의사불벌죄의 처벌불원의사를 달리 규정하였으므로 반의사불벌죄의 처벌불원의사는 친고죄의 고소 또는 고소취소와 동일하게 취급할 수 없다. 민법상 성년후견인이 형사소송절차에서 반의사불벌죄의 처벌불원 의사표시를 대리할 수 있다고 보는 것은 피해자 본인을 위한 후견적 역할에 부합한다고 볼 수도 없다. 양형기준을 포함한 현행 형사사법 체계 아래에서 성년후견인이 의사무능력자인 피해자를 대리하여 피고인 또는 피의자와 합의를 한 경우에는 이를 소극적인 소추조건이 아니라 양형인자로서 고려하면 충분하다.

2021도11126 판결 소수의견의 요지

형사소송법은 반의사불벌죄에서 피해자의 의사능력이 결여된 경우 처벌불원 의사표시에 관하여 명시적인 규정을 두고 있지 않은 법률 흠결상태이다. 피해자가 의사무능력인 경우에도 피해자의 자기결정권을 구현하고 피해자의 복리·보호를 위하여 제3자가 피해자의 의사를 지원·보완하는 방법을 통해 처벌불원 의사표시를 하는 것이 필요하므로 피고인에게 유리한 방향으로 형사소송법의 관련 규정들을 유추적용할 필요성이 매우 크다. 그것이 본인의 의사와 잔존능력을 존중하여 가능한 최대한도에서 정상적인 사회의 구성원으로 활동할 수 있도록 새롭게 도입된 성년후견제도의 취지를 반영하는 해석이다. 따라서 반의사불벌죄에서 의사능력이 없는 피해자에게 성년후견이 개시되어 있는 경우 성년후견인이 가정법원의 허가를 받아 처벌불원의 의사표시를 할 수 있다고 보아야 한다.

[2] 수사기관이 영장 없이 음식점에 출입하여 위법행위를 확인하는 것이 위법한지의 여부(소극)

★ 수사기관이 범죄를 수사하면 불특정, 다수의 출입이 가능한 장소에 통상적인 방법으로 출입하여 아무런 물리력이나 강제력을 행사하지 않고 통상적인 방법으로 위법행위를 확인하는 것은 특별한 사정이 없는 한 임의수사의 한 방법으로서 허용되므로 영장 없이 이루어졌다고 하여 위법하다고 할 수 없다.(대법원 2023. 7.13. 2019도7891 춤추는 손님들 촬영사건Ⅰ)

[3] 범죄수사를 위하여 영업소에 출입하는 경우 식품위생법 제22조 제3항의 증표 등 제시의무를 준수하여야 하는지의 여부(소극)

★ 식품위생법 제22조 제3항에 따라 권한을 표시하는 증표 및 조사기간 등이 기재된 서류를 제시하여야 하는 경우는 식품위생법 제22조 제1항 제2호에 따라 영업소에 출입하여 식품 등 또는 영업 시설 등에 대하여 검사하거나 식품 등의 무상 수거, 장부 또는 서류를 열람하는 등의 행정조사를 하려는 경우에 한정된다. 따라서 형사소송법 제197조[24년 현재 제245조의10], 구 「사법경찰관리의 직무를 수행할 자와 그 직무범위에 관한 법률」제5조 제8호에 근거하여 특별사법경찰관리로 지명된 공무원이 범죄수사를 위하여 음식점 등 영업소에 출입하여 증거수집 등 수사를 하는 경우에는 식품위생법 제22조 제3항이 정한 절차를 준수하지 않았다고 하여 위법하다고 할 수 없다.(대법원 2023. 7.13. 2021도10763 춤추는 손님들 촬영사건Ⅱ)

[4] 영장없이 사진촬영을 하기 위한 요건

★ 수사기관이 범죄를 수사하면서 현재 범행이 행하여지고 있거나 행하여진 직후이고, 증거보전의 필요성 및 긴급성이 있으며, 일반적으로 허용되는 상당한 방법으로 촬영한 경우라면 위 촬영이 영장 없이 이루어졌다 하여 이를 위법하다고 할 수 없다. 다만 촬영으로 인하여 초상권, 사생활의 비밀과 자유, 주거의 자유 등이 침해될 수 있으므로 수사기관이 일반적으로 허용되는 상당한 방법으로 촬영하였는지 여부는 수사기관이 촬영장소에 통상적인 방법으로 출입하였는지 또 촬영장소와 대상이 사생활의 비밀과 자유 등에 대한 보호가 합리적으로 기대되는 영역에 속하는지 등을 종합적으로 고려하여 신중하게 판단하여야 한다.(대법원 2023.7.13. 2021도10763 춤추는 손님들 촬영사건Ⅱ) (同旨 대법원 2023.7.13. 2019도7891 춤추는 손님들 촬영사건Ⅰ, 대법원 2023.4.27. 2018도8161 나이트클럽 음란쇼 촬영사건)

[5] 영장없는 촬영의 적법성을 인정한 경우

1. 특별사법경찰관은 "일반음식점 영업자인 피고인이 음식점 내에서 음악을 크게 틀고 손님들의 흥을 돋워 손님들이 춤을 추도록 허용하여 영업자가 지켜야 할 사항을 지키지 아니하였다"라는 범죄혐의가 포착된 상태에서 범행에 관한 증거를 보전하기 위한 필요에 의하여, 공개된 장소인 음식점에 통상적인 방법으로 출입하여 음식점 내에 있는 사람이라면 누구나 볼 수 있었던 손님들의 춤추는 모습을 촬영한 것이다. 따라서 특별사법경찰관이 영장 없이 범행현장을 촬영하였다고 하여 이를 위법하다고 할 수 없다.(대법원 2023.7.13. 2021도10763 춤추는 손님들 촬영사건Ⅱ)
2. 원심은, 경찰관들이 "일반음식점 영업자인 피고인이 음향시설을 갖추고 손님이 춤을 추는 것을 허용하여 영업자가 지켜야 할 사항을 지키지 않았다"라는 범죄혐의가 포착된 상태에서 그에 관한 증

거를 보전하기 위한 필요에 의하여, 불특정, 다수가 출입할 수 있는 음식점에 통상적인 방법으로 출입하여 음식점 내에 있는 사람이라면 누구나 볼 수 있었던 손님들의 춤추는 모습을 확인하고 이를 촬영한 것은 영장 없이 이루어졌다하여 위법하다고 볼 수 없다는 취지로 판단하고 경찰관들이 촬영한 사진의 증거능력을 인정하였는바, 원심의 판단에는 영장주의, 수사기관 촬영물의 증거능력, 위법수집증거에 관한 법리를 오해한 잘못이 없다.(대법원 2023.7.13. 2019도7891 춤추는 손님들 촬영사건Ⅰ)

3. 촬영물은 경찰관들이 "풍속영업을 영위하는 피고인들이 음란행위 영업을 하였다"라는 범죄의 혐의가 포착된 상태에서 나이트클럽 내에서의 음란행위 영업에 관한 증거를 보전하기 위한 필요에 의하여, 불특정 다수에게 공개된 장소인 나이트클럽에 통상적인 방법으로 출입하여 손님들에게 공개된 모습을 촬영한 것이다. 따라서 영장 없이 촬영이 이루어졌다 하여 이를 위법하다고 할 수 없어 촬영물과 그 촬영물을 캡처한 영상사진은 증거능력이 인정된다.(대법원 2023.4.27. 2018도8161 나이트클럽 음란쇼 촬영사건)

[6] 적법한 압수·수색영장의 집행을 위한 절차

★ 수사기관이 압수 또는 수색을 할 때에는 처분을 받는 사람에게 반드시 적법한 절차에 따라 법관이 발부한 영장을 사전에 제시하여야 하고 처분을 받는 자가 피의자인 경우에는 영장 사본을 교부하여야 하며, 피의자·피압수자 또는 변호인(이하 '피의자 등'이라 한다)은 압수·수색영장의 집행에 참여할 권리가 있으므로 수사기관이 압수·수색영장을 집행할 때에도 원칙적으로는 피의자 등에게 미리 집행의 일시와 장소를 통지하여야 하고, 수사기관은 압수영장을 집행한 직후에 압수목록을 곧바로 작성하여 압수한 물건의 소유자·소지자·보관자 기타 이에 준하는 사람에게 교부하여야 한다. 헌법과 형사소송법이 정한 절차와 관련 규정, 그 입법 취지 등을 충실히 구현하기 위하여 수사기관은 압수·수색영장의 집행기관으로서 피압수자로 하여금 법관이 발부한 영장에 의한 압수·수색이라는 강제처분이 이루어진다는 사실을 확인할 수 있도록 형사소송법이 압수·수색영장에 필요적으로 기재하도록 정한 사항이나 그와 일체를 이루는 내용까지 구체적으로 충분히 인식할 수 있는 방법으로 압수·수색영장을 제시하고 피의자에게는 그 사본까지 교부하여야 하며, 증거인멸의 가능성이 최소화됨을 전제로 영장 집행 과정에 대한 참여권이 충실히 보장될 수 있도록 사전에 피의자 등에 대하여 집행 일시와 장소를 통지하여야 함은 물론 피의자 등의 참여권이 형해화되지 않도록 그 통지의무의 예외로 규정된 '피의자 등이 참여하지 아니한다는 의사를 명시한 때 또는 급속을 요하는 때'라는 사유를 엄격하게 해석하여야 한다.(대법원 2023.10.18. 2023도8752 카사노바 성매매·몰카범 사건) 전에도 이와 유사한 판례가 있었지만 사실관계도 다르고 판시 문맥 등에 있어 차이가 있으므로 다시 이렇게 수록한다.

2023도8752 판결 사실관계 등

1. 경찰이 피해자 A에 대한 범죄 혐의사실로 발부된 제1영장에 따라 2022. 6.24. 피고인의 휴대전화 및 전자정보에 관한 집행을 완료(1차 압수·수색)한 후 2022. 7.27. 그 복제본이 저장되어 있던 경찰관의 컴퓨터에서 피해자 B에 대한 범죄 혐의사실에 관한 증거를 압수(2차 압수·수색)하였다가 검사의 보완수사요구에 따라 제2영장을 발부받아 2022. 9.10. 다시 경찰관의 컴퓨터에서 피해자 B, C에 대한 범죄 혐의사실에 관한 증거를 압수(3차 압수·수색)한 사안이다.
2. 원심은, 2차 압수·수색에 따른 전자정보가 제1영장에 따른 집행으로 적법하게 압수되었다는 전제 하에 제1영장에 기재된 혐의사실과 2차 및 3차 압수·수색에 따른 전자정보 사이에 인적·객관적 관련성이 인정되고, 그 이후 제2영장에 따른 집행으로 같은 증거가 압수되었으므로 비록 피고인이 참여권을 보장받지 못하였더라도 적법절차의 실질적인 내용을 침해하는 경우에 해당한다고 볼 수 없다는 이유로 증거능력을 인정하여 공소사실 전부에 관하여 유죄판결을 선고하였다.
3. 대법원은, 제1영장은 피해자 A에 대한 전자정보를 압수하고 피고인에게 압수목록을 교부한 2022. 6.24. 그 목적을 달성하여 효력이 상실되었으므로 2차 압수·수색이 제1영장을 이용한 것이라면 이는 효력을 상실한 영장을 재집행한 것이 되어 그 자체로 위법한 점, 제1영장을 이용한 2차 압수·수색은 수사기관의 통상적·원칙적인 집행절차가 아니었던 점, 2차 압수·수색은 압수·수색절차의 종료로 삭제·폐기의 대상일 뿐 더 이상 수사기관의 탐색·복제·출력 대상이 될 수 없는 복제본을 대상으로 새로운 범죄 혐의의 수사를 위하여 기존 압수·수색 과정에서 출력하거나 복제한 유관정보의 결과물에 대한 열람을 넘어 이를 이용하여 새로이 영장 없이 압수·수색한 경우에 해당하여 그 자체로 위법한 점, 3차 압수·수색은 1차 압수·수색에 따른 복제본이 저장된 경찰관 컴퓨터의 전자정보를 대상으로 발부된 제2영장을 집행한 것인바, 이는 제1영장의 집행이 종료됨에 따라 당연히 삭제·폐기되었어야 할 전자정보를 대상으로 한 것이어서 그 자체로 위법한 점, 경찰이 3차 압수·수색을 할 때 피고인에게 제2영장을 사전에 제시하지 않았음은 물론 피고인에 대한 영장 사본의 교부의무와 3차 압수·수색의 집행 일시·장소의 통지의무까지 모두 해태하는 위법이 있는 점, 3차 압수·수색 과정에서 피고인의 참여권을 보장한 취지는 실질적으로 침해되었다고 봄이 타당한 점 등을 이유로 이와 달리 전자정보에 대한 2, 3차 압수·수색이 적법하다고 판단한 원심판결을 파기·환송하였다.

[7] 전자정보 압수·수색 과정에서 생성한 이미징 사본 등의 복제본에 혐의사실과 관련 없는 전자정보가 남아 있는 경우 이를 새로운 범죄혐의의 수사를 위하여 탐색, 복제 또는 출력할 수 있는지의 여부 (소극)

★ 수사기관의 전자정보에 대한 압수·수색은 원칙적으로 영장 발부의 사유로 된 범죄 혐의사실과 관련된 부분만을 문서 출력물로 수집하거나 수사기관이 휴대한 저장매체에 해당 파일을 복제하는 방식으로 이루어져야 한다. 수사기관이 저장매체 자체를 직접 반출하거나 그 저장매체에 들어 있는 전자파일 전부를 하드카피나 이미징 등 형태(이하 '복제본'이라 한다)로 수사기관 사무실 등 외부에 반출하는 방식으로 압수·수색하는 것은 현장의 사정이나 전자정보의 대량성으로 인하여 관련 정보 획득에 긴 시간이 소요되거나 전문 인력에 의한 기술적 조치가 필요한 경우 등 범위를 정하여 출력 또는 복제하는 방법이 불가능하거나 압수의 목적을 달성하기에 현저히 곤란하다고 인정되는 때에 한하여 예외적으로 허용될 수 있을 뿐이다. 수사기관은 복제본에 담긴 전자정보를 탐색하여 혐의사실과 관련된 정보(이하 '유관 정보'라 한다)를 선별하여 출력하거나 다른 저장매체에 저장하는 등으로 압수를 완료하면 혐의사실과 관련 없는 전자정보(이하 '무관정보'라 한다)를 삭제·폐기하여야 한다. 수사기관이 새로운 범죄 혐의의 수사를 위하여 무관정보가 남아있는 복제본을 열람하는 것은 압수·수색영장으로 압수되지 않은 전자정보를 영장 없이 수색하는 것과 다르지 않다. 따라서 복제본은 더 이상 수사기관의 탐색, 복제 또는 출력 대상이 될 수 없으며, 수사기관은 새로운 범죄 혐의의 수사를 위하여 필요한 경우에도 유관정보만을 출력

하거나 복제한 기존 압수·수색의 결과물을 열람할 수 있을 뿐이다.(대법원 2023.6.1. 2018도19782 소형무장헬기사업 기밀누설 사건)

[8] 특별사법경찰관이 피고인의 휴대전화 압수·수색 과정에서 압수조서 및 전자정보 파일명세가 특정된 압수목록을 작성·교부하지는 않았지만, 그에 갈음하여 압수의 취지가 상세히 기재된 '조사보고'를 작성한 경우

★ 조사보고의 작성 경위 및 복원된 전자정보의 내용을 감안하면 적법절차의 실질적인 내용을 침해하였다고 보기는 어려운 점, 구 특별사법경찰관리 집무규칙 제4조는 내부적 보고의무 규정에 불과하므로, 특별사법경찰관리가 위 규정에서 정한 보고를 하지 않은 채 관할구역 외에서 수사를 하였다고 하여 적법절차의 실질적인 내용을 침해하는 경우에 해당한다고 볼 수 없는 점에 비추어 피고인의 휴대전화 압수·수색 과정에서 피고인에 대한 절차 참여를 보장한 취지가 실질적으로 침해되어 압수·수색이 위법하다고 볼 수 없고, 특별사법경찰관은 당초 수하인인 피고인으로부터 위 메모리카드를 임의제출받으려 하였으나, 피고인이 "자신은 메모리카드와는 아무런 관련이 없다."라는 취지로 주장하면서 자필 진술서까지 제출하자, 부득이하게 영장을 발부받아 세관 유치창고 담당자를 피압수자로 하여 압수집행을 한 것으로 보이는 점, 특별사법경찰관은 세관 유치창고 담당자에게 영장을 제시하면서 위 메모리카드를 압수하여 압수조서를 작성하였고, 위 유치창고 담당자에게 압수목록을 교부한 점에 비추어, 피고인은 위 메모리카드 압수 집행과정에서 절차 참여를 보장받아야 하는 사람에 해당한다고 단정할 수 없거나, 압수 집행과정에서 피고인에 대한 절차 참여를 보장한 취지가 실질적으로 침해되었다고 보기 어려워 압수가 위법하다고 볼 수 없다.(대법원 2023.6.1. 2020도12157)

[9] 제출의 임의성의 증명이 없는 임의제출물의 증거능력 유무(소극)

★ 임의로 제출된 물건을 압수하는 경우 그 제출에 임의성이 있다는 점에 관하여는 검사가 합리적 의심을 배제할 수 있을 정도로 증명하여야 하고, 임의로 제출된 것이라고 볼 수 없는 경우에는 증거능력을 인정할 수 없다.(대법원 2023. 6. 1. 2020도2550 오산·서울 몰카촬영 사건)

[10] 전자정보 상세목록이 교부되지 않더라도 압수가 적법하다고 볼 수 있는 경우

사법경찰관은 피의자신문 시 이 사건 동영상을 재생하여 피고인에게 제시하였고, 피고인은 이 사건 동영상의 촬영 일시, 피해 여성들의 인적사항, 몰래 촬영하였는지 여부, 촬영 동기 등을 구체적으로 진술하였으며 별다른 이의를 제기하지 않았다. 따라서 이 사건 동영상의 압수 당시 실질적으로 피고인에게 해당 전자정보 압수목록이 교부된 것과 다름이 없다고 볼 수 있다. 비록 피고인에게 압수된 전자정보가 특정된 목록이 교부되지 않았더라도, 절차 위반행위가 이루어진 과정의 성질과 내용 등에 비추어 피고인의 절차상 권리가 실질적으로 침해되었다고 보기 어려우므로 이 사건동영상에 관한 압수는 적법하다고 평가할 수 있다.(대법원 2023.6.1. 2020도2550 오산·서울 몰카촬영 사건)

[11] 사법경찰관이 피의자신문조서에 압수의 취지를 기재하여 압수조서를 갈음한 경우(적법)

형사소송법 제106조, 제218조, 제219조, 형사소송규칙 제62조, 제109조, 구 범죄수사규칙 제119조 등 관련규정들에 의하면, 사법경찰관이 임의제출된 증거물을 압수한 경우 압수경위 등을 구체적으로 기재한 압수조서를 작성하도록 하고 있다. 이는 사법경찰관으로 하여금 압수절차의 경위를 기록하도록 함으로써 사후적으로 압수절차의 적법성을 심사·통제하기 위한 것이다. 구 범죄수사규칙 제119조 제3항에 따라 피의자신문조서 등에 압수의 취지를 기재하여 압수조서를 갈음할 수 있도록 하더라도, 압수절차의 적법성 심사·통제 기능에 차이가 없으므로, 위와 같은 사정만으로 이 사건 동영상에 관한 압수가 형사소송법이 정한 압수절차를 지키지 않은 것이어서 위법하다는 취지의 원심 판단에는 압수절차의 적법성에 관한 법리를 오해하여 판결에 영향을 미친 잘못이 있다.(대법원 2023. 6. 1. 2020도2550 오산·서울 몰카촬영 사건)

[12] 압수수색에서 사건관련성 인정여부

★ 경찰관은 2015.6.7. 남자친구의 신고로 현장에 출동하여 갑으로부터 이 사건 휴대전화를 임의제출받아 이를 영장 없이 압수하였다. 2014년 범행에 관한 영상은 임의제출에 의해 적법하게 압수된 전자정보로서 그 증거능력을 인정할 수 있다. 2014년 범행에 관한 영상을 비롯한 이 사건 휴대전화에서 발견된 약 2,000개의 영상은 2년에 걸쳐 이 사건 휴대전화로 촬영된 것으로, 범죄의 속성상 해당범행의 상습성이 의심되어, 2015년 범죄혐의 사실과 구체적·개별적 연관관계를 인정할 수 있다. 비록 피고인에게 전자정보의 파일 명세가 특정된 압수목록이 작성·교부되지 않았더라도 절차 위반행위가 이루어진 과정의 성질과 내용 등에 비추어 피고인의 절차상 권리가 실질적으로 침해되었다고 보기도 어렵다. 따라서 2014년 범행에 관한 영상은 임의제출에 따른 압수의 동기가 된 2015년 범죄혐의사실과 관련성이 인정될 수 있으므로 증거능력이 인정되어 성폭력범죄의처벌등에관한특례법위반(카메라등이용촬영)죄가 성립한다.(대법원 2022.1.13. 2016도9596)

[13] 압수수색 영장의 유효기간 경과 후의 집행인 경우(위법)

경찰은 2019.3.5. 피의자가 甲으로, 혐의사실이 대마 광고 및 대마 매매로, 압수할 물건이 '피의자가 소지, 소유, 보관하고 있는 휴대전화에 저장된 마약류 취급 관련자료 등'으로, 유효기간이 '2019.3.31.'로 된 압수·수색·검증영장(이하 '이사건 영장')을 발부받아, 2019. 3. 7. 그에 기해 甲으로부터 휴대전화 3대 등을 압수하였다. 그 후 경찰은 2019. 4. 8. 甲의 휴대전화 메신저에서 대마 구입 희망의사를 밝히는 피고인의 메시지(이하 '이 사건 메시지')를 확인한 후, 甲 행세를 하면서 위 메신저로 메시지를 주고받는 방법으로 위장수사를 진행하여, 2019. 4. 10. 피고인을 현행범으로 체포하고 그 휴대전화를 비롯한 소지품 등을 영장 없이 압수한 다음 2019. 4. 12. 사후 압수·수색·검증영장을 발부받았다. 피고인이 이 사건 메시지를 보낸 시점까지 경찰이 이 사건 영장 집행을 계속하고 있었다고 볼 만한 자료가 없으므로 경찰의 이 사건 메시지 등의 정보 취득은 영장 집행 종료 후의 위법한 재집행이고, 그 외에 경찰이 甲의 휴대전화 메신저계정을 이용할 정당한 접근권한도 없으므로, 이 사건 메시지 등을 기초로 피고인을 현행범으로 체포하면서 수집한 증거는 위법수집증거로서 증거능력이 없다.(대법원 2023.3.16. 2020도5336)

[14] 군사기밀보호법 위반 혐의에 관한 압수·수색영장으로 압수한 증거물을 그 군사기밀보호법 위반죄 공범의 별건 범죄사실에 관한 증거 사용 여부(위법)

현역 군인인 피고인이 방산업체 관계자의 부탁을 받고 군사기밀 사항을 메모지에 옮겨 적은 후 이를 전달하여 누설한 행위와 관련하여 군사기밀보호법 위반죄로 기소된 사안에서, 이 사건에 증거로 제출된 위 메모지가 누설 상대방의 다른 군사기밀 탐지 수집 혐의에 관하여 발부된 압수수색영장으로 압수한 것이므로, 영장 혐의사실과 사이에 관련성이 인정되지 아니하여 위법수집증거에 해당하고, 군검사가 제출한 그 밖의 증거는 위법수집증거에 기초하여 획득한 2차 증거로서 최초 증거수집단계에서의 위법과 인과관계가 희석되거나 단절된다고 보기 어렵다.(대법원 2023.6.1. 2018도18866)

[15] 간접증거나 정황증거로 사용될 수 있는 경우

이 사건 동영상은 2018. 9. 21.부터 2019. 1. 13.까지 촬영된 것으로 피해자 공소외 2에 대한 불법촬영 범행일시인 2018. 12. 26.과 시간적으로 근접하고, 카메라의 기능과 정보저장매체의 기능을 함께 갖춘 이 사건 휴대전화기로 자신과 성관계를 맺은 피해 여성들의 음부를 촬영하였다는 점에서 이 사건 임의제출에 따른 압수의 동기가 된 범죄혐의사실과 범행장소, 수단, 방법 등이 유사하다. 따라서 피해자 공소외 2에 대한 범행은 범죄의 속성상 상습성이 의심되거나 성적 기호 내지 경향성의 발현에 따른 일련의 행위의 일환으로 이루어진 것으로 의심할 여지가 많아 이 사건 동영상은 범행 동기와 경위, 범행 수단과 방법, 범행 시간과 장소 등을 증명하기 위한 간접증거나 정황증거 등으로 사용될 수 있는 관계에 있다고 볼 수 있다. 결국 이 사건 동영상은 임의제출에 따른 압수의 동기가 된 범죄혐의사실인 피해자 공소외 2에 대한 불법촬영 범행과 구체적·개별적 연관관계가 있는 전자정보로서 관련성이 인정된다.(대법원 2023.6.1. 2020도2550)

[16] 검사의 공소장변경허가신청에 대한 법원의 허부결정의 방법

★ 법원은 검사의 공소장변경허가신청에 대해 결정의 형식으로 이를 허가 또는 불허가하고, 법원의 허가 여부 결정은 공판정 외에서 별도의 결정서를 작성하여 고지하거나 공판정에서 구술로 하고 공판조서에 기재할 수도 있다. 만일 공소장변경허가 여부 결정을 공판정에서 고지하였다면 그 사실은 공판조서의 필요적 기재사항이다(형사소송법 제51조 제2항 제14호). 공소장변경허가신청이 있음에도 공소장변경허가 여부 결정을 명시적으로 하지 않은 채 공판절차를 진행하면 현실적 심판대상이 된 공소사실이 무엇인지 불명확하여 피고인의 방어권 행사에 영향을 줄 수 있으므로 공소장변경 허가 여부 결정은 위와 같은 형식으로 명시적인 결정을 하는 것이 바람직하다.(대법원 2023.6.15. 2023도3038 병원장 기여금·보험료 횡령사건)

[17] 형사재판에서 거증책임의 소재(학문의 자유 관련)

형사재판에서 공소가 제기된 범죄의 구성요건을 이루는 사실은 그것이 주관적 요건이든 객관적 요건이든 그 증명책임이 검사에게 있으므로 해당 표현이 학문의 자유로서 보호되는 영역에 속하지 않는다는 점은 검사가 증명하여야 한다.(대법원 2023.10.26. 2017도18697 <제국의 위안부> 사건)

[18] 의료행위로 인한 업무상과실치사상죄를 인정하기 위한 증명의 대상 및 정도

★ 의사에게 의료행위로 인한 업무상과실치사상죄를 인정하기 위해서는 의료행위 과정에서 공소사실에 기재된 업무상과실의 존재는 물론 그러한 업무상과실로 인하여 환자에게 상해·사망 등 결과가 발생한 점에 대하여도 엄격한 증거에 따라 합리적 의심의 여지가 없을 정도로 증명이 이루어져야 한다. 설령 의료

행위와 환자에게 발생한 상해·사망 등 결과 사이에 인과관계가 인정되는 경우에도 검사가 공소사실에 기재한 바와 같은 업무상과실로 평가할 수 있는 행위의 존재 또는 그 업무상과실의 내용을 구체적으로 증명하지 못하였다면 의료행위로 인하여 환자에게 상해·사망 등 결과가 발생하였다는 사정만으로 의사의 업무상과실을 추정하거나 단순한 가능성·개연성 등 막연한 사정을 근거로 함부로 이를 인정할 수는 없다.(대법원 2023.1.12. 2022도11163 황색포도상구균 감염사건)

[19] 증거재판주의, 자유심증주의 원칙 위반

피고인 갑이 2021. 7. 4.경부터 2021. 8. 5.경까지 마약류취급자가 아님에도 향정신성의약품인 메트암페타민(필로폰)을 물에 희석하여 일회용주사기에 넣고 주사하는 방법으로 투약했다는 등의 공소사실로 기소된 사안에서, 공소사실에 기재된 투약시점 이전에 이루어진 갑의 모발에 대한 1차감정의뢰회보(7.3)는 그 이전에 갑이 필로폰을 투약했을 가능성을 뒷받침하는 것이기는 하지만, 길이 4~7cm 가량의 모발에 대해 구간별 또는 절단모발로 감정이 이루어지지 않은 이상, 필로폰의 투약시점을 특정할 수 없음은 물론 모근부위부터 어느 정도 범위에서 필로폰이 검출되었는지를 알 수 있는 아무런 증거가 없는 점, 갑의 모발에 대한 2차 감정의뢰회보(8.24)도 그 이전에 갑이 필로폰을 투약했을 가능성을 뒷받침하는 것이기는 하지만, 1차 감정의뢰회보에서 모근부위부터 최대 7cm까지 필로폰이 검출되었을 가능성이 있는 이상, 공소사실 기재 일시에 필로폰을 투약하지 않았더라도 약 1개월 21일이 경과된 후인 2차 감정의뢰회보에서 모근부위 길이 1cm 지점부터 최대 9cm 지점까지 필로폰이 검출될 가능성이 있기 때문에 길이 6~9cm가량의 모발 모근부위부터 3cm 단위로 절단한 3개 구간에서 모두 필로폰이 검출되었다는 사정만으로는 공소사실 기재 일시에 필로폰을 투약한 점을 뒷받침하는 객관적인 증명력이 있다고 보기 어려운 점, 갑의 소변에 대한 감정의뢰회보(8.24)에서도 필로폰이 검출되지 않았음은 물론 갑이 사용하던 차량에서 발견된 소형주사기에서도 갑의 사용을 추단케 할 만한 DNA 등이 전혀 검출되지 않은 이상, 차량에서 발견된 소형주사기 및 거기서 필로폰이 검출되었다는 사정이 공소사실을 뒷받침하는 간접사실에 해당한다고 선뜻 단정하기도 어려운 점 등을 종합하면, 갑의 모발에 대한 감정에서 필로폰이 검출되었다는 사정과 갑이 사용하던 차량을 압수·수색하여 발견된 주사기에서 필로폰이 검출된 사정만으로 필로폰투약 사실을 유죄로 인정한 원심판단에 증거재판주의, 자유심증주의 원칙을 위반한 잘못이 있다.(대법원 2023.8.31. 2023도8024)

[20] 형사소송법 제312조 제1항에서 '내용을 인정할 때'의 의미(=진술한 내용이 실제 사실과 부합한다는 것을 의미)

★ 2022. 1. 1.부터 시행된 형사소송법 제312조 제1항에서 '그 내용을 인정할 때'라 함은 피의자신문조서의 기재 내용이 진술 내용대로 기재되어 있다는 의미가 아니고 그와 같이 진술한 내용이 실제 사실과 부합한다는 것을 의미한다.(대법원 2023.6.1. 2023도3741 필로폰 매수인에 대한 검찰 피신조서사본 사건) (同旨 대법원 2023.4.27. 2023도2102 칠곡 필로폰 투약사건) 드디어 그리고 처음으로 나왔다. 형사소송법 제312조 제1항에 규정된 '내용의 의미'에 대한 것이다. 이것은 기존 사법경찰관 작성 피의자신문조서의 증거능력 인정요건과 동일한 판시 내용이다.

[21] 검사 작성 피의자신문조서에 대하여 내용을 인정하지 않는 것에 해당하는 경우

★ 피고인이 공소사실을 부인하는 경우 검사가 작성한 피의자신문조서 중 공소사실을 인정하는 취지의 진술 부분은 그 내용을 인정하지 않았다고 보아야 한다.(대법원 2023.4.27. 2023도2102 칠곡 필로폰 투약사건)

[22] 형사소송법 제312조 제1항이 '다른 피고인이나 피의자에 대한 검사 작성 피의자신문조서'에도 적용되는지의 여부(적극)

★ 형사소송법 제312조 제1항에서 정한 '검사가 작성한 피의자신문조서'란 당해 피고인에 대한 피의자신문조서만이 아니라 당해 피고인과 공범관계에 있는 다른 피고인이나 피의자에 대하여 검사가 작성한 피의자신문조서도 포함되고, 여기서 말하는 '공범'에는 형법 총칙의 공범 이외에도 서로 대향된 행위의 존재를 필요로 할 뿐 각자의 구성요건을 실현하고 별도의 형벌 규정에 따라 처벌되는 강학상 필요적 공범 또는 대향범까지 포함한다. 따라서 피고인이 자신과 공범관계에 있는 다른 피고인이나 피의자에 대하여 검사가 작성한 피의자신문조서의 내용을 부인하는 경우에는 형사소송법 제312조 제1항에 따라 유죄의 증거로 쓸 수 없다.(대법원 2023.6.1. 2023도3741 필로폰 매수인에 대한 검찰 피신조서사본 사건) 피고인 甲과 변호인은 필로폰 매도 범행과 관련하여 '필로폰을 매수한 피의자 乙에 대한 검사 작성 피의자신문조서 사본'에 대하여 내용 부인 취지에서 증거로 사용함에 동의하지 않는다는 의견을 밝혔는 바, 이 경우 위 조서는 증거능력이 부정된다.

[23] 수사보고서의 증거능력 인정요건

★ 수사기관이 작성한 수사보고서는 전문증거로서 형사소송법 제311조·제312조·제315조·제316조의 적용대상이 아니함이 분명하므로 형사소송법 제313조의 서류에 해당하여야만 증거능력이 인정될 수 있는 바, 형사소송법 제313조가 적용되기 위해서는 그 서류에 진술자의 서명 또는 날인이 있어야 한다.(대법원 2023.1.12. 2022도14645 여친 필로폰 주입사건) 수사보고서의 종류가 워낙 다양해 보이는데, 이 판례와 같이 판시한 것도 있고 아예 증거능력을 부정한 것도 있고 어떤 경우는 당연히 증거능력이 인정된다고 판시한 경우도 있다. 그때그때마다 눈치껏 문제를 해결해야 한다.

[24] 형사소송법 제316조 제1항에 규정된 '그 진술이 특히 신빙할 수 있는 상태하에서 행하여졌음이 증명된 때'의 의미

★ 형사소송법은 검사, 사법경찰관 등 수사기관이 작성한 피의자신문조서는 그 피의자였던 피고인 또는 변호인이 공판준비 또는 공판기일에 내용을 인정하지 아니하면 증거능력을 부정하면서도(제312조 제1항·제3항) 검사, 사법경찰관 등 공소제기 전에 피고인을 피의자로 조사하였거나 그 조사에 참여하였던 자, 즉 조사자의 공판준비 또는 공판기일에서의 진술이 피고인의 수사기관 진술을 내용으로 하는 것인 때에는 그 진술이 '특히 신빙할 수 있는 상태하에서 행하여졌음이 증명된 때'에 한하여 이를 증거로 할 수 있다고 규정하고 있다(제316조 제1항). 여기서 '그 진술이 특히 신빙할 수 있는 상태하에서 행하여졌음'이란 그 진술을 하였다는 것에 허위 개입의 여지가 거의 없고, 그 진술 내용의 신빙성이나 임의성을 담보할 구체적이고 외부적인 정황이 있음을 의미한다.(대법원 2023.10.26. 2023도7301 어정쩡한 필로폰 투약자 조사사건) 지금까지는 일반 사인의 '피고인의 진술을 그 내용으로 하는' 전문진술에 관한 판례

밖에 없었으나 이번에 사실상 거의 처음으로 수사기관(조사자)의 '피고인의 진술을 그 내용으로 하는' 전문진술에 관한 판례가 판시되었다. 정말 중요한 판례로 보인다.

[25] 형사소송법 제316조 제1항의 '특히 신빙할 수 있는 상태하에서 행하여졌음'에 대한 증명의 정도 (=합리적인 의심을 배제할 정도)

★ 형사소송법 제316조 제1항의 특신상태는 증거능력의 요건에 해당하므로 검사가 그 존재에 대하여 구체적으로 주장·증명하여야 하는데, 피고인의 수사기관 진술이 '특히 신빙할 수 있는 상태하에서 행하여졌음에 대한 증명'은 단지 그러할 개연성이 있다는 정도로는 부족하고 합리적인 의심의 여지를 배제할 정도에 이르러야 한다. 피고인이나 변호인이 그 내용을 인정하지 않더라도 검사, 사법경찰관 등 조사자의 법정 증언을 통하여 피고인의 수사기관 진술내용이 법정에 현출되는 것을 허용하는 것은 형사소송법 제312조 제1항, 제3항이 피고인의 수사기관 진술은 신용성의 정황적 보장이 부족하다고 보아 피고인이나 변호인이 그 내용을 인정하지 않는 이상 피의자신문조서의 증거능력을 인정하지 않음으로써 그 진술내용이 법정에 현출되지 않도록 규정하고 있는 것에 대하여 중대한 예외를 인정하는 것이어서 이를 폭넓게 허용하는 경우 형사소송법 제312조 제1항, 제3항의 입법취지와 기능이 크게 손상될 수 있기 때문이다.(대법원 2023.10.26. 2023도7301 어정쩡한 필로폰 투약자 조사사건) 검사 또는 사법경찰관이 작성한 피의자신문조서는 그 피의자였던 피고인이 공판정에서 그 내용을 부인하면 증거능력이 부정된다. 그럼에도 그 검사 또는 사법경찰관이 증인의 지위에서 피의자를 신문하면서 피의자로부터 들었던 것을 내용으로 하는 증언(전문진술)을 형사소송법 제316조 제1항에 의하여 증거능력을 인정하는 것은 모순이다.

[27] 특신상태가 인정되지 않아 증거능력이 인정되지 않는 경우

경찰관의 제1심 증언은 피고인의 조사 당시 진술을 그 내용으로 하고 있으므로 조사 당시 피고인이 진술한 내용의 신빙성이나 임의성을 담보할 수 있는 구체적이고 외부적인 정황이 존재한다는 점이 합리적인 의심의 여지를 배제할 정도로 주장·증명되어야 증거로 사용될 수 있다. 그런데 피고인은 조사 당시 변호인의 동석 없이 진술하였고 피고인의 진술 중 범인 만이 알 수 있는 내용에 관한 자발적, 구체적 진술로 평가될 수 있는 부분도 존재하지 아니한다. 달리 피고인 진술내용의 신빙성 내지 임의성을 담보할 수 있는 구체적·외부적 정황을 인정할 사정이 발견되지 않는다. 오히려 피고인은 임의동행 직후 경찰관이 소변의 임의제출을 종용하자 필로폰 투약 사실을 인정하고, 이후 경찰관 공소외인이 발신 기지국 위치를 통하여 확인된 사실을 기초로 진술번복을 유도하자 그에 따라 공소사실 기재와 같은 필로폰 투약범행을 인정한 것으로 보일 뿐이다. 이는 피고인이 조사 당시 그 진술내용을 신빙하기 어려운 상태에 있었다고 의심되는 정황이다. 따라서 경찰관의 제1심 증언은 그 증거능력이 인정된다고 보기 어렵다. (대법원 2023.10.26. 2023도7301 어정쩡한 필로폰 투약자 조사사건)

[28] 어떤 소송절차가 진행된 내용이 공판조서에 기재되지 않은 경우 그 부존재가 추정되는지의 여부 (소극)

★ 공판기일의 소송절차로서 판결 기타의 재판을 선고 또는 고지한 사실은 공판조서에 기재되어야 하는데, 공판조서의 기재가 명백한 오기인 경우를 제외하고는 공판기일의 소송절차로서 공판조서에 기재된 것은 조서만으로써 증명하여야 하고 그 증명력은 공판조서 이외의 자료에 의한 반증이 허용되지

않는 절대적인 것이다. 반면에 어떤 소송절차가 진행된 내용이 공판조서에 기재되지 않았다고 하여 당연히 그 소송절차가 당해 공판기일에 행하여지지 않은 것으로 추정되는 것은 아니고 공판조서에 기재되지 않은 소송절차의 존재가 공판조서에 기재된 다른 내용이나 공판조서 이외의 자료로 증명될 수 있고, 이는 소송법적 사실이므로 자유로운 증명의 대상이 된다.(대법원 2023.6.15. 2023도3038 병원장 기여금·보험료 횡령사건)

[29] 성명모용에 있어 피고인의 특정

★ 형사소송법 제248조에 따라 공소는 검사가 피고인으로 지정한 이외의 다른 사람에게 그 효력이 미치지 아니하는 것이므로 공소제기의 효력은 검사가 피고인으로 지정한 자에 대하여만 미치는 것이고 따라서 피의자가 다른 사람의 성명을 모용한 탓으로 공소장에 피모용자가 피고인으로 표시되었더라도 이는 당사자의 표시상의 착오일 뿐이고 검사는 모용자에 대하여 공소를 제기한 것이므로 모용자가 피고인이 되고 피모용자에게 공소의 효력이 미친다고는 할 수 없다. 이와 같은 법리는 경범죄 처벌법에 따른 경찰서장의 통고처분의 효력에도 마찬가지로 적용된다.(대법원 2023.3.16. 2023도751 성명모용 범칙자 사건) 전에도 이와 유사한 판례가 있었는데 약 26년만에 다시 판례가 나왔기 때문에 이렇게 소개한다.

[30] 형사소송절차에 외국에서 하는 공시송달의 효력 발생 시기에 관한 민사소송법 제196조 제2항이 준용될 수 있는지의 여부(적극)

형사소송법 제63조 제2항에 의하면 피고인이 재판권이 미치지 아니하는 장소에 있는 경우에 다른 방법으로 송달할 수 없는 때에 공시송달을 할 수 있고, 피고인이 재판권이 미치지 아니하는 외국에 거주하고 있는 경우에는 형사소송법 제65조에 의하여 준용되는 민사소송법 제196조 제2항에 따라 첫 공시송달은 실시한 날부터 2월이 지나야 효력이 생긴다.(대법원 2023.10.26. 2023도3720 베트남 도피 피고인 사건)

[31] 판결선고기일로 지정되지 않았던 일자에 판결을 선고한 것이 판결에 영향을 미친 잘못에 해당하는지의 여부

★ 판결의 선고는 변론을 종결한 기일에 하여야 하나, 특별한 사정이 있는 때에는 따로 선고기일을 지정할 수 있다(제318조의4 제1항). 재판장은 공판기일을 정하거나 변경할 수 있는데(제267조, 제270조), 공판기일에는 피고인을 소환하여야 하고, 검사, 변호인에게 공판기일을 통지하여야 한다(제267조 제2항, 제3항). 다만 이와 같은 규정이 준수되지 않은 채로 공판기일의 진행이 이루어진 경우에도 그로 인하여 피고인의 방어권, 변호인의 변호권이 본질적으로 침해되지 않았다고 볼 만한 특별한 사정이 있다면 판결에 영향을 미친 법령 위반이라고 할 수 없다.(대법원 2023.7.13. 2023도4371 대출금리를 낮춰주겠다 사건) 원심인 춘천지방법원이 제1회 공판기일인 2023. 3. 8. 변론을 종결하면서 피해자와의 합의서 등 피고인에게 유리한 양형자료 제출을 위한 기간을 고려하여 제2회 공판기일인 선고기일을 2023. 4. 7.로 지정하여 고지하였는데, 지정·고지된 바와 달리 2023. 3.24. 피고인에 대한 선고기일이 진행되어 교도소에 재감중이던 피고인이 교도관의 지시에 따라 법정에 출석하였고, 원심이 피고인의 항소를 기각하는 판결을 선고한 사건이다. 대법원은 피고인의 방어권과 이에 관한 변호인의 변호권을 침해하여 판결에 영향을 미친 잘못이 있다는 이유로 원심판결을 파기·환송하였다.

[32] 집행유예 취소청구에 대한 심리 절차

법원은 집행유예 취소 청구서 부본을 지체없이 집행유예를 받은 자에게 송달하여야 하고(형사소송규칙 제149조의3 제2항), 원칙적으로 집행유예를 받은 자 또는 그 대리인의 의견을 물은 후에 결정을 하여야 한다(형사소송법 제335조 제2항). 항고법원은 항고인이 그의 항고에 관하여 이미 의견진술을 한 경우 등이 아니라면 원칙적으로 항고인에게 소송기록접수통지서를 발송하고 그 송달보고서를 통해 송달을 확인한 다음 항고에 관한 결정을 하여야 한다.(대법원 2023.6.29. 2023모1007 사회봉사명령 불이행 피고인 사건)

[33] 기판력이 미치는 객관적 범위 관련 판례

★ 포괄일죄 관계인 범행의 일부에 대하여 판결이 확정되거나 약식명령이 확정되었는데 그 사실심 판결선고시 또는 약식명령 발령시를 기준으로 그 이전에 이루어진 범행이 포괄일죄의 일부에 해당할 뿐만 아니라 그와 상상적 경합관계에 있는 다른 죄에도 해당하는 경우에는 확정된 판결 내지 약식명령의 기판력은 상상적 경합관계에 있는 다른 죄에 대하여도 미친다.(대법원 2023.6.29. 2020도3705 통매음 및 통명훼 사건)

[34] 기판력이 미치지 않는 경우

(1) 유죄판결이 확정된 "피고인은 조합 등의 법인카드로 공소외 1의 선거관련 비용을 결제하기로 공소외 2 등과 공모하여 2015. 2.26. 서울 강남구 △△동 소재 ㅁㅁㅁ호텔 및 인근 중식당 등에서 조합 등의 법인카드로 선거인들의 위 호텔 및 중식당 등에 대한 숙식료를 결제하여 그 임무에 위배하여 피해자인 조합 등에게 재산상 손해를 가하였다"라는 공소사실과 (2) "피고인은 공소외 1 등과 공모하여 2015. 2.27. 실시된 제25대 ○○○○○○○○ 선거에서 회장으로 입후보한 공소외 1을 당선시킬 목적으로 선거일 전날인 2015. 2.26. 선거인들에게 서울 강남구 △△동 소재 ㅁㅁㅁ호텔 및 인근 중식당 등에서 숙식을 제공하여 재산상 이익을 제공하였다"라는 공소사실 [업무상배임죄 → 중소기업협동조합법위반] (대법원 2023.2.23. 2020도12431 호텔·중식당 숙식제공 사건) 느낌상 상상적 경합범의 관계에 있을 것 같은데, 판례는 실체적 경합범의 관계에 있다고 판시하고 있다.

[35] 재판에 대하여 적법하게 상소를 제기한 경우 다시 상소권회복을 청구할 수 있는지의 여부(소극)

★ 상소권회복은 상소권자가 자기 또는 대리인이 책임질 수 없는 사유로 인하여 상소의 제기기간 내에 상소를 하지 못한 경우에 한하여 청구할 수 있으므로 재판에 대하여 적법하게 상소를 제기한 자는 다시 상소권회복을 청구할 수 없다.(대법원 2023.4.27. 2023모350 항소피고인 항소권회복청구 사건)

[36] 제1심판결에 대하여 항소심판결이 선고된 후 당초 항소하지 않았던 자가 항소권회복청구를 하는 경우 이를 적법하다고 볼 수 있는지 여부(원칙적 소극)

★ 제1심판결에 대하여 피고인 또는 검사가 항소하여 항소심판결이 선고되면 상고법원으로부터 사건이 환송되는 경우 등을 제외하고는 항소법원이 다시 항소심 소송절차를 진행하여 판결을 선고할 수 없으므로 항소심판결이 선고되면 제1심판결에 대하여 당초 항소하지 않았던 자의 항소권회복청구도 적법하다고 볼 수 없다. 따라서 항소심판결이 선고된 사건에 대하여 제기된 항소권회복청구는 항소권회복

청구의 원인에 대한 판단에 나아갈 필요 없이 형사소송법 제347조 제1항에 따라 결정으로 이를 기각하여야 한다. 상소권회복청구 사건을 심리하는 법원은 상소권회복청구 대상이 되는 재판에 대하여 이미 적법한 상소가 제기되었는지 또는 상소심재판이 있었는지 등을 본안기록 등을 통하여 확인해야 한다.(대법원 2023.4.27. 2023모350 항소피고인 항소권회복청구 사건)

[37] 상고기각결정의 효력발생 시기

형사소송법 제42조는 "재판의 선고 또는 고지는 공판정에서는 재판서에 의하여야 하고 기타의 경우에는 재판서등본의 송달 또는 다른 적당한 방법으로 하여야 한다. 단, 법률에 다른 규정이 있는 때에는 예외로 한다."라고 규정하고 있는데, 피고인의 상고에 대하여 형사소송법 제380조 본문에 따라 상고기각결정을 한 경우에는 법률에 다른 규정이 있지 않는 한 형사소송법 제42조 본문의 규정에 의하여 그 등본을 피고인에게 송달하거나 다른 적당한 방법으로 고지하였을 때 그 효력이 생긴다.(대법원 2023.7.13. 2021도15745 임시보호명령 · 피해자보호명령 위반 사건)

[38] 압수 · 수색처분에 대한 준항고의 방식

피압수자는 준항고인의 지위에서 불복의 대상이 되는 압수 등에 관한 처분을 특정하고 준항고취지를 명확히 하여 청구의 내용을 서면으로 기재한 다음 관할법원에 제출하여야 한다. 다만 준항고인이 불복의 대상이 되는 압수 등에 관한 처분을 구체적으로 특정하기 어려운 사정이 있는 경우에는 법원은 석명권 행사 등을 통해 준항고인에게 불복하는 압수 등에 관한 처분을 특정할 수 있는 기회를 부여하여야 한다.(대법원 2023.1.12. 2022모1566 손준성 검사 사건)

[39] 준항고인이 참여의 기회를 보장받지 못하였다는 이유로 압수 · 수색 처분에 불복하였으나 그 불복의 대상을 구체적으로 특정하기 어려운 사정이 있는 경우 법원이 취해야 할 조치

형사소송법 제417조에 따른 준항고 절차는 항고소송의 일종으로 당사자주의에 의한 소송절차와는 달리 대립되는 양 당사자의 관여를 필요로 하지 않는다. 따라서 준항고인이 불복의 대상이 되는 압수 등에 관한 처분을 한 수사기관을 제대로 특정하지 못하거나 준항고인이 특정한 수사기관이 해당 처분을 한 사실을 인정하기 어렵다는 이유만으로 준항고를 쉽사리 배척할 것은 아니다.(대법원 2023.1.12. 2022모1566)

[40] 통고처분의 범칙금 납부기간까지 즉결심판이나 공소제기를 할 수 있는지의 여부(소극)

★ 경찰서장이 범칙행위에 대하여 통고처분을 한 이상 통고처분에서 정한 범칙금 납부기간까지는 원칙적으로 경찰서장은 즉결심판을 청구할 수 없고, 범칙행위에 대한 형사소추를 위하여 이미 한 통고처분을 임의로 취소할 수 없으며, 검사도 동일한 범칙행위에 대하여 공소를 제기할 수 없다. 이때 공소를 제기할 수 없는 범칙행위는 통고처분 시까지의 행위 중 범칙금 통고의 이유에 기재된 당해 범칙행위 자체 및 그 범칙행위와 동일성이 인정되는 범칙행위에 한정된다.(대법원 2023.3.16. 2023도751 성명모용 범칙자 사건)

2024 최신판

해커스경찰 갓대환 형사소송법 기적의 특강

초판 1쇄 발행 2024년 2월 8일

지은이	김대환 편저
펴낸곳	해커스패스
펴낸이	해커스경찰 출판팀
주소	서울특별시 강남구 강남대로 428 해커스경찰
고객센터	1588-4055
교재 관련 문의	gosi@hackerspass.com 해커스경찰 사이트(police.Hackers.com) 교재 Q&A 게시판 카카오톡 플러스 친구 [해커스경찰]
학원 강의 및 동영상강의	police.Hackers.com
ISBN	979-11-6999-848-2 (13360)
Serial Number	01-01-01